DEFENSORES DE MAOMÉ:
Da conquista aos tribunais
(Séculos VII-XVII)

Dirce Lorimier Fernandes

DEFENSORES DE MAOMÉ:
Da conquista aos tribunais
(Séculos VII-XVII)

LetraSelvagem

Grafia atualizada segundo o Acordo Ortográfico
da Língua Portuguesa de 1990, que entrou em vigor no Brasil em 2009.

O logotipo Letra Selvagem foi idealizado a partir de cerâmica Aruak,
padrões utilizados nas bordas dos vasos, compilados por Koch-Grunberg em 1910.

Coordenação editorial: Nicodemos Sena
Editora executiva: Marli Perim
Designer editorial (miolo): Cesar Neves Filho
Designer editorial (capa): James Cabral Valdana
Preparação de originais: Nicodemos Sena
Revisão: Joaquim Maria Botelho
Representante comercial: Marcelo Nogueira

Dados Internacionais de Catalogação na Publicação (CIP)
Angélica Ilacqua — CRB-8/7057

D321f
Fernandes, Dirce Lorimier, 1946-
Defensores de Maomé / Dirce Lorimier Fernandes.
— 1ª ed. — Taubaté, SP: Letra Selvagem, 2025.
344 p.

ISBN 978-65-89841-42-5

1. Religião - Cultura e instituições I. Título.
CDD — 200

LETRA SELVAGEM

Rua Cônego Almeida, 113 — Centro — Taubaté-SP/Brasil. CEP 12080-260
Tel. +55(12)99203-3836
www.letraselvagem.com.br
www.livrariaselvagem.com.br
edirtoraelivrarialetraselvagem@gmail.com

ÍNDICE

QUARTA PARTE
Os mouros e o reinado de Felipe III (1598-1621)

Apresentação

Em nome de meu deus?

Por Joaquim Maria Botelho[1]

Vamos lidar, nestas muitas páginas, com a intolerância. Em nome de ideais? Esqueçam. Em nome de ouro e de poder. Desde muito antes de qualquer profeta ou líder religioso, toda guerra tem interesses econômicos. As de hoje, e são mais de 40 em todo o mundo, estão fundamentadas em petróleo, gás, nióbio, lítio, diamantes, terra, madeira, até cérebros. A epígrafe com que Dirce Lorimier Fernandes inicia este livro sintetiza a sua honestidade intelectual e a busca do paradigma da isenção. É uma frase do Papa Francisco, proferida em Washington d. C., em 2015: "É difícil julgar o passado pelos critérios do presente". Mas o passado revela o presente, e as informações trazidas neste livro não pretendem ser base para julgamentos, mas ajudar a conhecer para poder compreender.

A leitura atenta deste trabalho robusto e minucioso revela a tentativa de equidistância entre as religiões que pautaram – ou camuflaram – a muitas disputas econômicas, ao longo de milênios. Como sabemos, isenção é um paradigma quase nunca atingido. Que os digam os jornalistas como eu, que se debatem dia a dia entre versões e fatos, aparências de verdade, opiniões e constatações, para apresentar ao público um relato com o máximo possível de neutralidade. Assim se dá com a História. O pesquisador encontra retalhos, pistas, fragmentos, geralmente guardados pelo vencedor ("as esculturas seriam diferentes, se os leões soubessem esculpir"). Coteja, compara e critica, sem concluir. Concluir significa dar por acabado, completado, encerrado. O que não é o caso, porque há muito ainda o que descobrir, desvelar, nos mares, nas lamas, nas cinzas.

[1] Jornalista, escritor, crítico literário. Presidiu a UBE – União Brasileira de Escritores.

O leitor verá, aqui, uma pesquisa que lembra o trabalho de um arqueólogo, labutando nas escavações munido de instrumentos delicados, como o pincel que serve para varrer a poeira do tempo e expor o tesouro da arte e do escrito. Os documentos registrados neste livro são preciosos, únicos, primordiais. E cruéis.

Não há momento quando o ser humano fica mais perigoso, do que quando pensa que está com a razão. O cerne deste trabalho não é definir quem está certo, mas mostrar pontos de vista que sustentam crenças. Algumas completamente equivocadas, no ideário geral apoiado e/ou manipulado pela propaganda e pelas agências ocidentais de notícias. O que chega a nós, consumidores de informações sobre o mundo fora do Brasil, são versões das grandes potências interessadas em riquezas alheias. Temos, pergunto, informações de igual proporção, em frequência e profundidade, originadas de veículos de imprensa do mundo islâmico? E, visto que a resposta é negativa, reforço a importância da leitura deste livro, um dos poucos que nos trazem visões de mundo às quais não temos sequer acesso, quanto mais conhecimento para formação de opinião.

A pesquisa de Dirce Lorimier Fernandes não é exatamente original, visto que grandes estudiosos se debruçaram sobre o tema. Mesmo assim, é pesquisa inovadora. Não se acomoda nos nomes mais icônicos, de parte a parte. Já sabíamos de Saladino e Suleiman, Ricardo Coração de Leão, Harun Al-Rachid, El Cid, o campeador, Bernardo Gui. Muitos outros, porém, foram surgindo de documentos a partir dos quais poucos estudiosos, antes, pontuaram as conexões que essa autora consegue, no emaranhado das histórias que compõem a História. Inclusive a do Brasil. Heróis e conquistadores, pela pena da historiadora, revelam traços e caracteres que, mesmo que não surpreendam, aclaram. É um livro com o seu tanto de iconoclasta.

A cultura pela arte foi um dos motes escolhidos por Dirce Lorimier Fernandes para a sua análise explicativa de algumas das crenças, lendas, mitos, dogmas e contradições que cercam as suspeitas ocidentais sobre os seguidores de Maomé, como também nos faz ver muitas das coisas que aproximam Ocidente e Oriente.

O retábulo de Gante, também chamado de Adoração do Cordeiro Místico, dos irmãos pintores holandeses Jan e Hubert Van Eyck, é tido como a definição-síntese da igreja católica. Tem características da arte bizantina, e foi completada em 1432, antes da expansão do império otomano.

Está na igreja de São Bavo (ou São Bavão), na cidade de Gante, na Bélgica. O políptico influenciou os pintores do Renascentismo italiano. E talvez um dos mais representativos exemplos da arquitetura islâmica, com frisos com inscrições, seja a Cúpula da Rocha, em Jerusalém, marcada pelos mosaicos, também de forte influência bizantina – outro exemplo de simbiose cultural. Eis como a arte, em sincretismo, contrariou, e ainda hoje o faz, a milenar contenda político-econômica-religiosa entre cristianismo e islamismo.

Conheço Dirce há quase duas décadas. Conheço-lhe a seriedade, a tenacidade, a ironia, o gosto pela polêmica produtiva, a irretocável retidão de caráter, a condescendência com os erros dos homens que constroem a sua história por meio de caminhos avessos. Conheço a sua biblioteca, seus óculos elegantes, sua bondade açoitada, sua trágica história pessoal e o sorriso com que desafia o destino. Conheço os livros que escreveu e muitos alunos que ensinou. E, com ela, estou aprendendo a conhecer razões pelas quais muitos dos conflitos internacionais acontecem – ou são planejados. E, em verdade vos digo, não parece ter havido – ou haja, ainda –, por parte de líderes e mandatários de todos os tempos, muita nobreza em suas iniciativas.

Sei que Dirce foi colaboradora, por mais de uma década, de um jornal da colônia árabe, em São Paulo. Esse jornal, al-Anbá, era subvencionado pelos países que compunham a Liga dos Estados Árabes – LEA, hoje extinta. No início de 1979, Dirce foi levada por essa instituição representativa dos países árabes para participar de um congresso em Bagdá, no Iraque, e, na sequência, convidada a permanecer por três meses naquele país. Diz ela que foi um período digno daquela que foi rainha de Sabá. Um tempo de imersão cultural, completado, imediatamente em seguida, por uma estada de 15 dias em Damasco, na Síria, a convite da embaixada da Síria. Lá, visitou Palmira, e o que viu a incentivou a estudar a incrível saga da rainha Zenóbia, que virou personagem de um de seus livros.

Sei que Dirce visitou também – mais que isso, viveu em – Marrocos, nem tanto por diletantismo, mas para colher informações longamente analisadas para este e outros livros que produziu.

Há mais, além da vivência: documentos consultados no *Archivo General da la Nación*, do México; na Torre do Tombo, em Portugal; em dezenas de livros dos maiores especialistas em História, Sociologia, Teologia e História da Arte. A extensa e mui diversa bibliografia, incluindo documentos ineditos, ilustra o empenho em registrar pensamentos e modos de pensar.

Este não é um livro para quem quer escolher um lado da História. É um livro para aqueles que preferem conhecer os lados vários que a pesquisa permite que se saiba, para compreender motivos, e não razões.

Agradecimentos

Muitas pessoas contribuíram para a realização desta pesquisa. Contei com o profícuo e dedicado acompanhamento de Paulo de Assunção que, além das leituras constantes, enriqueceu a pesquisa oferecendo-me os processos inéditos, "pescados" numa de suas várias idas a Portugal, onde detecta processos e documentos nos arquivos públicos. Paulo, como colaborador de ideias, enriqueceu esta pesquisa de modo determinante.

Aos gentis funcionários do Archivo General da le Nación – AGN (México) sou grata.

Os comentários de Hêndricas Nadólskis, notável professor, a indicação bibliográfica e a leitura de originais no início do trabalho influenciaram a minha inclinação para acompanhar a evolução do Islã e sua trajetória na Península Ibérica. A Hêndricas o meu mais afetuoso reconhecimento, *in memorian.*

Tendo colaborado com Nauaf Hardan em um jornal árabe (Al-Anbá-1975/1987), quando tive oportunidade de conviver com jornalistas muçulmanos e diplomatas de embaixadas de países árabes lotados em Brasília, aprendi quão delicado é se imiscuir no universo do Islã sem tropeçar em dogmas ou extrapolar em juízo de valor. Isso ficou mais claro quando recebi o Corão, no qual encontrei o caminho que leva a entender os seguidores da fé islâmica. Eu não me sentiria segura sem essa vivência, sem a indicação de uma valiosa bibliografia e os esclarecimentos sobre as minhas dúvidas. Eu me responsabilizo pelas heresias que porventura cometi, ao explicar o Islã e os seus fiéis.

Neste sentido, no Marrocos, o convívio com a família Taouchikht, berberes muçulmanos vivendo nas bordas do Saara (*onde é preciso ter muita determinação para poder sobreviver*), me fez perceber a profundidade da fé em Alá, o Todo Poderoso, a quem dirigem o *sallat* diário, pelo Qual vivem na fé, cumprindo a missão de seguidores do Islã e evitando o *haran* (o mesmo que pecado) ou proibições como o assassinato, o suicídio, o roubo, a mentira, a corrupção, o consumo de certos alimentos e bebidas, o adultério, a difamação, a usura, o falso testemunho, a feitiçaria e a falta de respeito por seus pais. Acrescentem-se ainda os jogos de azar, uma prática contrária ao princípio monoteísta do Islã, segundo o qual a coisa adquirida deve se originar somente do esforço santificado por Deus. Aprendi a distinguir fé, dogmatismo religioso e intolerância. Encantada, percebi o amálgama cultural das tradições saarauí (*saharáwi*) com as tradições islâmicas. A afabilidade com que tratam os *infiéis*, a aceitação da lei que o "outro" professa, retratando o desejo de simplesmente viver em paz, iluminaram a minha atenção para que eu pudesse distinguir o que o *Islã defende* e o reverso, ou práticas defendidas por alguns grupos terroristas atuais ou de outrora que, ao disseminarem o horror, a miséria, ao destruírem monumentos, cidades, vão apagando a memória ancestral, desdizendo a História.

O escritor-editor Nicodemos Sena, com sua mansidão, paciência e companheirismo, há dez anos me incentivou a dar os contornos finais a esta pesquisa que parecia interminável, determinado a impedir que eu me acomodasse, deixando o texto adormecido. A generosidade do Nicodemos ao se propor a publicar este livro me enternece, uma vez que a proposta da Letra Selvagem é trazer à luz belas produções literárias, a expressão da criatividade de renomados escritores, enquanto este livro, ao expressar a veracidade, é um mosaico de citações, no entendimento de Julia Kristeva.

Sou grata a Joaquim Maria Botelho, por tudo o que ele representa para mim como amigo e como atento conselheiro e orientador intelectual.

Sou grata aos meus filhos Fábio, meu primogênito, Fernando e Norma (sempre companheira, cúmplice e atenta), por terem me permitido produzir algo além da maternidade. Fernando, sempre solícito procurando em bibliotecas, livrarias e sebos, livros de que eu precisasse para os meus estudos, foi levado do meu convívio antes desta publicação. Descanse, meu filho.

DLF

Aos que me permitiram ser feliz,
In Memorian

Uma homenagem
A todos os refugiados:
Por sua origem
Por suas condições sociais
Por seus valores
Por sua fé.

"É DIFÍCIL JULGAR O PASSADO PELOS CRITÉRIOS DO PRESENTE."

(Jorge Mario Bergoglio, Papa Francisco, em Washington, no dia 24 de setembro de 2015)

INTRODUÇÃO

O interesse pela complexidade nas relações entre o mundo Ocidental e o Islã tem favorecido a publicação de vários estudos sobre o mundo muçulmano, principalmente após os atentados contra as Torres do Word Trade Center em New York, em 11 de setembro de 2001.[2]

Em 2022 a humanidade recebeu notícias sobre os atos terroristas dos defensores do Estado Islâmico, cujas normas e práticas nos fizeram lembrar que no passado muitas crenças apelaram para instrumentos cruéis, com o objetivo de alcançar hegemonia religiosa. Em muitos países, os cristãos estão sendo aprisionados pelo Estado Islâmico, persuadidos a abraçar o Islã ou a viver sob o regime instaurado por seus chefes.

Presa ao fascínio do tema, me aventurei a indagar: Como surgiu o Islã? Como se deu o seu desenvolvimento e expansão? Por que o Islã se tornou uma arma poderosa nas mãos de terroristas? Qual a consequência social para os fiéis que seguem as leis do Islã sem radicalismos?

Tudo isso me incentivou a estudar os primórdios do Islã, sua evolução, do deserto para a África e para a Península Ibérica, em cujo cenário os fiéis a essa crença tomaram parte como atores, ou coadjuvantes, ou espectadores, ou excluídos.

Uma das possíveis justificativas é que o Islã avança a passos largos em várias direções, especialmente no seio da Europa, conduzido por seus representantes refugiados. Os adeptos do Islã são encontrados desde a África Ocidental até a Indonésia, passando pelo Oriente Médio e a Índia. Nesses locais, muitas vezes eles são maioria e exercem importante influência na

---

[2] Para os muçulmanos, Islã significa simplesmente submissão a Deus e "muçulmano" ou submisso é aquele que segue as leis do Islã. A revelação do Islã foi dada a Mohamad (Maomé), que é reverenciado pelos muçulmanos como o maior dentre todos os profetas. De fato, "Maomé" não é apenas um nome, mas um título que significa "O louvado" ou, ainda, "digno de louvor". Albert Hourani lembra que *o* "nome dado a Deus era Alá... Os que se submeteram à Vontade d'Ele acabaram tornando-se conhecidos como muçulmanos; o nome da religião, Islã, deriva do mesmo radical linguístico." ('Islamismo', do árabe: *islám* = resignação, submissão). Hourani, Albert. *Uma história dos povos árabes* (Trad. Marcos Santarrita), São Paulo: Companhia das Letras, 2001, p. 33.

sociedade. Nem por isso, contudo, a história desses crentes é idêntica. Pertencem a diferentes nações e etnias, com línguas, culturas, procedimentos cotidianos próprios. O que os liga é apenas o Islã, às vezes praticado com maior ou menor ortodoxia. Isso porque, tendo surgido há mais de 1.400 anos, espalhou-se pelos três continentes, entre as mais diferentes sociedades, sofrendo as suas influências.

No Ocidente, é comum referir o Islã sem distinção entre a geografia, a história, a política e a sociedade. Existem árabes professando outros credos religiosos e o mundo muçulmano está muito longe de ser composto de árabes em sua maioria. Em 2001, Anne Marie Delcambre afirmou que apenas 18% dos muçulmanos eram árabes. Calculava ser essa população constituída de cento e oitenta milhões de fiéis, menos de um quinto do total de indivíduos árabes.[3] Peter Demant, em 2004, afirmou que o mundo muçulmano abrangia cerca de 1,3 bilhão de seres humanos, um quinto da humanidade com o qual precisávamos "inevitavelmente repensar a convivência".[4] Em 2015, calculava-se que esse número atingia 1,6 bilhão.[5] No início de 2024, diziam os estudiosos que o número chegara a 1,8 bilhão e o ano termina calculando que a população mundial de muçulmanos é estimada em cerca de 1,9 bilhão de pessoas. Os islamismo é a segunda maior religião do mundo, depois do cristianismo.

Marco Lucchesi lembra que o desafio intelectual deste século consiste no desmascaramento da visão parcial e negativa que a *arrogância intelectual* do Ocidente conserva em relação às culturas do Oriente.[6] Contudo, alguns segmentos fundamentalistas do Islã, como referimos anteriormente, facultam aos não muçulmanos cultivarem ideias preconcebidas a respeito do Islã. A generalização, entretanto, dificulta a compreensão do Islã como religião de vocação universal, tendo produzido uma civilização de grande prestígio. Na opinião de Anne-Marie Delcambre, Islã implica aparentemente um conjunto dinâmico no tempo e no espaço – sendo ao mesmo tempo religião, organização política, cultura, estilo de vida.[7]

Esses fatores se articulam com mais ou menos sucesso segundo as

---

[3] Delcambre, Anne -Marie. *L'islam.* Paris: La Découverte, 2001, p. 3.

[4] Demant, Peter. *O mundo Muçulmano.* São Paulo: Contexto, 2004, p. 14.

[5] Lucas, Adriano S. Islamismo – Cerca de 1,6 bilhão de adeptos. Os muçulmanos representam a segunda posição, entre as 10 maiores religiões do mundo. Fonte: http://top10mais.org/top-10-maiores-religioes-do-mundo/#ixzz3pltvUAbJ Acesso em 27 de outubro de 2015.

[6] Lucchesi, Marco. *Caminhos do Islã.* Rio de Janeiro/São Paulo: 2002, p. 11.

[7] Delcambre, op. cit., p. 3.

épocas, os países, as sociedades, mesmo perdurando hoje uma origem (núcleo) que faz o muçulmano da Arábia, da África, da Ásia ter atitudes semelhantes, em face do mundo e dos homens. Peter Demant aconselha atentar para a confusão terminológica acerca do tema: "Em primeiro lugar, o termo muçulmano refere-se a um fenômeno sociológico, enquanto islâmico diz respeito especificamente à religião". Desta maneira, "pode-se afirmar que o Paquistão possui uma maioria muçulmana; mas nem por isso é um Estado Islâmico. Islamismo e islamita, por sua vez, são utilizados para definir o movimento religioso radical do Islã político, inspiração do que também se chama popularmente de fundamentalismo muçulmano. É, portanto, confuso e incorreto usar o termo islamismo como sinônimo de Islã, como acontece ocasionalmente em português."[8]

Delcambre afirma que é preciso distinguir no Islã a religião, a história política, a civilização e a ideologia. É preciso enfocar o lugar e o papel do Islã nas diferentes sociedades, confrontar as ideologias e as filosofias, para enfrentar a modernidade.[9] Não foi sem razão que o rei Hassan II, do Marrocos, em 15 de dezembro de 1994, depois da Cúpula do OCI, Organização da Conferência Islâmica, propôs uma "Alta Instância" para retificar os pré-julgamentos concernentes ao Islã. Ora, se os juízos antecipados subsistem é porque a atividade de uma facção de radicais os reforça, conforme evoca Delcambre em sua obra: na Argélia o assassinato de quatro padres brancos em 1994; assassinato de sete monges de Tibhirine e de Pierre Claverie, arcebispo de Oran, em 1996.[10]

O conceito negativo do Ocidente para o Islã tem base em fatos incontestáveis, se referirmos a série de violências que se atribui aos muçulmanos, sem distinção: anteriormente, a violência praticada pelos atentados do GIA (Grupo Islâmico Armado). Dentre outros, o ato terrorista executado no Egito, em outubro de 2004, contra turistas israelenses, é uma ínfima mostra de ações de grupos pertencentes a facções ideológicas que portam como escudo o Islã, aterrorizando, matando e alimentando, em algumas pessoas ou sociedades, o preconceito anteriormente citado.

[8] Demant, Peter, op. cit. p. 14. António Houaiss define: "religião caracterizada por monoteísmo estrito e síntese entre fé religiosa e organização sociopolítica, fundada pelo profeta árabe Maomé (570 ou 580-632), que codificou sua doutrina em um livro sagrado, o Corão, que se tornou o fundamento escrito da fé muçulmana; maometanismo, maometismo, muçulmanismo." Para Islã esse autor afirma: a civilização que se ergueu sobre a base da fé islâmica, ou, o grupo das nações modernas que têm o islamismo como religião dominante.

[9] Delcambre, op. cit., p. 4.

[10] Delcambre, op. cit., p.3.

O preâmbulo acima não é o enfoque deste trabalho. Quisemos apenas lembrar acontecimentos, na maioria das vezes políticos, ou o enfoque sociológico das questões que fazem confundir esses temas com religião, causando conflitos e ideias preconcebidas. Quisemos também alertar sobre a importância e a atualidade do tema apresentado a seguir: uma reflexão sobre as várias fases do Islã, desde a sua implantação até o século XVII – do Oriente Médio à África e dali para a Península Ibérica – quando Felipe III da Espanha conseguiu finalmente expulsar os propagadores e defensores da lei de Maomé na Península Ibérica e as trágicas consequências para ambas as partes. O reino espanhol sofreu economicamente, ao perder a mão de obra na lavoura; muitos dos desterrados se tornaram párias à mercê da má sorte, ambulando em alto mar, vendidos como escravos aos piratas de bandeiras muçulmanas, sendo penalizados pela fé islâmica ou cristã. Nesse contexto, o problema era a busca da supremacia religiosa e sequestro de bens, tudo protegido pela impunidade adquirida pela nobreza.

A História, preservada em arquivos e nas obras de especialistas, pode esclarecer a evolução do processo inquisitorial, as relações entre as religiões, as divergências de origens subjetivas e o porquê de acontecimentos que, às vezes, parecem inexplicáveis, conforme vivenciamos no ano de 2021, o anacrônico Talibã[11] ressurgindo no Afeganistão, logo depois que no Oriente Médio a organização denominada Estado Islâmico (EI) trucidou cristãos e muçulmanos, ameaçando o Ocidente em prol da hegemonia política e da imposição de uma retrógrada ortodoxia islâmica.[12] Foi mais

[11] Talibã (também transliterado Taleban, Taliban ou Talebã, do pachto: طالبان, transl. ṭālibān, "estudantes") um movimento fundamentalista e nacionalista islâmico que se difundiu no Paquistão e, sobretudo, no Afeganistão, a partir de 1994 e que, efetivamente, governou cerca de três quartos do Afeganistão entre 1996 e 2001, apesar de seu governo ter sido reconhecido por apenas três países: Emirados Árabes Unidos, Arábia Saudita e Paquistão.[46][47] Seus membros mais influentes eram ulemás (isto é, teólogos) em suas vilas natais. É, oficialmente, considerado como organização terrorista pela Rússia,[48] União Europeia, Estados Unidos, Canadá,[49] Emirados Árabes Unidos[50] e Cazaquistão.[51]Disponível em: https://pt.wikipedia.org/wiki/Talib%C3%A3Acesso em 04.07.2022.

[12] A ideia da criação de Estado Islâmico surgiu no século VIII, quando o regime *omeya*, na Síria, passou por uma grande crise. Hišām (724-743), o califa, por sua política fiscal, provocou a oposição dentro do império árabe que adotou a forma de reclamações rivais à autoridade política, como os descendentes do primo e genro de Maomé, Ali, ou os herdeiros de seu tio Abbās, ou aqueles como os jariŷes que se opunham radicalmente à constituição, naquele momento, do Estado Islâmico. Havia descontentamento com a dominação dos *omeyas* e o fracasso dos califas em assegurar uma genuína igualdade de *status* entre muçulmanos e não árabes. Ver: Collins, Roger. *La Conquista Árabe* (710-797) História de Espanha, Barcelona: Editorial Crítica, 1991, Capítulo V "El Ascenso de un Aventurero", p.103-126.

uma ameaça de guerra que, em nível mundial, no ano de 2022, estava emocionalmente suplantada pela invasão da Ucrânia, que nada tinha a ver com religião.

Para o entendimento dessas propostas, apresentamos, na Primeira Parte do livro, o cenário em que surgiu o Islã, tratando-o no campo das Cruzadas e das invasões; uma nova fé baseada em "revelações" em cuja evolução surgiram dinastias e conflitos que iram desterrar-se do Oriente para o Ocidente, levando consigo o propósito de implantar-se na Península Ibérica e além dela. A expansão do poder muçulmano originou a criação de uma esfera cultural do Oriente Médio,[13] e o idioma árabe foi adotado pela maioria e, concomitantemente, o Islã. A partir do início do século VIII, o Islã se expandiu, atingindo a Península Ibérica, e dali, para a França, onde foi derrotado na Batalha de Poitiers. No decorrer do tempo, o Islã se propagou para outras partes do mundo.

Na Segunda Parte estuda-se o apogeu e o declínio do Islã Ibérico. Naquele intrincado universo disputado por cristãos e muçulmanos, intrigas políticas e dinásticas, foram surgindo os *moçárabes*,[14] os *almorávidas*,[15] os *almúridas* ou almôades (ou almôadas, ou almóadas),[16] os *mudejares*[17] e toda ordem de seitas fiéis ao Islã que partiam do norte da África para a Península Ibérica, onde os muçulmanos se envolveriam em muitos dramas, pois, tendo atingido a maior parte daquele território, foram sendo acuados

[13] Termo (Midle East) "de cunho eurocentrista e data do século XIX, época em que o império britânico controlou os mares em um quarto da terra", lembra Peter Demant, em sua obra *O Mundo Muçulmano*, op. cit., p. 15.

[14] Cristão hispânico que vivia nas terras conquistadas pelos muçulmanos no sul da Península Ibérica, dos quais sofreu a influência da cultura; descendente de cristão hispânico que vivia nas terras ocupadas pelos muçulmanos; grupo de dialetos românicos falados pelos moçárabes; adjetivo de dois gêneros: dos moçárabes (diz-se de arte, arquitetura, artesanato, agricultura etc.); moçarábico.

[15] Membro de seita árabe, religiosa e política que se espalhou pela Espanha no último período de domínio mouro; marabuto relativo aos almorávidas, dinastia berbere que reinou sobre o Marrocos, o Mahgreb Ocidental e parte da Espanha, de 1055 a 1147.

[16] Berberes pertencentes a uma dinastia que sucedeu aos almorávidas, reinando sobre a África setentrional e a Espanha muçulmana de 1147 a 1269.

[17] Denominação arábica atribuída a indivíduo do povo árabe que se manteve na Península Ibérica depois da reconquista pelos cristãos.

para o sul, enfrentando as reações dos líderes dos cinco reinos ibéricos.[18] Destaca-se a atuação do *Condado Portucalense* (ou Portugal), um dos reinos daquele universo medieval fragmentado que se originou da intrigante doação de Dom Alfonso VI ao Conde Henrique de Borgonha, que se casou com Tereza, a filha bastarda do primeiro. Em 1097, o *Condado* se tornava independente da Galícia, passando a fazer parte do reino de Leão. Ocorreram divergências políticas durante todo o governo de Henrique de Borgonha, estendendo-se pela regência de Dona Teresa. Afonso Henriques, o filho desse casal, ainda enfrentou lutas com os príncipes e reis da Galícia, com os nobres de Leon e com os mouros (nome que os ocidentais deram aos adeptos da lei de Mohammad ou Maomé) que haviam avançado até Coimbra.

Somente depois da batalha de Ourique (25 de julho de 1139), o jovem monarca tomou oficialmente o título de Rei de Portugal. Na sequência dos fatos que finalmente sufocaram os seguidores de Maomé no *Condado Portucalense*, observamos a trajetória de intrigas das duas filhas de Alfonso VI.

Apesar de suas rotas tomarem sentido paralelo, a vida dos mouros nos reinos de Espanha e de Portugal, de qualquer forma, ia sofrendo transformações em razão do recrudescimento à sua perseguição, como aconteceu finalmente durante o *cerco de Lisboa*; nesta batalha os mouriscos foram definitivamente derrotados, graças à estratégia política de Dom Afonso Henriques e à ajuda dos cruzados que passavam pela região, para a bem-aventurança desse nobre português.[19]

Na Terceira Parte, apresentamos uma involução do poder islâmico na Ibéria, enfocando o cristianismo, a implantação e a evolução da Inquisição na Península Ibérica. Estamos no ocaso do século XV, no território espanhol. Ali, notabilizaram-se, dentre outros, os reis católicos Fernando e Isabel, o dominicano Thomás de Torquemada, o franciscano cardeal Francisco Jiménez de Cisneros; veio depois, no século XVI, a dinastia Habsburg (ou Habsburgo) herdada por Carlos V da Espanha (neto dos

---

[18] A partir de finais do século XVII, passou-se a designar toda a península, incluindo as regiões muçulmanas e as regiões cristãs, com o nome Espanha. Os *cinco reinos de Espanha* referiam-se a Granada (muçulmana), Leão (Leon) e Castela, Navarra, Portugal, a coroa de Aragão, e o condado de Barcelona (cristãos).

[19] Ver: Conrad, Philippe. *História da Reconquista*. Portugal: Publicações Europa América, 2003; Fletcher, Richard. *Em busca de El Cid*. São Paulo: UNESP, 2002; Reylli, Bernard. *Cristãos e Muçulmanos* — A luta pela península Ibérica. Lisboa: Teorema, 1992; Fernandes, Dirce Lorimier. *Rainhas: Entre a realidade e a imagem do poder*. São Paulo: Clube dos Autores, 2012.

reis católicos), seu filho, neto e bisneto – Felipe II, Felipe III e Felipe IV, respectivamente - cuja perseguição aos mouros contou com notáveis personalidades políticas e religiosas.

Thomás de Torquemada serviu aos interesses dos Reis Católicos Fernando e Isabel que, em 1483, o nomearam como primeiro inquisidor de seus reinos. Este dominicano marcou sua trajetória com as *Compilações* – regras de proceder da Inquisição espanhola. Em 1507 Francisco Jiménez de Cisneros foi nomeado cardeal e grande inquisidor de todo o reino de Espanha, e seu maior feito foi a perseguição aos muçulmanos; notabilizou-se também por haver ordenado a queima de todo exemplar do Corão, onde quer que fosse encontrado nos reinos sob sua jurisdição.

Cisneros ficou conhecido por sua austeridade ao dar ordem para que todos se integrassem a uma nova cultura e repudiassem a anterior. Os muçulmanos, ante a autoridade que o religioso alcançara perante os reis católicos, ficaram atemorizados, pois esse mesmo homem já lhes havia causado muitos transtornos, movido pelo desejo de converter os *infiéis*. E não era sem razão.

Os reis católicos Fernando e Isabel, da dinastia Trastâmara e a subsequente dinastia Habsburgo, merecem atenção especial. Os primeiros idealizaram o processo de expulsão dos mouros e seus sucessores se empenharam na execução, visando à expulsão geral desses invasores até o início do século XVII. Durante o reinado Habsburgo, cabia à coroa empenhar-se também no combate aos *iluminados* e aos luteranos[20], aos judeus e cristãos-novos; defender o Mediterrâneo contra os invasores do Magreb, da Turquia e os corsários dos Países Baixos. Havia as constantes guerras dentro e fora da Europa. Os autos de fé recrudesciam; era necessário lutar contra o paganismo no Novo Mundo, censurar as publicações que punham em dúvida a fé católica e tudo isso provocou o isolamento intelectual da Espanha. Em 1559, Felipe II proibia aos súditos ensinar ou fazer cursos nas universidades estrangeiras, excetuando as de Bolonha, Roma, Nápoles e Coimbra. Os intelectuais estavam envolvidos com a Inquisição e muitos tiveram que acertar contas com o Santo Ofício, ampliando o isolamento intelectual do país no contexto europeu. Na Península Ibérica, da segunda metade do século XVI em diante, era necessária muita cautela para referir certos assuntos, a fim de evitar atribulações.

---

[20] Ver: Trevor-Hoper, H.R. *Religião, Reforma e transformação social* (Trad. Maria do Carmo Cary), Lisboa – Portugal: Presença; São Paulo: Martins Fontes, 1956-1972, p. 13-42.

O findar da Idade Média fez desabrochar o Renascimento e, nessa fase, dentre outros importantes eventos, floresceram fatos e os protagonistas que deram ensejo à concretização da Reconquista e suas consequências para os *mouros*. O sucesso do cristianismo ibérico contou com a colaboração de religiosos que não vacilavam na aplicação de instrumentos capazes de fazer valer a vitória da fé católica sobre o que consideravam heresia.

A repressão religiosa instituiu um mundo conturbado e intolerante, atingindo indiscriminadamente toda a população da península sob o domínio espanhol. Muitas das perseguições eram alimentadas por motivos pessoais, intrigas de gabinete e inveja. A repressão era contínua, mas os mouros eram incansáveis.

Antes da expulsão geral dos mouros, em setembro de 1582, Felipe II, tendo unido as duas coroas (Espanha e Portugal), reuniu uma Junta em Lisboa, e concluiu que os mouriscos eram um perigo iminente e propôs a expulsão geral. Estando em Madri, deduziu que naquele momento seu projeto era inviável, tendo em vista o empenho em termos de recursos humanos e materiais para o mister. Novas tentativas foram propostas, mas somente o sucessor conseguiu pôr em prática o objetivo do rei fanático.

Num quarto momento, que intitulei *Antecedentes da decisão definitiva*, constam os eventos que ensejaram a expulsão geral dos mouros. Antes do decreto de expulsão, havia entre os muçulmanos uma previsão funesta quanto à permanência deles no território hispânico. O cerco ia se fechando e, temendo o pior, muitos aventureiros se lançaram ao mar em busca de refúgio onde pudessem viver e professar tranquilamente a fé e preservar os costumes. A ousada façanha de alguns desses fugitivos está apresentada como um demonstrativo do modo de proceder da repressão religiosa do século XVII, provando que os "infiéis" eram caçados em terra ou no mar. Nessa época vigorava a união das duas coroas ibéricas e, por isso, os prisioneiros foram conduzidos aos tribunais de Lisboa. Culpados ou não, todos passaram pelas etapas pertinentes ao regime em vigor; condenados, penitenciados ou reabilitados, todos ficaram expostos às misérias destinadas aos acusados de práticas heréticas naquele universo de perseguição e abuso de poder, sendo o suspeito de heresia jovem ou adulto.

Ilustram essa etapa do trabalho três documentos inéditos: Inquisição de Lisboa: Processo do espanhol Julião (ou Julian) Calvo, 1601 em Lisboa (1599 em Tânger); Processo de Francisco mourisco, espanhol, 1616. Processo de (outro) Francisco Mourisco, também espanhol, 1616. Essa parte do trabalho consiste na análise e interpretação dos processos acima, com base em regimentos oficiais e documentos.

A quinta parte do livro é dedicada a *renegados*, contra os quais a sociedade era implacável: Francisco Mourisco, e seu homônimo Francisco Mourisco, Pedro Franco, Pedro Vermudes e Manuel Farinha são personagens de uma história que talvez não interesse a mais ninguém neste início do século XXI, voltado para questões atuais, mais instigantes e preocupantes, como a guerra entre Rússia e Ucrânia, cujas consequências preocupam as grandes potências mundiais. Mas, considerando que ao evoluir os problemas que vão surgindo hoje assemelham-se a fatos ocorridos no passado, nós os trouxemos de volta, a fim de ilustrar as consequências de atos repressivos e discriminatórios praticados por aqueles que detêm o poder bélico ou pretendem adquiri-lo.

Retomando o tema objeto da narrativa, observamos que cada uma das personagens tem algo em comum: todos são testemunhas de aventuras marítimas realizadas no século XVII pelos portugueses, espanhóis e turcos.[21] Praticavam pirataria, subjugando os prisioneiros à servidão, cujo ponto de partida era Argel. Além disso, todos se apresentaram ao Tribunal do Santo Ofício como cristãos-velhos, tentando comprovar a declaração, declamando as orações elementares da fé católica, além de outros quesitos como a circuncisão; todos haviam se tornado escravos pelos turcos e, como tal, eram suspeitos na fé, sob a ótica da Santa Inquisição.

Parafraseando Ibn Khaldum, observa-se, então, que a opressão dá origem a uma geração embrutecida, alquebrada, submissa a qualquer conquistador, presa fácil de qualquer ambicioso. O enfoque é a escravidão branca, forma de cativeiro que se estendeu até o século XIX, senão depois. A atividade corsária, em pleno esplendor na época, os considerava "ouro branco". Grande parte da "mercadoria" era formada por espanhóis vivendo no norte da África, presa fácil ante os ardis dos expulsos que conheciam o idioma e os ludibriava vestindo-se como suas presas.

A partir da expulsão geral de 1609, os ataques nas costas do Mediterrâneo recrudesceram sistematicamente, submetendo à escravidão personagens importantes da sociedade ibérica. Havia perseguição entre os próprios muçulmanos que não confiavam naqueles que mudavam de "bando" ou se deixavam converter ao Islã. Mesmo convertidos, os aprisionados continuavam sendo escravos, à mercê da desconfiança dos muçulmanos.

De tal rol de "delitos", obtém-se esclarecimentos sobre a trajetória das embarcações mercantis no Mediterrâneo e no Atlântico, do norte da

[21] A expressão "turco (s)", empregada dezenas de vezes neste trabalho, não se refere somente a cidadãos de origem turca, mas também a indivíduos muçulmanos (mouros, mouriscos, islâmicos).

África (Argel e Marrocos) à Península Ibérica, ao Brasil e outras colônias espanholas da América do Sul e sentido inverso. Chega-se assim ao fim de uma época causada pelo obscurantismo da outrora poderosa dinastia Habsburgo.

Dessa maneira, visamos a resgatar um momento importante da difícil interação entre Ocidente e o Islã no decorrer dos séculos XV e XVI e XVII. Ações e reações conflituosas que possivelmente causaram trágicas consequências que ainda hoje se fazem presentes e impõem que reflitamos sobre a fé e a tolerância em um novo contexto.

PRIMEIRA PARTE
A Cruzada Islâmica

Capítulo I

PROPAGAR E DEFENDER A LEI DE MAOMÉ NA PENÍNSULA IBÉRICA

"Ao contrário de outras importantes religiões,
o surgimento do Islã tem data e locais demarcados:
começa do século VII, na península Árabe."
(Demant, Peter. *O mundo muçulmano*,
São Paulo: Contexto, 2004, p. 25)

Equívocos

Um ato terrorista ocorrido no dia 11 de setembro de 2001, por parte de cidadãos ditos muçulmanos, provocando a morte de cerca de 2.819 pessoas, destruiu as torres gêmeas do World Trade Center, nos Estados Unidos. No dia 11 de setembro de 2004, ato semelhante ocorreu em Madri, na Espanha, causando a morte de outras centenas de pessoas. Na Inglaterra, no dia 7 de julho de 2005, quatro atentados a bomba, cometidos em três estações de metrô – *King's Cross, Liverpool Street e Russell Square* – e em um ônibus urbano, deixaram 52 mortos e cerca de 700 feridos. O terror contemporâneo vem aumentando na medida em que o Ocidente ataca com seus avançados instrumentos bélicos: no passado recente, países onde se supunha estarem alojados os seguidores do falecido terrorista Osama Bin Laden (2 de maio de 2011), principal suspeito de haver comandado os ataques de 11 de setembro nos Estados Unidos, conviveram com o medo e a insegurança, como hoje os residentes de Gaza e da devastada Ucrânia. No caso de Bin Laden, depois perseguido e eliminado, a fúria dos muçulmanos radicais recrudesceu e, além dos grupos terroristas que já existiam, os adeptos da criação do Estado Islâmico ganharam força e provocaram discórdia entre muçulmanos, atacaram fiéis de outras crenças, recrutaram jovens incautos e ampliaram a Cruzada que andou ameaçando os países da Europa e os Estados Unidos. Seu último alvo até agora foi a França: no dia

7 de janeiro de 2015, o terrorismo chegou à sede do jornal Charlie Hebdo, causando mais de uma dezena de vítimas fatais. Dez meses depois, no dia 14 de novembro, o terror, em Paris, fez passar de uma centena as mortes, além de 350 pessoas feridas.

Isto é um fato que foge dos propósitos desta pesquisa, uma vez que as causas implicam interesses geográficos, econômicos e não religiosos ou raciais, conforme pode parecer à primeira vista. Dá ensejo ao surgimento de grupos terroristas, capazes de cometer atos como os que enumeramos, com grandes danos aos seguidores do Islã, como religião. Sempre que se procura compreender e explicar as causas dos atos terroristas praticados neste século XXI, especialmente os do 11 de setembro, invocam-se razões dentro da cultura islâmica. Tal prática nada mais é que uma forma de encobrir o fato de o Ocidente aviltar não só os muçulmanos, como todos os povos do que chama de Terceiro Mundo. A política das superpotências submete os povos pobres (principalmente do "Terceiro Mundo"), sem força política nem econômica, aos seus interesses e ideologias.

Sobre essa disputa entre ricos e pobres, Abdelwahab Meddeb recomenda cautela nos julgamentos: "em um mundo onde reina a interferência, em um planeta submetido à globalização, é preciso trabalhar com as nuanças requeridas pela dialética que combina o particular e o universal, o específico e o comum, o diferente e o mesmo. Há séculos, as fronteiras foram traçadas não apenas para conter as passagens, mas também para serem atravessadas tanto pelas ideias quanto pelos homens."[22]

Nos últimos tempos, observa-se que a memória viva do terror revolucionário utiliza vulgarmente o assassinato político para chegar à insti-

---

[22] Meddeb diz ainda que "é na perspectiva das travessias que convém aproximar-se do fenômeno dos *Assassinos* que é um fato oriental, islâmico, mas que foi construído como um mito pelo Ocidente cristão desde a época medieval. O mesmo Ocidente reativou-se no século XVII, e sobretudo a partir do século XIX, para que toda forma de terror político lhe seja atribuída." Meddeb, Abdelwahab. *A doença do Islã*, (trad. Cleonice Paes Barreto Mourão), Belo Horizonte: UFMG, 2003, p. 141. A mesma opinião tem W.B. Bartlett. Qual a origem dessa designação? Segundo esse pesquisador, "Os inimigos da seita davam aos seus membros (um grupo que semeava terror) uma denominação especial. Eram chamados *hasshishiyyun*, um termo humilhante cujo significado era *'usuário de Haxixe'* [...] era aplicado pelos muçulmanos a indivíduos tidos como perversos." Ver: Bartlett, W.B. *Assassinos* -A história da seita secreta do Islã Medieval (trad. Silvia Spada). São Paulo: Madras, 2007.

tucionalização de princípios ideológicos, sendo praticada explicitamente pelo Ocidente.[23]

Portanto, é temerário confundir Islã, religião e civilização, e fundamentalismo islâmico, fenômeno contemporâneo surgido nos Estados Unidos, início do século XX, um aparente acesso de febre que traduz um profundo mal no mundo muçulmano em face da modernidade laica. As condenações de Salman Rushdie e de Taslima Nasreen são os exemplos mais evidentes deste obscurantismo. As opiniões e exemplos de diversos autores, testemunhas incontestáveis da evolução do Islã no mundo, dispensam nos*sos* comentários.

Uma nova Fé

Inicialmente, tratemos do Islã como religião. No século VII, quando Dagoberto era o rei dos francos, um árabe do deserto surgiu pregando uma nova crença. A história desse beduíno que se tornou profeta e chefe de uma comunidade, cujo arrebatamento vai desconcertar o mundo, é uma verdadeira epopeia.

O Islã surgiu na Arábia, a atual Arábia Saudita, região isolada e árida. Ela não se parece em nada com a Arábia do Sul, agora conhecida como a Arábia Feliz ou Yemen, célebre por lembrar a rainha de Sabá.[24] A Arábia do deserto, que é quatro vezes maior do que o estado de São Paulo, parece modesta se comparada aos seus ilustres vizinhos: de um lado o império

---

[23] Citado por Meddeb Abdelwahab, Hammer, Joseph von, em seu livro *História dos assassinos*, tem como "modelo universal esses conspiradores membros de sociedades secretas que 'prostituem' a religião para servir suas ambições" (p.124). Ele incorporou aos *Assassinos* todos aqueles que ele percebia como 'semeadores da discórdia': os templários, os jesuítas, os franco-maçons, os iluminados, os regicidas da Convenção. Evocando-se os *Assassinos* para denunciar todos aqueles que utilizaram a violência para chegar aos fins a que se propunham." Meddeb, Abdelwahab. *A doença do Islã*, (trad. Cleonice Paes Barreto Mourão). Belo Horizonte: UFMG, 2003.

[24] Ver: o Corão. *O significado dos versículos do Alcorão Sagrado* — com comentários. Traduzido por Samir El Hayek. 11ª ed. São Paulo: Marsa M, 2001, p. 458, "Encontrei uma mulher, que governa (o povo), provida de tudo, e possuindo um magnífico trono". Na nota 1160 -1161, Hayek explica: "A rainha de Sabá (de nome Bilquis, na tradição árabe) veio, aparentemente, de Iêmen, mas tinha afinidades com os abissínios, e, provavelmente também os governava. [...] Os abissínios possuem uma tradicional história, intitulada 'O Livro da Glória dos Reis' *(Kebra Nagast)*. Ele versa sobre a Rainha de Sabá e seu único filho, Menielek I, como fundadores da dinastia abissínia".

bizantino cristão e, de outro, o império persa sassânida, onde se praticava a religião dos magos. Apresenta-se como uma ilha de areia inóspita com suas dunas agitadas pelo vento. É um deserto sulcado pelas caravanas de dromedários, conduzidas por beduínos indo e vindo da Síria ao Yemen, conforme os mapas inseridos nas figuras 1 e 2 e 3:

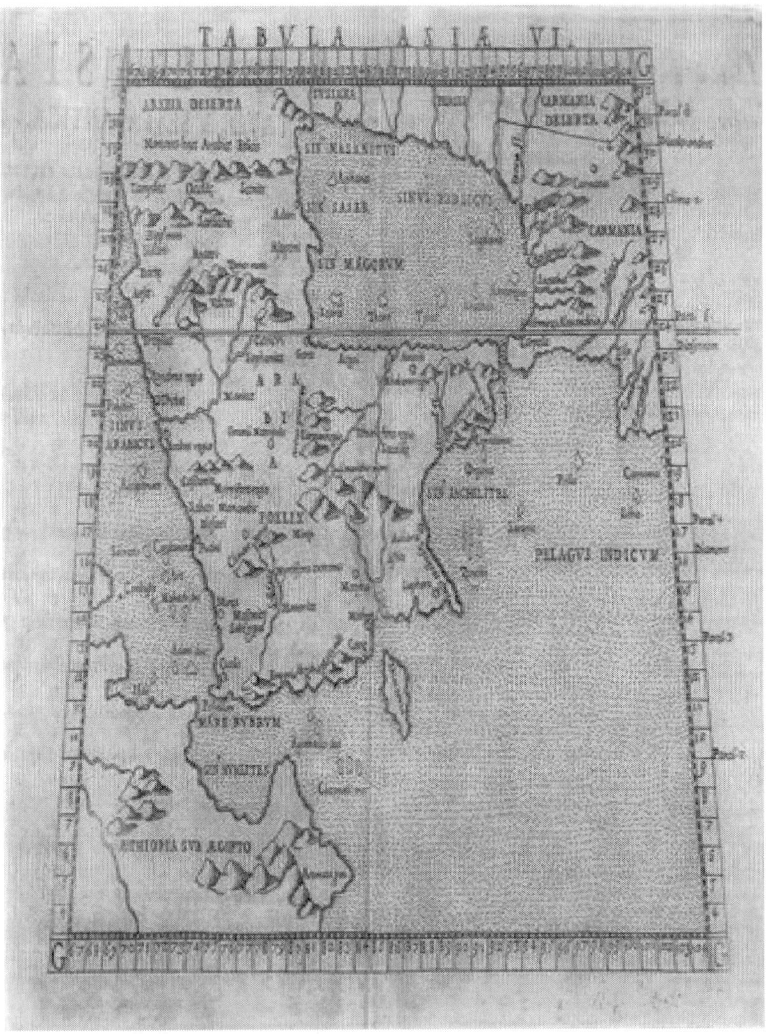

Figura 1: Mapa da Antiga Arábia - Disponível em: https://upload.wikimedia.org/wikipedia/commons/thumb/1/13/Arabia_Felice_Nuova_Tavola_2.jpg/1280px-Arabia_Felice_Nuova_Tavola_2.jpg . Acesso em 1º de setembro de 2015.

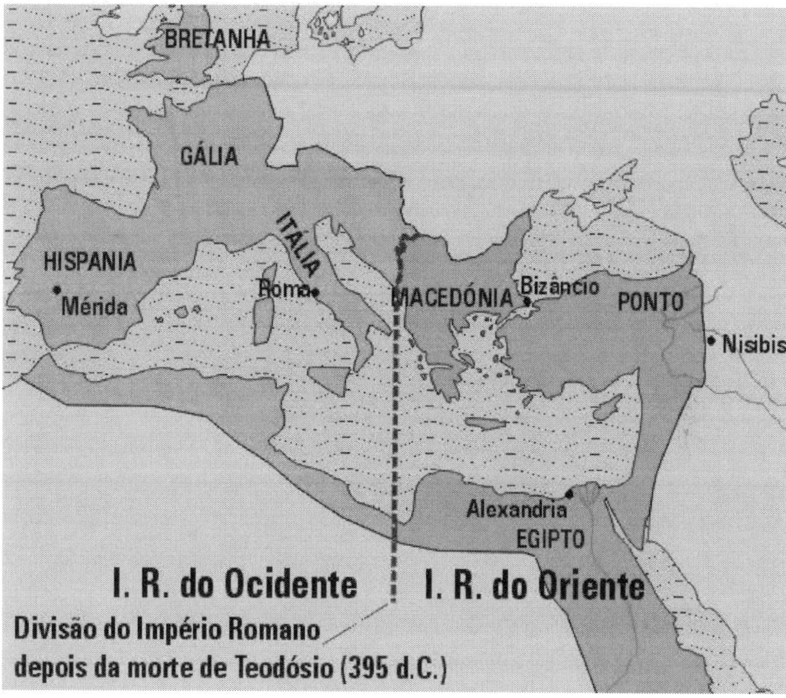

Figura 2: Jeddah Saudiarabien karta - Jeddah KSA karta (Västra Asien - Asien) | 1200 x 1176 · 157 KB · jpeg em: Disponível em: sv.maps-saudi-arabia.com Acesso em: 05 de julho de 2022.

As caravanas podem subsistir graças aos numerosos oásis, reconhecidos por suas tamareiras, onde vivem os agricultores. Todos os beduínos conhecem esses portos de repouso: Najrân, Yathrib, Fadak, Khaybar, Madayn, Tabûk. Naqueles idos, nas cidades como Meca, encontravam-se os mercadores. Todos, nômades ou sedentários, estavam organizados em tribos e em clãs mais ou menos conhecidos.

Consta que a célebre tribo dos coraixitas era subdividida em uma dezena de clãs, dentre eles o de Hachim. Del Cambre afirma que, nessa organização tribal, só os homens tinham importância. Era uma honra o nascimento de um menino. Os meninos eram a força da família: guardiões de rebanhos e guerreiros, eles constituíam a glória da tribo e, se eles faltavam, praticava-se a *razzia*[25] porque era difícil sobreviver. Ter apenas filhas era uma desdita. Os beduínos consideravam as filhas um fardo pesado e alguns as enterravam vivas ao nascer. Ademais, elas podiam ser causa de desonra. Ora, a honra era verdadeiramente sagrada para os árabes. A honra tinha peso de religião.[26]

Neste contexto, coexistiam judeus e cristãos e ainda alguns ascetas, os *hanîfs*, que acreditavam, de maneira não muito clara, em um só deus, mas não eram a maioria. Entretanto, quase todos os beduínos ainda adoravam ídolos e temiam, sobretudo, a falta de sorte. Eles também evitavam contrariar os *djinns*, pequenos demônios malignos que se escondiam em toda parte, nas profundezas das fontes, nas pedras, nas árvores. Eles prestavam

25 Invasão de território inimigo ou estrangeiro em incursão rápida para saque de rebanhos, cereais, pessoas (1881). Derivação: por extensão de sentido: malefícios, depredações, ruína contra valores materiais ou espirituais, praticados por grupo contra grupo ou coletividade.

26 "C'est un honneur d'avoir des fils. Les garçons constituent à la gloire de la tribu et, s'il le faut, ils pratiquent la razzia, car survivre est dificile. Avoir seulement des filles est méprisable. Ces durs bédouins considèrent les filles comme une lourde charge et certains les enterrent vivantes à leur naissance. De plus, elles peuvent être source de déshonneur." Delcambre, op. ci., p. 6. Essa mentalidade ainda persiste em alguns países islâmicos em que as mulheres são tratadas como moedas de troca; são vítimas de violênias das mais variadas formas, inclusive condenadas a *estupro coletivo*, sob alegações religiosas ou culturais, por pertencerem a castas ditas inferiores. Sobre o assunto ver depoimento de Mukhtar Mai. *Desonrada* (tradução de Clóvis Marques). Rio de Janeiro: Best Seller, 2007. No periódico "Le mond Diplomatique" (Argélia) Roberto Cattani, em 4 de outubro de 2007, afirma que "Imagens do panarabismo totalitário, uma tendência que nega o passado, a cultura e tolerância árabes – mas cresce em muitas partes do mundo, em outro sinal de que o fundamentalismo é uma das grandes ameaças à humanidade, no século 21. Mukhtar, Mai. *Desonrada* (tradução de Clóvis Marques), Rio de Janeiro: Best Seller, 2007. Na cultura ocidental, judaico-cristã, em termos artísticos, há dois grandes paradigmas de representação da mulher; o da tentadora, que conduz o homem à perdição, e o da salvadora, que o conduz à redenção. Sobre o papel da mulher na sociedade medieval, ver: Verdon Jean. *La Femme au Moyen Âge*. Paris: Gisserot, 1998. Apesar de tudo, melhor situação não teve a mulher na Era Moderna, especialmente nos séculos XVI e XVII.

também homenagens às divindades.[27]

Meca, cidade encruzilhada, a meio caminho da Arábia do Sul, e da Palestina Bizantina, foi erguido um santuário em forma de cubo: a *Kaaba*. Nesse santuário se reuniam deuses e deusas, três deles particularmente venerados: al-Lât, al-Ozza e Manat. Toda a Arábia os conhecia porque Meca era um lugar de peregrinação (*hajj*) durante certos meses do ano, considerados sagrados, como o mês de *rajab*. Ademais, ao lado da Meca, em Ukâz, havia um grande mercado. A peregrinação e o mercado atraíam uma multidão de pessoas de várias partes do mundo a *Kaaba*, portando grandes quantias, tanto quanto as caravanas que percorriam o deserto. No fim do século VI, essa riqueza pertencia unicamente a algumas famílias poderosas.

Mas um homem revolucionário abriu os olhos para esses fatos, atento às necessidades de seu povo. Ele pertencia necessariamente a uma tribo, porque na Arábia um homem, mesmo sendo profeta, jamais poderia ser separado da linhagem de seus ancestrais. Maomé (Muhammad em árabe), filho de Abdallah, filho de Abd-al-Muttalib, que, por sua vez, era filho de Hachim.

Maomé e os caminhos do Islã

[28]

A estrela e o crescente, símbolo do Islã, representam o Arcanjo Gabriel ditando o Corão a Muhamad (Maomé) conforme explica Paulo Daniel Farah. A lua crescente com a estrela foi símbolo do império otomano e mais tarde adotado pelo islamismo. Representa a renovação da vida e da natureza visto que os islâmicos seguiam um calendário lunar. Para alguns, a interpretação do símbolo remete ao casamento, a união da lua com a estrela d'Alva; e, para outros, as pontas da estrela indicam os cinco pilares da religião islã: oração, caridade, fé, jejum e peregrinação.

[27] Idem.

[28] Figura 4: Conforme: (dhttp://www.dicionariodesimbolos.com.br/). O Crescente - Acesso em 21 de fevereiro de 2024.

Em 570 (571?) nascia em Meca o futuro Profeta do Islã, aquele que se tornaria importante na História como Maomé, ou Mohammad, um típico árabe. Sua família pertencia ao poderoso clã dos Banu Hachim, um dos clãs da tribo dos Coraixitas. Abdallah, seu pai, morreu antes de seu nascimento. Sua mãe, Amina, morreu quando ele completou seis anos. O menino foi, então, recolhido pelo avô paterno, Abd-al-Muttalib, chefe do clã dos Banu Hachim, que morreria dois anos depois. Abu Taib, tio paterno de Maomé, tornou-se o chefe do clã e o adotou. Abu tinha numerosos filhos e Ali, um deles, tornou-se amigo especial de Maomé. Aos vinte anos, Maomé foi trabalhar para Cadija (Khadîja), uma viúva poderosa, com quase quarenta anos. Ambos se casaram cinco anos depois, ele ainda pobre e ela muito rica.[29]

Pelo casamento, Maomé tornou-se notável na Meca. A felicidade só era incompleta porque não tinha filhos. Na sociedade beduína, aquele que não tem filhos é considerado impotente (*abtar*). Por isso, Maomé adotou seu primo Ali e Zayd, o escravo cristão. Nesse aspecto, há uma contradição, pois Malec Chebel afirma que, "juntos, eles (Maomé e Khadîja) tiveram sete filhos, mas só meninas sobreviveram, entre elas Fátima, futura esposa de Ali ibn Abu Talib, que mais tarde seria empossado califa. O matrimônio celebrava a união de duas poderosas famílias de Meca, sendo o primeiro passo para uma profunda transformação no Oriente Médio."[30] A contradição seria, então, uma questão de gênero, reiterando o que afirma Del Cambre quanto ao fato de que "na organização tribal, só os homens tinham importância?".

As primeiras revelações

Aos quarenta anos, Maomé habitualmente se refugiava durante noites inteiras numa caverna situada no Monte Hira, a alguns quilômetros da

[29] Ver: Lewis, Bernard. *Oriente Médio.*, Rio de Janeiro: Jorge Zahar Editor, 1996, p. 59-60; Delcambre, op. cit., p. 66; Fletcher, Richard. *A Cruz e o Crescente — Cristianismo e Islã, de Maomé à Reforma*. Rio de Janeiro: Nova Fronteira, 2004, p. 17-42. Hourani, Albert. *Uma história dos povos árabes*, 2ª ed. São Paulo: Companhia das Letras, 2001, p. 31-38.

[30] Farah, Paulo Daniel. O Islã e suas fontes, In: História Viva, *Grandes Religiões 4* – Islamismo, s/d., p. 22.

Meca. Segundo a tradição, ele era atraído pelo Anjo Gabriel que lhe aparecia como mensageiro do povo. O beduíno que logo se consagraria como profeta vivia agitado, física e moralmente. Recebia o apoio de sua esposa Khadîja, que se convertera em sua primeira discípula. Outros membros da família, Ali, Zayd, e mesmo um primo de Khadîja, Waraqa ibn Naufal, um *hanif*[31] que conhecia as Escrituras Judaicas e Cristãs, reconheciam a sua missão. O Islã, a mais recente das religiões monoteístas, incorporou tradições judaicas e cristãs e adotou como princípio a total submissão a Deus.[32]

Exceto as pessoas de sua família, o primeiro convertido foi um comerciante chamado Abú Bakr. Pouco a pouco, Maomé conseguiu discípulos entre os habitantes da Meca, dentre eles pessoas influentes, mas, sobretudo, pessoas sem fortuna e sem nome, artesãos e até escravos como Bilal, um negro. E, então, Maomé tentou converter as pessoas de seu clã. Mas ele se tornara alvo do ódio e do desprezo de ricos mercadores, por ordenar a destruição de ídolos e determinar que a adoração fosse voltada somente a um Deus.

Naquela época, isto constituía uma verdadeira ameaça à continuidade da peregrinação e, consequentemente, ao ingresso de muito dinheiro. Começaram as perseguições. E encerraram-se as conversões. Acrescentemos aqui a significativa conversão de Omar ibn al-Khattab, tão importante para o islamismo como o foi Paulo para o cristianismo.

O ano de 619 foi verdadeiramente um ano de luto. Khadîja morreu e dois anos depois morreu Abu Tâlib. A falta de Khadîja foi dramática para Maomé, que se sentiu desprotegido. Abu Lahab, um tio do profeta, tornara-se chefe do clã dos Banu Hachim. Era inimigo declarado de Ma-

[31] *Hanif*, no Corão, a escritura sagrada do Islã, uma designação árabe para os verdadeiros monoteístas (especialmente Abraão) que não eram judeus, cristãos, ou adoradores de ídolos. A palavra parece ter sido emprestada de uma palavra siríaca que significa "pagãos" e, por extensão, a designação de uma pessoa Hellenized da cultura. Não há evidências de que um verdadeiro culto *hanif* existia na Arábia pré-islâmica, mas havia certos indivíduos que, tendo repudiado a deuses antigos, preparou o caminho para o Islã, mas nem abraçou o judaísmo nem o cristianismo. Neste sentido, alguns dos parentes, contemporâneos e simpatizantes de Maomé foram chamados hanifs — *por exemplo*, Waraqah ibn Nawfal. In: http://global.britannica.com/EBchecked/topic/254353/hanif — Acesso em: 12 de agosto de 2014.

[32] As religiões abraâmicas ecoam uma voz similar que se prolonga em narrativas simbólicas. Cita-se Abraão em 256 das 114 suratas corânicas, e a 14ª surata leva o seu nome. Além dele, o Islã acredita em todos os profetas e livros sagrados do cristianismo e do judaísmo, conforme informa Paulo Daniel Farah, op. cit. p. 8-13.

omé. Para o novo chefe, aquele que não respeitasse o culto ancestral não mereceria proteção. De agora em diante, o futuro de Maomé era incerto: poderia ser morto e não haveria vingança pelo ato. Sentindo-se em perigo, Maomé fugiu para a cidade de Ta'if, ao abrigo da caçada e condenação arbitrada por seus perseguidores.[33]

Mas o profeta era persistente. Depois da peregrinação a Meca, no ano de 620, reencontrou adeptos na cidade de Yathrib, oásis situado a 350 km a noroeste da Meca. Impressionados com a personalidade do homem que se proclamava profeta, os habitantes calcularam que ele poderia arbitrar as querelas existentes entre eles e as tribos judaicas. E Maomé aceitou a missão, desafiando a lei do clã. Diz Bernard Lewis que Maomé, diante de tal acolhida, "enviou à frente 60 famílias de fiéis e, finalmente, foi juntar-se a elas no outono do mesmo ano."[34] Naquele contexto, as ligações da aliança superavam as ligações consanguíneas. À noção de tribo se sobrepunha a noção de comunidade (*umma*), erigida sobre um ideal religioso. Em 622, Maomé e seus discípulos abandonaram Meca; a emigração passou a ser chamada *hégira* (*hijra*); na verdade, uma fuga pouco gloriosa, mas, para a história muçulmana futura, essa data marcaria o início de uma nova era, de um novo calendário: o calendário hegeriano. E a Cidade de Yathrib tornou-se conhecida como al-Medina (A Cidade).[35]

De chefe religioso, que era em Meca, Maomé, em Medina, tornou-se chefe político e militar, e organizou a comunidade de fiéis. O primeiro ato importante foi assinar um pacto com outros grupos. Esse pacto, conhecido como a Constituição de Medina, é qualificado por alguns autores versados em política como "internacional". Tal constituição determinou uma confederação entre tribos judaicas e árabes, cujos membros assumiram mútua proteção.

A genialidade de Maomé adequava-se àquelas circunstâncias. Viajou, conheceu o mundo (até onde pôde chegar) e estudou suas religiões. Runciman afirma que ele se sentia particularmente atraído pelo cristianismo monofisista, mas a doutrina da Trindade lhe parecia inconsistente, se comparada ao monoteísmo puro que tanto admirava na tradição *hanif*. Isto justifica a doutrina que ele mesmo desenvolveu, mesmo não repudiando completamente o cristianismo; a reformulação elaborada por Maomé era muito mais aceitável para o povo. Logo, o êxito como líder religioso se

[33] Delcambre, Anne Marie, op. cit., p. 8.

[34] Lewis, Bernard. *Oriente Médio*, op. cit., p. 60.

[35] Demant, op. cit., p. 26.

deve, sobretudo, ao fato de haver compreendido os árabes. A essa combinação de habilidade política, compreensão, compartilhamento de sentimentos e preconceitos se deve ao fato de haver erguido, em apenas dez anos, do nada, o império com o qual os seus sucessores conquistaram o mundo. Onde está a força do Islã? Está na simplicidade, como a força do Budismo.

Somente a partir daí é que os discípulos de Maomé ficam sendo conhecidos como *muçulmanos* (*muslimûn*), ou seja, adeptos do Islã. Entretanto, surgia um grave problema econômico, pois os emigrados da Meca não poderiam depender eternamente da generosidade de seus aliados em Medina. Então, aplicando os recursos de que dispunha e as condições favoráveis à eficácia de seus objetivos, Maomé passou a recorrer à *razzia*.

Em 623, ocorreu a primeira *razzia*: a intolerância de *Nakhla* contra os habitantes da Meca provocou uma morte. O ataque motivou a adoção do mês sagrado, o mês de *radjab*, durante o qual o combate seria considerado um ato impiedoso. Os beduínos observavam a treva dos meses sagrados da peregrinação e a penalidade para a desobediência a tal determinação era muito severa. Maomé determinou, então, que a lei de Deus estava acima da lei do deserto.[36]

O ato foi confirmado em 624, ano 2 da *hégira*, quando ocorreu a vitória de Badr sobre os cidadãos da Meca. A luta que ficou conhecida como "A grande Batalha de Badr", aconteceu no 17° dia do mês de Ramadan, dois anos após a *hégira*.[37]

Foi a primeira Batalha em que os muçulmanos combateram os infiéis e é, até agora, a mais famosa e mais conhecida por causa dos diversos acontecimentos extraordinários que ali ocorreram. Por exemplo, um mensageiro de Allah (*saw*) incentivou os muçulmanos a barrarem uma caravana

---

[36] Delcambre, op. cit., p. 9.

[37] Diz a 3ª Surata 91:123: "Sem dúvida que Allah vos socorreu, em Badr, quando estáveis em inferioridade de condições. Temai, pois, a Allah, e mostrai a vossa gratidão". Sobre essa Surata, explica Saiek: "Badr dista aproximadamente 80 km de Madina (sic), e o encontro entre muçulmanos e coraixitas deu-se uma terça-feira, 17 de Ramadan ano 2H -13 de março de 624. Foi a primeira batalha entre os muçulmanos e os idólatras coraixitas. O número de combatentes muçulmanos era de aproximadamente 300, providos de 70 camelos e 2 cavalos, ao passo que o número de combatentes inimigos se elevava a 1.000, providos de todo tipo de armamento. A batalha terminou com a vitória dos muçulmanos. É considerada a mais importante batalha, pois foi a primeira vitória dos muçulmanos sobre os idólatras." *O significado dos versículos do Alcorão Sagrado*, op. cit., p. 91, nota nº 188.

coraixita que voltava da Meca, vinda de Sham, que partiram com pouco mais de 300 soldados e não pretendiam lutar, somente subjugar. A caravana conseguiu escapar, mas o muçulmano Abu Sufyân já havia mandado uma mensagem aos coraixitas pedindo que viessem protegê-los.

A partir desse acontecimento, não se tratava mais de *razzia*, mas de *martírio* (*chahîd)* e os bens confiscados seriam compartilhados: um quinto para o profeta. Para os discípulos de Maomé, não ficaram dúvidas quanto à especial ventura de gozar da proteção divina.

O deserto tornou-se o palco de muitas lutas e desentendimentos: a tribo judaica de *Qaynuqâ* aprenderia a não subestimar o enviado de Deus. Os jovens judeus daquela tribo, ao criticarem um beduíno convertido ao Islã, contribuíram para o desencadeamento de uma contenda entre judeus e muçulmanos, que serviu de pretexto para Maomé confiscar os bens dos *Qaynuqâ* e os expulsar de Medina.[38]

Peter Demant não fornece informações precisas sobre esse ocorrido, limitando-se a afirmar que Maomé teve ainda que "enfrentar forte oposição, que resultou em algumas lutas ferozes." Demant acrescenta que "os derrotados foram expulsos, exterminados ou convertidos, enquanto os novos fiéis se comprometeram a realizar uma guerra de expansão do Islã. Desse modo, a maioria das tribos foi devidamente integrada à comunidade muçulmana, ainda durante a vida do profeta, que insistiu em substituir as tradicionais solidariedades tribais por religiosas." Porém, com o tempo, os seguidores de Maomé, os 'muslimin' (submetidos, origem da palavra muçulmanos) impuseram a própria superioridade militar.

O profeta pôde, então, reorganizar Medina como a primeira comunidade a viver sob as leis muçulmanas. De fato, seria o primeiro Estado Islâmico, ainda que pequeno."[39]

Corroborando essa ideia, Bernard Lewis resume a trajetória político-militar-religiosa de Maomé, alegando que, em Meca, "fora uma pessoa comum, que lutara inicialmente contra a indiferença e, em seguida, a hostilidade dos governantes locais. Em Medina, tornou-se governante exercendo autoridade política e militar, além de religiosa." Maomé coroou sua carreira após uma luta que durou oito anos, ao conquistar Meca e estabelecer a fé islâmica no lugar da "ab-rogada adoração de ídolos de seus conterrâneos da cidade". O autor traça um paralelo entre a trajetória de Maomé e a de seus predecessores Moisés e Jesus: "Moisés não teve permissão para

[38] Delcambre, op. cit., p. 10/11.

[39] Demant, Peter, op. cit., p. 26.

entrar na Terra Prometida e morreu quando seu povo nela penetrava. Jesus foi crucificado e a cristandade continuou a ser uma religião minoritária, perseguida durante séculos, até que um imperador romano, Constantino, abraçou a fé e fortaleceu os que a propagavam."[40]

Na sequência, Bernard Lewis conclui que "Maomé conquistou sua Terra Prometida" e, enquanto viveu, alcançou vitória e poder nesse mundo, exerceu autoridade profética e política. "Como apóstolo de Deus, trouxe e ensinou uma revelação religiosa," ao mesmo tempo que, como chefe da "Umma muçulmana, promulgou leis, dispensou leis, dispensou justiça, arrecadou impostos, dirigiu a diplomacia, fez guerra e paz." Enfático, conclui: "A Umma, que começara como uma comunidade, transformara-se em estado. E logo depois se transmutaria em império."[41] Anos mais tarde, conforme se verificará neste trabalho, o catolicismo venceu, apelando por recursos semelhantes ou mais cruéis.

Na opinião de Ernest Renan sobre a diferença entre o Islã e as demais religiões, cujo surgimento está evolvido em mistério, o Islã nasceu em plena luz da História. Suas raízes estão à flor da terra; a vida de seu fundador assemelha-se à dos reformadores do século XVI. Renan estava respaldado no abundante material bibliográfico fornecido pela *Sira*, que refere a trajetória do profeta de acordo com a tradição muçulmana.[42]

Peter Demant afirma que o crescente poder de Maomé levou um número cada vez maior de tribos a se aliar a ele e aceitar a nova fé. Tendo derrotado os coraixitas de Meca, esses "abriram as portas da cidade para o filho rejeitado. Maomé limpou a Caaba de todas as deidades pagãs, mas não afastou a posição central de sua cidade natal." Ao outorgar altas posições a recém-convertidos da elite coraixita, o profeta causou insatisfação a alguns seguidores veteranos.[43] Quando o profeta morreu, o Hijaz e a maior parte da Arábia Central já se encontravam em poder dos muçulmanos. [44]

No *diálogo* entre Peter Demant, Bernard Lewis, Ernest Renan e Anne-Marie Delcambre, percebemos que, enquanto os primeiros se limitam

---

[40] Lewis, Bernard. *Oriente Médio*, op. cit., p. 61.

[41] Idem.

[42] Renan, Ernest. *Etudes d'histoire religieuse*. Paris: Gallimard, 1992, p. 217 e seguintes.

[43] Demant, Peter, op. cit., p. 26 Idem.

[44] Sobre a expansão do Islã, ver também Lewis, Bernard. *Les arabes dans l'histoire*. Paris: Champs Flammarion, 1993, P. 63-78 Lewis, Bernard. *O Oriente Médio* – do cristianismo aos dias de hoje, (trad. Ruy Jungmann). Rio de Janeiro: Zahar Editor, 1996, p. 59-78.

a um resumo dos acontecimentos, Delcambre se preocupa com pormenores, cuja cronologia consideramos importantes para este trabalho, uma vez que as suas páginas alicerçam contendas, cruentas ou não, e toda sorte de danos que o poder pode causar a presumidos subalternos. Diz a autora que, em 625, ano 3 da *hégira*, ocorre no Monte Uhud um terrível combate. Relata que os mequenses se vingam do insucesso ocorrido em Badr. Hamza, tio do Profeta, convertido por solidariedade tribal, é transpassado pela espada de um escravo, por ordem de Hind, a violenta esposa do mequense Abu Sufyân, cujo pai e irmão tinham sido mortos em Badr (e por isso ela perseguiu o Islã até a oitava *hégira*). "*Elle arrache le foie de Hamza et le mange.*"(Ela extirpou o fígado de Hamza e o comeu).[45] Nesse combate, o próprio Profeta foi ferido.

A situação era crítica porque os inimigos do Islã retomaram a liderança, especialmente os judeus. Maomé decidiu, então, expulsar a tribo judaica de Banu Nadhîr. Em 627, ano 5 da *hégira*, os mequenses atacaram novamente; aconselhados por um escravo persa, Salmam al-Farisi, eles abriram uma vala na passagem e ninguém conseguiu transpô-la. Batalha, conhecida como a "batalha da vala", ela foi uma vitória de Maomé, enquanto para a última tribo judaica de Medina, a de Banu Qurayza, assinalava seu decreto de morte. Os judeus que humilharam os muçulmanos convertidos foram decapitados e jogados nas valas a caminho de Medina. Tendo eliminado os judeus, Maomé tornou-se verdadeiramente um herói perante os seus liderados.[46]

Na Medina, Maomé não se satisfazia apenas com as preces. Organizou a comunidade muçulmana em um verdadeiro Estado. O Islã, sendo uma religião extremamente dinâmica, Alá, na Medina, não é na época um princípio abstrato. É um Deus que fala, que aconselha, que decide, e o Profeta é a memória viva e fiel desta palavra que ele entende, que ele transmite fielmente. Alá, que tudo vê, sai da comunidade e intervém por ocasião de

---

[45] Delcambre, op. cit., p. 11; Lewis, Bernard. *Oriente Médio*, op. cit., p. 30.

[46] O acontecimento induz a percorrer rapidamente a região que circunda a geografia que testemunhou tal vitória, que é mais da mesma coisa: olhar impregnado de poeira e odores bélicos, os pés patinam num rio de sangue emanado indiscriminadamente de palestinos vítimas de um sistema político insensato, judeus (em menor escala), cristãos, sírios, iraquianos... lutam entre si xiitas, sunitas, curdos, jihadistas, adeptos do Hamas, o recém-fundado Estado Islâmico (EI) .Todos pretendem, por meio do terrorismo, impor na região um comando baseado na força bruta... Não há herói.

uma batalha ganha ou perdida, de um evento cotidiano e até mesmo de um episódio privado. Maomé é então respeitado por esse privilégio e suas palavras são lei. "No início, as mensagens exortavam a pregar e a converter seus companheiros; em seguida, passaram a guiá-lo como organizador de uma comunidade de crentes."[47]

Antes disso, porém, em 626, Medina já era um Estado Islâmico, sob a liderança do Profeta. Em fevereiro de 628, ele decidiu fazer uma peregrinação a Meca, acompanhado de seus fiéis. Os mequenses comunicaram que ele poderia entrar na cidade, mas somente no ano seguinte, devendo permanecer ali por apenas três dias. Diz Bernard Lewis em sua obra *Les Arabes Dans L'Histoire* que esse pacto ficou conhecido como o pacto de *Hudaybiyya*, nome do lugar situado perto da Meca, onde os muçulmanos receberam permissão para entrar. Para os discípulos foi uma decepção, mas para o profeta, excepcional estrategista político, implicou uma vitória inesperada. Pela primeira vez, os mequenses trataram os muçulmanos em igualdade de condição.[48]

Entusiasmado pelo sucesso, Maomé investiu contra os judeus, em maio de 628. Dessa vez foi em Khaybar, um rico palmeiral situado a 150 quilômetros ao norte de Medina, um verdadeiro jardim no meio do deserto. Entre os inimigos judeus capturados se encontrava uma linda jovem de dezessete anos chamada Safiyya, que Maomé tomou por esposa. Em março de 629, Maomé realizou a peregrinação a Meca. Ele manifestou o desejo de se reconciliar com o seu clã e, para selar a aliança, tomou por esposa sua prima Abbas. Desposou igualmente Umm Habîta, a filha do poderoso Abu Sufyân, tornando-se genro da personagem mais influente da Meca.

Após a morte de Cadija (Khadîja), o profeta constituiu um verdadeiro harém para honrar seus companheiros e concluir alianças: Aicha, a mais jovem esposa, filha de Abu Bakr; Hafsa, a filha de Omar; Juwayrîya, filha do chefe dos Banu-I-Mustaliq. Algumas viúvas como Umm Salama, Sauda. Mas foi por Zaynab que Maomé experimentou uma verdadeira paixão, conforme disse Anne-Marie Delcambre: *Mahomet a éprouvé un véritable coupe de foudre*.[49] Ao todo, foram nove esposas, para alguns autores onze, sem contar as concubinas entre as quais as mais célebres foram Maria, uma

---

[47] Demant, op. cit., p. 26.

[48] Lewis, Bernard. *Les Arabes Dans L'Histoire*. France: Flammarion, 1993, p. 58.

[49] Delcambre, op. cit., p. 12.

cristã copta, e Rayhana, a judia. [50]

Fora da vida privada, Maomé atuava incansavelmente no espaço político. Consta que, quando Heráclio se encontrava em Constantinopla, em 629, e, entre congratulações de embaixadas pelo sucesso na tomada de Jerusalém, "recebeu uma carta remetida por um chefe árabe, que se anunciava como Profeta de Deus e convidava o Imperador a juntar-se à sua fé. Cartas similares foram enviadas aos reis da Pérsia e da Abissínia, além do governador do Egito. A história deve ser apócrifa."[51] Heráclio talvez estivesse informado a respeito dos acontecimentos que estavam revolucionando a Península Árabe.

Em janeiro de 630, Maomé rompeu o pacto de *Hudaybiyya* e marchou sobre Meca. Abu Sufyân, convertido, abriu as portas, e Maomé abateu os ídolos, inclusive kaabah, o mais sagrado de todos, segundo a opinião de Steven Runciman. É preciso salientar que a idolatria já se encontrava em declínio, pois os missionários judeus, cristãos e zoroastristas já vinham

---

[50] Consta na 33ª Surata, v.28: "Ó Profeta, dize a tuas esposas: Se ambicionardes a vida terrena e as suas ostentações, vinde! Prover-vos-ei e dar-vos-ei a liberdade, da melhor forma possível." Samir el Hayek, na nota 1322, desta Surata, explica: sobre as esposas (azuaj mutahharat) do profeta do Islã: "O único casamento jovem do Profeta do Islã foi o seu primeiro, com Khadija. Ele e a desposou 15 anos antes de receber a revelação; a vida matrimonial deles durou 25 anos, e sua devoção mútua foi a mais nobre, a julgar tanto pelos padrões espirituais, como pelos sociais. Durante a vida dela, ele não teve nenhuma outra esposa, coisa que e era incomum para um homem de suas condições, entre seu povo. Quando ela morreu, a idade dele era de 50 anos; se não fosse por duas considerações, ele provavelmente jamais se teria casado novamente. As duas considerações que propiciaram os seus casamentos posteriores foram: (1) compaixão e clemência, como querendo amenizar o sofrimento das viúvas que, doutra sorte, não se poderiam manter em qualquer outro estágio da sociedade; algumas delas, como Sauda, tinham rebentos de seus anteriores matrimônios, rebentos esses que requeriam proteção; (2) a ajuda delas quanto ao seu dever de liderança junto às mulheres, que deveriam ser instruídas e conservadas unidas na imensa família muçulmana, onde homens e mulheres tinham direitos sociais similares. Aicha, filha de Bakr, era inteligente e culta, sendo que nos *ahadis* ela constitui uma importante autoridade sobre a vida do profeta... Zainab, filha de Cuzaima, era especialmente devotada aos pobres; era denominada 'a Mãe dos Pobres'. A outra Zainab, essa filha de Jahch, também trabalhava junto aos pobres, aos quais ensinava os segredos de seu trabalho manual, pois era perita em trabalhar o couro". Alcorão Sagrado, 11ª. ed., 2001, p. 515.

[51] Runciman, Steven. *História das Cruzadas* — A Primeira Cruzada e a Fundação do Reino de Jerusalém, op. cit., p. 25.

agindo na região.[52] Os mercadores árabes, pelo constante contato com cidades da Síria, Palestina e Iraque, tinham possibilidade de estudar as religiões do *mundo civilizado*. Além disso, havia uma forte pressão sobre os povos do deserto que buscavam refúgio nas terras cultivadas de seu entorno.

O rompimento do pacto de *Hudaybiyya* implicou uma luta incruenta e um triunfo político e religioso. Em março de 630 Maomé regressou a Meca: foi a peregrinação de adeus - Maomé não retornaria à terra natal. Dois anos mais tarde, ele caiu doente e morreu no dia 8 de junho de 632 nos braços de Aicha, a esposa preferida.[53] Sua morte surpreendeu a todos, porque não havia designado um sucessor. Era senhor da Arábia, e seus exércitos já estavam cruzando as fronteiras. Não indicou sucessor, mas legou uma organização duradoura; as bases do Islã, sabemos hoje, estavam concretizadas e o Corão "(recitação), compilação de todas as revelações dadas a Maomé, só receberia sua versão definitiva trinta anos após sua morte. Época em que a expansão vertiginosa da nova religião – e as dissidências que já se desenhavam no seu seio – passou a exigir a redação de um texto consensual." (hoje, todos os muçulmanos aceitam essencialmente a mesma versão do alcorão, apesar das divergências na sua interpretação).[54]

Havia um Deus nos céus, um Comandante dos fiéis para reinar sobre a terra e uma lei, o Corão, segundo a qual ele governaria. O cristianismo, ao contrário, pregando uma paz inatingível, assistia ao sucesso do Islã empunhando a espada que na Palestina atingiu sem muito sucesso o Império Romano ou, Império Bizantino (que se manteve até 1453, quando ocorreu a Queda de Constantinopla).

---

[52] Os zoroastristas só haviam logrado êxito nos distritos sob influência política persa, no Nordeste e, mais tarde, no Sul. Os judeus tinham suas colônias em diversas cidades árabes, sobretudo na Medina, e fizeram um considerável número de conversos. Os cristãos haviam conseguido resultados mais amplos. O cristianismo ortodoxo tinha seguidores no Sinai e na Petréia. Os nestorinos, como os zoroastristas, eram encontrados onde quer que houvesse proteção persa. Os monofisistas, porém, possuíam congregações ao longo das grandes rotas de caravanas até regiões tão remotas como Iêmen e Hadramaut, ao passo que muitas tribos importantes da borda do deserto, como os Banu Ghassan e os Banu Taghlib, eram inteiramente monofisistas. Runciman, Steven, op.cit., p. 25-6.

[53] Delcambre, Anne -Marie. *L'Islã.* Paris: La Découverte, 2001.

[54] Demant, op. cit., p. 26

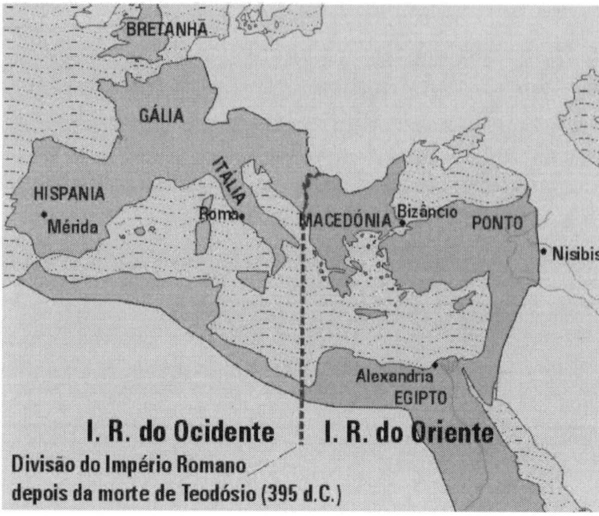

Figura 3: Divisão do Império após a morte de Teodósio I, d.C.: Império Romano do Ocidente; Império Romano do Oriente.http://pt.wikipedia.org/wiki/Queda_do_Imp%C3%A9rio_Romano_do_Ocidente. Acesso em: 17 de dezembro de 2014.

Antes de refletirmos sobre a ampliação do poder muçulmano, pensemos no poder do Corão; as práticas da comunidade inicial *(umma)* tiveram como efeito uma concordância geral a respeito de certas obrigações básicas do muçulmano, os chamados “Pilares do Islã”, entre eles o testemunho oral de que “só há um Deus, e Maomé é o seu Profeta". Além disso, Albert Hourani cita "a prece ritual e certas formas de palavras repetidas um certo número de vezes," adotando posturas particulares do corpo, que deviam ser feitas cinco vezes por dia. "Outros *pilares* eram a doação de uma certa porção dos ganhos da pessoa para tipos específicos de obras de caridade ou beneficência pública; um severo jejum, do amanhecer ao anoitecer, durante todo um mês do ano, o do Ramadan, que termina numa festa; e o haj, a peregrinação a Meca, num tempo fixado do ano, envolvendo vários rituais, terminando numa festa celebrada por toda a comunidade." Acrescenta-se, ainda, uma exortação quanto a seguir o caminho de Deus *(jihad)*, tendo um sentido mais amplo ou mais preciso, que implica "combater pela expansão das fronteiras do Islã."[55] Esse preceito irá justificar os fatos apresentados na evolução deste trabalho.

[55] Hourani, Albert, op. cit., p. 82.

Os dogmas, obrigações, proibições e os deveres dos fiéis já estavam, então, resumidos aos cinco pilares do Islã:

1 *Shahada* ou testamento: ao converter-se, o crente afirma a unidade de Deus onipotente e aceita Maomé, numa fórmula que ele deverá, a partir daí, recitar inúmeras vezes: "não há outro Deus e Maomé é seu Profeta."

2 *Salat*: a reza que se faz cinco vezes por dia. Tradicionalmente, do minarete, o *muezzin* convoca os muçulmanos para a recitação. É sempre preferível que o *salat* seja feito coletivamente.

3 *Zakat* ou esmola: corresponde à *tzedaká* judaica ou ao dízimo cristão.

4 *Ramadan* (Ramadã): é o mês do jejum, entendido como purificação e ascese para Deus. Durante o mês inteiro, em que se comemora o recebimento do Corão, os fiéis se abstêm, desde o nascer até o pôr do sol, de relações sexuais, comida e bebida, inclusive água – "tarefa árdua nas regiões de clima quente, onde se situam as moradias da maioria dos muçulmanos, particularmente quando o ramadã ocorre no verão," conforme observa Peter Demant.[56] Nem por isso, porém, é um período de tristezas, pois há muita alegria também porque ocorrem visitas entre os familiares e confraternizações que se prolongam do anoitecer à madrugada adentro.

5 *Hajj:* consiste na peregrinação a Meca e seus santuários. É um evento em que fica simbolizada a supremacia de *Allah*. Pelo menos uma vez na vida o fiel deverá cumprir esse preceito, desde que tenha saúde e os recursos necessários para tal. Meca é para os muçulmanos um local sagrado; e todos, muçulmanos, cristãos e judeus, consideram Jerusalém local de respeito religioso, sendo também destino de peregrinação.

A aceitação desses princípios facilita o estabelecimento de relações do conjunto de leis e preceitos morais, um processo conhecido como *fiqj*, cuja soma se tornou conhecida como *charia*.

Aos poucos, iam surgindo várias escolas de lei (*madhhab*) cujos nomes derivavam de escritores antigos, com os quais os fiéis iam se identificando com sua descendência: os hanafitas de Abu Hanifa; os malaquitas de Malik; os shafitas de al-Shafi'i; os hanbanitas de Ibn Hanbal e os demais não sobreviveram. "Divergiam uns dos outros em certos pontos substanciais de lei, sobre princípios de raciocínio legal (*usul al-figh*), sobre o lugar do Hadith e a legitimidade, limites e métodos do *ijtihad*".[57]

---

[56] Demant, op. cit., p. 27.

[57] Hourani, Albert, op. cit., p. 84-5.

Percebe-se que, desde o início, a tradição surgida em torno do Profeta de Alá apresentava um sistema de procedimentos consuetudinários. O Islã, aos poucos, criou seu próprio padrão de conduta que foi se desenvolvendo e tornado verossímil por uma espécie de consenso. Recorriam ao "Hadit, criaram um conjunto de tradições observadas até hoje e essa evolução deu ensejo ao surgimento de uma outra ciência religiosa – a crítica hadítica –" cujos critérios faziam que se distinguissem tradições: as autênticas, duvidosas ou falsas. Para a garantia do sucesso na condução dessa nova sociedade (*umma*) criou-se a seguinte estrutura religiosa e civil, tendo Alá no ápice da pirâmide:

ESTRUTURA RELIGIOSA E CIVIL

1. ALÁ: O Todo Poderoso

2. SHARIA: Lei Santa do Islã

3. a) CORÃO: Livro Sagrado /
b) HADITH: casos e ritos do Profeta

4. a) GOVERNO: Inspiração Teocrática /
b) MUFI (JUSTIÇA): Jurisconsulto /
c) TEOLOGIA: Tradição

Alá está acima do Corão, o Livro Sagrado, e dos Hadits que, por sua vez, estão acima da Lei Santa do Islã (Sharia). Na base da estrutura se encontram o Governo, a Justiça e a Suma, ou tradição.

A evolução do Islã

O Islã começou a se expandir no início no ano 622, quando Maomé fugiu de Meca para Medina. Esse ano é chamado "ano da *Hégira*" (fuga) e marca o início do calendário muçulmano, ou da Cruzada muçulmana. Após a morte de Maomé, em 632, o Islã se espalhou por vários territórios. Não tendo deixado sucessor, *os fiéis* elegeram Abu Bakr seu substituto, pelo mérito de haver migrado para Medina com o Profeta, na *hégira*, dirigindo as orações comunitárias.

Abu Bakr, durante os dois anos de liderança, conseguiu controlar a Arábia e garantir a fé islâmica. A conquista da Arábia foi concluída com a expulsão dos persas de seus territórios no Bahrein, enquanto um exército árabe cruzava Petreia ao longo da rota comercial, chegava à costa sul da Palestina, derrotava Sérgio, o governador local, capturado após um breve cerco. Nesse evento, os soldados da guarnição tornaram-se os primeiros mártires da espada do Islã.[58]

O segundo califa foi Omar ibn Khattab (634-44) que conquistou a Síria, parte do Egito e da Mesopotâmia. A fé muçulmana se expandia. Agora ocorria a operação inversa: utilizar a palavra de Deus tomada do Livro (o Corão) para justificar uma ordem política. A palavra do Profeta, os *hadiths*, sustentavam o poder do califa. Os *hadiths*, além de traçar as linhas entre a religião e a história da comunidade, imprimiam a memória do Islã: uma memória seletiva que fornecia uma imagem maravilhosa e idealista da comunidade dos fiéis na Medina. Graças a essas descrições, os muçulmanos de todos os tempos e de todos os lugares viveriam o momento da Medina, tendo a mesma percepção islâmica do mundo e da História.

Desde que a sociedade mudou, que os mecanismos estáticos foram se tornando mais complexos, todo o Estado muçulmano, mesmo hoje, vê na comunidade da Medina o modelo ideal da organização política.

Após a morte do Profeta, o título de "*califa*" foi atribuído aos líderes da fé islâmica. E o segundo califa, Omar ibn Khattab (634-44), no decorrer de seus dez anos de poder, empreendeu grandes conquistas. As operações militares iniciadas pelo primeiro califa Abu Bakr expandiam-se pela Síria, Iraque, Irã e Egito, constituindo "o império árabe-muçulmano". Entre 633 e 646, a Síria inteira passou para o poder dos muçulmanos, seguida da Pérsia e do Egito, indo alcançar a Líbia. Trípoli é tomada em 643. Os árabes penetraram em seguida a Tunísia, território em que os bizantinos foram derrotados.[59]

Omar foi um político excepcional: dentre as populações conquistadas, judeus e cristãos conservaram o direito de praticar a religião, mediante

[58] Teophanes, ad. ann. 6123-4, p. 335-6; "Thomás, o Sacerdote"; In: *Corpus Scriptorum Christianorum Orientalium, Scriptores Syri*, vol. IV, p. 114; Micvhael the Syrian, vol. II, p. 413. A história dos mártires de Gaza é contada em Passio LX Mertyrum et Legenda Sancti Floriani, ed. por Delehaye, in *Analecta Bollandiana*, vol. XXIII, p. 289-307, conforme Runciman, Steven. op. cit., p. 27.

[59] Ver: Hourani, Albert, op. cit., p. 39-41; Lewis, Bernard. *Oriente Médio*, op. cit., p. 63; Delcambre, op. cit., p. 30.

o pagamento de dois tributos, a *djizya* e a *kharaj*. A habilidade dos árabes conquistadores nos países dominados deu ensejo à implantação da fé islâmica sem muitas atribulações. A explicação dos sucessos dos cavaleiros de Alá se deve ao fato de não exibir um fanatismo exaltado, militarmente falando. Especialistas nas *razzias* e em ataques surpresa, suas armas eram leves: sabres, lanças e arcos, contra o adversário bizantino e persa. Sua força consistia na fé e no projeto social adequado à sedução das populações. Essa foi uma das razões de tanto sucesso. Contudo, o califa Omar foi assassinado em 644, aos 53 anos, após dez anos de reinado.

Razões do sucesso dos muçulmanos? Desde o início das conquistas de Omar, o imperador Heráclio, que ainda se encontrava na Síria, percebeu que deveria encarar com mais seriedade as invasões muçulmanas. Porém, seu efetivo se encontrava desfalcado, tendo em vista as perdas durante a guerra contra os persas. Dispensara o efetivo por razões econômicas, pois o reino que conquistara tinha os cofres vazios. Apesar disso, mandou seu irmão Teodoro à frente das tropas da província síria, restabelecer a ordem na Palestina. Mas os dois principais exércitos árabes reunidos em Gábata, ou Ajnadain, a sudoeste de Jerusalém, derrotou-o sem muito esforço. Era o ano de 635. Heráclio, alarmado, enviou dois exércitos para o sul: um constituído por armênios comandados pelo príncipe armênio Vahan, e por numerosos árabes cristãos, sob o comando de um dos xeiques dos Banu Ghassan; o outro exército era comandado por Teodoro Tritírio, e as tropas eram mistas. Foi derrotado em Jabbia, no Hauran, mas conseguiu manter posição no rio Yarmak, a sudoeste do Mar da Galiléia, onde o exército de Vahan se juntou a ele. Ao enfrentarem novamente os adversários em meio a uma tempestade de areia, foram traídos por doze mil soldados muçulmanos que se bandearam para o lado inimigo e ambos, Vahan e Teodoro Tritírio, juntamente com a maioria dos soldados que permaneceram fiéis, perderam a vida ali mesmo.[60] Heráclio sentiu-se derrotado e se afastou definitivamente da Síria.

---

[60] Essa batalha ficou conhecida como Batalha de Ajnadain, ou Gabita ou Yarmuk. Ver: Pernice, Angelo. *L'imperatore Eraclio.* Saggio di storia bizantina. Firenze, Tip. Galletti e Cocci, 1905. In 8, p. XXVIII-328-(4), br. Durante o califado de Abu Bakr (632-634), os árabes tentaram a conquista da Palestina com o envio de várias expedições. Abu Bakr faleceu sem assistir ao sucesso dessas tentativas, que seriam concretizadas durante o califado do seu sucessor, Omar (634-644). Após a derrota dos bizantinos na Batalha de Yarmuk, a 20 de agosto de 636, toda a Palestina, com excepção de Jerusalém e de Cesareia, caíram em mãos árabes (as localidades não conquistadas em 636 renderam-se aos árabes em 638 e 640 respectivamente.

Os muçulmanos devastaram o país; os cristãos hereges submeteram-se sem oferecer resistência, e os judeus os ajudaram. Somente duas cidades da Palestina reagiram, além das fortalezas de Pela e Dara, na fronteira persa. Os cristãos conseguiram reunir as relíquias sagradas de Cristo e as enviou a Constantinopla, a fim de evitar que elas caíssem novamente nas mãos dos *infiéis*. Jerusalém resistiu ao cerco durante um ano, Cesareia e Dara reagiram até 639; Antióquia, a metrópole do Oriente, rendera-se no ano anterior e a Cruzada muçulmana era então vitoriosa desde o istmo de Suez até as montanhas da Anatólia. "Enquanto isso, a antiga rival de Roma, a Pérsia, foi destruída. A vitória islâmica em Kadesiah, em 637, garantiu-lhe o Iraque; uma segunda vitória no ano seguinte, em Nihavand, entregou-lhes o planalto iraniano. O Rei Yazdegerd III, o último dos sassânidas, sobreviveu em Curasão, até 651. Nessa época, os muçulmanos haviam atingido suas fronteiras orientais, no Rio Oxo e nas montanhas afegãs."[61]

O terceiro califa foi Uthmân (644-56), um aristocrata da Meca, homem rico, descendente do poderoso clã de Banu Umayy, da qual se originou a dinastia dos Omíadas. O califa confiou os postos importantes aos membros de sua família e pouco se preocupou com a comunidade. Foi assassinado em sua casa, na Medina, em 656. Esse fim sangrento abriu um período de discórdias e de guerras civis que enfraqueceu a comunidade muçulmana e dividiu o Islã. Enquanto isso, do outro lado, as intrigas políticas e a Cruzada muçulmana prosseguiam na Síria, em Jerusalém e no Egito; Benjamim, o patriarca copta, devolveu Alexandria para Amr ibn al As e os cristãos nunca mais recuperaram o Egito.

Nos bastidores políticos, em Medina, após a morte de Uthmân, a discussão sobre o sucessor de Maomé prosseguia. Assim, aproveitando-se da discórdia entre os fiéis, a população de Medina decidiu levar Ali ao poder. Isso constitui uma revanche contra os habitantes da Meca. Ali, contudo, é suspeito de ser o mentor do assassinato de Omar ibn Khattab.

Tanto quanto o Islã, os conflitos internos se expandiam. Os grupos aliados a Ali entendiam que a linha sucessória de Maomé deveria ser formada por vínculos de parentesco. Portanto, o califa deveria ser *coraixita* e *hachimita*, pertencentes à mesma tribo do profeta, habitantes da Arábia e do mesmo clã de Nabu Hachim. Dessa posição é que surgiram os xiitas (*xiaat Ali* ou, nascido de Ali).

Uma vez eleito, Ali deveria enfrentar a perseguição de *Muawiya* ou *Mu'awiya* (661-80), governador da Síria e filho de um dos inimigos do

[61] Runciman, op, cit., (1º. vol.), p. 29.

profeta que mais tarde se converteria ao Islã, e o General Amr ibn al As, do Egito. Seu governo foi dificultado também por uma importante facção que se tornou desleal ao califa. Tratava-se dos *Kharidjitas*, ou dissidentes, cuja força se baseava nos princípios das ações e da moral e nos princípios igualitários do Corão, contrários ao nepotismo que já vinha sendo praticado por Omar ibn Khattab.

O impasse culminou no combate em que se defrontaram pela primeira vez os muçulmanos, conhecido como *batalha da chama*. Após esse acontecimento, Ali iria enfrentar Mu'awiya. As armas dos dois adversários se reencontram em 657, na planície de Siffin, perto de Basra, no Iraque. Lá se desenrolou um dos enfrentamentos mais célebres na história do Islã: durante a luta da comunidade (*umma*) contra Mu'awiya que, já na iminência de ser vencido, um de seus homens arquitetou uma emboscada para impedir o avanço de Ali, que sucumbiu ao acreditar num pedido de *cessar fogo*. Um *kharidjita* assassinou Ali, como já dissemos, o primeiro homem convertido ao islamismo pelo próprio Profeta. Alguns de seus partidários desistiram da luta, descontentes pela forma como o líder agiu para vencer.

Esses dissidentes são a coletividade que hoje os muçulmanos chamam *Kharejite*. Ali foi enterrado em segredo na estrada da atual cidade iraquiana de Nadjaf.[62] Os xiitas viveram cercados de atos misteriosos e de sofrimento. Conheceram na história do Islã um destino trágico, frequentemente perseguidos pelos sunitas – árabes, curdos ou turcos – que estimavam representar o Islã oficial, ortodoxo. Eles teriam, contudo, que enfrentar uma ruidosa revanche depois que o Xá Ismail impôs o xiismo como religião do Estado do Irã, no século XVI. A vitória do Imame Khomeini, no Irã, em 1979, seria então a vingança sobre o Ocidente, mas também sobre o Islã sunita? O que poderíamos acrescentar à queda de Saddam Hussein, sunita, que favoreceu a ascensão dos xiitas ao poder no Iraque, no alvorecer do século XXI?

As grandes dinastias políticas - conflitos

Apesar das conquistas, o Islã estava envolto em conflitos e, para que a lei e a ordem fossem mantidas, era necessária a imposição de um poder superior ao xeque tribal, cuja autoridade era baseada no costume e na concordância. Retornando às raízes das grandes dinastias governantes, lembramos que

[62] Cidade atacada pelos sunitas em represália ao governo xiita durante a ocupação dos Estados Unidos e aliados, em 2006.

elas sempre extraíram do campo a sua força; algumas se originaram lá, mas só sobreviveram ao se estabelecer nas cidades, onde se revitalizavam ao negociar os seus interesses com os da população urbana.

A dinastia precisava da riqueza produzida pelo comércio e pela indústria, sendo imprescindível a legitimidade, só conferida pelos *ulemás*.[63] "Um conquistador ia percorrendo uma cadeia de cidades numa rota de comércio. A criação e crescimento das cidades, por sua vez, dependia em grande parte do poder das dinastias. Algumas das maiores cidades do mundo do Islã foram praticamente criação de determinadas dinastias: Bagdá dos abácidas (ou abássidas),[64] Cairo dos fatimidas, Fez dos idrísidas, Córdoba dos omíadas. Dentro de certos limites, um poderoso governante podia desviar rotas de comércio e atraí-las para sua capital; uma cidade podia decair quando o governante a deixava ou não conseguia mais defendê-la, como Kairuan decaiu quando os zíridas deixaram de viver lá."[65]

Como o primeiro objetivo de uma dinastia era assegurar-se no poder, o governante, então, deveria manter algum distanciamento da população da cidade, conservando em seu entorno uma corte formada por pessoas de origem militar ou estrangeira: "sua família e harém, seus mamelucos pessoais – africanos negros ou cristãos convertidos do Magreb, turcos, curdos ou circassianos[66] mais a leste – e altos funcionários do palácio, oriundos em grande parte desses grupos mamelucos."[67] Isso reduzia o âmbito de poder do Império que, em vez de dirigir um Estado centralizado, tinha que se adaptar a um grupo de reinos semi-independentes à mercê de diferentes membros da família.

Assim, à medida que se sentia firme no poder, a dinastia nomeava governadores provinciais pertencentes ao grupo dominante, mas nem sempre obtinha o sucesso esperado, uma vez que havia influência da tradição da família dominante e até mesmo da natureza do campo. Por exemplo, "os seljúquidas governavam um vasto império de terras férteis, separadas umas das outras por montanhas ou deserto, e herdaram uma tradição pela qual a autoridade era investida mais numa família que em algum membro individual dela."[68]

[63] Teólogo ou indivíduo sábio e versado em leis e religião, entre os muçulmanos.
[64] Abácidas ou abássidas, conforme Antônio Houaiss.
[65] Hourani, Albert. op. cit., p. 143.
[66] Circássia (região europeia situada a Noroeste do Cáucaso, às margens do mar Negro) ou o que é seu natural ou habitante relativo a ou membro do grupo racial caucasoide originário dessa região.
[67] "O exército profissional que substituía aquele com que o governante obtivera o poder também vinha de fora da cidade" explica Hourani, Albert. op. cit., p. 144.
[68] Idem.

Um outro exemplo é o que aconteceu na Síria, onde os aiúbidas[69] governavam dessa mesma maneira. Havia uma espécie de confederação de Estados centrados em diferentes cidades, cada uma governada por um membro da família aiúbida. Mantinham aliança com o chefe da família sem, contudo, permitir demasiada interferência. Ao contrário, no Egito, tendo em vista a natureza da terra e a tradição de governo centralizado, foi possível aos aiúbidas a garantia de um governo direto. As obras consultadas fornecem vários outros exemplos,[70] mas é preciso registrar que alguns xeques tribais e cidades distantes conseguiam manter uma relativa autonomia, até que, no transcurso do tempo, o poder do governo central os alcançou também.

Por essa razões, havia necessidade de um firme controle por parte do Império e uma complexa burocracia.[71] Num outro sentido, administrar a justiça era uma das principais atribuições do governante muçulmano, que deveria ser dotado da percepção necessária para admitir entre os seus auxiliares membros educados da elite urbana, religiosos confiáveis. Basicamente, os *cádis* e *muftis* eram escolhidos entre a população local. Contudo, se o governante fosse suficientemente forte, ele poderia admitir outras pessoas. Conclui-se que as alianças eram muito importantes, principalmente as alianças de interesses, para o bom desempenho e sucesso do governante.

O tema é complexo, mas lembremos que o impasse criado diante da questão de quem deveria governar fora objeto de ampla discussão durante

[69] Dinastia de soberanos independentes investidos pelos califas abácidas, fundada por Saladino e que reinou no Egito, na Síria e na Alta-Mesopotâmia entre 1171 e 1260. Uma parte dominou o Iémen de 1174 a 1229, enquanto outra governou na região de Diyar Bakr, parte setentrional da Alta-Mesopotâmia, até 1462.

[70] Ver: Lewis, Bernard, *O Oriente Médio*, p. 103-138; Lewis, Bernard. *Les arabes dans la histoire*. Paris: Flammarion, 1996; Runciman, Steven. *História das Cruzadas* — A Primeira Cruzada e a Fundação do reino de Jerusalém, (vol. 1); Hourani, Albert, op. cit., A *formação de dinastias*, p. 143-6.

[71] "Na maioria dos Estados, as principais divisões entre funcionários continuavam sendo as que tinham existido sob os abácidas. Havia uma chancelaria (diwan al-insha), onde se escreviam cartas e documentos em linguagem correta e precisa, segundo formas e precedentes reconhecidos, e onde eles eram preservados; um tesouro, que supervisionava a avaliação, coleta e gastos dos impostos; e um departamento especial que mantinha as contas e registros do exército. Sob os Seljúcidas, o vizir continuou sendo o funcionário controlador de toda a burocracia civil, como tinha sido entre os abácidas, mas sob outras dinastias suas funções e poderes eram mais limitados. No Estado mameluco, não era mais que um superintendente do tesouro; no Estado dos *hafsidas*, havia um vizir distinto para cada um dos três departamentos, e o camareiro da corte (hajib), que controlava o acesso ao governante, podia ser mais importante que qualquer um deles." Conforme Hourani, Albert, op. cit., p. 145.

o primeiro século do nascimento do Islã. Havendo dúvidas quanto a quem sucederia ao Profeta, era necessário também delimitar o seu campo de ação, a sua autoridade; mesmo que a sucessão tenha sido resolvida naquela época, persistiam dúvidas entre os muçulmanos. Pouco a pouco, os *ulemás* sunitas iam aceitando a ideia de que o califa deveria ser o chefe da comunidade, "mas não o intérprete infalível da fé, e os ulemás eram guardiões da fé e, portanto, num certo sentido, os herdeiros do profeta." Havia ainda a questão quanto a esse *ulemá* ser iníquo, sendo dever dos fiéis rejeitá-lo. A sugestão causou a revolta dos abácidas contra os omíadas, acusados de haver "transformado sua autoridade num reino secular;"[72] a dinastia Omíada nasceu com a derrota de Mu'awiya, em 661, pondo fim ao califado Rachidun, composta por seguidores de Maomé, que o teriam conhecido pessoalmente.

Iniciava-se um novo período. Ao impor distância entre ele e o povo, o chefe viu por bem cercar-se de uma corte e de um novo cerimonial. A partir da dinastia dos omíadas, efetivou-se um reinado temporal com o título de califa e não de rei.

Sob os Omíadas, o domínio cabia aos árabes descendentes do clã mequense dos Banu Umayya e os novos convertidos não árabes tornaram-se muçulmanos de segunda classe (*mawalis*), devendo procurar apoio entre as tribos e os árabes notáveis. As conquistas militares prosseguiam e a expansão territorial continuava de leste até as fronteiras da China, a oeste para o Magreb, a Ocidente para Península Ibérica e para a Gália. No ano 700, a África romana estava nas mãos dos árabes. "Onze anos depois, esses ocuparam a Espanha. No ano 717, seu império estendia-se dos Pireneus à Índia Central, e seus seguidores estavam assediando as muralhas de Constantinopla."[73]

[72] Idem, p.154.

[73] Hunciman, Steven, op. cit. (1° vol.) p. 30. Contudo, em 733, os exércitos muçulmanos seriam detidos em Poitiers, pelas tropas de Charles Martel, um acontecimento abordado no capítulo II deste livro. Com base na Crónica de 754, Collins recomenda: "*Hay que resolver una serie de problemas cronológicos para obtener una fecha precisa de la batalla de Poitiers, pues parece muy probable que la fecha asignada a elle generalmente, octubre de 732, esté equivocada en uno o dos años.*" A Crónica de 754 é a mas aceita por este autor por ser *"el único texto que en su forma actual es casi contemporánea de estos sucesos, el comienzo del gobierno de Abd al — Rahman debe situarse entre marzo y diciembre de 731, y su duración en un período de casi tres años."* Collins, Rogers. *La Conquista Árabe* – (710-797). Barcelona: Editorial Crítica, 1991, p. 83-84.

O novo Império dos Omíadas adotou uma forma de administração que levava em conta as tradições jurídicas dos países conquistados. O tema é muito amplo; os cronistas afirmam que, devido à renda dos impostos, os calendários solares daqueles países foram mantidos. A capital do império foi transferida de Medina para Damasco, resolução que justifica uma discussão mais aprofundada.[74] A vida na corte continuava sendo rudimentar, muito próxima do modo de vida anterior, dentro dos moldes da simplicidade beduína. Os concursos de poesia eram frequentes, foi mantida a supremacia da língua árabe e os árabes mantiveram a dependência ao universalismo do Islã. Conforme os estudos de Bernard Lewis, "o califado dos omíadas durou menos de um século e a tradição historiográfica árabe islâmica, a maior parte dela posta no papel após a queda da dinastia, tratou-o com grande rigor. [...] eles foram usurpadores e tiranos, que esbulharam o califado de Ali e seu filho, os titulares de direito e continuidade, massacraram ou perseguiram seus descendentes e rejeitaram ou corromperam a mensagem autêntica do Islã."[75]

É uma observação severa, mas corrobora a opinião (mais contida) dos demais cronistas que estamos cotejando nesse trabalho. Há unanimidade quanto aos excessos praticados pelos califas dissolutos e, assim, a dinastia Omíada deu início a um processo de declínio, numa época em que muçulmanos sunitas e xiitas no Irã começaram a exercer pressão nas fronteiras Omíadas. Em 751, ocorreu uma verdadeira revolução: a Revolução Abácida.

A dinastia Abácida

A chegada dos abácidas (filhos de Abbas, o tio de Maomé) ao poder foi precedida por um verdadeiro massacre da família reinante, os Omíadas. Ora, eles próprios não tinham assassinado Hussein, o filho de Ali em Karbala, no início de seu reino? Apenas um omíada conseguiu escapar ao massacre e fugir, tendo sido encontrado cinco anos depois em Córdoba, na Espanha.[76]

---

[74] Indicamos para esse tema: Lewis, Bernard. *O Oriente Médio*, op. cit., p. 59-78; Lewis, Bernard. *Les arabes dans la histoire.* Paris: Flammarion, 1996, p. 101-124; Hourani, Albert, op. cit., p.44-50.

[75] Lewis, Bernard. *O Oriente Médio*, op. cit., p. 70-1.

[76] Trata-se de Abd al-Rahman, cuja trajetória será retomada adiante, no contexto da Batalha de Poitier.

A dinastia abácida reinaria de 750 a 1258. Em 750, os abácidas, cujas forças eram originárias de Corassã (no nordeste do Irã), tendo derrotado os Omíadas, estabeleceram-se em Bagdá e a Síria tornou-se a província de um império.[77]

O governo abácida na Síria foi diversas vezes desafiado por príncipes muçulmanos independentes, como o xiita Hamdan, o fundador do reino Hamdani. Seu reino foi instalado em Alepo, sendo depois reconhecido como *Sayf ad Dawlah* (a espada do Estado). A dinastia *hamdanida* governou durante todo o século X e se tornou famosa por suas conquistas nas áreas das ciências e das letras. Atacou Bizâncio na Europa, com persistência, e declinou em 1094, abatida pelo Califa Abu Ali Mansur al Hakin (966-1021), o destruidor de igrejas que afugentou os cristãos rumo às montanhas. Esse, que o autor Steven Runciman refere como o califa louco,[78] embora vaidoso por suas conquistas, não conseguiu livrar-se da ira de sua mãe: de acordo com tradição, ao saber que Abu Ali Mansur al Hakin anunciara publicamente a sua própria divindade, ela o matou.[79]

Nos vales isolados do Monte Hermon, na Síria, os remanescentes fatimidas encontraram um povo que adotou sua crença, formando a seita seguida pelos atuais drusos sírios. Após a morte do Profeta, possivelmente antes disso, os exércitos muçulmanos dedicaram-se a campanhas em territórios habitados às margens orientais do Mediterrâneo.

De acordo com os autores consultados, o domínio muçulmano sobre os lugares sagrados para os cristãos, o aumento populacional e as constantes guerras na Europa deram ensejo ao surgimento das Cruzadas dos cris-

---

[77] Delcambre, op. cit., p. 34. Lewis, enfático, afirma que: "No dia 25 do ano de 129, no mês do Ramadã, correspondente a 9 de junho de 747, abu Muslin, um escravo persa emancipado e líder de uma seita militante, desfraldou as bandeiras negras da rebelião na província iraniana de Khurasan. Ele e seus predecessores vinham há quase 30 anos denunciando os ímpios omíadas e insistindo no reconhecimento dos direitos dos parentes do Profeta, em especial dos abássidas, descendentes de seu tio, Al-Abbas." (Lewis, *O Oriente Médio*, op. cit., p. 79).

[78] Runciman, Steven. *História das Cruzadas*, vol II. Rio de Janeiro: Imago, 202, p. 22 e 25.

[79] Período entre 966-1021 — Domínio do califa Ali Mansur Al-Hakim, da dinastia fatimida xiita. Ele destrói igrejas e causa a fuga de cristãos para as montanhas. Quando proclama sua divindade, sua mãe o assassina. Seus seguidores buscam grupos tribais sírios para adotarem a sua religião. Estes convertidos são os ancestrais dos Drusos da Síria atual. https://historiaislamica.com/pt/deu-a-louca-no--califa-o-reinado-de-al-hakim/ Acesso em: 21 de fevereiro de 2024.

tãos, a primeira grande aventura colonial do Ocidente no Oriente Médio. Antes disso, retomemos os antecedentes da conquista do Islã em territórios da Península Ibérica.

Capítulo 2

A PROPAGAÇÃO DO ISLÃ

Novas conquistas muçulmanas

Recordemos, então, as conquistas: após a morte do Profeta, os exércitos muçulmanos dedicaram-se a campanhas em territórios habitados às margens orientais do Mediterrâneo. Até certo ponto, tratava-se apenas de incursões tradicionais que até então aconteciam entre as tribos, umas contra as outras, mas agora proibidas pelo código da *Umma*, portanto, ataques dirigidos necessariamente contra *infiéis*. "De um outro ponto de vista", diz Richard Fletcher, "e de uma forma mais controvertida entre os estudiosos, as campanhas eram motivadas pelo desejo de integrar todos os árabes na *umma*, e estabelecê-la na cidade sagrada de Jerusalém, para lá esperar o iminente fim do mundo."[80]

A partir desses acontecimentos, os documentos são confiáveis. Passados vinte anos da morte do Profeta, os muçulmanos já dominavam grandes porções do Império Romano, tendo já absorvido o Império Persa. O mapa do Oriente agora era outro. Em 635, depois de alguns ataques à Síria e à Palestina, os muçulmanos dominaram Damasco. Um ano depois, derrotavam o exército romano de reforço na Batalha do Rio Yarmuk, uma vitória que lhes concedeu o domínio da Síria e da Palestina, e em 638 dominavam Jerusalém. Em 637 o domínio sobre os persas estava garantido; em 640 caía a Cesareia e o último imperador persa da dinastia dos sassânidas persistiria numa infrutífera luta, até sua morte, em 651.

Retrocedendo um pouco, lembramos que em 639 os exércitos muçulmanos já estavam dirigindo a cobiça para a riqueza do Egito e, apesar dos esforços, o exército romano foi derrotado em 640, ficando a Alexandria dominada pelos seguidores de Maomé em 642, finalizando os seis séculos e meio de domínio romano (Império Bizantino) naquela região.

O avanço prosseguiu em direção a oeste, e Trípoli caiu em 643. A partir dessa conquista, os muçulmanos continuavam seguindo a mesma dire-

[80] Fletcher, Richard, op. cit. p. 28.

ção, mas com algumas dificuldades, devido ao enfraquecimento provocado pelas divisões entre sunitas e xiitas dentro dos mais altos escalões; além disso, no Magreb, a noroeste da África, os conquistadores encontraram uma forte resistência por parte das tribos berberes nativas daquele local.

Mesmo assim, fortaleceram-se na cidade de Kairuan, na Tunísia, em 670, e a partir dali dedicavam-se a ataques regulares em direção a oeste. Assim, alcançaram a costa do Marrocos, em 681, quando, pela primeira vez, vislumbraram o Atlântico. E Cartago sucumbiu ao seu poder em 698, causando o apagamento de quaisquer vestígios do poder romano plantado ali. [81]

Entre 632 e 732 um povo árabe muçulmano, reduzido e impotente, tomou coragem e decidiu conquistar o império Persa dos sassânidas, dominar todo o Oriente Médio para depois partir em busca de conquistas na Ásia Menor dos bizantinos e finalmente dominar a África do Norte, implantando ali um domínio teocrático. Partiu depois para novas aventuras, rumo à Europa. No passado, os romanos levantaram um muro com a intenção de proteger sua província da Síria contra as tribos guerreiras da Arábia. Com isso, calculavam que iriam atemorizar o povo empobrecido e nômade do deserto, sem nenhum povoado considerável, contando com uma população reduzida, incapaz de uma logística sistemática. Surpreendentemente, por volta de meados do século VIII, o reino dos árabes muçulmanos, apesar de todos os empecilhos, desenvolveu estratégias para subitamente controlar três continentes, abrangendo uma área maior do que o próprio Império Romano.

Servimo-nos da opinião de Victor Davis Hanson, quando afirma que as conquistas árabes resultaram de dois fenômenos: "... o contato anterior com os bizantinos, dos quais tomaram emprestado, saquearam e depois adaptaram armas, armaduras e algumas das organizações militares; e a fraqueza dos sassânidas persas e dos sucessores visigodos bárbaros nas antigas províncias romanas da Ásia e da África do Norte."[82]

Na verdade, o dinamismo islâmico entre os séculos VIII e X trazia em seu bojo a intenção de reconquistar um território cuja maior parte fora dominado por outros povos da Ásia e da Europa. As populações do norte da África, embora tendo passado sete séculos sob domínio grego e romano, ainda conservavam algumas práticas religiosas, linguísticas e culturais nativas. Além disso, as populações locais superavam em número os europeus e o de suas elites ocidentalizadas e educadas. Ao surpreendê-los ali, o

---

[81] Fletcher, Richard. op. cit., p. 29.

[82] Hanson, Victor Davis. *Por que o ocidente venceu* — Massacre e cultura — da Grécia Antiga ao Vietnã. Rio de Janeiro: Ediouro, 2002, p. 212.

Islã extirpou tudo isso. E as antigas províncias asiáticas e africanas abraçaram novamente a religião do Oriente, submetendo-se ao seu domínio. Até aquele momento, a Europa fora a única parte do antigo Império Romano não invadida ao sul ou leste pelos aventureiros muçulmanos.

A conquista da Europa Central que os cronistas árabes denominaram a *Grande Terra*, no entanto, é uma história à parte. Sem tradição de infantaria pesada, batalha de choque ou militarismo cívico, o Islã irrompeu incursões contra o *Ocidente*, até o advento dos avanços dos otomanos no século XV. Solimão (o Magnífico), o sultão dos turcos, como se fosse o herdeiro do Império Romano, depois de tomar Bizâncio, a capital do Império aos cristãos, conquistou a região da Babilônia, as antigas províncias de Roma e todo o território além do Danúbio.[83]

Sobre tais fatos, Hanson alega que "a fraqueza de outros impérios, o empréstimo das armas e da organização dos bizantinos e o papel natural do reino asiático na Ásia em si ainda não explicam inteiramente as milagrosas conquistas islâmicas."[84] As vitórias dos exércitos árabes, até certo ponto, podem ser explicadas pelas peculiaridades da natureza da recém-criada religião que estimulava os nômades fiéis à luta, em troca de benefícios, conforme exigia a *jihad*, já referida anteriormente. Tais peculiaridades implicavam um nexo entre guerra e fé, pela criação de uma cultura divina com a faculdade de recompensar com as benesses do paraíso o extermínio de *infiéis*, seguido pelo saque de cidades cristãs, considerado, naquelas circunstâncias, um ato de devoção.

Além disso, a violência dos ataques dos muçulmanos aos reinos persas, bizantinos e europeus nada mais era do que *um destino*, do qual eles não poderiam esquivar-se. De agora em diante, a divisão do mundo dependia da audaz atividade dos *fiéis* muçulmanos, a realizar os sonhos do Profeta. Era preciso espalhar o Islã pelo mundo, sem respeitar fronteiras. Como religião, ou fé, e governo do povo, caminhava saqueando e dominando por onde quer que chegasse. Não se tratava de uma religião estática ou reflexiva, mas sim de um credo empreendedor. A conquista e a conversão consistiam em pré-requisitos para a implantação da harmonia universal.

---

[83] Assim como os romanos, os otomanos realizaram, por meio de uma conquista prolongada e de uma administração eficaz, a síntese de civilizações esgotadas pelas guerras internas e ataques externos, e que perderam a capacidade de se renovar. Antes de serem designados como otomanos ou, descendentes de Otman, eles eram turcos.

[84] Hanson, Victor Davis. *Por que o ocidente venceu* — Massacre e cultura — da Grécia Antiga ao Vietnã. Rio de Janeiro: Ediouro, 2002, p. 212.

Harmonizar implicava dominar. E a iniciativa de domínios ocorreu num momento propício, uma vez que os centros urbanos dos impérios persa e bizantino do século VII se encontravam extenuados e por isso vulneráveis a ações de guerreiros destemidos.

Um dos fatores de favorecimento à expansão do islamismo foi o fato de não haver discriminação quanto a sexo, cor, raça e o que quer que fosse. Todos eram bem-vindos à casa de Alá, desde que jurassem fidelidade à fé. Por isso, ao adentrar Poitiers, tema que será retomado adiante, o exército de Abd ar-Rahman vinha mesclado de convertidos berberes, sob a mira perscrutadora de muçulmanos sírios. Havia também visigodos e judeus espanhóis conquistados para a religião de Maomé. A tática dos muçulmanos consistia também em captar a adesão e participação ativa dos povos subjugados. Sem eles não haveria novas conquistas, pois, o contingente verdadeiramente árabe muçulmano era diminuto.

Naquele contexto expansionista, enquanto o Islã se elevava vertiginosamente, a expansão da cristandade ocorria de forma gradual e mais lenta. Existem autores que justificam essa desigualdade: Edward Gibbon, citado por Hanson, afirmou que, "em termos estritamente militares, a ascensão da cristandade por mil anos depois da queda do Império Romano do Ocidente (500-1500) enfraquecera os exércitos ocidentais."[85] Por outro lado, a decadência militar não foi causada somente pelas divergências religiosas e competições entre as dinastias, tampouco pela uniformidade linguística e cultural romana, mas sim pelo próprio advento do cristianismo com seus dogmas estritamente baseados na fé e na obediência.

Por apregoarem que Jesus fora um ser místico, jamais pertencera às fileiras de um exército, nem fora mercador ou político e sua mãe, mulher concebida sem pecado, os cristãos iam perdendo a credibilidade política europeia, expondo-se à não aceitação a esses novos princípios e à recusa do poder militar. É ainda Hanson a afirmar que as tradições pacifistas da cristandade eram incompatíveis com o que apregoava o Islã que, "teoricamente", proibia os muçulmanos de combater os seguidores da mesma fé, mas incentivava a "matar" todos os outros até "não haver nenhum Deus senão Alá". Os ministros cristãos, por sua vez, já no século XII, negavam um enterro cristão a qualquer *fiel* que morresse durante uma justa ou um torneio.

Tal decisão tinha por objetivo resguardar os homens europeus para o combate aos muçulmanos e excluir dos costumes europeus o espetáculo cruento e bárbaro praticado em lutas ou jogos da vida cotidiana, na so-

[85] Idem, p. 214.

ciedade cristã. O homem deveria preparar-se para defender o seu povo e defender-se dos perigos de cair em pecado e ser castigado na vida eterna. As mensagens do Novo Testamento justificavam essa norma e o Corão induzia os seus *fiéis*, partindo do ponto de vista pragmático de utilidade, a outro modo de vida, também para que eles encontrassem a felicidade após a morte.

Cristianismo e islamismo constituem religiões étnicas. "O Deus de Maomé, diz Oliveira Martins, não é intrinsecamente superior ao Deus dos judeus; ao contrário, é um Deus nacional que passa a ser universal. A unidade, consagrada na esfera do pensamento metafísico, torna-se geral à terra e à humanidade, de particular que era de um certo povo e de um dado lugar."[86] O Islã, nascido dos semitas, e o cristianismo adotado por Constantino e imposto aos povos mediterrâneos, eis dois credos universais servindo como bandeira para galgar vitórias políticas e geográficas, lutando ao mesmo tempo pela conquista da hegemonia religiosa no Oriente, no Mediterrâneo e na África.

Nos campos de batalha é que as diferenças entre os *fiéis* das duas crenças se tornavam evidentes. O exército muçulmano, concebido para ser constituído de grande parte montada, era ágil na mobilidade e causava muito terror. Nele, predominavam cavaleiros de todos os tipos, sendo restrita a função da infantaria. Acreditavam na estratégia da tocaia, por facilitar a ação da cavalaria leve, e a abordagem era diferente daquela adotada pelos ocidentais, que optavam pelo confronto do corpo a corpo. O ânimo dos combatentes era alimentado pela fé nos ensinamentos do Profeta; tinham na mente e no coração os versículos do Corão, e por isso as grandes muralhas não eram empecilhos para as suas igualmente grandes conquistas, ao contrário do imperialismo ocidental, cujas tropas eram engendradas para sistemáticos embates; a infantaria pesada era concebida para a tomada de territórios e instalação de guarnições perenes, a exemplo do que fizeram as tropas macedônias, bizantinas e romanas.

Apesar disso, as vitórias dos seguidores de Alá limitaram-se a impérios combalidos como o dos sassânidas, as tribos de visigodos do norte da África e da Espanha, impérios enfraquecidos e impotentes em face da necessidade de oferecer uma resistência à altura do invasor.

Assim, o Islã se propagou de forma irreversível. Em 634, apenas dois anos após a morte de Maomé, os exércitos muçulmanos já se encaminhavam para a conquista da Pérsia. A Síria foi dominada em 634 e Jerusa-

[86] Martins, Oliveira. *Mitos da Religião.* São Paulo: Madras, 2004, p. 233.

lém só caiu em 638. A Alexandria foi invadida em 641. Passados quarenta anos, os muçulmanos finalmente chegavam às portas de Constantinopla, capturando-a, parcialmente, entre 673 e 677. Em 681 já se aproximavam do Atlântico, concluindo a imposição do Islã aos antigos reinos berberes. Cartago, como já afirmamos, resistiu até 698, quando a rainha Kahina finalmente foi capturada e degolada. Sua cabeça foi levada em júbilo ao califa de Damasco.[87] O Império Bizantino conseguiu deter sua expansão na Ásia Menor. No século VIII, consolidou seu domínio no norte da África e invadiu a Europa pela Península Ibérica, área que recebeu o nome de Al-Andaluz. Os francos, liderados por Charles Martel, impediram sua expansão pela Europa na batalha de Poitiers (ou Tours), em 732, tema ao qual mais adiante voltaremos a fazer referência.[88]

Seguindo os passos dos conquistadores muçulmanos, a História registra que, no reino de *Um'awiya*, primeiro califa omíada, teve início a conquista do Magreb (região ao norte da África) apesar de os berberes oporem uma obstinada resistência aos invasores. Contudo, no ano 707, aquela região era finalmente subjugada. Uma vez oficializadas as vitórias, restava avançar os vinte e sete quilômetros que os separavam da Europa, já que a vitória alcançada, até aquele momento, facilitava o avanço rumo à Península Ibérica.[89]

Muçulmanos invadem a Península Ibérica

A incursão muçulmana à Península Ibérica ocorreu no ano de 711, quando Tarik (ou Tãrique) cruzou o estreito de Gibraltar e a penetrou com sua tropa. Naquele ano, a sociedade ibérica assistiu à repentina queda do

[87] Hanson, op. cit., p. 216.

[88] Idem.

[89] A crescente atuação do recém-criado Estado Islâmico preocupa as autoridades mundiais. Criada no Oriente Médio, domina grandes extensões do Iraque, da Síria e partes de quase todos os países da região. Ao cometer atrocidades na Líbia matando dezenas de cristãos egípcios, acendeu o alerta vermelho das autoridades internacionais por causa da proximidade com a Europa. Mesmo separadas pelo oceano, eles penetraram no Velho Continente, espalhando universalmente um grande terror. Além da Líbia, extremistas afiliados ao grupo também aumentaram a atuação no Afeganistão, no Egito e na Argélia.

poder visigodo com a consequente e imediata anexação do universo mediterrâneo ao *dar-al-Islam*. Os muçulmanos invadiram a Península Ibérica comandados inicialmente por Tarik e, posteriormente, por Muça. Tendo ruído o império visigótico, Abd al-Aziz, filho de Muça, fez de Sevilha a capital andaluza. Assassinado, foi substituído por seu primo Aiube. Naquela época, os governadores (*vali* ou *amir*) eram designados pelo governador de Cairuão ou pelo próprio califa.

Figura 4: A península Ibérica no início do século X. Carte storiche animate - triennio - Collezioni Zanichelli | 512 x 288 · 74 KB · jpeg 11.01.2017. collezioni.scuola.zanichelli.it Acesso em 05 de julho de 2022.

Nessa aventura, a própria geografia facilitava a ação: sem grande dificuldade, o conquistador atravessou com suas tropas o Estreito de Gibraltar e avançou Espanha adentro. A bibliografia consultada, apesar da diversidade do olhar de cada autor, mesmo rica em informações, não fornece elementos suficientes para a reconstituição exata sobre os pormenores a respeito da forma como a invasão se realizou. Philippe Conrad explica que as fontes muçulmanas são tardias e a Crônica Moçárabe só foi redigida em 754, na região de Múrcia, cerca de meio século distante do acontecimento e constituindo apenas um sumário representativo; e as crônicas cristãs apanharam o episódio a partir daí até o final do século IX.

Segundo a tradição clássica sobre o episódio da conquista, a ascensão de Rodrigo ao trono suscitou a oposição dos herdeiros de Vitiza, e teriam sido eles a facilitar a invasão dos muçulmanos. "O conde Julião, governador bizantino de Ceuta, teria desempenhado um papel determinante nesse assunto, ao vingar-se de Rodrigo, acusado de ter ofendido sua mãe ou sua esposa... O governador muçulmano do Norte da África, Muça bin Nusayr, e seu adjunto Tariq bin Ziyad, não podiam deixar de tirar partido de uma tal situação."[90]

De qualquer forma, foi na Península Ibérica que os muçulmanos realizaram a conquista europeia mais duradoura. Os cronistas, com poucas divergências, relatam que um primeiro reconhecimento ocorreu a partir de julho de 710. Um grupo inicial composto por quatrocentos combatentes avançou até Algeciras, antes de regressar ao Marrocos, sem muita dificuldade, mas levando consigo um importante saque. Encorajado pelo sucesso, Tarik, um liberto berbere de Muça ibn Nusayr, governador árabe do noroeste da África, organizou uma importante expedição; na primavera de 711, com a ajuda de navios de Juliano, um dignitário visigodo revoltado, com cerca de sete mil homens, desembarcou e instalou-se nos flancos do rochedo de Gibraltar (o Djébel Tarik em árabe),[91] rendeu Algeciras e logo recebeu um reforço de cinco mil homens essencialmente berberes, uma vez que o contingente muçulmano não ultrapassava uma centena de homens nesse primeiro exército invasor.

Rodrigo, naquele momento, estava dedicado ao combate aos Bascos e aos Cantábrios; mesmo assim, acorreu dali para Algeciras, e a batalha decisiva aconteceu durante o mês de julho de 711. Philippe Conrad sugere que o local dos combates talvez tenha sido a oeste de Tarifa, perto do rio Barbate, ou na embocadura do rio Guadarrante, entre Torre de Cartagena e Gibraltar. Traído pelos contingentes que se mantiveram aliados aos simpatizantes de Vitiza, Rodrigo, o rei visigodo, morreu durante a luta, completamente derrotado e o vencedor estava livre para submeter a península ao seu jugo. Primeiramente, em Ecija, desbaratou as tropas cristãs reagrupadas no local. Depois, elegeu dois destacamentos para atacarem as principais cidades da Andaluzia e, acompanhado pelos demais homens de sua tropa, marchou sobre Toledo e se apoderou da cidade. E com a altivez própria do seguro vencedor, dirigiu-se para Martos, Jaén e Ubeda antes de atravessar a Serra Morena no desfiladeiro de Despeñaderos. Daí dirigiu-se para Consuega.[92]

---

[90] Conrad, Philippe. *História da Reconquista* (Trad.Duarte da Costa Cabral). *Portugal*: Publicações Europa América, 2003. p. 12.

[91] Lewis, Bernard. *Les arabes dans l'histoire*, op.cit. p. 149-50.

[92] Ver: Hourani, Albert; Loução, Paulo Alexandre; Runcciman, Steven; Hanson, Victor Davis; Megiani, Ana Paula Torres; Lewis, Bernard A conquista é também relatada por R. Collins, *The arab conquest of Span* 710-797, vol. III de *History of Spain*, dirigida por John Lynch. Oxford, Basil: Blackwell, 1989, apud Conrad, Philippe *Historia de la Reconquista*, 1998.

Avançou em seguida para o interior da região, bateu o exército dos visigodos e se apoderou de Córdoba e de Toledo. As tropas muçulmanas engajadas a ele eram compostas quase exclusivamente de berberes; em 712, Muça chegou com um destacamento de dez mil homens, aproximadamente, e tomou Sevilha e Mérida. A progressão dos árabes se acelerou e, em 718, eles já ocupavam a maior parte da península e atravessavam os Pirineus para invadir o sul da França. Foram, porém, desbaratados pelos francos de Charles Martel, na Batalha de Poitiers (732) e, de maneira mais decisiva, por sua incapacidade de tomar a cidade de Narbone.[93]

Frustração em Poitiers

Os cronistas da trajetória dos muçulmanos no Ocidente sempre se referem laconicamente à batalha de Poitiers, como se a questão não merecesse um depoimento mais abrangente quanto aos fatos e às causas. Dentre a bibliografia consultada, Jean Baptista Weiss descreve a tentativa dos muçulmanos quanto a formar um enclave ao norte dos Pireneus: em 731, os mouros foram avançando como uma avalanche rumo ao norte do país e atingiram a cidade de Tours, conquistando tudo a ferro e fogo. "A fúria dos assaltantes... era imensa, como de bestas ferozes, e a maior parte dos habitantes caiu sob suas cimitarras; mas Deus castigou essa crueldade, e a fortuna lhes voltou as costas."[94] Charles Martel reuniu então todos seus povos para fazer face ao tremendo flagelo.

Diz o cronista que, depois de os dois exércitos se examinarem durante oito dias, mediante constantes escaramuças de seus destacamentos avançados, os muçulmanos tomaram a iniciativa do ataque. Com sua célere cavalaria, tentaram romper a muralha formada pelos francos.[95] E eles pareciam inabaláveis em face do inimigo. O mesmo historiador muçulmano assim narra: "Confiando em sua fortuna, Abd ar-Rahman atacou com sua cavalaria, com violento ímpeto, mas os cristãos os receberam com não menor firmeza; então a batalha se tornou geral e demorada, ocasionando grandes perdas de lado a lado. Um ataque seguiu-se ao outro até as quatro da tarde;

[93] Lewis, op. cit., p. 149-50.
[94] Weiss, Juan Baptista, *Historia Universal*, versão espanhola da quinta edição alemã. Tipografia La Educación, Vol. IV, s/d, p. 708.
[95] Idem.

como um muro de ferro, permaneceu firme a linha dos francos."[96]

Quando a sorte parecia incerta, surgiu o Duque Eudes com seus aquitanos e bascos por detrás dos inimigos, surpreendendo os muçulmanos que estavam no acampamento. Aos seus gritos, os francos acorreram em seu auxílio. Charles fez então avançar toda sua linha de frente, e a humana muralha de ferro foi derrubando tudo o que encontrava. Por maiores esforços que Abd ar-Rahman fizesse para manter firmes seus esquadrões, não conseguia reorganizá-los. Caindo a noite, Charles ordenou que seus homens permanecessem na planície, a fim de continuar a batalha na manhã seguinte. Os mouros, porém, aproveitando-se da escuridão da noite, fugiram, deixando atrás de si apenas as tendas.

Victor Davis Hanson parte de elementos estratégicos indiscutíveis para a compreensão do malogro dos invasores muçulmanos. Segundo esse autor, a guerra deve ser vista como uma ação democrática num certo sentido: "a carnificina da batalha é uma das poucas arenas nas quais a engenhosidade, músculos e coragem ainda podem vencer privilégios, protocolos e preconceitos."[97]

O introito acima é uma alusão à forma como a batalha ocorreu. Descreve o autor os muçulmanos montados e os francos a pé formando uma espécie de muro. De forma prática, exemplifica: "Nenhum cavalo atacará um muro de piques cerrados." Por quê? Ora, se tentar fazer isso, nem mesmo o guerreiro montado e bem protegido estará livre de uma queda fatal. No meio de uma multidão compacta de espadas e pontas de lanças oscilantes o cavaleiro fica impedido de ser rápido em seus movimentos para atacar ou recuar, apesar de sua altura em relação ao inimigo abaixo e armado. A aparente vantagem até no poder do ângulo de seus golpes não lhe garante sucesso. Os exércitos valorizam *infantes pesados* e disciplinados porque, uma vez organizados e mobilizados corretamente, eles podem eliminar cavaleiros: "os soldados de infantaria são mais ágeis". O autor considera que os soldados podem surgir sem dificuldade por trás do cavaleiro, desferir golpes pelos flancos, no traseiro, nas pernas e nos olhos do animal que, assustado, recua e, em questão de milésimos, joga o cavaleiro a uma altura de vários metros, cuja queda pode ser mortal, em se considerando sua armadura pesada. "Cavalos são alvos grandes e, quando feridos, podem se tornar inimigos, e não aliados de seus cavaleiros. Soldados de

[96] Hanson, os estudiosos são unânimes quanto à origem da palavra "franco"; a maioria a associa quer a seus famosos machados de atirar, o francisca, quer à antiga palavra germânica freh/frec que significa "corajoso" ou "selvagem".
[97] Hanson, op. cit., p. 199.

infantaria têm as duas mãos livres para lutar, e não uma sempre presa às rédeas."[98]

Victor Davis Hanson afirma que os europeus sempre se preocuparam na época quanto a preparar infantes para encarar os inimigos, frente a frente, de perto, montado ou não. Quanto a isso, eles superaram as demais culturas na história da civilização.

Na Batalha de Poitiers, quando uma multidão de berberes e muçulmanos montados se bateu sobre a linha de infantes francos, o comando estava a cargo de Charles Martel, que por isso se notabilizou na História Universal. Livrou por duas vezes a França da invasão islamita, evitando que *os infiéis* (os maometanos), vistos como grandes inimigos dos cristãos, depois de terem dominado a Espanha, conquistassem também o restante da Europa. Para os francos, os muçulmanos eram uma ameaça muito próxima. Entretanto, os mouros voltaram. Em 735 dominaram Arles, penetrando na Provença até Marselha, pactuados com um duque rebelde, Maurontus. Ocuparam também Avignon. Charles Martel enviou um exército comandado por seu cunhado Quildebrando, a quem se juntou. E ambos obtiveram mais uma espetacular vitória sobre os sarracenos.[99]

Com o concurso do rei da Lombardia, Charles enfrentou o inimigo e novamente preferiu recuar a dar batalha ao invicto adversário. Caberia somente a seu filho, Pepino, o Breve — que seria proclamado o primeiro rei da dinastia Carolíngia —, expulsar de vez os sarracenos do território francês, quase vinte anos mais tarde.

Do lado muçulmano, a partir da já conquistada Espanha, o exército vencedor ultrapassara os Pireneus e conquistara Narbona. Em seguida, apoderara-se de Carcassone e de Nîmes. Descendo pelo vale do Ródano, saqueara Autun e Lyon. Por isso, Charles Martel e seu exército composto de lanceiros, infantaria leve e de nobres aristocráticos (desses, mesmo os que se apresentaram a cavalo, puseram-se no chão a fim de enfrentar o combate) ficaram de prontidão.

E a batalha começou. Do alto de suas montarias, os mouros lançavam flechas e não conseguiam atingir ou desalojar os europeus. Repentinamente, abateram-se sobre os francos, que permaneciam parados e formados em um quadrado protetor composto por soldados de infantaria. Os relatos dos

[98] Hanson, op.cit.p., 199.

[99] Os árabes eram geralmente conhecidos pelos europeus como sarracenos devido ao território original das tribos sírias do Oriente Médio.

estudiosos dessa questão são unânimes nesse ponto.[100]

Por outro lado, os combatentes da defesa que bloqueavam a estrada de acesso a Tours repeliam metodicamente as investidas fazendo que os atacantes decidissem recuar para seus acampamentos. Os francos,[101] firmemente ligados um ao outro, formando uma espécie de muro intransponível, e com firmes golpes de espadas, começaram a atacar os invasores. "A surpreendente força dos francos era o peso coletivo de seus corpos e a perícia no combate corpo a corpo."[102] Nessa batalha, Charles Martel se destacou por sua bravura; arrasou o acampamento e matou seu general, Abd ar-Rahman.

Considerando o peso das vestes e do armamento próprio para guerrear, cerca de trinta quilos de armas e armaduras, os combatentes francos, numa escaramuça desorganizada, eram inúteis, mas na estratégica formação de "muro", eles eram intransponíveis. Na batalha de Poitiers, os francos haviam evoluído, belicamente falando, usando lanças mais sólidas para golpear de frente, e pequenas espadas que facultavam o manejo para cima, atingindo o baixo ventre dos islâmicos, enquanto os escudos protegiam o peito em uma linha contínua.[103]

Muitos muçulmanos, ante a impossibilidade de penetrar a compacta massa humana protegida por escudos, afastavam-se para atirar flechas, lançar dardos ou golpear com suas espadas compridas. Era impossível romper a barreira franca, atingi-la de frente, penetrar a falange. Em vista disso, "os muçulmanos vinham em grupos grandes, a galope, golpeavam os francos

---

[100] Hanson, op. cit., p. 200. Charles só foi cognominado de Martelo a partir da segunda metade do século IX, por sua fulminante ação nas guerras. Era filho do prefeito do palácio da Nêustria — o mais poderoso reino das Gálias — e de uma concubina. Seu pai, Pepino de Heristal, havia assegurado a unidade do reino através de brilhantes êxitos nas armas e na diplomacia, e mediante o auxílio que deu à propagação do cristianismo. Esse apelido era uma alusão ao martelador bíblico, Judas Macabeu, cujos exércitos israelitas haviam destruído os sírios, graças a uma intervenção divina.

[101] Os francos, dizem os cronistas, eram grandes e fisicamente imponentes, bem protegidos por uma espécie de colete: camisa de cota de malha ou túnica de couro coberta com escamas de metal. Portavam escudos redondos (como os antigos *hoplitas* gregos), com cerca de um metro de diâmetro feitos de madeira pesada e dura, solidamente construídos com alças de ferro e cobertos de couro. Um pequeno capacete cônico de ferro protegia a cabeça dos golpes dirigidos de cima para baixo, no caso, pelos cavaleiros árabes.

[102] Idem. Hanson, op. cit., p. 200.

[103] Idem, p. 202-3.

mais desajeitados, atiravam flechas e depois saíam correndo conforme a linha inimiga avançava, na esperança de que seus ataques e o movimento irregular do inimigo resultassem em brechas que pudessem ser exploradas por cavaleiros sucessivos."[104]

Na contrapartida, os mouros eram atingidos nas partes desprotegidas do corpo, inclusive seus cavalos que se tornavam seus inimigos também, ao arremessá-los. Além da perigosa queda, os cavaleiros se tornavam vulneráveis aos inimigos que, vindo ao seu encalço gradualmente em massa, os pisoteavam. Essa formação era mais importante do que ir ao encontro do inimigo. Os cavaleiros muçulmanos montados, por lutarem individualmente, precisavam de uma ampla visão em face do inimigo, procurando brechas na linha adversária, e penetrar a massa inimiga.

É possível que Abd ar-Rahman não previra que a velocidade de seus guerreiros nada significava ante a pesada armadura do inimigo. Isolados, eram um bom alvo, tendo em vista o peso que portavam também. Em conjunto, solidamente unidos, de nada adiantava a velocidade do invasor. Quanto às perdas humanas de ambas as partes, não há unanimidade numérica entre os cronistas. Hipoteticamente, ocorreram milhares de mortes nessa batalha. As pesquisas induzem a inferir que houve uma grande diferença no número de mortes entre as partes beligerantes: pouco mais de mil francos e milhares de muçulmanos. Seja como for, a batalha de Poitiers teve como saldo, como todas as batalhas de cavalaria, um "banho de sangue" em que se misturaram os milhares de cavalos feridos e agonizantes, muçulmanos idem, material bélico espalhado, muitos francos mortos e feridos, apesar de sua estratégia. Hanson alega que poucos muçulmanos feridos foram presos, em razão do anterior histórico de assassinatos e saques em Poitiers.

Terminada a batalha, os exércitos retornaram aos seus respectivos acampamentos. Os francos prepararam-se para atacar novamente ao raiar do dia; aguardavam novos reforços e uma nova onda de ataques dos cavaleiros muçulmanos às suas posições. Ao contrário disso, ao amanhecer, depararam com a ausência do exército inimigo, tendas vazias, butins abandonados, mortos espalhados pelo campo de batalha. Abandonaram também o projeto de ocupar a cidade de Tours, perto dali. Os muçulmanos já haviam saqueado a igreja de Santo Hilário, alguns dias antes da batalha.

O fracasso dos muçulmanos na França marcou de forma definitiva a história da Península Ibérica, onde eles foram mais bem-sucedidos. A trajetória islâmica na França começou em Poitiers e, mesmo vencidos, os

[104] Idem.

muçulmanos dedicaram-se a uma nova tentativa. Na década seguinte, os francos abafariam outros ataques deles na Espanha islâmica, e o próprio Charles Martel logo se destacaria ao enfrentá-los novamente em Avignon, em 737, e Cobière em 738. Contudo, embate mais ilustrativo foi o de Poitiers, que marcou o ponto extremo do avanço dos muçulmanos na Europa. Nos anos subsequentes, eles não conseguiram ultrapassar esse limite ao norte. Quase ao mesmo tempo, houve a expulsão dos seguidores do Islã dos portos de Constantinopla, em 717. E então a onda islâmica de invasão à Europa se resumiu à periferia do continente: a Península Ibérica.

A data que ocorreu a Batalha de Poitiers é controversa. Há possibilidade de que tenha sido em um sábado de outubro de 732, em algum ponto da antiga estrada romana entre Tours e Poitiers. Alguns cronistas a referem como a "Batalha de Tours". Apesar do sucesso, Charles Martel foi posteriormente hostilizado pelos cristãos pelo fato de ele haver confiscado propriedades eclesiásticas; foi também preterido pela glória superior dos cruzados e o confronto com os muçulmanos é pouco discutido.

Há exagero na referência numérica dos combatentes muçulmanos (centenas de milhares, com trezentos mil mortos). Segundo Hanson, é bem provável que as tropas fossem do mesmo tamanho: "algo entre vinte e trinta mil homens. Mas, devido ao sucesso dos francos no recrutamento da população rural para proteger suas fazendas e propriedades, é possível que o número de europeus tenha superado os invasores."[105] Houve baixas em ambas as partes e cerca de dez mil muçulmanos foram mortos em Poitiers.

Conforme relatou o cronista Weiss, em 732, quando a grande expedição de Abd ar-Rahman, governador da Espanha moura, tentou invadir a França, já estava impossibilitado de estabelecer um domínio islâmico ao norte dos Pireneus pelo fato de chegar a Poitiers sobrecarregado de prisioneiros e de bagagens, fruto de saques de todas as igrejas e monastérios, no percurso de suas tropas até ali. Poitiers fica a 320 km de Paris e se os muçulmanos tivessem vencido a batalha e continuado a tática de saques, é bem provável que eles teriam instituído ali um enclave muçulmano a exemplo do que conseguiram fazer no sul da Espanha, vinte anos antes. Foram impedidos especialmente porque o exército franco sob a liderança de Charles Martel era composto por cerca de trinta mil infantes auxiliados por alguns milhares de cavaleiros pesados, bem armados e capacitados para a guerra.[106]

---

[105] Weiss, Juan Baptista, *Historia Universal*, versão espanhola da quinta edição alemã. Tipografia La Educación, Vol. IV, s/d, p. 708.
[106] Idem.

Por outro lado, os muçulmanos e seus súditos berberes, durante boa parte do século VIII, haviam lutado muito, entre si, também com os europeus, à medida que tribos sírias tentavam impor a crença islâmica aos nativos da África do Norte, a oeste. Durante a maior parte do século IX, os francos é que atacavam localidades tomadas pelos muçulmanos nos Pireneus. Finalmente, em 915, os muçulmanos foram expulsos da fronteira sul da França.

No passado, ao longo de grande parte do século VII, como vimos, os muçulmanos haviam derrotado muitos inimigos: os persas sassânidas e bizantinos espalhados pela Ásia, e visigodos na África do Norte e na Espanha com tropas e forças relativamente reduzidas. Contudo, ao penetrar os Pireneus, Adb ar-Rahman encontrou nos francos uma resistência inusitada. Para os observadores franceses, a Batalha de Poitiers consistiu num confronto entre saqueadores e soldados *sédentariés*, possuidores de terras, para os quais a batalha significava muito mais do que um ataque isolado. As vitórias conquistadas pelos mouros até então eram justificadas pelo fato de serem o resultado de uma luta entre intrusos nômades semelhantes a eles, os muçulmanos.

Até sua morte, em 741, Charles Martel se dedicou às guerras visando à unificação da Gália ou a livrar a Europa do poder do Islã. Para os cristãos daquela época, a batalha de Poitiers deveria ser lembrada como um dos grandes acontecimentos da História do mundo, porque a vitória sobre o Islã garantiu a imposição da dita "Civilização Cristã"; caso contrário, teria prevalecido a "Civilização Islâmica". Para eles, o Ocidente Cristão estava salvo, e com grande repercussão. Mesmo assim, o duque Eudes, anteriormente citado, informou ao Papa Gregório II que havia ali 365 mil sarracenos.

Foi criado um estado ocidental unificado e forte o bastante para impor resistência à pressão islâmica pelo sul da Europa. Sob Martel, foi retomada a tradição clássica de recrutar homens livres para formar uma resistência de infantaria, cujo núcleo do exército era formado por cidadãos e não escravos ou servos obrigados a um serviço que não lhes dizia respeito. Ao contrário do que aconteceria na Espanha no ocaso do século XV, Charles Martel estabeleceu o princípio de que a monarquia franca e a Igreja eram entidades independentes, separadas. As terras e cargos da Igreja dependiam de um monarca central. O contrário pensavam também os seus adversários em Poitiers.

Durante os mil anos de guerras subsequentes, todos os estados políticos muçulmanos foram teocratas subservientes às leis do Corão, lutando com um exército constituído por soldados servis. E a luta de cristãos contra o Islã fazia renascer abismos culturais, lembrando as antigas guerras greco-romanas contra aquemênidas e sassânidas.

Terminada a frustrada luta dos muçulmanos em Poitiers, eles se dedicaram às suas já conquistadas terras ao sul da Espanha que, como vimos, não se encontrava politicamente preparada para uma ação bélica.

SEGUNDA PARTE
Apogeu e declínio do Islã ibérico

"Quando uma raça perde a eminência
do seu pensamento religioso
(ou mitológico, ou crítico), as nações,
em que essa raça a organizou,
dissolvem-se."
(Oliveira Martins - *Mitos da religião*, p. 144)

Capítulo 1

O ISLÃ NA IBÉRIA

A Ibéria

A língua espanhola é testemunha do pretérito poderio alcançado pelo país que já dominou boa parte da Europa e quase todo o continente americano. A Ibéria, como a Espanha era conhecida na Antiguidade, foi ocupada por fenícios, gregos e cartagineses, até ser conquistada por Roma no início de 218 a.C., com o desembarque dos romanos em Ampúrias e terminou em meados do século V d.C. Durante esse período, a península foi invadida pelos suevos, alanos e vândalos e, depois, pelos visigodos. Os cronistas afirmam que, durante esse período, os povos e a organização política do território sofreram profundas e irreversíveis mudanças e a *Hispânia*, como a chamavam os romanos, tornou-se parte importante do Império Romano, uma vez que lhe fornecia recursos materiais e humanos, além de ser uma das regiões mais estáveis do império.

No início do século V, na época das invasões bárbaras, a Espanha foi tomada pelos vândalos germânicos, e esses foram posteriormente expulsos pelos visigodos. Em 711, Roderico (ou Rodrigo), o último rei visigodo, foi derrotado pelos mouros (árabes muçulmanos também conhecidos por mouriscos), que se apossaram de quase toda a península, como já mencionamos.

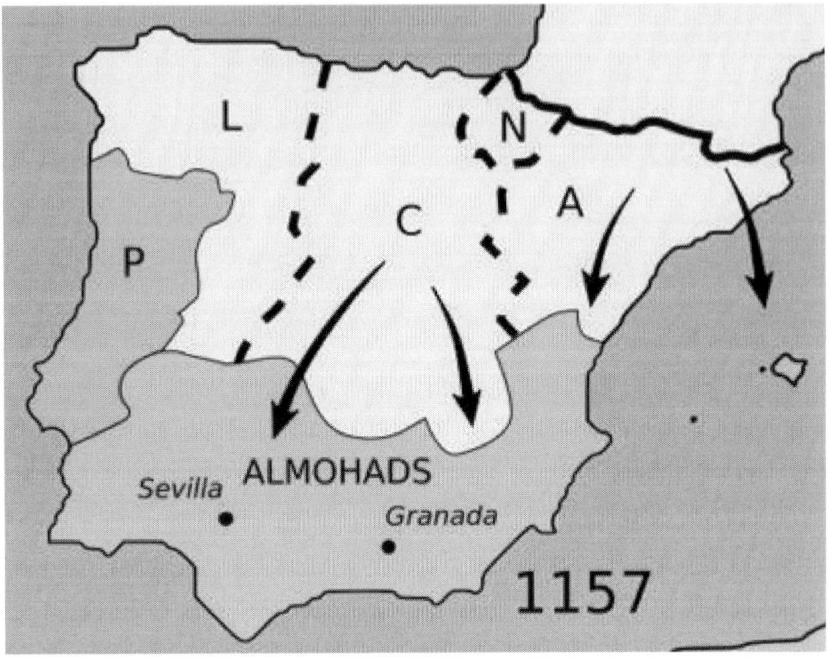

Figura 1: Espanha: Ano 560 AD.PNG *O Reino Visigodo e os demais reinos*. Disponível em:https://buildersofnations.fandom.com/wiki/Visigothic_Kingdom_-_501-560. Visualizado em: 04 de julho de 2022.

O Império Romano do Ocidente e as invasões bárbaras

Para os romanos, a exemplo dos gregos, *bárbaros* eram todos aqueles que não compartilhavam dos seus costumes ou língua. Entre esses povos estavam os germanos, cujas invasões provocariam a desestruturação do Império Romano do Ocidente. Surgiu, então, um novo tipo de sociedade: a sociedade feudal.

Uma vez enfraquecido o poderio romano, alguns povos que habitavam nas proximidades das fronteiras daquele império começaram a se instalar em seu território na qualidade de aliados, como colonos ou como soldados.

No final do século IV, os hunos, povo guerreiro de origem asiática, chegaram à Europa Oriental, transformando o cenário e dando origem ao processo de desintegração do Império Romano. Acuados pelas invasões dos hunos, os germânicos vulnerabilizaram as fronteiras romanas e facilitaram a sucessiva chegada de francos, anglos, burgúndios, alamanos, ostrogodos, visigodos, anglos e saxões; sem dificuldade, invadiam e pilhavam as cidades do império.

Em 410, os visigodos ocuparam a Península Itálica e saquearam Roma. Os vândalos avançaram pela Península Ibérica, atravessaram o estreito de Gibraltar e se estabeleceram no norte da África. Vinte anos depois, quando sitiaram e incediaram Hipona (na Argélia), Santo Agostinho, por suas ideias renovadoras, já havia implantado a doutrina fundamental da Igreja Católica.[107]

Em 476, Odoacro (434 - 493), chefe dos hérulos, pôs fim ao Império Romano do Ocidente. Estava implantado, então, o marco entre a Antiguidade e a Idade Média na Europa Ocidental. Ao término do século V, nessa parte do Império Romano, sob o domínio dos germanos, surgia a sociedade feudal, apresentando uma nova organização sociopolítica e econômica; somente três séculos depois é que o sistema estaria plenamente consolidado. De todos os reinos feudais surgidos dessa sociedade, o mais duradouro foi o dos francos.[108]

Os reinos feudais assentavam-se na justaposição de tradições, costumes, crenças e estruturas sociais provenientes dos romanos e dos povos germânicos. Segundo Le Goff: "O desaparecimento do Império Romano, a barbarização do Ocidente e, em menor grau, as restaurações imperiais carolíngia e depois otoniana, haviam suscitado uma reflexão sobre a história e o cristianismo inseria-se numa evolução histórica que, embora domi-

[107] As obras de Santo Agostinho influenciaram muito o pensamento teológico da Igreja Católica na Idade Média. Quando ocorreu a invasão dos vândalos esse religioso se encontrava no fim de sua vida. Depois de devastar a Espanha, os vândalos penetraram na África e sitiaram Hipona cidade onde Santo Agostinho exercia a sua função religiosa há 40 anos. A cidade foi incendiada e Santo gostinho faleceu no dia 23 de agosto de 430. Ver: Santo Agostinho. *Confissões* (trad. J. Oliveira Santos). São Paulo: Editora Nova Cultural, Coleção *Os Pensadores*, 1999, p. 53-4. Santo Agostinho, Epístola LV: "*Manifestissimis et paucissimis celebrationum sacramentis*"; Agostinho, *De quantitate animae*: "Est enim religio vera, qua se uni Deo anima, unde se pecando velut abruperat, reconciliatione religat. Le Goff, Jacques. *História e Memória*, (trad. Bernardo Leitão, et. alii), 3ª ed., Campinas, SP: UNICAMP, 1994, p. 116-7. Le Goff, Jacques. *As Raízes Medievais da Europa.* Petrópolis (Rio de Janeiro): Vozes, 2007, p. 31.

[108] Conforme Gatto, Ludovico. *Il Medievo* — società, política, economia e religione di un millennio di storia. 3ª ed. Roma: Newton & Compton Editori, 2001, p. 2.

nada, para os seus adeptos, pela Providência e ordenada para a Salvação, devia apelar, a fim de esclarecer, para as explicações das causas segundas, estruturais ou contingentes."[109]

A fragmentação do Império Romano durou cerca de duzentos anos e, por influência germânica, o poder foi descentralizado.

O Império Romano ruiu sob a força das invasões bárbaras no início do século V, mas a desestruturação teve início durante a crise do Estado imperial. As barreiras vinham sendo ameaçadas desde 235, quando as tribos germânicas ao norte das fronteiras tentavam desfrutar suas riquezas. Diocleciano, ao abolir a ideia de divinização da pessoa imperial, deu início ao processo de dualização do império, visando à defesa dos territórios ameaçados pelos invasores. Entretanto, os dois imperadores, os césares, herdeiros do trono, não conseguiram reerguer o combalido poder exaurido também pelas guerras expansionistas.[110]

Na opinião de Karl Kautsky a imigração de nações, a invasão do Império Romano por hordas de rudes germânicos não acelerou a ruína de *uma civilização avançada e florescente*, mas colaborou para o desmoronamento *de uma civilização moribunda* e para instaurar as estruturas de uma nova cultura, cujo amadurecimento ocorreu de forma lenta e progressiva, durante os séculos seguintes.[111]

Tendo o olhar voltado para a política econômica e suas injustiças, Kaustky enfatiza a situação do império: "a mais colossal e embriagante acumulação de riquezas e poder em poucas mãos; com a miséria mais terrível atingindo escravos, camponeses arruinados; artesãos e as camadas proletárias mais baixas com as mais violentas oposições e os mais terríveis

---

[109] Le Goff, Jacques. *Para um novo conceito de Idade Média* — tempo, trabalho e Cultura no Ocidente. Lisboa: Editorial Estampa, 1979, p. 48.

[110] A tropa germânica, integrada às fronteiras, está fixada à terra, pacificada, porém indomável, conforme observa Francis Fèvre. "Do último quarto do século IV até o fim do século V, os germanos cruzam o Reno e avançam sem cessar, conseguindo voltar à opulenta Gália. Até os ostrogodos e os visigodos, instalados no império oriental como aliados federados, ao longo do Danúbio, reiniciam suas pilhagens marcadas por exigências cada vez maiores. [...] os hunos, cavalgando das estepes asiáticas, pressionam a retaguarda dos povos germânicos, marcando, assim, sua entrada no mundo perdido da romanidade." Febvre, Lucien. *Martín Lutero*. México: Fondo de Cultura Económico, 1966, p.8.

[111] Kautsky, Karl. *A Origem do Cristianismo* (trad. Luiz Alberto Moniz Bandeira). Rio de Janeiro: Civilização Brasileira, 2010, p. 102.

ódios de classe;" *terminando* "com o aniquilamento completo de toda a sociedade."[112]

As duas partes do Império Romano seguiram caminhos diversos: o Ocidente mergulhou na senda de sua longa Idade Média, enquanto foi emergindo das conquistas bárbaras; o Oriente, ainda preso à sua legitimidade latina, inseriu-se no Império Bizantino, sob o olhar incrédulo dos godos, os "reisinhos" bárbaros.

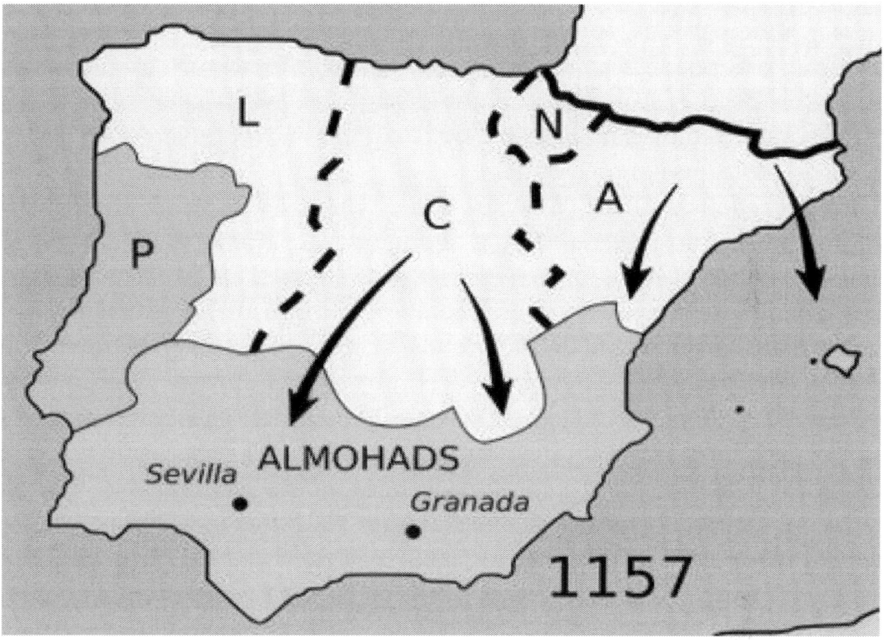

Figura 2: Expansão do Islã. Domínio da Península Ibérica. Demonstração do território ocupado pela cristandade no Oriente e no Ocidente. Fonte: McEVEDY, Colin. Átlas de História Medieval, Trad. Bernardo Jofilli. São Paulo: Companhia das Letras, 2007, p.41.

[112] Idem, p. 102-3.

Por que os muçulmanos venceram?

O século VII deparou a Península Ibérica assolada por uma efetiva crise econômica e social: o reino visigótico, sem haver constituído um sistema de sucessão dinástica e premido por rivalidades entre os diversos clãs aristocráticos, enfrentava péssimas colheitas decorrentes de consecutivas secas, acompanhadas de epidemias de mortíferas pestes que levaram à miséria grande parte da população submetida ao arbítrio dos *potentiores* (ou proprietários poderosos). A região, estando perigosamente fragmentada, encontrava-se à mercê de novos conquistadores. Nessa época, os muçulmanos já se encontravam próximos, às margens marroquinas do Atlântico. E os visigodos perderam a Espanha.

Antecedentes históricos justificam a conquista da Península Ibérica pelos muçulmanos. Nesse local, o choque das invasões germânicas sucedeu após cinco séculos da *pax romana*. Em 409 a.C. os vândalos, os alanos e os suevos atravessaram os Pireneus e a península, por distanciar-se lentamente da influência do mundo clássico de Roma, e aquele território entrou social e culturalmente em declínio, adquirindo, portanto, um aspecto rudimentar em relação aos países da região.[113] Os vândalos e os suevos precederam em alguns anos a chegada dos visigodos, cujo reino se estenderia aos Pireneus; e o Estado visigótico iria confundir-se durante dois séculos com a *Hispânia*, exceto a Gália Narbonesa, ocorrendo a unidade territorial. Até o advento do século VII, esse foi o mais brilhante dos reinos bárbaros, conforme refere Philippe Conrad no seu relato sobre a história da reconquista.[114]

No auge da conquista árabe, a Espanha, como já dissemos, encontrava-se politicamente fragmentada, em face das estratégias dos conquistadores. Na opinião de Rogers Collins, o fato de a Espanha haver se tornado vulnerável à invasão dos muçulmanos, à época, senhores do norte da África, devia-se a vários fatores, dentre os quais as divergências da monarquia visigótica, as lutas políticas entre os partidários de Vitisa e os de Rodrigo Díaz de Vivar (*El Cid*); as lutas religiosas entre católicos e arianistas, entre cristãos e judeus, e ainda o estado de sublevação do norte, entre bascos e

[113] Reilly, Bernard. *Cristãos e muçulmanos* — A luta pela Península Ibérica (Trad. Maria José Giesteira). Lisboa: Teorema, 1992, p. 17.

[114] Conrad, Philippe. *História da Reconquista* (Trad. Duarte da Costa Cabral). Portugal: Publicações Europa América, 2003, p. 14.

francos e, ao sul, as divergências com os visigodos.[115] Segundo as palavras de um antigo cronista, diz Lewis, de tudo o que conquistara há pouco tempo, fora guardado apenas o nome. De fato, algumas cidades não perderam o nome primitivo e o mantêm como registro do acontecimento, assim como algumas edificações da época, dentre outros agentes culturais. Havia, de um lado, uma pequena classe de proprietários de terrenos, com enormes latifúndios; de outro, uma classe meio arruinada, em pleno declínio. Os bandos de salteadores, de servos e de escravos fugiram, devastando o país.[116]

Em 616 teve início uma violenta perseguição aos judeus da península, ampliando o número daqueles que não tinham nada mais a perder e mesmo tudo a ganhar numa eventual mudança de comando. O exército visigodo se abateu diante dos invasores e as vitórias iniciais dos muçulmanos arrebataram sem muito esforço as estruturas desgastadas do Estado. Segundo Lewis, os servos se puseram em greve; os judeus se revoltaram contra os cristãos, passando para o lado dos invasores, aos quais eles entregaram a cidade de Toledo.[117]

Os novos chefes estavam, então, relativamente livres; há cronistas espanhóis que descrevem o novo poder como preferível ao poder dos francos, ao norte da península. O maior benefício que a conquista levou ao país foi, com efeito, a eliminação das antigas classes dirigentes da nobreza e do clero e a redistribuição de suas terras, criando uma classe de pequenos proprietários, largamente responsáveis pela prosperidade agrícola da Espanha Muçulmana. A situação material dos servos melhorou, enquanto a população urbana encontrou uma nova vida, convertendo-se ao Islã.

Após a conquista, os soldados do exército da invasão permaneceram no local, contraíram matrimônio e estabeleceram residência. À península acorriam ondas de imigração procedentes da África do Norte e do Oriente, durante todo o século VIII. Em 741, os berberes eram bastante fortes para fomentar uma revolta geral contra os muçulmanos. Por isso, o califa imediatamente expediu de Damasco um contingente islâmico essencialmente sírio; o reforço chegou em 742, após uma longa e difícil travessia, sob o comando de Bajd ibn Bishr.

---

[115] Collins, Rogers. *La Conquista Árabe* – (710-797). Barcelona: Editorial Crítica, 1991, p. 22-7.

[116] "A l'aube de la conquête arabe, l'Espagne était dans un état de faiblesse déplorable" Lewis, Bernard. *Les arabes dans l'histoire*. Paris: Champs Flammarion, 1993, p. 149-50.

[117] Idem, p. 152-3.

Os beberes foram rapidamente batidos e o exército do califa foi agraciado com um feudo na parte mediterrânea da Espanha, como recompensa por seus serviços. Os novos colonos procedentes da Síria se distribuíram seguindo o mesmo esquema de sua terra de origem. Os exércitos receberam alguns distritos no território ibérico: os de Damasco, a Elvira; os da Jordânia, Málaga; os da Palestina, Sidônia; as pessoas de Hims, Sevilha; os de Qinnaasrin, Jaen. O exército egípcio recebeu Beja e Múrcia. Os detentores de feudos ficaram comprometidos a prestar serviço militar sob requisição do emir de Córdoba, capital islâmica da Espanha.[118]

A partir daí, eles se sentiram livres nas suas terras.

Como os árabes muçulmanos não eram afeitos às lides agrícolas, a grande maioria dos senhores preferia estabelecer-se nas principais aglomerações dos distritos, junto às suas terras, a fim de viver da aplicação do capital que conseguiam do trabalho dos servos espanhóis, contratados para cultivar as propriedades. Constituíam uma nova população urbana, uma casta de guerreiros vivendo de suas rendas e conhecidos como *sham* (ou Shami), ou, gente de Damasco.

O reforço sírio na Espanha criou um envolvimento favorável a Abd al-Rahman II (822-852), príncipe omíada que fugiu da ruína e do massacre de sua família no Oriente, como destacamos anteriormente. Após um trabalho de aproximação do exército de Baldj, composto em grande parte de antigos habitantes dos omíadas, Abd al-Rahman II desembarcou em Almunhecar, em 755, bateu rapidamente o governador que se aliou aos abácidas e desembarcou em Córdoba em 756, estabelecendo da mesma forma a dinastia Omíada da Espanha, doravante independente e resistiria até 1031.[119]

O primeiro século da dinastia dos emires de Córdoba foi, portanto, um período de impasses. Por isso, o primeiro governante dedicou-se à pacificação da região, reprimindo as revoltas - abertas ou latentes - que afetavam diversos membros da população. Os árabes muçulmanos eram essencialmente cidadãos, grandes vassalos da aristocracia militar dos *djund* sírios (ou distritos militares). Estavam fortemente instalados a sudeste, constituindo uma grande ameaça à autoridade governamental. Contudo, o fim da imigração árabe muçulmana no século IX, a fusão progressiva entre esses e a massa espanhola arabizada e convertida ao Islã enfraqueceram gradualmente o predomínio das importantes famílias muçulmanas de

---

[118] Idem, p. 151.

[119] Idem, p. 152.

origem árabe que, finalmente, perderam a grande influência exercida até então nos negócios públicos.[120]

Os berberes, por sua vez, eram muito mais numerosos e muito mais ativos: a quantidade aumentava progressivamente pela chegada de uma imigração contínua até o século XI. Formavam, então, maioria, dentre eles montanheses originários do Marrocos, preferindo se estabelecer nos distritos montanhosos e, como seus ancestrais, dedicando-se ao pastoreio e à agricultura. Pela superioridade militar, tinham direito à concessão de terras.

Havia também os próprios espanhóis cristãos, judeus e convertidos ao Islã. As comunidades protegidas não muçulmanas foram mais numerosas e mais bem organizadas na Espanha do que em todo o mundo islâmico. A política do governo, por seu turno, foi geralmente tolerante, as repressões ocasionais só eram devidas mais frequentemente a considerações políticas temporárias. As conversões ao Islã foram rápidas e numerosas. Os espanhóis muçulmanos e arabófonos[121] - homens livres, libertos e escravos - formaram em pouco tempo a maior parte da população. Mesmo os espanhóis que permaneceram fiéis à sua religião de origem adotaram a língua árabe em proporção considerável.

Na mesma época, o arcebispo de Sevilha julgou necessário traduzir e publicar a Bíblia em árabe, com anotações, tendo em vista a necessidade da população. Numerosos cristãos trabalhavam a serviço do Estado e mesmo os padres foram enviados aos emires em missão diplomática. O reino de Abd al-Rahman II marcou um período de paz relativamente longo. O califa reorganizou um reinado em Córdoba, à moda abácida (ou abássida), introduzindo uma administração centralizada e burocrática, como uma hierarquia de corte inspirada também naquela dos abácidas. Foi conhecido protetor das letras e das artes, importando livros, enaltecendo os sábios e reforçando também as ligações culturais entre o Islã espanhol e a civilização islâmica do centro do Oriente Médio.

Uma das personagens mais notáveis desse acontecimento foi Ziryab, um músico persa perseguido na corte de Harun al-Rashid pela inveja de seu professor. Tendo encontrado refúgio na corte de Córdoba, Ziryab tornou-se o árbitro indiscutível de aspectos da moda na capital espanhola,

---

[120] Lewis, Bernard. *Les arabes dans l'histoire*. Paris: Champs Flammarion, 1993, p. 152.

[121] Arabófono — adjetivo e substantivo masculino; que ou aquele que fala a língua árabe; arabofalante — adjetivo cuja língua oficial ou dominante é o árabe (diz-se de comunidade); arabofalante.

introduzindo novos e incomuns refinamentos no Ocidente, como a musicalidade oriental, o porte de roupas delicadas e consumo de aspersórios.[122]

Sob os sucessores de Abd al-Rahman II, as ameaças de dissensões internas foram enfraquecidas. Árabes, berberes e espanhóis islamizados fundiram-se progressivamente entre uma população muçulmana homogênea, crente de sua independência cultural e política, propriamente ibérica. E a evolução para a unificação política e cultural, amplamente favorecida por acontecimentos, influenciou o início do século X. A ascensão dos fatímidas na África do Norte e o estabelecimento de um "anticalifa" cismático à frente de um movimento subversivo, muito desenvolvido, posteriormente, levaram o emir Abd al-Rahman III (912-961) a assumir o título e a dignidade de califa, proclamando-se o chefe religioso e político supremo dos muçulmanos da Espanha, rompendo as últimas ligações da obediência ao Oriente. "Restaura por toda a parte a autoridade do estado, contém os pequenos reinos cristãos no Norte na linha do douro e proclama-se finalmente califa, 'comandante dos crentes' em 929. Apoderou-se de Melila e de Ceuta, na costa Marroquina, e assumiu-se defensor da ortodoxia sunita perante os Fatimidas xiitas que controlam o Norte de África e, dentro de pouco tempo, o Egito. [...] à data de seu fundador, o califado de Córdoba aparece como o Estado mais poderoso da Europa ocidental, aquela cuja civilização é sem sombra de dúvida a mais brilhante."[123]

Menocal qualifica essa urbe esplendorosa como o "ornato do mundo", enaltecendo o seu vigor e opulência cultural. Hiperbolicamente entusiasmada, a autora diz que era "a mais elevada dentre as elevadas, e mais distante dentre as distantes, o lugar da máxima referência."[124]

Temos que admitir que o califa Abd al-Rahman III inaugurou o apogeu dos omíadas na Espanha. Seu reino foi um período de grande estabilidade política e de paz interior, no transcurso do qual os feudos árabes, assim como aqueles dos montanheses berberes, passaram para o restrito

---

[122] Idem, p. 154.

[123] Conrad, Philippe. *História da Reconquista* (Trad. Duarte da Costa Cabral). Portugal: Publicações Europa América, 2003, p. 23-5.

[124] Menocal, Maria Rosa. *O ornato do mundo* — Como muçulmanos, judeus e cristãos criaram uma cultura de tolerância na Espanha Medieval (trad. Maria Alice Máximo). Rio de Janeiro/São Paulo: Record, 2004, p. 45. Sobre a arquitetura, as artes menores e a música, ver: Chejne, Anwar G. *História de España Muçulmana.* Madrid: Ediciones Cátedra, 1999, p. 120. Capítulo XIX, p. 316 a 41.

controle do poder central. Sutis influências orientais iam-se infiltrando e uma civilização hispano-árabe original começava a emergir. Finalmente, efetivava-se a tradição árabe muçulmana clássica, a impor-se no desenvolvimento local, ao mesmo tempo que as relações comerciais com o Oriente eram mantidas; o estabelecimento de relações diplomáticas com Bizâncio mostra a pujança e o prestígio do Estado Omíada da Espanha naquela época. Entretanto, Córdoba vivia os seus últimos anos de esplendor.

No passado, o califa al-Hakan II (961-976), mecenas famoso, instalou uma biblioteca de muitos milhares de livros e seu vizir al-Mansur - o Almanzor dos escritores europeus, verdadeiro soberano do país – deu continuidade à obra de Abd al-Rahman III, centralizando o poder e unificando a população.

A morte de d'al-Mansour (o Vitorioso), durante o reinado de d'al Hisham (976-1008), foi seguida de uma verdadeira ruína. O relaxamento do poder central liberou as rivalidades latentes entre as duas facções: os "Andaluzes", ou seja, o conjunto da população muçulmana espanhola, de um lado, e os "berberes" recém-chegados da África, de outro. As guerras civis e as disputas subsequentes, diz Bernard Lewis, ensejou o surgimento de um terceiro partido, o dos "escravos", cujo papel foi decisivo. Originários da Europa do Leste, esse termo pejorativo designava os trabalhadores na administração real.[125] Muitos dentre eles eram italianos remanescentes dos principados cristãos independentes ao norte do país. Instalaram-se na Ibéria após os primeiros tempos da conquista, a maioria deles formada por muçulmanos e arabófones.

Em meados do século IX, os ditos "escravos" tiveram sua importância ampliada no exército e no palácio: eram cerca de 13.750 homens sob o reinado do Abd al-Rahman III.[126] Muitos haviam sido libertos e adquirido riquezas e prestígio. Os príncipes omíadas foram favorecidos por compensar a influência dos senhores feudais árabes, nomeando muitos deles às funções governamentais e comandos militares elevados. Porém, a insubordinação e os conflitos com os berberes contribuíram extremamente no preparo de um período evidentemente político, durante o qual a Espanha muçulmana se fracionou em uma série de pequenos principados berberes,

[125] Lewis, Bernard. *Les arabes dans l'histoire*. Paris: Champs Flammarion, 1993, p. 154-5.

[126] Idem, p. 155.

escravos ou andaluzes, constituindo o que ficou conhecido por reinados taifas.[127]

A reação dos cristãos

O enfraquecimento político acima descrito facultou uma dupla invasão da Espanha Muçulmana pelos cristãos vindos do norte, com a assistência de franceses, e pelos berberes vindos do sul. Em 1085, sob Alfonso VI, uma onda de conquista cristã tocou os muros de Toledo, cuja perda, como veremos, consistiu num golpe mortal ao Islã Espanhol. Contudo, malgrado a fraqueza política e a desunião do país, o episódio dos reinados dos taifas foi um período de expansão cultural. Os múltiplos cursos principescos constituíam centros de ensino de Ciências, de Filosofia e de Literatura. O declínio e a posterior queda do califado permitiram a retomada de ativas relações econômicas e culturais com o Oriente.

Antes do definitivo malogro do reino dos "reis de taifa", houve uma nova invasão berbere oriunda da África. Yüsuf ibn Tashfin fundador da dinastia dos Almorávidas, desembarcou na Espanha a convite dos próprios andaluzes, para conter a ameaça cristã. Após bater os cristãos, em 1086,

[127] Sobre os reinos taifas, ver: Chejne, Anwar G. *História de Espãna Musulmana*, Madrid: Ediciones Cátedra, 1999, p. 54-68. Reilly, Bernard F. alerta: "tentar traçar a história dos reinos taifas será certamente uma tarefa penosa e pouco produtiva, por curta que foi a sua duração e pouco significativa que se revelou a sua contribuição no domínio da história do pensamento. Além disso, tal como acontece com toda a história da Hispânia muçulmana, existe uma quase total ausência de arquivos documentais, pelo que a única fonte de informação verdadeiramente relevante é o material literário fornecido pelos vários cronistas árabes, genealogistas, biógrafos e geógrafos, geralmente respeitante a um período muito mais tardio." Portanto, são importantes os trabalhos de Wasserstein, David. *The Rise and fall of the Party-Kings:* Politics and society in Islamic Spain, 1002-1086. Princepton: S/E 1985. Reilly indica ainda os trabalhos de Cumplido Manuel Nieto, *História de Córdoba*, 1984 e Volá Jacinto Bosh, *História de Sevilha*, Sevilha, 1984. Reilly, Bernard F. *Cristãos e Muçulmanos* — A luta pela Península Ibérica. Lisboa: Teorema, 1992, p. 20. Taifa: Árabe, tá,ifa (Dicionário HOUAISS) 'grupo, partido, povo, nação'; segundo Nascentes, com especialização de sentido para' grupo de criados em um navio.

procedeu-se à anexação dos "reinados de taifas" ao seu império mourisco. Os almorávidas logo cederam o lugar à nova dinastia africana dos Almôadas, uma fanatizada seita berbere. Enquanto isso, a reconquista cristã progredia.

O reinado almorávida expandiu, por seu turno, um novo mosaico de "reis taifas" de efêmera duração. No final do século XIII, os cristãos haviam reconquistado o conjunto da península, exceto Granada, onde uma dinastia muçulmana permaneceria dominando ainda no transcurso dos dois séculos seguintes. Foi lá, durante o resplendor e o crepúsculo do Islã Espanhol, que nasceu a magnífica Alhambra, suprema expressão do gênio criativo do Islã Ocidental.[128]

O Alhambra é uma das obras mais belas deixadas pela arquitetura islâmica. É uma combinação de palácio e fortaleza, situado no alto de uma colina da cidade de Granada, na Espanha. Suas várias dependências estão dispostas em torno de um pátio central. No século XIV, foram construídas as partes que despertam maior interesse, como a Sala do Trono e o Pátio dos Leões. Nele, podemos contemplar detalhes em cerâmica, azulejos, policromia e formas geométricas.

Durante o século XI surgiram, como vimos acima, os primeiros focos de resistência cristã contra os mouros. Inicialmente, D. Alfonso VI, rei de Castela, auxiliado por D. Rodrigo Díaz Bivar, ou Vivar. *El Cid Campeador*, derrotou os mouros em Toledo. Iniciava-se com tal aventura a reconquista espanhola e o fim do esplendor da dominação islâmica, com exceção de Granada, como já foi dito. A inabilidade dos inúmeros governantes da Espanha Islâmica, quanto a manter unidade política, ficou evidenciada quando os reis cristãos começaram a representar uma ameaça real para os domínios islâmicos, cujos governantes pediram socorro aos almorávidas. Eles atenderam ao chamado, dominaram a revolta cristã e tomaram o poder.

[128] Lewiss, Bernard, op. cit., p. 156

El Cid, el campeador, e a Taifa de Valência

Rodrigo Díaz Vivar, polêmico personagem conhecido como *El Cid, el campeador*,[129] fazia parte da corte de Alfonso VI[130] até que decidiu participar do ataque aos territórios de Toledo, na altura, aliado de Leão e Castela[131]. Nos cinco anos subsequentes ele viveu como soldado mercenário a serviço do governante muçulmano de Zaragoza. Acumulou fortuna, renome, e depois se reconciliou com o rei e retornou a Castela.

Entretanto, ao surgirem os almorávidas na Península, *El Cid* preferiu agir por conta própria em 1088. Era necessário, portanto, buscar subsídios que garantissem rendimento para a manutenção de setecentos soldados de cavalaria e auxiliares, cujo total chegava aos dois mil e quinhentos homens, diante dos quais *El Cid* se tornara um valoroso chefe militar.

Durante os primeiros seis anos, *El Cid* conseguiu subsidiar as despesas

---

[129] Bernard Reilly, afirma que: "Para a imprecisão histórica que uma tal abordagem instaura tem contribuído largamente, neste caso, o grande estudioso de Literatura e linguista de reconhecido valor, Ramón Menéndez Pidal, defendendo que as composições épicas ibéricas são singularmente fiéis à verdade dos factos e podem ser tomadas quase literalmente como fontes históricas. Considerado o mais importante estudioso moderno não só dessa épica, como também da *Primera crónica general*, datada do sec. XIII, cujas referências ao século XI na Ibéria se apoiam largamente na primeira, e ainda autor de uma biografia do Cid que conheceu cinco edições na primeira metade do nosso século, às suas posições têm sido conferidas uma grande autoridade. Recentemente, contudo, as mesmas têm vindo a ser postas em causa, e o que se segue é exactamente fruto de reformulação". Reilly, Bernard. *Cristãos e muçulmanos* — A luta pela Península Ibérica (Trad. Maria José Giesteira). Lisboa: Teorema, 1992, p. 153. Ver também: Fletcher, Richard. *Em busca de El Cid* (Trad. Patrícia de Queiroz C. Zimbres). São Paulo: UNESP, 2002, p. 132 e 247-69.

[130] Bernard Reilly grafa *Alfonso* e Richard Fletcher grafa Afonso. Adotamos a primeira forma.

[131] Rodrigo Vivar nasceu aproximadamente na mesma época que Alfonso VI, em território de Leão e Castela, então sob o governo de Fernando, El magno (1037-1065). *El Cid* começou a frequentar a alta sociedade integrando a corte de Sancho II de Castela (1065-1072). Diz Richard Fletcher que "é fácil saber o que deu errado na carreira de Rodrigo Díaz. Ele fez inimigos na corte de Afonso VI. Em parte, culpa destes, em parte por causa de ações impensadas, Rodrigo incorreu no desfavor do rei, sendo exilado no verão de 1081". Fletcher, Richard, 2002, op. cit., p. 171.

com essa tropa, cobrando taxas de todas as taifas do leste da península que ainda se mantinham independentes, exceto Zaragoza, cujo "poder excedia a capacidade de coacção das forças de que dispunha. Primeiro obteve do pequeno principado de Albarracín a contribuição de 10.000 dinares anuais"[132]. Valência mantinha uma relativa autonomia por via de 12.000 dinares anuais. Seguiam-se, então, Segunto e Alpuente, depois Murviedro, Segorbe, Almenara, Jérica e Líria e finalmente Játiva e Dénia, logrando o castelhano sobrepujar as estratégias dos muçulmanos. Após a morte de al-Mundir em 1090, *El Cid* conseguiu estabelecer um protetorado em Lérida e Tortosa em nome dos filhos do primeiro.

El Cid, um verdadeiro soberano

El Cid vivia, então, de forma confortável com seus 100.000 dinares anuais. Deve-se considerar, contudo, os seus compromissos como chefe militar, fato que lhe permitia apenas a subsistência, mas nem por isso, por seu gênio militar, deixou de enfrentar Barcelona, Lérida, Aragão, em conjunto ou separadamente. Magoou seu rei e antigo senhor, Alfonso VI, ao negar-lhe o pedido de socorro contra o cerco almorávida de Aledo, em 1088. Em 1092, Alfonso cooperou com os governantes de Barcelona e Aragão, contra Rodrigo que, com seu exército, fugiu para recuperar sua posição. Transcorridos os sete anos seguintes, *El Cid* tornara-se um verdadeiro soberano no oriente da península.[133]

Em contrapartida, com o avanço dos almorávidas, Yüsuf ibn Tashūfin, depois de 1090, determinou a incorporação das taifas de Almeria e Múrcia. Em 1092, seu filho e então governador ibn Āisa expulsou os cristãos de Aledo e foi dominando Dénia, Játiva e Algecira, localizadas a trinta e cinco quilômetros de Valência, onde eclodiu uma revolta que tomaria de al-Qādir o seu trono e a sua própria vida. Mesmo assim, os muçulmanos, temendo entregar o poder aos seus correligionários africanos, aceitaram a intervenção de Rodrigo que reconheceu o novo regime e impôs o pagamento do *páreas*[134] pela sua manutenção.

---

[132] Reilly, Bernard. *Cristãos e muçulmanos* — A luta pela Península Ibérica (Trad. Maria José Giesteira). Lisboa: Teorema, 1992, p. 154.

[133] Idem.

[134] Tributo que um Estado ou soberano pagava a outro, em reconhecimento à vassalagem.

Como se percebe, a situação não garantia estabilidade e, no verão seguinte, os almorávidas investiram novamente contra a região de Valência, dando ensejo a uma *complexa guerra de guerrilhas*, que foi exterminada por *El Cid*, e os africanos fugiram para o sul. Consequentemente, os muçulmanos de Valência voltavam-se contra os cristãos, mesmo não tendo auxiliado os almorávidas. Depois disso, Rodrigo tornou-se um dos homens mais poderosos do leste da Ibéria. Durante o inverno e a primavera de 1093-1094, cercou Valência, devastou suas terras do interior e impediu o abastecimento da cidade. "Os seus exércitos não tinham capacidade para um ataque em força a uma tal praça, mas o terror, as conspirações e a fome produziam os seus efeitos e a cidade rendeu-se a 15 de Junho (sic) de 1094."[135]

Uma vez rendida a cidade, *El Cid* expulsou parte da população muçulmana de Valência e substituiu-a por moçárabes trazidos do entorno, dando alguma estabilidade ao local. E os militares, conforme o costume, foram agraciados com os bens confiscados dos vencidos. Alguns muçulmanos foram autorizados a permanecer em Valência com liberdade de praticar livremente a sua religião. "Ibn Yahhaf, o anterior governador da região, manter-se-ia como seu *qādī* (chefe de justiça)."[136]

Contudo, a tomada de Valência pelos cristãos não foi bem aceita pelas comunidades islâmicas andaluzas e africanas. O fato lembrou-lhes a tomada de Toledo nove anos antes. Na África, Yūsuf ibn Tāshufin deu posse a um sobrinho à frente de um exército que seria reforçado por algumas tropas andaluzes remanescentes da conquista de Badajoz. Forças que só chegaram a Valência em setembro de 1094. A par disso, Rodrigo recorreu ao auxílio militar de Alfonso VI que, embora o atendesse, foi desnecessário.

Devido à indisciplina e deserção das tropas muçulmanas, adversária inimiga, infere Reilly, *El Cid* arrasou completamente o sobrinho de Yūsuf ibn Tāshufin, ao invadir o seu acampamento e apoderar-se de suas riquezas. Tomou a cidade e a manteve até a morte, em 1099. Com sua família, o herói foi transferido do mosteiro castelhano de Cardeña para o palácio real. Tornou-se senhor de Valência durante os quatro anos seguintes, formando uma nova dinastia, e foi sucedido por sua esposa, Jimena Díaz, que governou durante três anos (1099-1102), quando a cidade foi entregue aos almorávidas por Alfonso VI. "Os anos de viuvez de Jimena foram tempos difíceis para a vida pública do reino de Leão e Castela. Os almorávidas continuaram a pressionar suas fronteiras meridionais durante todo o pri-

[135] Reilly, op. cit., p. 155.

[136] *Idem. qādī* ou qadi é o mesmo que Chefe de Justiça.

meiro quartel do século XII, pondo em xeque as conquistas de Afonso VI" (Alfonso VI).[137]

Estava encerrada a breve dinastia de Vivar e Valência continuou sob o domínio muçulmano durante o século e um quarto seguinte. Contudo, sobrevive ainda na ***memória da história*** o mito *El Cid* que, durante doze anos, desafiou, humilhou e derrotou reis, condes e emires.[138] A morte desse guerreiro coincide com o surgimento dos Cavaleiros da Cruz. O domínio muçulmano sobre os lugares sagrados para os cristãos, o aumento populacional e as constantes guerras na Europa propiciaram o surgimento das Cruzadas, a primeira grande aventura colonial do Ocidente no Oriente Médio.

Os Cavaleiros da Cruz — do Ocidente para o Oriente

Os cronistas ocidentais têm o olhar voltado para os feitos dos Cavaleiros da Cruz, enquanto os cronistas pró-árabes se voltam para outros ângulos, referindo as capitulações dos vencidos ou a reação dos vencedores. São geralmente afeitos a uma linguagem conativa e sua contribuição deve ser considerada, uma vez que os autores têm fácil acesso a textos originais (em língua árabe) sobre aquele importante momento da História: as Cruzadas. "Todo historiador medieval, qualquer que seja sua raça, invariavelmente incorre em um exagero generalizado e pitoresco sempre que precisa estimar números que não podem ser computados com facilidade."[139]

Tal como a cavalaria, o feudalismo ou as catedrais góticas, as Cruzadas podem ser consideradas uma das concepções mais singulares da Era Medieval. As Cruzadas constituem um complexo empreendimento que extrapola a ideia de expedições direcionadas para a Terra Santa. Considerada uma "*Guerra Santa*", sua finalidade tem como pano de fundo algumas motivações político-expansionistas como a tomada de Jerusalém, por exemplo. As motivações religiosas eram também o resgate do Santo Sepulcro, o combate aos *infiéis*, aos pagãos, aos heréticos, dentre outros pretextos, como a luta

---

[137] Fletcher, Richard, 2002, op. cit., p.247.

[138] Ver: Fletcher, Richard, 2002, op, cit., 221-45.

[139] Runciman. Steven. *História das Cruzadas* — O Reino de Jerusalém e o Oriente Franco -1100-1187, vol I (trad. Cristina de Assis Serra). Rio de Janeiro: Imago, 200, p. 300. Na mesma obra, o autor fornece um importante elenco de autores separados por sua nacionalidade (Gregas, Latinas, Árabes e Armênias). Ver: p. 291-299.

contra o poderoso Saladino, ou contra Ricardo Coração de Leão.

Justamente quando a Península Ibérica era dominada por uma série de acontecimentos extraordinários entre cristãos e muçulmanos, em luta pela restauração, domínio e manutenção de cidades e regiões, tinha início o empreendimento que dominou a Europa Ocidental durante mais ou menos dois séculos. Esse movimento deu origem às Cruzadas, a primeira (1095) foi uma ação aprovada pelo papa Urbano II, cujo resultado foi a conquista de Jerusalém aos árabes. No século XII ocorreram as Cruzadas de 1147 e 1189; no século XIII as de 1202, 1217, 1228, 1248 e 1270. Se incluirmos as Cruzadas Infantis, foram ao todo, nove cruzadas.[140]

As Cruzadas, além objetivos citados em parágrafo acima, lutaram também em outras direções, inclusive em campanhas na Península Ibérica, por exemplo, auxiliando o primeiro rei de Portugal a libertar Lisboa em poder dos mouros, como veremos mais pormenorizadamente em páginas posteriores. Lutaram nas fronteiras orientais do Império Romano Germânico, a fim de combater e cristianizar os eslavos pagãos. Dentro do próprio universo cristão, combateram os cristãos heréticos, por exemplo, os cátaros no sul da França.[141] As Cruzadas foram organizações oficiais e não

---

[140] Para um estudo mais aprofundado sobre o tema são recomendáveis os seguintes autores: FRANCO, Jr. Hilário. *As Cruzadas*. São Paulo: Brasiliense, 1981; GROUSSET, R. As Cruzadas. São Paulo: Difel, 1965; MORRISSON, Cécile. *Les Croisades*, 3ª ed., Paris: Vendôme: Puf, 1977. ROUSSET, P. *História das Cruzadas*. Rio de Janeiro: Zahar, 1981; Hunciman, Steven. História das Cruzadas — O Reino de Jerusalém e o Oriente Franco, 1100-1187 (trad. Cristina de Assis Serra). Rio de Janeiro: Imago, 2002, três volumes; MAALOUF, Amin. *Les Croisades vues par les Arabes* — la barbarie franque en Terre Sainte. Paris: J'Ai Lu, 2004. Fletcher, Richard. *A Cruz e o Crescente* (trad. Andréa Rocha). Rio de Janeiro: Nova Fronteira, 2004.

[141] A França notabilizou-se pela perseguição aos "cátaros que invadiram a Europa Ocidental no início do século XI. Forçaram a Igreja a agir de maneira mais intensa, para manter o seu poder. Ao questionarem a teologia católica básica, principalmente no que se referisse ao papel de Deus na criação, à humanidade de Cristo, e ao matrimônio, baseados nos ensinamentos religiosos de Mani. Os cátaros despertaram a atenção do Papa Inocêncio III (1198-1216) que determinou o combate aos heréticos, principalmente os albigenses, por meio da persuasão e da pregação." Fernandes, Dirce Lorimier, *A Inquisição na América*, op.cit., p. 24. – Os cátaros passaram e se organizar em 1115 após a morte do heresiarca Tanquelino. Nos idos de 1140, a heresia cátara se expande, ocorrendo o estabelecimento do primeiro bispo cátaro no Norte da França, em 1149. Existiram cátaros também na Catalunha, na Itália, na Alemanha e, ao que parece, na Inglaterra. Kate MOSSE em sua obra *Labyrinthe* (edictions Jean-Claude Lattès, 2006) colabora para a compreensão desse tema com importantes informações nesse monumento de 946 páginas; trilhando os passos da ficção, instiga, enriquece a veracidade dos fatos.

oficiais, causaram polêmicas, cometeram atrocidades e somente no transcurso do século XIII, o papa Inocêncio IV tomou para si a estruturação de tal empreendimento, ao conceder privilégios espirituais e materiais aos seus participantes.

Kate Mosse afirma que, no mês de março de 1208, o papa Inocêncio III lançou uma Cruzada contra uma seita de cristãos do Languedoc, comumente chamados cátaros (cathares). Eles próprios se diziam "bons cristãos", enquanto Bernard de Clairvaux os qualificou de "albigeois", e os registros da Inquisição de "heréticos". Inocêncio III entendeu, por isso, cassar os cátaros e, dessa forma, restaurar a autoridade da Igreja católica na França. Submetendo a nobreza do sul, até então bravamente independente, os barões do norte que se lançaram à Cruzada viram uma ocasião inesperada para estender os seus domínios, ampliar os seus bens e desenvolver os seus negócios.

Ainda que a noção de Cruzada seja uma importante atuação da cristandade medieval do fim do século XI, e que em 1204, em Zara (uma vila cristã) os senhores da quarta Cruzada se fizeram aliados dos cristãos, foi a primeira vez que a *guerra santa* ocorreu em solo europeu. A perseguição aos cátaros foi o embrião da Inquisição instaurada em 1233 pelos dominicanos, nomeados Irmãos Negros. Houve Cruzadas independentes da aprovação papal como a Cruzada de Pedro, o Eremita, as Cruzadas Infantis[142] do século XIII e, em 1212, a Cruzada de Frederico II de Hohenstaufen, o excomungado imperador da Alemanha.

O papa Urbano II, embasado no regimento medieval de penitências, ofereceu indulgência plenária – perdão de dívidas capitais e espirituais, sustento aos familiares dos combatentes. Isto colaborou para uma arregimentação maciça de homens de diversas índoles, inclusive criminosos. Havia cavaleiros da Espanha, da França e da Itália, encorajados a combater os muçulmanos também em suas próprias terras, temendo um avanço deles nas terras europeias. O objetivo católico, a princípio, era afastar obstáculos à peregrinação à Terra Santa.

As Cruzadas tiveram origem e motivações diferentes, reiteramos, e ocuparam espaços geograficamente distintos. Surgiam espontaneamente, sem planejamento, a partir do século XI, conjugando velhas tendências a novas circunstâncias no progressivo processo histórico do Ocidente, marcados por catástrofes, especialmente grandes surtos de peste, dizimando multidões. Assim, as Cruzadas foram evoluindo durante mais de um sécu-

[142] Ver: Mello, José Roberto. *As Cruzadas*. São Paulo :Ática, 1989, p. 46-8.

lo e meio, somando elementos que as foram caracterizando até firmar-se como uma instituição ocidental. A partir do papa Inocêncio IV, foram-se delineando alguns contornos, sem, contudo, designar o movimento expedicionário dirigindo-se para Jerusalém. E a palavra "cruzada" só foi adotada no transcurso do século XIII.

Os cruzados foram aos poucos acrescentando componentes, demarcando as características do empreendimento medieval. Inicialmente, adotaram um emblema do qual se originou o termo cruzada: uma cruz costurada nas vestes, sobre o ombro direito ou sobre o peito. A cruz tinha um valor representativo, simbólico e com grande força persuasiva, uma vez que testemunhava publicamente o engajamento individual e particular numa empreitada divina. Valia como um contrato fiduciário entre o cavaleiro e Deus, sendo por isto irrevogável.

A política romano-bizantina consistia em contratar tropas mercenárias estrangeiras para tal realização. Não importava se os candidatos pertenciam a bandos comandados por um líder próprio, contratados temporariamente ou contingentes fixos controlados, por exemplo, pela Guarda Varegue, recrutada na Escandinávia e na Inglaterra. "Quando o imperador Alexius I despachou enviados ao papa Urbano II, em 1095, em busca de divulgação para um pedido de ajuda militar, ele não estava fazendo nada novo ou fora do comum," afirma Richard Fletcher.

Conseguiu uma multidão de guerreiros entusiasmados, a maioria sem instrução; inflexíveis ao controle imperial, cruzaram em tumulto seus territórios e assim chegaram à Síria e à Palestina, onde tomaram Jerusalém em julho de 1099. Esse empreendimento desorganizado, que se conhece como a Primeira Cruzada, nada tem a ver com a forma de organização e disciplina à qual se submeteram bem ou mal as Cruzadas seguintes.

Quando, em novembro de 1095, o Papa Urbano proferiu, no Concílio de Clermont, o sermão que precipitou as operações militares, suas palavras encorajaram os ouvintes sobre algo que eles já vinham pretendendo realizar. Os historiadores não são unânimes quanto a quais foram as palavras, uma vez que as fontes são conflitantes. Mas não é temerário inferir que ele tenha asseverado aos participantes da peregrinação armada a Jerusalém, levando auxílio aos seus irmãos cristãos do Oriente, que eles estariam juntando mérito espiritual para a conquista de um lugar no paraíso, o mesmo ardil que mais tarde causaria o repúdio de Martinho Lutero.

Richard Fletcher lembra que "não era novidade falar-se em peregrinações, guerras santas, ameaças à cristandade e na santidade sagrada de Jerusalém: o que o papa fez foi amarrá-las todas juntas de tal maneira que se tornassem irresistíveis à pouco sofisticada devoção da nobreza europeia do Ocidente." [143] Na verdade, o papa Urbano II, em nome da Igreja Católica, instigou a formação de uma Cruzada composta de cavaleiros cristãos, impulsionados em grande parte pela entusiasmada adesão da aristocracia guerreira do norte da França. Pessoas que pouco ou nada sabiam a respeito do Islã, mas eram influenciadas pela mentalidade das fronteiras bizantinas, sugestionadas pela argumentação contida na obra de Diógenes Akrites.[144] A obra de maior força persuasiva foi, contudo, o antigo poema épico chamado *CHanson de Roland* (Canção de Rolando) que sobreviveu em um manuscrito de 1100, mas é possível que tenha tomado contornos finais bem antes desta data.[145] Essa obra retrata o que tinham em mente os guerreiros que participaram da Primeira Cruzada.

A *CHanson de Roland* instiga contra os não cristãos, pois "os pagãos estão errados e os cristãos estão certos. Pagãos, acima de tudo, não são confiáveis, são traidores e cruéis, inimigos naturais da ordem moral cristã. Combatê-los é realizar um trabalho penitencial meritório. Morrer em luta contra eles é ganhar a coroa do martírio". E essas eram as posturas que sustentavam o moral dos exércitos da Primeira Cruzada.[146]

A Tomada de Jerusalém em 1099, apesar da indisciplina das tropas, alcançou um inesperado sucesso graças ao acaso, pois invadiram a Síria

---

[143] Fletcher, Richard. Op. cit., p. 87. Ver também Hunciman, Steven, *História das Cruzadas* — A Primeira Cruzada e a Fundação de Jerusalém. Vol. I, op. cit., Livro II a Livro V.

[144] Embora tendo que imitar os clássicos greco-romanos, a Literatura profana exprimiu-se nos mais variados gêneros, como a poesia epigramática e a poesia lírica, tratados sobre diplomacia e técnicas de guerra; enciclopédias, narrativas de viagens, narrativas históricas, entre as quais a História Arcana, de Procópio de Cesareia (500-565), a Alexia de Ana Conieno (1083-1148) e romances épicos sendo Diógenes Akrites o mais popular dos autores, comparável em qualidade à Canção de Rolando (CHanson de Roland).

[145] A linguagem dessa obra é característica do norte da França, seu tema são a discordância e combate dentro da elite franca, seu tom é eminentemente aristocrático e seus ornamentos são típicos do século XI. Ver: *La CHanson de Roland* — Traduction, preface, notes et commentaires par Pierre Jonin. Université d'Avignon, Paris: Gallimard, 1979.

[146] Logo no início de sua constituição, conforme consta na ´primeira parte deste trabalho, registramos que o Islã também instigou seus fiéis a praticar o *martírio (chahîd)*, cujos objetivos são os praticados pelos cristãos agora no século XI. Fletcher Richard apresenta uma breve sinopse a respeito da *CHanson de Roland* na página 88 de sua obra anteriormente citada.

Islâmica no momento que ela se achava dominada por extrema desordem. Fato idêntico se repetiu recentemente, em 2011, causado pela revolta da chamada Primavera Árabe, iniciado na Tunísia.[147] No primeiro caso, os francos levaram vantagem devido à falta de unidade do Islã. "Os muçulmanos xiitas, liderados pelo califa fatímida do Egito, detestavam os turcos sunitas e o califa de Bagdá quase na proporção da aversão que sentiam pelos cristãos. Em meio aos turcos, havia desentendimentos permanentes entre seljúcidas e danishmends, entre ortóquidas e a casa de Tutush, e até entre os dois filhos do próprio Tutush. Atabegues[148] individuais, como Kerbogha,[149] concorriam para a confusão devido a ambições pessoais, ao passo que dinastias árabes menos importantes como Banu Ammar, de Trípoli, e os munquiditas, de Shaizar, aproveitavam a desordem para manter precária independência. O êxito da Cruzada causou o recrudescimento do caos. Havia desânimo, recriminações mútuas dificultando ainda mais a cooperação entre os príncipes."[150]

Havia muita rivalidade entre os líderes e, por se negarem a trabalhar juntos, os cruzados alcançaram os objetivos. Essa Cruzada teve como saldo um terrível massacre da população civil judaica e árabe de Jerusalém, a Cidade Santa, conforme o relato de Torquato Tasso: "[...]pelas muralhas

---

[147] Durante a onda de revoltas da chamada Primavera Árabe, que teve início na Tunísia, sírios saíram às ruas em 15 de março de 2011 para protestar contra o governo do ditador Bashar Assad. Desde então, os rebeldes enfrentam forte repressão pelas forças de segurança. Até agosto de 2014 o conflito causou 191 mil mortes no país, de acordo com levantamentos feitos pela ONU. Em junho de 2012, o chefe das forças de paz das Nações Unidas, Herve Ladsous, afirmou pela primeira vez que o conflito na Síria já configurava uma guerra civil. Dois meses depois, Kofi Annan, mediador internacional para a Síria, renunciou à missão por não ter obtido sucesso no cargo. Ele foi sucedido por Lakhdar Brahimi, que também não conseguiu avanços. O uso de armas químicas no conflito é cada vez menos uma suspeita e mais uma certeza, pressionando a comunidade internacional a responder aos ataques.

[148] Atabeg (Atabek ou Atabey) é um título hereditário de nobreza de origem turca, que indica um governador de uma nação ou província, que era subordinado a um monarca.

[149] Disponível em: http://catholicunderthehood.com/2010/06/28/today-in-catholic-history-the-defeat-of-kerbogha-of-mosul/ Acesso em: 04 de dezembro de 2015.

[150] Runciman. Steven. *História das Cruzadas* — O Reino de Jerusalém e o Oriente Franco -1100-1187, vol II (trad. Cristina de Assis Serra). Rio de Janeiro: Imago, 2002, p. 19.

e portas, derrubando, destruindo, ou ateando fogo no que se lhe opunha, o exército vencedor penetra na cidade. O ferro semeia por todas as partes a desolação e a morte, o luto e o horror, suas companheiras. O sangue forma lagos ou corre em arroios que arrastam no seu curso cadáveres e moribundos."[151]

É um relato a *posteriori* que se presta à descrição de qualquer outra catástrofe provocada por guerra ou fenômenos da natureza, mas que faz lembrar o destino de qualquer povo à mercê de conquistadores estrangeiros. Foi mais ou menos desta forma que um motorista de táxi, em Paris, descreveu o rio de sangue que escorreu pela *Place de la Bastille* originado pelas espadas de combatentes que não eram estrangeiros, mas estavam a serviço da Revolução Francesa: e seguiu até o nosso destino cantarolando *la Marseillaise*. Era o ano de 2010.

Em sua marcha pela Palestina, em junho de 1099, os cavaleiros cruzados, desde que deixaram Alepo, na Síria, foram se familiarizando com a aridez do terreno: pedras, areia, tudo esturrado. Habituados com os rios europeus, o Danúbio, por exemplo, os cruzados não se encantaram com o Jordão, cujas Escrituras relatam a cerimônia em que João Batista unge o humilde Jesus Cristo.[152] O rio que os cavaleiros de Godofredo[153] e Bo-

---

[151] Tasso, Torquato. *Jerusalém Libertada*, Canto XVIII. São Paulo: Topbooks, 1575. Seu argumento gira em torno da Primeira Cruzada, no século XII, cuja finalidade era a de libertar o Santo Sepulcro das mãos dos infiéis. Os fatos que entrelaçam essa epopeia começam já no sexto ano da citada Cruzada. Deus envia um anjo a Godofredo, chefe das hostes cristãs, e ordena-lhe que liberte Jerusalém. Entre os cristãos encontram-se, dentre outros, Pedro, o Eremita, o fogoso pregador da Cruzada; Reinaldo, o mais notável dos cavaleiros; Tancredo, tão grande campeão nos campos de batalha, como nas galantes aventuras de amor. A defesa de Jerusalém estava bem-preparada pelo velho tirano que chamara em seu auxílio o Sultão dos Turcos e o Califa do Egito. Herminia, filha do rei de Antioquia, estivera prisioneira de Tancredo. Este matara o pai da bela princesa, tendo, entretanto, cuidado dela com cortesia e respeito.

[152] Ver: Mt 3.13-17; Mc 1.9-11; Lc 3.21,22; João 1.32-34.

[153] Godofredo de Bulhão (1060-1100) era filho de Eustáquio II, conde de Bolonha, e de Ida, filha de Godofredo, o Barbudo, duque da Baixa-Lorena e conde de Verdun. Sucedeu ao seu tio Godofredo, que foi assassinado no condado de Verdun, aos 15 anos. O imperador Henrique IV deu o ducado ao seu filho Conrado, compensando Godofredo com a cidade de Anvers. Tendo ajudado o Imperador na sua luta contra o papado, acabou por receber em compensação o ducado da Baixa-Lorena. Dirigiu um dos exércitos da Primeira Cruzada tendo sido eleito Protetor do Santo Sepulcro, após a conquista de Jerusalém em 1099.

emundo[154] depararam era uma corrente de beatas águas lodosas. Além disso, os dez mil homens que os acompanhavam logo conheceram o desconforto provocado pela fome e pela sede.[155]

Apesar disso, eles iam pisando o lugar sagrado e reconhecendo as descrições das Escrituras sobre relíquias, uma lasca da Arca de Noé, cada pedra, enfim teria sido pisada pelo Salvador, estavam conhecendo as rochas em que estiveram Isaías ou Malaquias. Tudo isso os animou a prosseguir na missão de tomarem para a Igreja a Terra Santa. Em 7 de julho de 1099 avistaram os muros que defendiam Jerusalém, objeto do desejo de conquista dessa Primeira Cruzada.

Com base no sucesso de Josué, em Jericó (O Livro de Josué, 2,1-24), ofereceram aos muçulmanos um espetáculo risível: iam descalços em traje de penitentes a puxar os rosários repetindo inutilmente uma infinidade de Ave Marias [...] Nada conseguindo, decidiram agir como militares, fazendo construir aríetes e torres, com a ajuda de marinheiros genoveses. Esses aparatos foram arrastados para junto das muralhas. Amin Maalouf, em seu apaixonado relato sobre o avanço dos cruzados sobre a Terra Santa, enfocando o assalto final, diz que os invasores avançaram em direção à população de Beirute, que de antemão já estava decida a reconhecer a autoridade dos francos se esses chegassem a tomar Jerusalém. Saida, a antiga Sidon, reagiu diferentemente. Sua guarnição efetuou muitos ataques audaciosos contra os invasores, que se vingaram devastando pomares e pilhando as cidades vizinhas.[156]

---

[154] Boemundo de Tarento (1057-1111) era filho mais velho de Roberto Guiscard, fundador do principado normando de Itália, chefiou o exército dos normandos de Itália durante a Primeira Cruzada. Conquistou Antioquia, tornando-a a capital de um principado, tendo sido preso em 1100 pelos turcos. Libertado em 1103, no ano seguinte dirigiu-se à Europa a fim de pedir apoio na luta tanto contra Bizâncio como contra os muçulmanos. Três anos mais tarde, em 1107, organizou uma expedição contra o Império, mas foi derrotado e obrigado a prestar homenagem ao imperador Aleixo Comneno. Morreu em Canossa. Disponível :https://www.bing.com/search?q=Godofredo+-de+Bulh%C3%A3o+%281060-1100%29+era+filho+de+Eust%C3%A1quio+II%-2C+conde+de+Bolon Acesso em 07 de março de 2024.

[155] Ver Runciman. Steven. *História das Cruzadas* — O Reino de Jerusalém e o Oriente Franco -1100-1187, vol II, (trad. Cristina de Assis Serra). Rio de Janeiro: Imago, 2002 p. 286 e seguintes.

[156] "Les Beyrouthins ajoutent qu'ils seraient prêts à reconnaître l'autorité des Franj si ceux-ci parvenaient à prendre Jérusalem. Saïda, l'antique Sidon, réagit diferentemment. Sa garnison effectue plusieurs sorties audacieuses contre les envahisseurs, que se vengent en dévastant ses vergers et en pillant les villages voisins. "Maalouf, Amin. *Les croisades vues par les Arabes* — La barbarie franque en Terre Sainte. Paris: J'ai lu, 2004, p. 65.

Foi o único caso de resistência, segundo Maalouf. Os portos de Tiro e do Acre, portanto, fácil à defesa, seguiram o exemplo de Beirute. Na Palestina, a maior parte das cidades e vilarejos foi evacuada por seus habitantes mesmo antes da chegada dos francos. Em nenhum momento, os aventureiros depararam uma resistência considerável e, assim, na manhã do dia 7 de junho de 1099, os habitantes de Jerusalém os viram surgir ao longe, descendo a colina, perto da mesquita do profeta Daniel. Os clamores eram ouvidos ao longe. Enfim, após o meio-dia, relata Maalouf, eles acampavam junto aos muros da cidade.

Finalmente, em 15 de junho de 1099, deu-se o assalto final. Diz a tradição que foi Boemundo o primeiro cruzado a pisar o alto do fortim. A guarda muçulmana, sem reação, recuou, indo procurar refúgio na sinagoga ou na mesquita de Omar.

Para os católicos da época, esses crentes em Jeová ou em Alá nada mais eram do que "o demônio, a impureza, hereges que não mereciam complacência." Poucos escaparam da fúria cristã: os árabes encontrados no pátio da Grande Mesquita foram exterminados à espada e lanças. Os judeus acolhidos pelo templo de Salomão foram queimados vivos. Somente o governador egípcio *Iftikhar ad-Dawla* foi poupado. A História não é fiel ao número de vítimas desse massacre imputado aos habitantes pelos portadores da Cruz. Há referências a 70 mil pessoas: *Iftikhar ad-Dawla* teve assegurada a sua vida e a de seus aliados mediante a capitulação. Os francos respeitaram a palavra empenhada e os deixaram partir através do porto de *Ascalan*, onde eles se estabeleceram. Relato do cronista Ibn *al- Athair*, citado por Amin Maalouf.[157] A população da Cidade Santa foi passada a fio de espada, e os francos massacraram os muçulmanos durante uma semana. Dentro da mesquita de *Al-Aqsa*, foram mortas mais de setenta mil pessoas. Porém, *Ibn al-Qalanisi* é cauteloso quanto às cifras, dizendo apenas que muita gente foi morta. Os judeus foram amontoados em suas sinagogas e os francos os queimaram vivos. Foram destruídos os monumentos dos santos e a tumba de Abraão.[158]

---

[157] "Les Franj respectèrent leur parole, et les laissèrent partir de nuit vers le port d'Ascalan où ils s'etablirent." Maalouf, Amin, op. cit., p. 68.

[158] "La population de la ville sainte fut passée au fil de l'epée, et les frang massacrèrent les muçulmans pendant une semaine. Dans la mosquée al-Aqsa, ils tuèrent plus de soixante-dix mille personnes. Et Ibn al-Qalanisi, que évite de manipuler des chiffres invérifiables, présise: Bien des gens furen tués. Les juifs furent rassemblés dans leus synagogue et les Franj les y brûlèrent vifs. Ils détruisirent aussi les monuments des saints et le tombeau d'Abraham — la paix soit sur lui!" Maalouf, Amin, op. cit., p. 68-9.

Percebe-se neste nosso breve estudo sobre as Cruzadas, que, de acordo com as tendências dos cronistas, o ponto de vista, embora distanciado, ora é pró-cristãos, ora é pró-muçulmanos. Pela dificuldade de realizar uma pesquisa documental, consideramos que os fatos tiveram repercussões nefastas para os cavaleiros da Cruzada e para as suas vítimas.

Lembrando Camus, o nosso olhar deve também considerar que "o homem não é inteiramente culpado, não foi ele que começou a história." Sobre esse tema, só uma pesquisa mais aprofundada poderia fornecer elementos contestatórios, ou não, sobre o que afirmam os cronistas. Cabe lembrar, entretanto, que nem toda atrocidade cometida no evento descrito pode ser atribuída unicamente à Igreja da época, tendo em vista a composição das tropas da campanha: pessoas sem a formação religiosa necessária para uma Guerra Santa, se é que o espírito da iniciativa tivesse realmente tal determinação, em se considerando o sentido que a expressão (Guerra Santa) evoca. Mas esse não é o foco principal neste trabalho.

Na continuação dos fatos, em 1099, tendo os cristãos conquistado Jerusalém, o afegão *Abu Saad al Harawi* acolhia refugiados de Damasco em sua terra. Chegavam relatando o massacre indiscriminado de homens, mulheres e crianças, os saques de casas, a destruição de sinagogas e de mesquitas, inclusive a prática de canibalismo, conforme referem Paulo Daniel Farah e Amin Maalouf.[159] O juiz Al Harawi, acompanhado de uma delegação de refugiados a Bagdá, criticou a falta de reação dos muçulmanos. Como em qualquer outro evento desastrado, os árabes muçulmanos cantaram seus sentimentos de choque, medo e revolta em forma de poemas. Que consciência do próprio valor pode ter o homem sem pátria, sem bandeira, sem endereço...?

Quanto às Cruzadas, ao mesmo tempo que os Cavaleiros de Cristo tentavam recuperar Jerusalém em posse dos sarracenos, os reinos ibéricos tanto lutavam entre si como lutavam pela reconquista dos territórios dominados pelos mouros, enquanto estava sendo concebido o Reino de Portugal.

---

[159] Ver: Farah, Paulo Daniel. *O Islã*. São Paulo: *Publifolha*, 2001, p. 43 e Maalouf, Amin. *Les croisades vues par les Arabes*— La barbarie franque en Terre Sainte. Paris: J'ai lu, 2004, Chapitre III "Les Cannibales de Maara" (Capítulo III, Les Cannibales de Maara) p. 53-75. Neste capítulo, o autor recolhe depoimentos de autores, inclusive do franco Albert d'Aix que, tendo participado diretamente da batalha de Maara, em 1098, *reste inégablement dans l'horreur: Les nôtres ne répugnaient pas à manger non seulement les Turques ele tes Sarrasins tués mais aussi les chien!* (Os nossos não repugnavam comer não somente os Turcos e os Sarracenos mortos, mas também os cães).

Capítulo 2

A FORMAÇÃO DO REINO DE PORTUGAL

"Destes Anrique (dizem que segundo
Filho de um Rei de Hungria experimentado)
Portugal houve em sorte, que no mundo
Então não era ilustre nem prezado;
E, para mais sinal de amor profundo
Quis o rei castelhano que casado
Com Teresa, sua filha, o Conde fosse;
E com ela das terras tomou posse."
(CAMÕES, Luís de. *Os Lusíadas*, São Paulo: Cultrix, 3ª ed.,
MCMLXXIV, p. 83,
Canto Terceiro, estrofe 25).

O Condado Portucalense

Em 1095, quando os francos davam início à Primeira Cruzada, era realizado o casamento de Dom Henrique de Borgonha com Dona Teresa, filha de Alfonso VI. O evento iria contribuir para a continuidade da fragmentação da Espanha, considerando que, dois anos depois, o dote de Teresa, o *Condado Portucalense*, se tornaria independente da Galiza (Galícia), passando a fazer parte do reino de Leon e anos mais tarde seria reconhecido como o Reino de Portugal. Iniciava-se, internamente, uma nova Cruzada.

O governo de Henrique de Borgonha foi agitado em razão das constantes desavenças que se prolongaram até a regência de Dona Teresa. Mesmo quando Afonso Henriques tomou o poder, as lutas ainda persistiam envolvendo os príncipes e reis da Galícia, de Leão, e os mouros radicados em Coimbra. A questão só foi controlada em 1139, com a batalha de Ourique quando, vitorioso, o jovem monarca, subjetivamente, se tornou o rei de Portugal.

A partir desse episódio que será retomado mais adiante, inicia-se o empenho pela reconquista e, quando a língua portuguesa adquiriu contornos definitivos, em relação à língua espanhola, os árabes muçulmanos já haviam perdido espaço de forma irremediável. O movimento de anexação dos territórios ocupados pelos mouros aos domínios portugueses se fortalecia e, "diretamente não pode esse povo influir na formação do idioma português; indiretamente, sim, através do grande elemento de transição, os moçárabes."[160] Contudo, foi com muita luta e perseverança que se chegou à vitória: religião unificada, única língua, um só propósito. Os reinos da Galícia, Leão, Castela e Aragão, sempre se opuseram à autonomia do Reino de Portugal. Entremos na História. Retornemos à Península Ibérica.

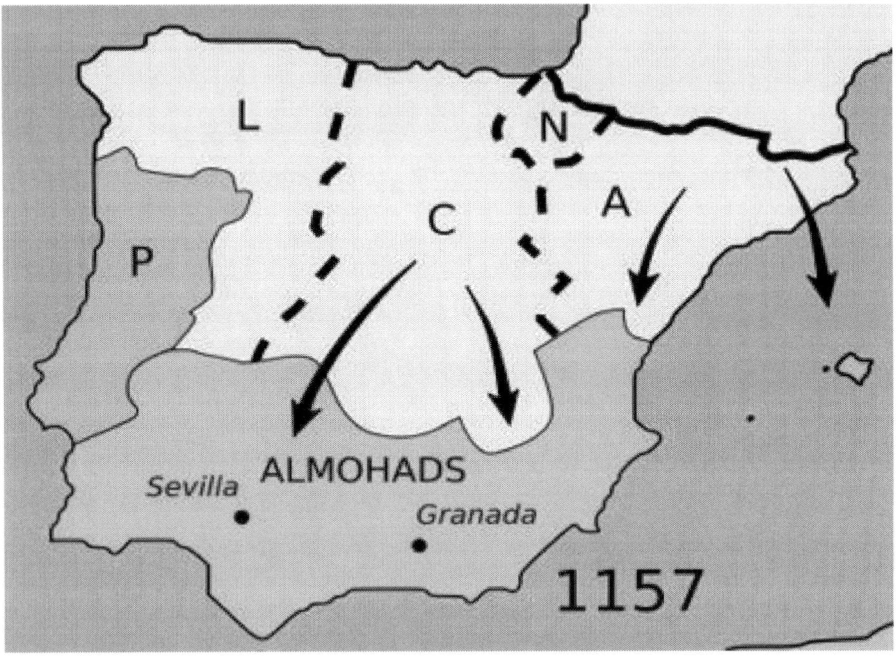

Figura 3: 1157 Almôadas: https://forum.paradoxplaza.com/forum/threads/saudai-o-sol-a-portugal-aar.919999/04 de julho de 2022.

[160] Bueno, Francisco da Silveira. *Curso Prático de Português.* Vol. 4. São Paulo: Edições Fortaleza, 1973, p. 321. Sobre o tema ver também os importantes estudos de Durand. Gilbert, *Imagens e reflexos do imaginário português*, Lisboa: Hugin, 2000. p. 203 e Marques, Oliveira. *A sociedade medieval portuguesa*. Lisboa: Livraria Sá da Costa, 1971, p. 1-2.

A morte de Alfonso VI — A crise de sucessão em Leão e Castela

Quando o mais poderoso governante cristão da Península Ibérica, Dom Alfonso VI, morreu aos 72 anos, em 1º julho de 1109[161], Alfonso, o seu neto homônimo, era ainda uma criança, mas muitos tinham grandes esperanças no segundo casamento de sua mãe Urraca[162] com Afonso de Aragão, *o Batalhador*, convidado a empunhar o facho da luta contra os almorávidas. Na descrição de Conrad, "Os almorávidas continuam perigosos. De 1108 a 1110 Toledo e o curso médio do Tejo permanecem os seus objetivos principais(sic). À falta de conseguirem êxito decisivo neste sector, retomam Santarém, Évora e Coimbra em 1111 e avançam até os arredores do Porto. Em 1113 é destruída a cidade de Guadalajara e o inimigo consegue chegar até Berlanga do Douro."[163]

O casamento de D. Urraca e Afonso de Aragão suscita muita oposição e termina em 1114 com a anulação, mas Afonso, mesmo não tendo conseguido unificar a Espanha cristã sob sua autoridade, será o seu melhor baluarte contra a ameaça muçulmana.[164]

A luta prossegue dentro do território e *Afonso, o Batalhador*, liberto das preocupações de seu desastrado casamento castelhano, inicia em 1116 os preparativos para a tomada de Saragoça e a cerca em julho de 1117. Cruzados franceses, bascos e catalães juntam-se ao exército que cerca Sa-

---

[161] Acertadamente, Reilly admite que este funeral representaria o prelúdio de uma profunda e desesperada crise durante duas décadas, no reino edificado com tanta persistência.

[162] D. Urraca (1109-1126) sucedeu no trono a seu pai D. Alfonso VI. Casou-se com Raimundo de Borgonha e desse matrimônio nasceu o seu sucessor, D. Afonso VII. Depois de viúva, casou-se com o rei D. Afonso I de Aragão, mas esse casamento foi anulado. O seu governo ficou marcado por períodos de guerra e de tréguas com sua irmã D. Teresa, condessa de Portugal, tendo algumas vezes chegado a fazer as pazes. No entanto, nunca aceitou a sua independência.

[163] Conrad, Philippe. *História da Reconquista* (Trad.Duarte da Costa Cabral). Portugal: Publicações Europa América, 2003, p. 72-3.

[164] Sobre essa união malsucedida, ver: Durand. Gilbert, *Imagens e reflexos do imaginário português.* Lisboa: Hugin, 2000. Marques, Oliveira. *A sociedade medieval portuguesa*, Lisboa: Livraria Sá da Costa, 1971. Martins, Oliveira. *História da Civilização Ibérica.* Portugal: Publicações Brasil-Europa, s/d, Fletcher, Richard. *A Cruz e o Crescente* – Cristianismo e Islã, de Maomé à Reforma, 2003.

ragoça, "estando entre eles um veterano da Primeira Cruzada, o conde Gastão de Béarn, que será sempre um dos mais fiéis companheiros do *Batalhador*".[165] Conrad descreve com detalhes a trajetória de lutas desse *Batalhador d*esde 1114 juntamente com seus aliados; relata a entrada em Ebro, em maio de 1118, até que em setembro um exército muçulmano de socorro consegue entrar na cidade, mas não resistindo à fome por muito tempo, favorece a entrada do aragonês na cidade e a torna sua nova capital. Luta para reduzir a maioria muçulmana e, em 1119, apodera-se de Tudela, depois de Tarazona e Borja, inflinge uma terrível derrota aos almorávidas em Catunda; em junho de 1120 conquista outras localidades e tenta se apoderar de Granada em 1126, onde numerosos moçárabes se juntam ao seu exército, e derrota as forças muçulmanas em março, perto de Lucerna. Foi uma incursão ambiciosa, de resultados insignificantes, mas no regresso Afonso, o *Batalhador*, levou consigo milhares de moçárabes para povoar o vale do Ebro.

Entretanto, para evitar futuras novas traições dos moçárabes, os almorávidas deportaram metodicamente para o norte da África a maior parte dos moçárabes que permaneceram em território muçulmano.

Por que *O Batalhador* não foi bem-sucedido? Porque "os brilhantes êxitos militares obtidos por Afonso I de Aragão têm, contudo, o seu limite na impossibilidade em que os cristãos se encontram, por falta de recursos humanos suficientes para colonizar convenientemente os territórios reconquistados, numa Espanha Muçulmana rica em cidades importantes e em campos densamente ocupados,"[166] responde Conrad. Diz ainda que a mentalidade de cruzado desse guerreiro o faz ignorar a realidade e o encoraja até a prever, "para a sua sucessão, e entrega de seu reino às ordens militares criadas nos anos precedentes no campo cristão."[167] Seu único foco era a vitória militar sobre os muçulmanos.

Nesse universo de lutas, conquistas e perdas, Afonso VII, filho de D. Urraca e Raimundo de Borgonha, baseando-se na insatifação que o domínio almorávida inspira aos andaluzes, tentou varrer os invasores marroquinos para recomeçar com a política das *páreas* do século anterior. Buscou apoio num descendente dos *Banu Hud* de Saragoça, que se manteve hostil aos almorávidas, *Saif al-Dawla*, a quem os cronistas cristãos chamam de Zafadola. Com o auxílio desse homem, a partir de 1132, os castelhanos entraram em território muçulmano, avançaram e chegaram até Cádis.

[165] Conrad Philippe, *História da Reconquista*, op. cit., p. 73.
[166] Idem, p. 75.
[167] Idem.

Enquanto o soberano de Castela procura alianças com os muçulmanos hostis aos almorávidas, Afonso, "*o Batalhador*", tenta outras conquistas e, nos finais de 1132, as suas tropas tomam Mequinenza, mas, dois anos mais tarde, importantes reforços almorávidas obrigam-no a levantar o cerco a Fraga, em julho de 1134 e, ferido em combate, morre pouco depois em Saragoça."[168]

A descrição de tais batalhas parece interminável, tendo em vista a fragmentação da península e os inumeráveis senhores de cada cidadela, até a queda final dos muçulmanos. Enquanto nosso olhar está voltado para dentro do território onde é hoje a Espanha, e os cristãos conseguem várias vitórias importantes, há uma outra luta interna entre os herdeiros de Alfonso VI pelo domínio dos territórios onde hoje se encontram a Galícia e Portugal.[169] Paralelamente, os portugueses lutavam para tomar dos mouros as terras onde estavam *enquistados*.

Intrigas internas

Em sentido contrário, caminhemos em direção à coroação do primeiro rei de Portugal. Retrocedendo, em 1109, a situação inquietante era também fomentada por desavenças entre os próprios membros da família real. Os familiares compunham a base do regime político e dos conflitos que poderiam causar consequências irreversíveis.

Teresa e o conde Henrique de Borgonha, seu marido, demonstravam descontentamento com o que vinha ocorrendo na corte. Viviam em Coimbra, no Condado de Portugal, e estavam aguardando o nascimento do segundo neto do rei, já falecido. Afonso Henriques, que se tornaria o primeiro rei de Portugal, provavelmente nasceu no ano de 1109. Há autores como Luiz Gonzaga de Azevedo, citado por Bernard F. Reilly, que dão como certo o ano de 1106, mas Bernard contesta por ter como base outros documentos, e a data fica, mesmo assim, incerta: 1109 ou 1110.

A tais fatos, acrescentamos a formação de uma parte divergente em torno dos interesses de Alfonso Raimúndez, a noroeste da Galícia. Alfonso Raimúndez era filho de Urraca e do falecido conde Raimundo de Borgonha, e neto de Alfonso VI. Em Portugal, formava-se uma nova facção, pe-

[168] Conrad Philippe, *História da Reconquista*, op. cit., p. 75.
[169] Martins, Oliveira. *História da Civilização Ibérica*. Portugal: Publicações Brasil-Europa, s/d, p. /186.

las mesmas razões que já expusemos, contando com o apoio do novo grupo criado em torno de Alfonso Raimúndez. É preciso lembrar que Alfonso Raimúndez tinha apenas cinco anos de idade, quando Dom Alfonso VI morreu, numa época em que a mortalidade infantil era muito elevada.[170]

Na verdade, os direitos da criança estavam assegurados pelo falecido monarca. Bernard F. Reilly relata que, em 1107, estando Sancho Alfónsez reconhecido como herdeiro e, após a morte do conde Raimundo, o direito de Urraca foi igualmente reconhecido para assumir o poder na Galiza até que se casasse novamente, quando seria naturalmente substituída pelo filho no governo daquele território.[171]

As forças muçulmanas num universo polêmico

Neste estudo em que o objeto principal são as forças islâmicas avançando sobre as terras cristãs, não podemos omitir fatos concomitantes às aventuras de suas conquistas e perdas. Pois bem, enquanto se estabeleciam as cláusulas do casamento de Dona Urraca, na Espanha, *Ali ibn Yūsuf* invadia os domínios de Toledo, apoderando-se da *Talavera de la Reina*, a ocidente, e ao contornar o domínio cristão a norte do Tejo, devastou e pilhou toda a região do entorno de Guadalajara e Madri. Existe a hipótese de que

[170] Há entre os autores consultados uma imprecisão quanto à grafia: Afonso/Alfoso. Pelos nossos estudos, constatamos que na Espanha seria Alfonso e em Portugal Afonso.

[171] Conforme afirmam os cronistas consulados, Urraca tinha contra si o mais feroz dissidente dos membros regulares da corte. Era o Arcebispo Bernard de Toledo, grande colaborador do falecido rei, cuja preocupação no caso de Urraca era o fato de o esperado casamento ir de encontro às leis canônicas no que se referia à consanguinidade, na época um forte obstáculo à prosperidade do reino. Mas D. Urraca era firme nas suas decisões afetivas e políticas. Já havia sido casada anteriormente, durante dezessete anos, e dois de seus filhos dessa união sobreviveram. Com a morte do marido, o conde Raimundo, Urraca assumiu o poder na Galiza e o manteve durante os vinte e dois meses subsequentes. Tinha vinte e nove anos estando, portanto, preparada para o mandato. Urraca e Alfonso de Aragão casaram-se em outubro, no castelo de Monzón. O contrato de casamento (*carta de arras*) foi lavrado em dezembro em termos que favoreciam Castela e Leão. Mas não houve descendentes e sendo a união contrária às leis canônicas, não houve necessidade de recorrer à intervenção papal; a separação foi menos cruel do que o esperado.

os almorávidas estiveram envolvidos na conquista, mas os dados são controvertidos. Ao mesmo tempo, a ocidente, o conde D. Henrique tentava defender seus territórios, tendo sofrido uma considerável derrota em 1110 e, um ano depois, os almorávidas tomaram Santarém. Nesse tempo, a única derrota dos muçulmanos ocorreu em Valtierra, a norte de Tudela: em janeiro, al-Mustain, de Zaragoza, tendo se juntado à ofensiva inimiga no inverno de 1109-1110, foi morto por Alfonso de Aragão.

Ao mesmo tempo, nesse mesmo inverno, Urraca e seu marido percorreram as terras de Aragão para que os súditos os conhecessem. Em maio daquele ano, ambos tiveram que reprimir na Galiza uma revolta motivada pelo conde Pedro Froilaz e Traba, o defensor de Alfonso Raimúndez. O nobre casal entrou na região a norte, mas um outro desentendimento fez que a rainha regressasse a Leão. Tendo ficado sozinho, Alfonso, *el Batallador*, que nunca conseguira qualquer êxito naquela região montanhosa, era um desafio aos seus inimigos. Ao regressar, foi impedido de entrar em Astorga. Contudo, a rejeição à sua pessoa não parou por aí. Na ausência do casal, foi anunciada a temida condenação do papa ao casamento e depois de conferenciar com o Arcebispo de Toledo e com os bispos de Leão e Oviedo, Urraca concordou em separar-se do marido. Ao chegar, o aragonês ignorou a decisão da rainha, demonstrando estar disposto a apelar da decisão dela junto a Roma.

Durante a ausência do aragonês, os aliados dos almorávidas em Zaragoza negavam-se a reconhecer Abd al-Malik como legítimo herdeiro, obrigando-o a refugiar-se na fortaleza de Rota enquanto entregava a cidade ao governador de Valência. Tal atitude implicou a extinção da última taifa, facultou ao império norte-africano estender-se do Estreito de Gibraltar até perto da região dos Pirineus. Além disso, durante o mesmo verão, os almorávidas cercaram Toledo durante nove dias, sem conseguir dominar a cidade.

Nenhum desses fatos foi ignorado por Alfonso de Aragão: em abril de 1111, tomou a direção sul, decidido a tomar posse de Toledo. Enquanto isso, D. Henrique de Portugal partiu para a França, a fim de organizar um exército para enfrentar uma previsível guerra civil. Nesse ínterim, ocorreram também outros importantes acontecimentos: no dia 19 de setembro de 1111, Alfonso Raimúndez foi consagrado e coroado em Santiago de Compostela, com o apoio de simpatizantes.[172]

---

[172] Reilly, op. cit., p. 164.

A guerra teve início no outono, quando o exército de Urraca foi derrotado em Candespina, no *Campo Gótico* e o conde Gomez morreu em combate, no dia 26 de outubro de 1111, pelos exércitos de D. Henrique de Portugal e seu aliado Alfonso de Aragão, o marido dela. Para decepção desse aliado, D. Henrique desertou, tendo antes combinado dividir entre ambos o território do reino. Encontrado pelos emissários de Urraca, acordou fazer com ela a parceria antes proposta a Alfonso de Aragão que se refugiou na fortaleza Penafiel, fugindo dos ataques de D. Henrique. Esta é uma história distinta, tendo em vista as constantes conspirações em que ora o inimigo é perseguido, ora é tido como aliado. Ora os nobres se enfrentam, ora, juntos ou separados, direcionam seus interesses contra os seguidores do Islã.

Ao término daquele ano, não restava a Urraca nada mais senão o governo da Galiza. No fim do outono, um exército da Galiza, ao tentar impor os direitos de Urraca e os de seu filho, sofreu uma emboscada em Viadangos, situado a oeste da cidade de Leão, e foi destroçado pelas tropas de Alfonso de Aragão. O monarca aragonês restabeleceu então o acordo com Henrique de Portugal tendo, supostamente, reconhecido os seus legítimos direitos não só sobre o território de Portugal, como também sobre regiões leonesas de Zamora e Astorga. Ao primeiro (Alfonso de Aragão) coube o que restava do território de Leão e Castela.[173]

À primeira vista, a vitória fora um sucesso. Contudo, ao constatar a diferença entre conquistar e governar, D. Henrique concluiu que as terras e as riquezas conquistadas com os exércitos do aragonês eram incipientes ante sua ambição de conquistar a legitimidade de um título e isto somente a própria dinastia lho daria. Com a chegada do inverno, D. Henrique tentou aproximar-se de Dona Urraca. Alfonso de Aragão não conseguia impor-se aos novos súditos que viviam a evocar a autoridade do falecido Alfonso VI. Na primavera de 1112, Dona Urraca decidiu encontrar-se com o conde Dom Henrique em Astorga e ali foi recebida por um considerável número de pessoas da nobreza de Leão e Castela. Ofendido, Alfonso de Aragão montou cerco à cidade que, por ser protegida por sólidas muralhas romanas, lhe ofereceu resistência, beneficiando Dona Urraca. Em 12 de maio de 1112, faleceu Dom Henrique de Portugal, em consequência dos ferimentos recebidos quando defendia aquela cidade.

[173] Reilly, op. cit., p. 165.

Com relação à formação do reino de Portugal, a demarcação seria inevitável diante de tudo o que vinha acontecendo na Ibéria. Por volta de 1120, já existia "um povo caracteristicamente português."[174] Mas Dona Teresa, governando na época o condado que fazia parte do reino de Leão e Castela, não percebia isso. O idioma era o mesmo que o dos habitantes da Galízia (ou Galiza). Princesa de Leão e Castela, Teresa esperava apenas que reconhecessem os seus direitos e os de seu filho.

Portugal resultava de determinadas circunstâncias e indivíduos e Teresa tinha especial importância nisso. Seu grande sonho era o título de rainha que ela só conseguiu em maio de 1117, autointitulando-se "rainha de Portugal". Incomodava-a o caráter decisivo de sua irmã. Urraca sabia enfrentar dificuldades e lutar por seus direitos. Teresa ia acumulando anos em sua idade e seu filho já atingira os oitos anos, sendo necessário assegurar-lhe o futuro digno de um descendente de Alfonso VI, nem que fosse para tornar concreto o seu título de *rainha de Portugal* que já lhe acenava como uma possível alternativa, cuja identidade a intrigava. Ela desconhecia as dimensões e as fronteiras de seus domínios. Sabia que o Condado de Portugal nascera à mercê das necessidades de organização administrativa da parte de Leão e Castela no entorno da cidade do Porto. Tal ocorrera em 1109 e, decorridos os últimos oito anos, nada era concreto, ainda. "Portugal seria tanto maior quanto Teresa conseguisse e *mais pequeno* quanto Urraca pudesse limitá-lo", afirma Reilly.[175]

Paralela a essa trama familiar, prosseguiam as aventuras dos mouros conquistadores. Ali ibn Yūsuf, na primavera de 1117, partiu do Marrocos rumo à Península, tendo a atenção voltada para o ocidente. Enviou um exército almorávida para o norte no final de junho, início de julho. Porém, o cerco montado a Coimbra foi insuficiente para controlar a cidade. Assim,

174 Reilly, op. cit. p. 174.

175 Ante tal enigma, as duas irmãs deram uma trégua à disputa que alimentava a intriga entre ambas. Nasceu o novo século (o XII) e o território ocupado compreendia uma série de vales entre o Atlântico e as grandes montanhas íngremes a oriente. A Norte estava o vale do rio Minho, perto da cidade do Porto, o vale do Douro, e o vale do Mondego, dominado pela cidade de Coimbra, lá no alto da colina. Ao Sul, a bacia do Tejo esteve sob o domínio cristão, num curto espaço de tempo, no final do reinado de Alfonso VI; e Lisboa ia aos poucos se entregando ao poder almorávida. Logo em seguida, em 1111, sucumbia Santarém, um ponto estratégico para o inimigo, numa eventual investida para o interior de Portugal, a partir do sul. Reilly, op. cit. p. 175.

o domínio do território entre Mondego e o Tejo foi disputado durante trinta anos, mas Coimbra manteve sua autodeterminação. Mesmo assim, o cerco a Coimbra, montado em 1117, marcaria o apogeu do poder almorávida na Ibéria. Ao fim desse período, esse poder foi sufocado, embora Dona Teresa ainda o temesse.

Na outra extremidade, Urraca era incansável. Na primavera do ano seguinte, muito atenta ao Transdouro, seguida por um exército, encaminhou-se para a região de Segóvia. Nessa história, além da perseguição aos seguidores de Maomé, deve-se observar que o poder temporal e o poder eclesiástico cristão se contrapunham em luta pela hegemonia.[176]

Ao sul havia uma convulsão política e o arcebispo Bernard saiu comandando uma parte do exército de Dona Urraca reunido além de Guadarramas, tendo conseguido tomar dos almorávidas a cidade de Alcalá de Henares, a leste de Madri. Em novembro daquele ano, com o objetivo de repovoar a cidade de Toledo, a rainha concedeu um *fuero*[177] aos seus habitantes. Os almorávidas tinham grande preocupação em assegurar o domínio sobre Zaragoza. Em 1118, Alfonso de Aragão atacaria violentamente a cidade e o governador de Córdoba; Abd Allāh ibn Mazdali tentou socorrê-lo, mas morreu em combate no mês de novembro. Alfonso I, por sua vez, conseguiu alguma vitória: em dezembro, Saragoça rendia-se a ele e em fevereiro do ano seguinte (1119) seria a vez de vencer Tudela, cidade que pertencera àquela taifa.

Urraca, malsucedida na fronteira a nordeste, fora tomada de sentimentos incoerentes. Por um lado, o êxito alcançado sobre os inimigos almorávidas lhe era benéfico; por outro, o evidente crescimento de Ara-

---

[176] Nesse ano de 1118, vamos encontrar D. Urraca às turras com outro religioso; agora ela se reunia com uma *cúria* (lat. *curìa,ae* 'cúria, uma das divisões do povo romano, lugar em que o senado se reunia, senado romano, assembleia dos deuses') na qual o recém-eleito Arcebispo de Braga, Paio Mendes, fora sagrado pelo Arcebispo Bernard. A sorte de Dona Teresa agora perigava, uma vez que o novo arcebispo tanto reconhecia o poder da rainha leonesa como de seu arcebispo, que pertencia a uma ilustre família do Norte de Portugal — a família Mendo Gonçalves de Maia.

[177] Reilly, op. cit., p. 187. González, *Repoblación*, 1133-34. O *fuero* de 1118 tal como o conhecemos, diz Reilly, não corresponde ao original, tendo sido elaborado a partir de um mesmo tipo de concessões da época.

gão poderia facultar-lhe significativas alterações políticas ao norte da Península.[178]

Os fatos sucediam-se ininterruptamente. No dia 17 de junho de 1120, Alfonso de Aragão impunha uma derrota digna de consideração ao exército almorávida em Cutanda, consolidando o seu poder sobre o território que pertencera à taifa de Saragoça. E alcançou outras vitórias como a de Calatayud Daroca. Recuperou Castela, conquistou o apoio da cidade de Burgos e ampliou o prazo do acordo de paz celebrado em 1117. Diante de tais conquistas, Urraca preferiu evitar novos conflitos, aceitando a perda de Burgos, decidida a dedicar-se exclusivamente ao seu próprio reino.

Carl Erdmann afirma que os documentos portugueses referem assuntos eclesiásticos tratados pelo concelho apontando apenas uma exceção: "Em face de 'todas as iniquidades' que se vinham praticando desde 11 de novembro, seria lançada uma interdição sobre toda a Hispânia;" uma afirmação que pode ser considerada represália às atitudes de Urraca contra o arcebispo de Santiago de Compostela e uma tentativa de provocar a queda da rainha. A partir de *1121*, "o destino do reino de Leão e Castela deveria

[178] Tal como ela temia, no final do ano de 1118, morreu o Bispo Paschal de Burgos e a rainha reuniu uma *Curia* em Leão manifestando apoio a um tal Jimeno para substituir o bispo falecido, contrariando as preferências de um certo número da população local, inclusive do próprio rei de Aragão. Este rei, em maio de 1119, liderou invasões na região de Ebro, de Soria, tomou Tarazona e prosseguiu até o Vale do Douro, 55 quilômetros distante de Burgo de Osma, onde se encontrava o Bispo Raymond, um aliado de Dona Urraca. Não se pode afirmar que houvesse qualquer violação aos termos de paz estabelecidos em 1117, apesar dos constantes conflitos nas fronteiras. Entre 1119 e 1120 Urraca teve que enfrentar muitos problemas internos. Os conflitos político-religiosos não cessavam; a própria rainha foi cercada no palácio real da cidade de Leão, mas conseguiu superar seus opositores. Enquanto isso, o Arcebispo Bernard de Toledo, já referido anteriormente, enviou uma carta ao papa "sugerindo que certas iniciativas levianas dos defensores da coroação imediata de Alfonso Raimúndez poderiam acabar precisamente por pôr em risco a legítima sucessão do seu sobrinho ao trono." Com a morte de Gelasius II (1118-1119) subiu ao trono papal Guy de Borgonha com o título de Calixtus II (1119-1124), anterior arcebispo de Viena, tio de Alfonso II e amigo de Gelmírez, Bispo de Santiago de Compostela. Esse parentesco do novo papa justifica a apreensão do missivista quanto a garantir a sucessão de Alfonso II. Fernandes, Dirce Lorimier. *Rainhas: Entre a realidade e a imagem do poder*, op. cit. p. 101-2.

ser decidido em Roma."[179]

Pelas obras consultadas, parece que o que menos preocupava a Igreja nesse período era a ocupação muçulmana ao sul Península Ibérica, pois, ao perceber que a Igreja vinha perdendo espaço para a rainha Urraca, o papa Calisto II assumiu o clero na península, iniciando a atividade com a anulação das iniciativas de seu próprio núncio. Em 3 de novembro de 1121, deu posse novamente a Bernard de Toledo, declarando que estava deferindo um pedido do próprio sobrinho, Alfonso Raimúndez, anulando qualquer intervenção de Urraca. Tratava-se, na verdade, de um inteligente golpe diplomático, em que ficava neutralizado o poder exercido por Urraca até então. Aniquilava os principais apoios de Urraca, outorgava ao ex-monge de Cluny o encargo de agente mediador entre Alfonso Raimúndez (com apenas dezesseis anos) e a rainha. Ficava, portanto, inalterada a situação política na região.

Trata-se de acontecimentos fundamentais e esclarecedores sobre a função do papa e dos reis naquela época, cujos poderes, muitas vezes, se confundiam e os reis chamavam para si as responsabilidades do pontífice. Nem sempre a Igreja foi responsável por arbitrariedades que lhe imputamos.

Contando com a adesão de pessoas influentes, Teresa ganhava terreno em prejuízo do desejo acalentado por Urraca, quanto a restabelecer o reino de Galiza e Portugal.[180] Na iminência de uma perda irremediável, Urraca, no dia 7 de março de 1122, dirigiu-se para Santiago de Compostela acompanhada dos bispos de Leão, Oviedo e Segóvia e do arcebispo de

[179] Carl, Erdmann, ed."Papsturkunden in Portugal" in AGWG, Philologisch-historische Klasse, N. S. Vol. 20 (Berlim, p. 177-81. Apud Reilly, *Cristãos e Muçulmanos* — A luta pela Península Ibérica, op. cit., p. 184.

[180] Em fevereiro de 1122, Teresa dirigiu um alvará ao Bispo Diego de Orense e aos habitantes daquela cidade. Ao acatar o teor do documento, aquele bispo demonstrou que se afastava do partido de Urraca. Esse alvará deveria ser ratificado pelos condes Fernando Yáñez (senhor de Puente Sampayo, na fronteira entre as províncias de Tui e de Santiago de Compostela, sendo, portanto, pessoa influente que poderia embargar os objetivos de Urraca) e Gómez Núñez que dominava o território de Toroño; Gómez Núñez era genro de Fernando Yáñez. Ambos apoiavam Dona Teresa de Portugal e nesta ocasião era esperado que Dom Alfonso, Bispo de Tui, a apoiasse também. Fernandes, Dirce Lorimier. *Rainhas: Entre a realidade e a imagem do poder*, op. cit., p. 108.

Santiago, Diego Gelmírez[181] e, assim que se reuniram as forças necessárias para celebrar a paz ou lançar o grito de guerra, partiu em direção à sua meia-irmã. Resultou dessa decisão entre ambas o estabelecimento de uma espécie de regime de *condominium* sobre o vale do Minho, desde Orense até Tui.[182] Esse acordo favorecia Teresa. Sua força crescia: no verão de 1122 solidificou seu poder ao unir em casamento a filha Urraca (o mesmo nome da tia) com Vermudo Pérez, filho da casa dos nobres de Trastamara, conde Pedro Froílaz, uma das mais eminentes famílias do norte da Galiza, e reconciliou-se com o seu filho.

O poder de Urraca ficava limitado e inexplicavelmente ela não revidou. Nesta ocasião a rainha estava preocupada com a fronteira de seu reino a oriente, reduzido aos territórios de Alfonso de Aragão. Na verdade, o aragonês vinha avançando pela região do Transdouro e em novembro de 1122 chegou a Olmedo, bem próximo a Medina del Campo. Em dezembro chegou a Fresno de la Fuente, cerca de 70 quilômetros de Segóvia. Tudo indica, porém, que o rei pretendia apenas demonstrar força, considerando a dificuldade de dominar aquela região, distante de seu círculo de poder. Era apenas uma ameaça à leonesa Urraca; explicitou reconhecimento à autoridade do arcebispo Bernard em Toledo, do bispo Pedro em Palência e do bispo Bernard em Sigüenza, apesar de essa diocese ainda ser mantida pelos almorávidas.

Perspicaz, Urraca inferiu que em tais atitudes estava implícita uma proposta de guerra ou de reconciliação. Imperou a segunda hipótese e a paz foi mantida por mais três anos entre os dois reinos, na verdade, até 1126, quando Urraca morreu.

Durante os três anos, porém, a mulher incansável e belicosa direcionou sua fúria para outros ângulos. Seguidamente, Urraca procurou ajuda de seu filho Alfonso Raimúndez e, com um poderoso exército, lutava para reconquistar a fortaleza de Sigüenza, a noroeste de Madri, e a cidade se rendeu em janeiro de 1124. A vitória foi contestada por alguns historiadores. O certo é que a zona crítica da velha estrada romana, que de Córdoba circundava a região acidentada entre Guadarrama e a Sierra de Albarracin,

---

[181] A leonesa, excelente diplomata, com a mesma facilidade com que angariava inimigos, os arrebanhava a seu favor, novamente.

[182] Para selar o pacto, o bispo Diego concedeu um alvará à população de Orense, com anuência de Urraca, Alfonso Reimúndez e Teresa. A fonte desta informação é "Ac Orense, Privados I, nº. 1, Emilio Durop Peña, ed. Catálogo de los documentos privados en pergamino del archivo de la catedral de Orense, 888-1554 (Orense 1973), p 17-8." Apud Reilly, op. cit., p. 185.

estava agora sob o poder do reino de Leão e Castela, implicando prejuízo aos almorávidas que, pela primeira vez, desde a morte de Alfonso VI, tinham o acesso barrado à região.

Urraca havia facilitado para si e para o filho Alfonso Raimúndez as posições a ocidente de Toledo e no Transdouro, ao impedir o acesso dos almorávidas ao norte e de Alfonso de Aragão ao sul. Esse, embora tivesse conquistado os territórios de Saragoça, estava impedido de dirigir-se a Toledo. Seu prejuízo maior era a impossibilidade de conquistar o título imperial, caso não tomasse a capital visigótica. Mas acabou submetendo-se à dificuldade, que só foi solucionada no final da Idade Média, quando a *Hispânia* foi unificada.

Observa-se que as decisões eclesiásticas ora tinham o apoio dos reis, ora eram rechaçadas e vice-versa.[183] Incansável, Dona Urraca mirava a ambiciosa meia-irmã Teresa de Portugal, que crescia em poder, determinada a disputar com a leonesa o domínio do Sul da Galiza. Para concretizar o sonho, em setembro de 1125, tornou o bispado de Tui (entre os rios Minho e Lima) o centro administrativo de Portugal. Os documentos referentes a essa determinação foram aprovados pelos condes galegos Fernando Yáñez e Gomez Nuñez e pelo próprio filho dela, Afonso Henriques.

Teresa precisava atrair Afonso Henriques para o círculo, e a história registra um último encontro entre Urraca e ele, em junho de 1125, mas a

[183] Assim, quando Sigüenza foi rendida, havia na Península um novo núncio apostólico, o Cardeal Deusdedit, que em Valladolid conclamou um concílio geral contando com a presença de onze dos vinte e quatro bispos, incluindo dois dos três bispos de Portugal. Esse concílio resultou a consagração do Bispo de Jimeno, eleito para a diocese de Burgos. Tal designação era um feito da rainha que contou com o apoio do papa, um empecilho a Alfonso de Aragão, quanto a continuar negando a reconhecê-lo e isto implicava a fragilidade de seu poder sobre Burgos. Além disso, o jovem Alfonso Raimúndez foi armado cavaleiro e a cerimônia realizou-se no dia de Pentecostes pelo Bispo Diego Gelmírez, em Santiago de Compostela. O cavaleiro contava então dezenove anos.
A diocese de Burgos era dependente direta de Roma e por isso o prelado teve autoridade suficiente para sagrar o novo bispo. E, na sequência, Calixtus II colocou as dioceses de Salamanca e de Coimbra sob Santiago de Compostela como metropolitana, ao mesmo tempo que transferiu definitivamente a dignidade arquiepiscopal de Mérida para a mesma diocese. Gelmírez havia recuperado sua dignidade eclesiástica e moral. Mas não bastava isto: ele ainda pretendia alcançar o título de primaz da Hispânia. Este sonho frustrou-se com a morte de Calixtus II no dia 24 de dezembro de 1124. Com a nomeação de Honorius II (1124 -1139), estava encerrada a influência dele em Roma. Reilly, op., cit., p. 187-8.

tentativa de afastar de Teresa o infante português foi inútil.[184] Consta que a influência de D. Teresa em Portugal e na Galiza do Sul foi prolongada para além da morte de sua irmã Urraca e de sua própria morte. Ela havia garantido uma "perturbadora herança para os filhos de ambas."[185]

De tudo o que a história preservou sobre o reinado de Dona Urraca, pode-se deduzir que, apesar de conturbado, ela foi bem-sucedida. Perseguiu a trajetória política de Alfonso VI, seu pai, mantendo conselheiros e alianças, sempre que foi possível. As perdas, ou debilidades internas e externas surtiram efeitos positivos para sua meia-irmã Teresa, que conseguiu fortalecer a posição de rainha de Portugal. Teresa era uma adversária tão belicosa quanto Urraca. Tanto quanto Urraca, tinha direito ao trono, uma vez que seu filho Afonso Henriques era neto do rei falecido.

No final de sua vida, Urraca teve ainda que admitir a expansão do reino de Aragão, graças à tomada de Saragoça, e à ocupação de Rioja e de uma faixa de Castela. Perdera também a faixa que é hoje Portugal, quando em 1109 ele se originou como *Condado Portucalense*. Ao término de seu reinado, esse território estava tão consolidado pelas próprias condições geográficas, que nenhum esforço dos monarcas seguintes conseguiu reverter o processo. O que a história registra é o sucesso do combate aos almorávidas, mas esse não foi mérito de Urraca.

O Reino de Portugal

A história de Urraca está intrinsecamente ligada à história de Teresa, tendo em vista os laços políticos em decorrência dos laços familiares. Embo-

[184] Não se pode negar que Teresa também fora dotada de muita habilidade. E, por isso, ambas viviam medindo forças em luta pelo poder, muitas vezes envolvendo seus próprios filhos herdeiros. Urraca afastara de Teresa o seu próprio filho, Afonso Henriques, quando este jovem contava apenas dezesseis anos, e a 17 de maio de 1125 armara-o cavaleiro de Zamora, no dia de Pentecostes.

[185] Reilly, op. cit., p. 188. D. Urraca morreu em Castela, possivelmente no dia 2 de abril de 1125 e o jovem Alfonso Raimúndez assumiu o poder, por não haver alguém habilitado para tal mister. Uma outra fonte afirma que até sua morte ainda não havia devolvido ao Arcebispo Gelmírez um dos palácios que ela lhe usurpara e dá como data de sua morte o dia 8 de março de 1126, em Saldanha, Tierra de Campos, tendo governado Leão e Castela durante dezessete anos. Provavelmente tenha morrido de parto e contava então 46 anos, hipótese aprovada por Reilly por estar de acordo "com o espírito dinâmico e a vitalidade que sempre demonstrara enquanto governante." Reilly, op. cit., p. 189.

ra Urraca tenha marcado sua trajetória com intrigas políticas e religiosas mais contundentes do que Teresa, o caminho que esta percorreu até a consolidação do Reino de Portugal é também digno de nota. Além do que já foi descrito sobre Teresa, é preciso reforçar a importância da formação do *Condado Portucalense*, instituído nos últimos anos do século XI a favor do conde borguinhão, D. Henrique, genro de Alfonso VI. O condado sobreviveu pouco tempo sob o regime de vassalagem. Naquela época, a Espanha procurava constituir-se num sistema de Estados independentes, na proporção em que seguidas regiões iam se tornando independentes da dominação muçulmana. E o *Condado Portucalense* não fugiu à regra.

O marco da existência desse condado é a morte de Alfonso VI, mais propriamente, a sua independência, apesar de ser também mais um desejo do que uma realidade. Oliveira Martins considera que "qualquer que fosse o valor dado no século XI à expressão geográfica de 'Portucale', é facto provado, por todas as memórias e documentos desses tempos, que para ninguém deixava de considerar-se o território de entre Minho e Mondego como parte da Galiza."[186]

Com a morte de Alfonso VI, D. Henrique, o conde de Borgonha, livre da obrigação de vassalagem ao sogro, arvorou-se de senhor absoluto do condado que lhe coubera por herança de sua mulher Teresa, e dessa data é que os historiadores marcam a independência de Portugal, embora ainda houvesse muita luta a enfrentar para a sua consolidação. E D. Henrique tomou para si o título de rei, apenas um símbolo da independência.

A formação dos Estados Medievais, na Península, e fora dela, não obedecia às ordens geográficas ou etnográficas. "Não se atribua pois a causas desta ordem", sugere Oliveira Martins, "nem à consciência de uma solidariedade nacional, o facto da desmembração da Galiza dos fins do XI século."[187] A cisão do Minho seguia motivos de ordem política. Logo, tudo o que se refere à formação do condado deve ser visto como algo fundamentado exclusivamente no interesse político, e isto tem a ver com o desmembramento da Galiza, tornando-a metade portuguesa, por merecimento pessoal do conde português.

E nos primeiros três séculos que constituíram a primeira época da história portuguesa, a sua independência deve ser considerada mérito pessoal de chefes militares dos barões de aquém-Minho. Contudo, as iniciativas não eram movidas por qualquer espírito nacionalista; havia sim, uma

[186] Martins, Oliveira. *História de Portugal*, vol. I. Lisboa: Publicações Brasil Europa, s/d, p. 57.
[187] Idem.

ambição coletiva ou social que se prolongava por toda a Galiza. Havia um desejo firme, demarcado pela política portuguesa, nos primeiros séculos, quanto a unificar a Galiza, formando a noroeste da Península um Estado fortemente estruturado, nos moldes de Aragão ou Navarra, a nordeste. Tal propósito explica os conflitos civis entre Portugal e Leão e assim também as reiteradas alianças dos barões galegos de ambas as zonas divididas pelo Minho. A História registra um vaivém de reis portugueses armados, transpondo as águas do Minho, tentando se apoderar da totalidade da Galiza. Não conseguiram. Salvaram, porém, os limites tradicionais para formar uma nação, obedecendo à característica geográfica da região.

Conquistaram os territórios sarracenos de aquém Mondego, sem o auxílio do suserano de Leão. Havia nessa época uma ruptura dos laços de solidariedade entre os galegos leoneses e os portugueses, aos quais paulatinamente foram-se aliando os *lusitanos* ao mesmo tempo que foram dando contornos nítidos à fisionomia da nação, culminando com a transferência de Guimarães e de Coimbra para Lisboa, a capital do reino. Portugal deixava então de ser um território essencialmente agrícola, para dedicar-se também ao comércio e às aventuras marítimas. Encaminhava-se para a sua independência, para a formação de uma nação *Lusitana*, que se concretizaria definitivamente no século XIV, quando começou a representar o corpo homogêneo da nação portuguesa.

Volvamos nosso olhar novamente ao Portugal primitivo, quando a política da hegemonia na Galiza não se baseava somente numa imprecisa ambição coletiva. Ela resultava, sim, da determinação dos monarcas. Assim, ao ser criado pelo desmembramento da Galiza, o condado outorgado ao borguinhão não correspondia certamente aos reais desejos do príncipe. A nobreza, alimentada pelas aspirações do cristianismo medieval, acalentava ambições infinitas, não havia um critério fixo, intelectual ou moral. Eram empurrados pela lei da força bruta para aventuras nutridas pela ambição que só o adversário podia mostrar-lhe o limite. Por isso, somente o rei leonês determinava a D. Henrique até onde poderia chegar.

O legado de Alfonso VI seria doravante, conforme já demonstramos, motivo de muita intriga entre as duas irmãs Urraca e Teresa de um lado, e de seus maridos, de outro.

Dentre os desentendimentos e acordos entre D. Henrique e D. Urraca, consta que Portugal se expandiu para o norte da Galiza, e para leste ao longo da bacia do Douro, chegou ao Tui, Vigo, Santiago, Zamora a Salamanca; Toro, Valhadolide com grande regozijo, mas essa expansão não durou muito e Portugal retornou aos seus contornos iniciais, repetimos.

As conquistas de D Henrique se estenderam mais e só duraram três anos. Ao morrer, o governo de sua mulher Teresa marcaria um período de ignomínias, adultérios e barbaridades, igualmente à sua irmã Urraca, a viúva do conde Raimundo.

A morte de Dom Henrique marcaria novos episódios na história de Portugal. Por essa época, a nação portuguesa já estava constituída tanto no que dizia respeito à nobreza, quanto na formação dos concelhos. Esse legado era também um castigo, considerando os impasses, inclusive familiares que o herdeiro enfrentaria.

Dona Teresa agora estava livre da pressão de sua irmã Urraca que, uma vez morta, foi substituída por seu filho Alfonso Raimúndez, cujo trono o nomeou como Alfonso VII. E começava uma outra história, uma nova Cruzada. Alfonso VII lançou-se à conquista de Castela, recuperou os territórios de Campos e da Galiza e Teresa curvou-se e submeteu-se ao sobrinho leonês, enquanto Portugal se encolhia nos limites do Minho ao Mondego, depois de vinte anos de um domínio incerto. Esse desastre ocorrido em 1127 resultou, dentre outros impasses, uma revolta dos barões que viram no acontecimento um motivo para se lançarem em luta aberta, sendo liderada pelo infante português, D. Afonso Henriques.

Capítulo 3

O CERCO DE LISBOA E A SEGUNDA CRUZADA

"Mas já o Príncipe Afonso aparelhava
O Lusitano exército ditoso,
Contra o mouro que as terras habitava
De além do claro Tejo deleitoso;
Já no campo de Ourique se assentava
O arraial soberbo e belicioso,
Defronte do inimigo sarraceno,
Posto que em força e gente tão pequeno."
(CAMÕES, Luís de. *Os Lusíadas*, op. cit., Canto Terceiro, p.87)

Em boa hora

Novas vitórias aguardavam Afonso Henriques, imortalizando-o na história de Portugal. Estamos na Idade Média, e os cristãos, dentre outras atividades, lembramos novamente, dedicavam-se também às Cruzadas. Assim, enquanto os reis da França e da Alemanha se preparavam para a Segunda Cruzada, estando a planejar uma longa jornada por terra, uma expedição mais moderada, formada por ingleses e uma minoria composta de flamengos e frísios, influenciada pela pregação dos representantes de São Bernardo, seguiu por mar rumo à Palestina.

Os navios partiram da Inglaterra no fim da primavera de 1147, e o mau tempo, no início de junho, os obrigou a procurar refúgio na foz do rio Douro, na costa lusitana. A chegada dos cruzados foi oportuna para os interesses de Afonso Henriques, conde de Portugal. Eles foram procurados pelos representantes de Afonso Henriques, que há pouco tempo implantara a independência de seu país e andava a negociar com o papa o título de rei, tendo em vista as suas bem-sucedidas campanhas contra os muçulmanos. O principal enviado do conde, o bispo do Porto, D. Pedro Pitões, tentou convencer o líder dos cruzados sob o argumento de que seu contingente não precisava ir até a Palestina com o propósito de lutar pela Cruz, uma vez que *infiéis* poderiam ser combatidos ali mesmo, em Portugal.

A partir de 1217 todos os castelos ao sul do Tejo seriam pertença da coroa portuguesa para todo o sempre, depois de reconquistadas as últimas praças *(Al-Kasar e Kassen)*, e só em 1249 todo o Al-Garb Al-Andaluz seria definitivamente aniquilado com a conquista do Algarve em 1249 por D. Afonso III.

A presença islâmica durou cerca de 500 anos nas terras do litoral atlântico ao sul do Tejo.

Tendo capturado Santarém, onde a população fora passada à espada, tanto homens como mulheres ou crianças, Afonso Henriques estava determinado a atacar Lisboa, a capital islâmica, uma aventura para a qual o apoio naval seria imprescindível. Eis que chegavam os Cruzados. Havia ali *infiéis* à mão que poderiam agraciá-lo não somente com méritos espirituais, como também com ricas propriedades, embora inferiores àquelas de Granada e Sevilha, na Espanha. A ideia logo cativou os flamengos e os frísios, mas o grupo inglês titubeou, em virtude do propósito de ir a Jerusalém. Contudo, a força de liderança de Henrique Glanville, comissário de Suffolk, já persuadido pelo bispo do Porto, convenceu os ingleses a ficarem.

Estando ambas as partes nos devidos termos, o agrupamento de navios seguiu para o Tejo onde se juntou ao exército português, dando início ao cerco de Lisboa. Encontraram ali grande resistência por parte dos muçulmanos e somente em outubro, passados quatros meses de luta, é que a guarnição capitulou, acreditando na promessa de que suas vidas e seus bens seriam preservados. Mas foram traídos pelos cruzados que não vacilaram em violar o acordo. Dedicaram-se a um violento massacre dos *infiéis* no qual o desempenho dos ingleses foi irrisório, diante do que praticaram os demais cruzados.

Uma vez encerrada a campanha lusitana, os cruzados seguiram para o Oriente, enquanto um considerável número deles permaneceu: alguns como colonos, à sombra da coroa lusitana. Esse episódio era o prenúncio de uma duradoura aliança entre Portugal e Inglaterra, tendo lançado as bases da disseminação do cristianismo no ultramar, mas os cristãos do Oriente pouco se beneficiaram com isto, uma vez que estavam a depender do poderio marítimo. Enquanto os europeus do norte permaneciam em Portugal, os reis da França e da Alemanha rumavam por terra para o Oriente, a fim de concretizar os propósitos subjacentes às insígnias da Cruzada.[188]

Lancemos, então, um breve olhar para os cavaleiros da Segunda Cruzada, no Oriente, interrompendo a narrativa sobre a trajetória de Afonso Henriques na formação de seu almejado Reino de Portugal.

Em maio de 1147, Conrado III encontrou-se com seu colega francês Luís VII em Ratisbona e juntos seguiram para as terras bizantinas; após inúmeras peripécias, inclusive a resistência dos turcos, durante o trajeto, ambos chegaram ao litoral sírio-palestino. Conrado ficou em São João d'Acre e Luís VII em Antioquia. Voltaram a reunir-se em Jerusalém. Convencidos pelo rei Balduíno, aceitaram participar de uma ousada campanha contra Damasco e, pela inutilidade do empreendimento, Conrado retornou às suas terras e Luís VII, cujo propósito era uma piedosa peregrinação, permaneceu ali até a Páscoa de 1149.

---

[188] Runciman, Steven, 2002, op. cit., p. 224-5. Esse fato importante iria incluir na história dos grandes feitos islâmicos o personagem curdo chamado Saladino (Salah ad Din al Ayubbi que significa integridade na fé). Saladino era um oficial de Nur ad Din, valoroso por haver cabido a ele a recuperação de Jerusalém para os muçulmanos. Ele unificou a Síria e o Egito, por considerar necessária uma preliminar às ações a que se empenharia. Depois de muita luta, tomou Mossul, Alepo e outras cidades, desde Edessa até Nasihin. Em 1187, tomou Al Karak, um forte dos cruzados situado no caminho entre Homs e Trípoli. O forte fora conquistado por Reginaldo de Chatillon que, ao não observar tratados, molestara a irmã de Saladino e atacara Meca com o firme propósito de apoderar-se do corpo do Profeta para ser exibido em Al-Karak. Jerusalém foi sitiada em setembro de 1187, e a cidade se rendeu. Essa batalha que se chamou Batalha de Hattam antecedeu a tomada de Jerusalém, no mesmo ano. Fletcher, Richard, *A Cruz e o Crescente* (2004), op. cit., p. 89. Sobre Saladino, ver capítulo IV "*O fascínio do Egito*" (p. 313-344) *O Triunfo do Islã* (p. 347-416) escrito por Runciman Steven. *História das Cruzadas* — O Reino de Jerusalém e o Oriente Franco, (1100-1187) Vol. II. Rio de Janeiro: Imago, 2002. Bartlett W.B. *Assassinos* — A História da Seita Secreta do Islã Medieval (trad. Sílvia Spada). São Paulo: Madras, 2007.

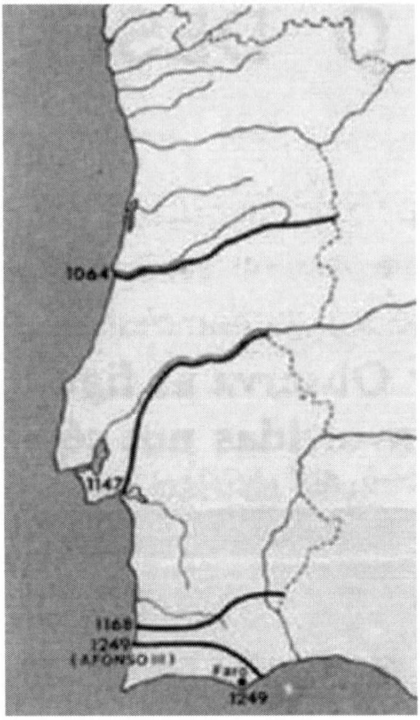

Figura 4: Mapa demonstrativo das sucessivas fases da conquista do território aos mouros. HTTP//www.terrasdesantiago.planetaclix.pt . Acesso em: 07 de julho de 2015.

A Segunda Cruzada (1147-1149) "não conseguiu retomar Edessa, fez pouco para fortalecer os Estados cristãos do além-mar e gerou mais desentendimentos entre os cruzados e gregos."[189] Isto é apenas um ínfimo resumo de como os fatos aconteceram; na verdade, a Segunda Cruzada não rendeu os louros que os organizadores esperavam. Houve muita desorientação, como em todas as outras ocorridas no século XII, tendo em vista a falta de conhecimento a respeito das condições políticas do Oriente, agudeza de espírito e má-fé dos príncipes da Terra Santa, cujos atos, movidos por interesses puramente pessoais, aniquilavam os esforços dos dirigentes das Cruzadas. Vejamos o que iriam encontrar, na Terra Santa, os cruzados que auxiliaram Afonso Henriques no cerco de Lisboa, em 1147 e lá permaneceram. Entre 1097 e 1144, seus companheiros cristãos criaram

[189] Fletcher, Richard, *A Cruz e o Crescente* (2004), op. cit., p. 89.

os principados de Edessa (no nordeste da Síria atual), Antioquia, Trípoli e o Reino Latino de Jerusalém.

Os observadores afirmam que aquela região, na época politicamente fragmentada, não constituiu empecilho para as aventuras de conquistas europeias. Mesmo assim, havia muita ameaça de malogro aos avanços dos ocidentais. A primeira intimidação muçulmana partiu de Zangi, o emir de Mossul, no Iraque. Tomou Edessa em 1144 e seu filho Nur ad Din (Luz da Fé) defendeu Damasco, ampliando o domínio da Grande Síria de Alepo até Mossul. Com a morte do último fatimida, Nur ad Din tomou também o Egito.

Ao controlar a intolerância sunita/xiita, causa do sucesso dos europeus na região, Nur ad Din conclamou a *jihad* com o objetivo de unificar as forças de ambas as partes em favor da Grande Síria e do Egito. Na verdade, a *jihad* visava a libertar Jerusalém, a terceira cidade mais sagrada para os muçulmanos (como também para os judeus), os quais a tinham como "*a casa da santidade* ou *Bayt Quds*", em memória à estada de Maomé ali. Para os muçulmanos, Maomé fez uma viagem noturna aos céus e no percurso esteve em Jerusalém.

O milagre de Ourique

Durante o tempo que tais fatos ocorriam, em Lisboa, os crentes de Maomé silenciaram. Tal circunstância, segundo a lenda, devia-se a um milagre ocorrido em Ourique: Cristo aparecera ao rei português: "e este lhe gritou, enquanto o exército prostrado no chão orava, aos infiéis, Senhor, aos infiéis, e não a mim que creio que o podeis, mas Cristo não quis aparecer aos mouros, e foi pena, que em vez da crudelíssima batalha poderíamos, hoje, registrar nestes anais a conversão maravilhosa dos cento e cinquenta mil bárbaros que afinal ali perderam a vida, um desperdício de almas de bradar aos céus."

A Batalha de Ourique: segundo a lenda, Afonso Henriques venceu os exércitos de cinco reis mouros (daí os cinco castelos da bandeira nacional) e passa a usar o título de rei. A Batalha de Ourique travou-se em 25 de julho de 1139, entre as forças portuguesas de D. Afonso Henriques e uma coligação de reis mouros.

O romancista José Saramago relata os fatos tal como os pesquisaram os historiadores. 150.000 *bárbaros* filhos de Alá, "crentes no paraíso de Maomé". Esses eram os inimigos da fé, massacrados pelos guerreiros da cruz. Em tal mister, os cruzados eram dispensados do 5º mandamento (não matar), desde que o alvo (inimigo) fosse um *infiel*.

No seu Canto Terceiro de *Os Lusíadas*, Camões assim descreve o feito:

> "A matutina luz, serena e fria,
> As estrelas do polo já apartava,
> Quando na Cruz o Filho de Maria,
> Amostrando-se a Afonso, o animava.
> Ele, adorando Quem lhe aparecia
> Na Fé todo inflamado assim gritava:
> -Aos infiéis, Senhor, aos infiéis,
> E não a mim, que creio o que podeis!
>
> Com tal milagre os ânimos da gente
> Portuguesa inflamados, levantavam
> Por seu rei natural este excelente
> Príncipe, que do peito tanto amavam;
> E diante do exército potente
> [...]
> Destarte o mouro, atônito e torvado,
> Toma sem tento as armas mui depressa;
> Não foge, nem espera confiado,
> E o ginete belígero arremessa.
> O português o encontra denodado,
> Pelos peitos a lança lhe atravessa;
> Uns caem meios mortos e outros vão
> A ajuda convocando do Alcorão.
> [...]
> Foi a batalha tão sanguina e fera
> Quanto obrigava o firme pressuposto
> De vencedores ásperos e ousados,
> E de vencidos já desesperados.

[...]"[190]

Orgulhoso da vitória de Ourique (1139-1140), Dom Afonso Henriques tomou para si o título de *rei*, um fato corriqueiro, uma vez que sua mãe também se intitulara rainha de Portugal. A distinção ficou sendo definitiva para Portugal. Dom Afonso Henriques satisfazia simultaneamente a sua ambição e a sua vaidade. Mas o *rei* não se sentia totalmente tranquilo, uma vez que havia ainda os tratados que ligavam Portugal à coroa soberana de Leão e, não havendo segurança quanto à autodeterminação do antigo Condado Portucalense, deveria apagar de vez a condição humilde de conde de Portugal. Era preciso cortar a vassalagem.

Não seria prudente ignorar a autoridade papal sobre os príncipes cristãos e os sacerdotes com o poder de condenar em nome de Deus. Uma excomunhão punha a perder um reino, muito mais do que um exército. Era uma questão não somente de fé, mas também de poder. Ciente disso, o cardeal Guido, representante do papa, ditou em Zamora as condições do tratado de paz, em 1143, onde Afonso Henriques fora rever as condições de paz com Alfonso VII. Foi nesse encontro que Alfonso VII reconheceu a independência do novo reino (o Reino de Portugal), tendo Afonso Henriques desistido de suas pretensões às fronteiras concedidas por Dona Urraca. Foi finalmente agraciado com o título pelo qual vinha lutando: o título de rei, embora nem a independência nem o próprio título fossem absolutos. Apesar de os tratados de Zamora alterarem a natureza dos acordos, os laços que uniam a terra de Camões à terra de Cervantes eram muito fortes, tendo em vista os diferentes graus de suserania, vassalagem e parentesco existentes na hierarquia feudal.

[190] Camões, Luís de. *Os Lusíadas*, 3ª ed. São Paulo: Cultrix; Brasília: INI, 1974, Canto Terceiro, p. 88-94. O Padre António Viera diz que "no juramento autêntico de el-Rei Dom Afonso Henriques, em que se conta o miraculoso aparecimento de Cristo, quando, por sua própria pessoa, quis fundar o Reino de Portugal, são bem notórias aquelas palavras, mandadas anunciar ao rei pelo mesmo Senhor, como o recado de que lhe queria aparecer: "Domine, bono animo esto: vinces, vinces, et non vinceris. Dilectus es Domino, possuit enin super te et super semen tuum post te oculos misericordie suae usque in deciman sextam generationem, in qua attenuabitur proles, sed in ipsa attenuata ipse respiciet et videbit." Senhor, estai de bom ânimo: vencereis, vencereis e não sereis vencidos; sois amado de Deus, porque pôs sobre vós e sobre vossa descendência os olhos de sua misericórdia até a décima sexta geração, na qual se atenuará a mesma descendência, mas nela atenuada tornará a pôr seus olhos. Vieira, António. *História do Futuro*, 2ª ed. Lisboa: Imprensa Nacional-Casa da Moeda, 1992, p. 120.

Assim, no corpo da grande monarquia feudal, D. Afonso Henriques passava a ser reconhecido como *rei*, mas o seu *reino* fazia parte do império espanhol. Afonso Henriques ficava submetido a uma vassalagem política, ao invés de uma vassalagem pessoal como fora antes desse último. Oliveira Martins simplifica afirmando que, por isso, o soberano português, não nesta condição, permanecia vassalo do vizinho, como senhor de Astorga, pois esta fora doada para tal efeito a Afonso Henriques. Diz ainda que: "Afonso Henriques, [...], mestre acabado na arte de enganar e na arte de combater, tinha já formado o seu plano, e por isso subscrevia sem reserva a todas as exigências do trabalho."[191]

Contentava-se com uma independência e soberania apenas pessoais e vitalícias. Era, na verdade, um falso reino sem direito oficial de sucessão; os herdeiros teriam que trilhar os mesmos rastros do pai para garantir o título e a independência. Fica explícita a intenção do leonês quanto a burlar o primo. Houve equilíbrio em razão de o italiano Guido haver percebido o dissimulado impasse entre ambos, fazendo valer o direito canônico que iria favorecer o rei português contra o direito feudal que protegia o leonês.

Havia ainda o papa, soberano acima de ambos. Apelando para esse fato, Guido assegurou a Afonso Henriques e a seus descendentes a suserania ao papa, evidentemente, mas o *falso rei* estava livre dos imperadores de Espanha, mediante uma soma em dinheiro. "...um nada! Quatro onças[192] de ouro por ano, nem mereciam a pena contar-se diante da independência de facto", arremata Oliveira Martins.[193]

Aceito o pacto, Guido retornava a Roma, satisfeito, garantindo ao pontífice a paz entre aqueles reinos e uma soma aos cofres católicos. Mal sabia ele que Afonso Henriques não estava preocupado com a quantia que se empenhara a pagar e muito menos com a possibilidade de excomunhão, pois ele já havia rasgado as bulas papais, interferindo até mesmo na nomeação ou remoção de bispos. Esquecido desse caráter de Afonso Henriques, o cardeal só estava preocupado com a forma de receber as onças de ouro. Somente alguns anos depois, Alfonso VII descobria que fora preterido no

---

[191] Martins, Oliveira. *História de Portugal*, vol. I. Lisboa: Publicações Brasil Europa, s/d, p. 69.

[192] Antiga unidade de medida de peso de diversos países, com valores que variam entre 24 g e 33 g.

[193] Martins, Oliveira, op. cit., p. 70.

tratado de Zamora.[194] De acordo com os estudos de Oliveira Marques, ambos foram enganados: do lado português, Afonso Henriques entregara ao papa as onças de ouro estipuladas pelo cardeal e, do lado espanhol, Alfonso VII não conseguiu fazer que o sumo pontífice reconsiderasse as benesses propostas ao seu rival. Nem por isso, porém, o papa alguma vez chamou o primeiro de *rei* e a Portugal de *reino*.

Somente no ocaso de seu reinado é que Alexandre III lhe outorgou o título oficial de *rei* com direito à hereditariedade, mas pelo custo de mil morabitinos.[195] E Portugal, juridicamente amparado, tornava-se independente do reino de Leão, sob o manto da suserania papal. Sempre obstinado em suas pretensões, Afonso Henriques ainda conseguiu que a vassalagem fosse apenas uma vaga aparência. Agora ele enfrentava com mais galhardia novas campanhas contra o reino vizinho. Possuía a linha estratégica de Santarém, linhas avançadas para o sul, várias praças no Alentejo e possuía também armas suficientes. Apegara-se de tal maneira às conquistas que nem mesmo o casamento de sua filha Urraca com Fernando II, rei de Leão, resultado de negociações políticas em 1165, o fez ceder qualquer parte de seu território.

O rei de Leão usurpara a coroa de Castela e agora, casado com a filha de Afonso Henriques, ele esperava uma nova aliança com Portugal. Mas o monarca não contava que, estando em luta com os castelinos, o nobre português armaria Sancho, seu filho e herdeiro, para enfrentar a batalha de Arganal, da qual sairia vencido.

Não aceitando derrotas, esse *rei* dirigiu-se à Galiza, apoderando-se de Tui, e do distrito de Toronto até Larez e daí seguiu para leste. Era o ano de 1166, um ano após o casamento de sua infanta com Fernando II. O domínio da Galiza permaneceu até o *desastre de Badajoz*, em 1169, quando Afonso Henriques consolidou suas possessões do Alentejo, conquistou Badajóz aos sarracenos. "Este acto, porém, era simultaneamente um episódio

---

[194] Conforme Marques, Oliveira, *A Sociedade Medieval Portuguesa*, op. cit., p. 5, esse tratado ocorreu em 1181. Diz o autor também que "o Algarve foi conquistado aos mouros em 1287; o Interregno e a crise da independência ocuparam os anos de 1421 a 1423; e Ceuta foi conquistada em 1453. Os anos de 1422 a 1460 foram vividos e contados duas vezes: a primeira quando ainda vigorava a era de César; a segunda, quando passou a vigorar a Era de Cristo".

[195] "Qualquer uma das moedas de ouro que foram cunhadas em Portugal entre os reinados de D. Afonso I (1139-1185) e de D. Afonso III (1248-1279)" Ou, "moeda de ouro usada na Península Ibérica durante o período em que os almorávidas lá se estabeleceram (até o século XII)".

de guerra com Leão, porque o vali, ou uále[196] de Badajoz se colocava sob a suserania de Fernando I, e porque a praça ficava para fora dos limites de leste, marcados em Zamora às futuras conquistas do rei de Portugal sobre os muçulmanos"[197] A cidade sucumbiu à investida do português. Avisado, o rei de Leão saiu em defesa de suas terras e, Afonso Henriques, sem saída entre dois inimigos, "de sitiante viu-se cercado."[198]

Assim, a solidariedade na divisão da Galiza estava desestruturada; era o fim da vitória portuguesa sobre a leonesa. Tal acontecimento garantia a primazia de Alfonso VII sobre seu primo Afonso Henriques de Portugal. Tentando superar a perda, Afonso Henriques passou a reivindicar as fronteiras que Dona Teresa perdera em 1127 em duas malogradas incursões posteriores a Galiza (1130- 1132). Apesar disso, a independência de Portugal já estava garantida. Dom Afonso Henriques desistiu de continuar enfrentado Alfonso VII, dando-se por satisfeito com o que conseguira resguardar.

Isso implica afirmar que Dom Afonso Henriques estava em guerra com Leão, pois ao saber das novas conquistas do sogro, o rei de Leão, pôs-se a caminho em defesa de seu reino e, com a ajuda do *uále* de Badajoz, sob sua suserania, cercou Afonso Henriques que não fugiu à luta, mas caiu, faltavam-lhe forças nas pernas, como que se a maldição de sua mãe o houvesse atingido mortalmente.

Perdera Galiza para sempre e a saúde, a vitalidade belicosa que herdara dos seus. Estava humilhado, é verdade, mas a Portugal estava definitivamente garantida a sua autodeterminação, graças ao caráter desse *rei* para o qual os críticos ora o honram com sublimes adjetivos, ora o tratam como *brutal e pérfido*,[199] como brutais e pérfidos foram os reis da Idade Média. Esse conquistador morreu em 6 de dezembro de 1185, após cinquenta e sete anos à frente do trono português, tendo antes, em 1179, no dia 23 de maio, confirmada a posse do *Reino de Portugal* e a seus sucessores, pela Bula "Manifestis Probatum" do papa Alexandre III.[200] Mas tudo começou com a herança de Dona Teresa, a filha bastarda de Alfonso VI, de Espanha.[201]

---

[196] Vali = váli, uali, vina Argélia, o responsável por uma divisão administrativa.

[197] Martins, Oliveira. *História de Portugal*, op. cit., p. 72.

[198] Idem.

[199] Marques, A.H de Oliveira. *História de Portugal*. Portugal: Europa-América, s/d, p. 73.

[200] Idem, p. 80.

[201] Ver, também Megiani, Ana Paula e Sampaio, Jorge Pereira (org.). *Inês de Castro a época e a memória*. São Paulo: Alameda Editoria, 2008.

Os sobreviventes

Nesse contexto de ambição e intrigas políticas entre nobres, havia a questão dos muçulmanos. A dominação e aculturação muçulmanas predominaram no sul e no centro da Península, exceto no norte e nordeste, apesar das várias expedições chegarem a Compostela, no tempo de Almançur. Isso leva a deduzir que por essa razão é que do norte e do nordeste partiu a reconquista cristã. Os árabes não distinguiam, geograficamente, os territórios dessa região, à qual davam genericamente o nome de *Jalikiya*, segundo Silveira Bueno, uma acomodação fonética de Galícia. Assim, os futuros territórios do *Condado de Portucale*, toda a região entre Douro e Minho, no século XI, formariam o novo Estado, o atual Portugal, estando inserida na *Jalikiya*.[202]

A Batalha de Ourique em que saiu vitorioso Dom Afonso Henriques, dando como resultado o massacre de mouros, não excluiu definitivamente os sobreviventes espalhados pelo condado.

A partir de meados do século XIII, os mouros recuaram para o sul, e a tomada de Faro, em 1249, marcou o fim da ocupação muçulmana. Em vista disso, pode-se afirmar que a lendária história de Portugal é, sobretudo, a história de uma rápida reconquista que impulsionou seus dirigentes a extraordinárias conquistas.[203]

Retrocedendo ao início desta análise, do espírito aventureiro que dominou os portugueses, quanto a expandir e valorizar a sua terra, vem à memória o fato de que na Europa, seguindo o olhar ufanista de Gilbert Durand, foi a nação portuguesa "a primeira a conquistar a independência e a cimentar a sua unidade." Em um século, de 1145, com a conquista de Leiria por Afonso Henriques, à tomada de Faro e Silves, em 1249 por Afonso III, o jovem reino de Portugal, reconhecido pelo Tratado de Zamora em 1143, expulsou os mouros do seu território. "A Espanha terá de esperar

---

[202] Bueno, Silveira, op. cit., p. 320.

[203] "É uma civilização de conquistadores, que se inicia com a reconquista, levada a cabo por D. Afonso Henriques, D. Sancho I, D. Sancho II, e D. Afonso III, e prossegue com as descobertas, durante o reinado de D. João II, o primeiro rei a ser designado por 'Senhor da Guiné'. *As aldeias mais insignificantes de Portugal dedicam, aos navegadores nelas nascidos, estátuas de bronze frequentemente colossais, cujo modelo a estátua de D. Afonso Henriques, o libertador de Santarém e Lisboa, coberto de ferro e espada em riste, diante do castelo de Guimarães*". Durand, Gilbert, op. cit., p. 48.

outros três séculos para assistir à derrocada do califado de Granada."[204]

O Tratado de Alcanizes, de 1297, separou a integridade portuguesa de uma Espanha que ainda não existia, dividida como estava nos reinos de Leão e Castela, o reino de Navarra, o reino de Aragão e da Catalunha.[205]

Enquanto isso, nos finais do século XIII, o "Reino de Portugal e dos Algarves" encontrava-se solidamente unificado nas suas fronteiras definitivas, pronto a enfrentar todas as epopeias.[206]

A segunda ordem dos fatos, indiscutível, "é a coerência cultural que transparece numa única língua e nas suas obras culturais tão unitárias."[207]

---

[204] Durand, Gilbert, op. cit., p. 201. Sobre o espírito aventureiro dos portugueses, ver; Boxer, Charles R. *O império marítimo português* (1415-1825). São Paulo: Companhia das Letras, 2002.

[205] "Recordemos que a Alemanha, a Itália e a Bélgica não existiam de todo nessa época e que terão de aguardar a chegada do século XIX? para se constituir em nações unificadas. Na época, a França ainda não havia solucionado os seus conflitos internos: mal o Condado de Toulouse foi anexado, pela força, numa "cruzada" devastadora, ao pequeno reino de Felipe Augusto, todo o Ocidente francês — pelo casamento de Leonor da Aquitânia com Henrique II (Plantageneta) — vai pertencer, durante três séculos, à Inglaterra, enquanto no coração do *pré carré* (atualmente, *hexágono*) o altivo e poderoso "Grande Ducado do Ocidente", a Borgonha, vai germinar". Durand, Gilbert, op. cit., p. 202.

[206] Idem. Sobre as conquistas do Algarve ou Al-Gharb, ver: Martins, Oliveira, *História de Portugal*, op. cit., p. 74.

[207] Em Portugal não ocorreram as mutilações sucessivas em consequência de estratos sobrepostos dos urbanismos que, a cada revolução, remodelaram a cidade, como em Roma ou Paris. Do Portugal dos conjuntos culturais *monolíticos*, só alguns sofreram algumas mudanças, após a catástrofe de 1755. A este respeito, o orgulhoso autor Gilbert Durant ressalta que: *...o próprio convento de Cristo, em Tomar, na diversidade de estilos dos seus claustros, afirma uma continuidade na vocação que confirma a tranquila transição da desafortunada Ordem dos Templários para a Ordem dos Cavaleiros de Cristo, tal como a maciça cruz templária se aligeirou com elegância transformando-se na Cruz de Cristo de Portugal.* O autor cita ainda os mosteiros da Batalha e Alcobaça, no Bom Jesus de Braga e em Mafra, construída por João Frederico Ludovice. Cita os chamados "frescos dos pobres" os desenhos geométricos dos *alicatados, e dos tasselos das Mesquitas, assinalando a lição dos azuis da China e de Delft* e os ornamentos do barroco *se afirmaram como uma arte soberana exemplarmente portuguesa.* Lembra os azulejos azuis e brancos de Valentim de Almeida, desenhados por António Vital Rifarto. Um fator importante responsável pela unidade da Lusitânia foi também *a crença num rei salvador oculto*, cuja desvairada aventura em Alcácer-Quibir manteve sempre vivo o nome de Dom Sebastião. Durand, Gilbert, op. cit., p. 202.

Enquanto Portugal cantava vitória sobre os mouros e já se sentindo livre da vassalagem feudal, o restante de grande parte do território espanhol permanecia sob os governos muçulmanos, divididos em reinos e taifas. Apesar da conquista, estando os seguidores de Maomé enfraquecidos, os reis neogodos da Península avançaram em direção ao território muçulmano e os príncipes hispano-árabes recorreram ao auxílio da nova e poderosa comunidade dos almorávidas, no norte da África.

Após essa derrota, surgiram então os Almúridas ou (almôades)[208] e com eles as segundas taifas. Do entendimento dos almorávidas Abd al--Múmene e Ibne Cáci (iniciador do movimento dos almorávidas, mas destituído pelos seus partidários), resultou em 1147 a invasão do Andaluz pelos almóadas (ou almôades, ou almôadas ou almóadas), uma nova seita do norte da África; Iúçufe, neto de Ben Abd al-Múmene, bateu os castelhanos e seus aliados em Alarcos, em 1195, recebendo o título de Al-Mançou (o Vitorioso). Anácer, um de seus sucessores, foi derrotado em Navas de Tolosa em 1212, determinando o fim das segundas taifas. Abdulá Al-Mamune, último califa almóada na Península, deixou o Andaluz em 1230. Os avanços decisivos dos cristãos culminaram com a tomada de Córdoba em 1236 e a de Sevilha em 1248.

Surgiram, então, as terceiras taifas, que se salientaram em Múrcia, com Safadola, Granada, com Al-Ahmar, fundador da dinastia dos Nacéridas, e Niebla (Algarve), com Ibne Mahfote. Os Estados muçulmanos, enfraquecidos, foram caindo progressivamente nas mãos dos monarcas cristãos, dentre os quais Afonso X, de Castela. Das terceiras taifas restou apenas Granada, o Reino Nazarí, que se manteve ainda durante os dois séculos seguintes, apoiada pelos merinidas, sucessores dos almôades na África. O fim desse reino seria determinado pelos reis católicos Fernando e Isabel que, pelo casamento, realizaram o frustrado desejo de Alfonso de Aragão. Uniram os reinos de Aragão e Navarra, Castela e Leão, um reino reforçado pelo Santo Ofício da Inquisição.

As dinastias portuguesas

Num breve retrospecto, lembramos que a Dinastia de Borgonha, também chamada Afonsina (pela sequência de soberanos com o nome de Afonso)

[208] Berberes pertencentes a uma dinastia que sucedeu aos almorávidas, reinando sobre a África setentrional e a Espanha muçulmana de 1147 a 1269.

foi a primeira dinastia do reino de Portugal. Como vimos, começou em 1096, ainda como mero condado, tornando-se reino autônomo em 1139-1143, e terminou em 1385. D. Afonso Henriques tornou-se príncipe de Portugal ao vencer os nobres galegos, os Peres de Trava, aliados de sua mãe, D. Teresa, na Batalha de São Mamede, em 1128. Foi apenas em 1179 que o papa Alexandre III reconheceu Portugal como um Estado independente, o que na época era fundamental para a aceitação do reino no mundo cristão. D. Sancho I sucedeu a D. Afonso I, seu pai. Tal como esse, o herdeiro empenhou-se no processo de reconquista dos territórios lusos que ainda se encontravam sob o domínio mouro.

Nessa época, dando início a um novo período e consolidando as conquistas, "povoam-se e fortificam-se as vilas, começa a esboçar-se a administração, abandona-se a guerra de escada e punhal. Há um pensamento na política e uma ideia nas campanhas. Sancho I é já um rei: Afonso Henriques fora um bandido, à imitação de Pelaio."[209]

Sancho I notabilizou-se por sua intensa luta pela conquista de Al-Fagahar (Algarve). Desta região, Albur (Alvor) já havia sido tomada e o rei decidiu recorrer a uma segunda e mais poderosa armada de guerreiros do norte para com ela conquistar Silves, defendida por fortes muralhas, no centro das quais havia, dentre outros empecilhos, uma torre que protegia uma vasta cisterna que fornecia água à cidade. Esse era o ponto crucial. Uma vez traçadas as estratégias de ataque, tiveram início indescritíveis combates sangrentos; no dia 21 de julho de 1189, houve uma tentativa frustrada de atacar a torre albarrã. E no dia 20, D. Sancho chegou por terra causando terror aos mouros sitiados que, na descrição de Oliveira Martins, "nas ameias das torres de albarrã penduravam pelos pés os prisioneiros cristãos; e ali, em frente do exército, como exemplo e ameaça, matavam-nos às lançadas."[210] Por fim, o albarrã caiu e entupiu a cisterna de entulho. Dominados pela sede, os mouros ainda resistiam. Pelas galerias agora corriam sangue, no entorno as fogueiras crepitavam. O calor ampliava a sede. Havia um mês que a batalha começara e os cruzados pareciam incansáveis, mas a vitória ia se tornando impossível ante a resistência dos habitantes mouros.

Havia desentendimentos entre os cruzados alemães[211] e D. Sancho, que esteve prestes a abandonar a luta. Finalmente, em setembro, a alme-

[209] Martins, Oliveira. *História de Portugal*, op. cit., p. 82.

[210] Idem.

[211] Sobre as alianças entre Portugal e a Alemanha, nessa época, ver: Marques, A. H. Oliveira. *Portugal Quinhentista*. Lisboa: Quetzal Editores, 1987, p. 9-32, "Relações entre Portugal e a Alemanha no século XVI."

dina ou *alkassba*[212] rendeu-se. Ocorreu, então, desentendimento entre os cruzados e o rei. Os primeiros queriam os despojos e o rei queria a cidade. Não havendo acordo, Sancho desistiu de seus objetivos, deixando Silves guarnecida; ocupou o oeste do Algarve e retirou-se para o norte. Antes, porém, para consolidar sua conquista, tomou a cidade de Beja. Não era ainda senhor absoluto do Algarve, pois Faro continuava em poder dos sarracenos, os mouros.

Mesmo assim, a vitória seria fugaz. O filho de Yüsuf, não conseguindo salvar Chelb, avançou pelo reino, atravessou o Tejo, assolou Estremadura e cercou Tomar. Vencido, retirou-se para retornar no ano seguinte. Em 1191 Silves caiu novamente em poder dos sarracenos; eles tomaram Beja, ameaçaram Lisboa e Portugal recuava novamente aos limites do Tejo.[213]

A D. Sancho I sucedeu D. Afonso II, seu filho. Em 1233 sucedeu-lhe o seu filho, D. Sancho II. Esse reinado não durou muito tempo e em 1248 subiu ao trono o seu irmão D. Afonso III. Foi ele que finalmente afastou a presença muçulmana em Portugal, tornando-se rei de Portugal e do Algarve. Conforme escreve Charles R. Boxer, "em Portugal nunca teve um problema mourisco depois da conquista do Algarve (1249), ao contrário da Espanha que o teve por mais de um século após a conquista de Granada (1492)."[214] Porém, mais adiante neste trabalho, demonstraremos que somente em 1609 é que Felipe III da Espanha, por medidas drásticas, eliminou a presença mourisca de seus domínios.

Com as fronteiras do território definidas no Tratado de Alcanizes (1297), D. Dinis, filho de Afonso III e herdeiro da coroa, deu início a um processo de exploração das terras conquistadas pelo reino. Em 1325 sucedeu-lhe D. Afonso IV, cujo filho, D. Pedro I, protagonizou um dos episódios mais conhecidos da história de Portugal (que Luís de Camões incluiu n'Os Lusíadas), o amor de Pedro e Inês de Castro. [215] Por ocasião da morte

---

212 A parte de uma cidade (sobretudo marroquina ou habitada por mouros) construída em lugar alto, ger. em torno de um castelo; Medina.

213 Martins, Oliveira. *História de Portugal*, op. cit., p. 85.

214 Boxer, Charles R. *O império marítimo português* (1415-1825). São Paulo: Companhia das Letras, 2002, p. 26.

215 "A história portuguesa é pródiga em apresentar momentos em que o histórico e o mítico se misturam. Um desses episódios, que ocorreu em meados do século XIV, é o romance entre D. Pedro I, que se tornaria rei de Portugal em 1357, e Inês de Castro, que entrou para a história como aquela "que se tornou rainha depois de morta". Inês foi assassinada em 1355 a mando de D. Afonso IV, então monarca português e pai de D. Pedro, que era contrário ao romance." Sobre o tema ver: Megiani, Ana Paula e Sampaio, Jorge Pereira (org.). *Inês de Castro a época e a memória*. São Paulo: Alameda Editoria, 2008.

de D. Pedro I em 1367, o filho primogénito D. Fernando subiu ao trono. Em 1383 sua filha, D. Beatriz, casou-se com João I de Castela. O enlace iria comprometer a continuidade da dinastia, conforme demonstraremos posteriormente. Em 1383, morreu D. Fernando deixando o reino vulnerável à aspiração de Castela, quanto à enexação dos dois reinos. Após a eleição de D. João I, como rei das Cortes de Coimbra, em 1385, iniciou-se uma nova dinastia, pela quebra na sucessão legítima, apesar da descendência direta do novo soberano ao rei D. Pedro I.[216]

Portugal foi dominado por outras duas dinastias sucessivas, a Dinastia de Avis e a Dinastia de Bragança. Durante as três dinastias, a imagem real passou, naturalmente, por algumas modificações. O rei português nunca atingiu a categoria divina, ou semidivina, ou taumatúrgica, conforme Marc Bloch, referindo-se a outras monarquias europeias. Sobre os reis portugueses Montesquieu jamais teria afirmado "Esse rei é um grande mágico; exerce o domínio sobre o próprio espírito de seus súditos [...] Chega até a fazê-los acreditar que os cura de todas as espécies de males tocando-os, tão grande é a força e o poder que tem sobre os espíritos."[217] Mas forneceu ao povo uma imagem de salvador, e até de messias. D. Sebastião desapareceu na África e os súditos sempre aguardaram seu retorno com poderes de um messias, imagens vinculadas à Guerra Santa, à Cavalaria e à Resistência, construída ao longo dos séculos, concomitante à luta de Portugal para estruturar uma monarquia independente de Castela. "D. Sebastião, imbuído de um espírito messiânico que a própria história portuguesa lhe atribuía, encontrou no mito do rei fundador - D. Afonso Henriques - a essência necessária para a reprodução dos seus feitos".[218]

Mais tarde, o padre Antônio Vieira profetizaria a volta de D. João IV (Século XVII) para instaurar o Império do Futuro. "No Juramento

[216] Reis da Dinastia de Borgonha: D. Afonso Henriques, O Conquistador (1139-1185): D. Sancho I, O Povoador (1185-1211); D. Afonso II, O Gordo (1211 -1223); D. Sancho II, O Capelo (1223-1248); D. Afonso III, O Bolonhês (1248-1279); D. Dinis, O Lavrador (1279-1325);D. Afonso IV, O Bravo (1325-1357); D. Pedro I, O Justiceiro (1357— 1367); D. Fernando, O Formoso (1367-1383); D. Beatriz de Portugal, de Jure (1383-1385).Disponível em: https://literaturaibericaecorrelatas.blogspot.com/2011/02/dinastia-de-borgonha.html. Acesso em 07 de março de 2024.

[217] Bloch, Marc. *Os Reis Taumaturgos* (trad. Júlia Mainardi). São Paulo: Companhia das Letras, 1993, p. 68.

[218] Megiani, Ana Paula Torres. *O Jovem Encantado* — expectativas do messianismo régio em Portugal, séculos XIII a XVI. São Paulo: Hucitec, 2003, p. 92.

autêntico de El-Rei Dom Afonso Henriques em que conta o miraculoso aparecimento de Cristo, quando, por sua própria pessoa quis fundar o Reino de Portugal, são bem notórias aquelas palavras, mandadas anunciar ao rei pelo mesmo Senhor,... ' Senhor, estai de bom ânimo: vencereis e não sereis vencido; sois amado de Deus, porque pôs sobre vós e sobre vossa descendência os olhos de sua misericórdia até a décima sexta geração, na qual se atenderá a mesma descendência, mas nela atenuada tornará a pôr seus olhos' ... A décima sexta geração de El-Rei Dom Afonso Henriques (contando as gerações, como se devem contar, de rei a rei e de coroa a coroa) foi o cardeal Dom Henrique."[219]

Vieira argumenta que nesse último rei a descendência foi atenuada, por ser o único descendente da casa de Bragança, "descendente do infante Dom Duarte, irmão menor de Dom Henrique." Sua geração, atenuada no décimo sexto rei, "tornaria Deus a pôr seus olhos nela, porque nela se restituiu a coroa que Cristo então lhe dava, sendo restituída (como foi) ao Duque Dom João, o segundo de Bragança, rei D. João, o Quarto de Portugal e décimo sétimo dos reis Portugueses, descendente do primeiro Afonso."[220]

Assim, a história de Portugal, quase sempre envolta em lendas, é, na verdade, a história de rápidas "reconquistas". A partir do século XIII os mouros foram acuados para sul e a tomada de Faro, em 1249, determinou o fim da ocupação muçulmana, restando apenas o reino de Granada.

A Revolução de Avis (séc. XIV)

Os reis da Dinastia de Avis (Joanina ou Segunda Dinastia) reinaram no país entre 1385-1580. Iniciou-se depois da derrota de Castela na batalha de Aljubarrota, em 14 de Agosto de 1385 e do fim da crise de 1383-1385, quando o mestre da Ordem de Avis, filho natural de el-rei D. Pedro I, foi aclamado rei nas Cortes de Coimbra.

---

[219] Padre António Vieira apresenta o seguinte catálogo: 1° — El-Rei Dom Sancho I; 2° — El-Rei Dom Afonso II; 3° — El-Rei Dom Sancho II; 4° — El-Rei Dom Afonso III;5° — El-Rei Dom Dinis; 6° — El-Rei Dom Afonso IV; 7° — El-Rei Dom Pedro; 8° — El-Rei Dom Fernando; 9° — El-Rei Dom João I; 10° — l-Rei Dom Duarte; 11° — El-Rei Dom Afonso V; 12° — El-Rei Dom João II; 13° — El-Rei Dom Manuel; 14° — El-Rei Dom João III; 15° — El-Rei Dom Sebastião; 16° — El-Rei Dom Henrique. VIEIRA, António. *História do Futuro*, op. cit., p. 120-1.

[220] Idem, p. 121.

D. Beatriz, a única filha de D. Fernando, rei de Portugal, ao se casar com o rei de Castela, pôs fim a uma série de guerras contra aquele reino. Mas D. Fernando morreu alguns meses depois desse casamento e, como D. Beatriz não tinha filhos nem irmão, não havia legítimo sucessor do rei.

A mãe de D. Beatriz, D. Leonor Teles, viúva de D. Fernando, nunca fora aprovada pelo povo, mas mesmo assim cabia a ela assumir como regente até que um filho de D. Beatriz completasse 14 anos. Assim, D. Leonor Teles aclamou rainha sua filha D. Beatriz. Esse evento desencadeou revoltas populares: o povo se recusava a aceitar a aclamação de uma rainha que era mulher de um rei estrangeiro (Castela), o que poderia dar origem à união dos dois países e em consequência a perda de independência de Portugal.

Lisboa recorreu a D. João (filho bastardo do rei Pedro I)[221] incentivando-o a lutar contra D. Beatriz (apoiada pelo clero e pela nobreza) e o rei de Castela, nomeando-o "Mestre de Avis." Mas seu homônimo D. João I (1379-1390), o rei de Castela, marido de D. Beatriz, dirigiu-se para Lisboa, cercou a cidade e D. Leonor Teles perdeu a regência. O fato parecia estar consolidado, quando um pequeno exército chefiado por D. Nuno Álvares Pereira, aliado do mestre de Avis, rechaçou os castelhanos atacados pela peste; o rei de Castela se retirou, deixando o trono livre e o mestre de Avis foi aclamado rei de Portugal. Tempos depois, em 1385, os castelhanos invadiram Portugal novamente, travando uma sangrenta batalha em Aljubarrota. Nesse novo combate, as tropas portuguesas, chefiadas pelo rei D. João I (o mestre de Avis) e por D. Nuno Álvares Pereira, saíram vitoriosos.

Paralelamente, havia uma força propulsora oriunda "da classe média mercantil cuja influência aumentara muito depois da crise revolucionária de 1383-1385, durante a qual parcela bastante significativa da antiga no-

[221] D. João I, de «Boa Memória», rei de Portugal (1357-1433) Primeiro monarca da dinastia de Avis. Filho natural de D. Pedro I e de uma dama galega chamada Teresa Lourenço, cresceu na corte portuguesa. Nomeado Mestre de Avis pelo seu pai, foi proclamado rei em 1385 pelas cortes de Coimbra, com o apoio da Inglaterra – devido à sua união com D. Filipa de Lencastre – e da burguesia lisboeta. O seu reinado viu-se pejado de contínuos confrontos com o reino de Castela, e as vitórias de Atoleiros e Aljubarrota significaram a consolidação definitiva do reino de Portugal. A conquista de Ceuta em 1415 proporcionou o arranque da expansão ultramarina, e assim, Portugal estabeleceu-se em 1419 na Madeira e em 1432 em Cabo Verde. Durante o seu reinado promoveram-se importantes reformas sociais. Disponível em: D. João I, de «Boa Memória», rei de Portugal (1357-1433) Primeiro monarca da dinastia de Avis https://pt.wikipedia.org/wiki/Jo%C3%A3o_I_de_Portugal. Acesso em 07 de março de 2024.

breza havia sido morta, dispersa ou destruída por ter tomado partido dos invasores castelhanos, derrotados definitivamente em Aljubarrota (em 14 de agosto de 1385)?"[222]

A eleição popular de um rei sem direito hereditário e a fundação de uma nova dinastia que adquiriu direito de governar pela rebelião e a força das armas marca a história da crise dinástica de 1383-1385, quando se operou a desintegração da antiga ordem feudal e a sua transformação na nova ordem nacional.[223] O propósito político desse fato está "implícito nos termos da incumbência feita por D. Duarte em 1434, tendo sido mantida pelo infante D. Pedro durante sua regência."[224]

A paz definitiva com Castela só foi assinada em 1411, quando D. João I mandou edificar o mosteiro de Santa Maria da Vitória, conhecido por mosteiro da Batalha.

A linha direta da Casa de Avis extinguiu-se em 1495, com a morte de D. João II (o *senhor da Guiné*), considerando-se aí iniciada a Casa de Avis-Beja (por seu sucessor, D. Manuel, ser na data da aclamação, duque de Beja).

Ao instalar-se no trono, D. Manuel adotou, internamente, uma política de tolerância em relação aos judeus e aos mouros. Contudo, esta atitude foi reconsiderada quando o rei se casou com a filha do Rei Católico. "E como presente de bodas, D. Manuel publica, em 1496, a ordem de expulsão de todos os judeus e mouros forros, quer naturais, quer imigrados, que recusassem o baptismo. A morte e o confisco puniam os que insistissem em não adoptar nenhuma das duas alternativas, exílio ou conversão."[225]

Grande parte dos *infiéis* optaram pela segunda alternativa, mas, mesmo assim, o ódio antigo foi reacendido, levantando uma permanente devassa sobre as crenças dos novos cristãos. O povo não acreditava na sinceridade da conversão forçada. Segundo Oliveira Martins, tratava-se de uma "inquisição informe, que precedia o estabelecimento do tribunal da fé."[226]

---

[222] Boxer, op. cit., p. 33.

[223] Fernão Lopes em suas crônicas enalteceu as histórias dos reis de Portugal, incluindo D. João I. É como se o seu pai, o fundador da dinastia de Avis, tivesse sido o último dos reis antigos e não o primeiro dos novos reis. *Esse propósito está, aliás, implícito nos termos da incumbência feita por D. Duarte em 1434 — e mantida pelo Infante D. Pedro durante a sua regência.* Gil, Fernando e Macedo, Helder. *Viagens do olhar* — Reprodução, Visão e Profecia no Renascimento Português. Porto: Campo das Letras, 1998, p. 143.

[224] Idem, p. 143.

[225] Martins, Oliveira. *História da civilização ibérica*, op. cit., p. 202.

[226] Idem.

Seu sucessor, D. João III, enfraqueceria a resistência de Roma, conseguindo instalar o tribunal da fé em 1536, dando vazão ao furor pela purificação da fé até então praticado na vizinha Espanha. D. João III, monarca, católico fervoroso, era fanático e via na Inquisição um instrumento eficaz no controle social e um instrumento útil para a política interna. Após casar-se com D. Catarina, irmã de Carlos V, foi assediado pelos conselheiros religiosos da rainha, que realizaram várias investidas para retomar a perseguição aos heréticos.

Movido mais por razões econômicas do que pela bandeira da fé, solicitou ao papa a instituição da Inquisição Portuguesa nos moldes daquela praticada na Espanha, livre da interferência papal. O papa Paulo III (1534-1549), pela bula *Cum ad nihil magis* concretizou essa aspiração, em 23 de maio de 1536. "O controle total da Inquisição pelo monarca viria mais tarde, com a bula de 16 de julho de 1547, e custaria ao rei cerca de 1.000.000 de ducados."[227] Esse controle, no entanto, recrudesceria durante a União Ibérica, conforme está demonstrado mais adiante.[228]

O Império colonial português durante dinastia de Ávis

Volvamos a atenção às conquistas marítimas do povo português. Boxer empreende um relevante estudo sobre "o império marítimo português" dando a conhecer os grandes sucessos de navegação e conquistas desse povo. O autor denomina D. Manuel como o "Senhor da conquista, navegação e comércio da Etiópia, Índia, Arábia e Pérsia que a coroa portuguesa manteve durante séculos."[229] Descreve a atividade marítima e comercial dessa época, acrescentando que "a reconhecida superioridade dos navios portugueses relativamente bem armados sobre os navios mercantes muçulmanos desarmados, no Índico, era reforçada pela tenacidade e a deter-

[227] Herculano, Alexandre. *História da Origem e Estabelecimento da Inquisição em Portugal.* Porto Alegre: Pradense, 2002, p. 261-62. Ver também Grigulévitch, Iossif. *História da Inquisição.* Lisboa: Progresso, 1980, p. 308 e Gonzaga, João Bernardino. *A Inquisição em seu mundo.* São Paulo: Saraiva, 1993, p. 229.

[228] Ver: Fernandes, Dirce Lorimier. A Inquisição na América. Taubaté, SP: Letra Selvagem, 2023.

[229] Boxer, op. cit., p. 63.

minação dos invasores europeus, o que faltava aos seus adversários asiáticos."[230]

A trajetória dos reis portugueses incluía conquistas, colonização e exploração; perseguiam os sarracenos, submetiam e convertiam os pagãos, sempre procurando expandir e dominar territórios na África; nessas lutas realizavam um grande trabalho comercial, que implicava o aprisionamento de negros, ampliando à força o número de católicos. Tanto sucesso em suas conquistas outorgou à Coroa Portuguesa um extenso domínio marítimo, ampliou a determinação de manter o monopólio da navegação, comércio e pesca nessas regiões e nas futuras conquistas, conforme se verificaria no século XVI, sempre com o beneplácito papal, iniciando por Nicolau V (1397-1455).

Boxer assinala que "as viagens de descobertas dos Portugueses no Oceano Atlântico parece ter começado por volta de 1419, quatro anos depois da conquista de Ceuta aos Mouros. [...] essa etapa terminou com o regresso de Vasco da Gama a Lisboa, em julho de 1499, seis anos depois da realização, por Cristóvão Colombo, da épica viagem de descoberta das Antilhas"[231]

Apesar de os portugueses e os espanhóis, notáveis aventureiros, terem sido os precursores da conquista do Atlântico e do Pacífico, eles não alteraram o curso da História. Muitos outros povos se aventuraram nas conquistas marítimas, mas os ibéricos, especialmente os portugueses, foram mais bem sucedidos. Por quê? Boxer, dentre outras perguntas, indaga o seguinte: "Quais foram os motivos que impulsionaram os dirigentes e os organizadores da expansão marítima portuguesa?" Pergunta ainda: "Teria a inspiração original e a chefia vindo fundamental senão inteiramente do Infante D. Henrique (aliás Henrique Príncipe, o Navegador), e ou de outros membros da Casa Real de Avis?" E o mesmo Boxer responde, depois de algumas conjeturas sobre as respostas que possivelmente obteria de historiadores: "Com risco de uma simplificação exagerada, pode, talvez, dizer-se que os quatro motivos principais que inspiraram os dirigentes portugueses (reis, príncipes, nobres ou mercadores) foram, numa ordem cronológica mas sobrepostos e em diversos graus: (1) um zelo de cruzada contra os muçulmanos, (2) o desejo de se apoderarem do ouro da Guiné, (3) a questão do Preste João, (4) a procura das especiarias orientais."[232]

---

[230] Idem, p. 64.

[231] Boxer, C. R. *O Império Colonial Português*. Lisboa: Edições 70, 1977, p. 37.

[232] Idem, p. 39-40.

Por outro lado, a conquista de Ceuta, 1415, infligiu um golpe aos *infiéis*. A ocupação de Ceuta possibilitou aos portugueses obter informações sobre o Alto Niger e o Senegal, de onde procedia o ouro. Boxer infere que os portugues já estavam a par de tal fato, baseando-se no "Mapa Catalão" de 1375 ou pelas narrativas de mercadores judeus. De qualquer forma, "o impulso de cruzada", por parte dos portugueses, era especialmente direcionado contra os muçulmanos do Marrocos e a procura do ouro da Guiné foi logo aprofundada na questão do Preste João.[233]

Ao analisar as bulas papais (*Dum diversas* de 18 de junho de 1452, a *Romanus Pontifex* de 8 de janeiro de 1455 e *Inter caetera* de 13 março de 1456), Boxer conclui que elas expressam o espírito da *época dos descobrimentos*. Essas bulas tiveram efeito cumulativo: "na primeira o papa autoriza o rei de Portugal a atacar, conquistar, e submeter os sarracenos, pagãos e outros infiéis inimigos de Cristo; a capturar os bens e os territórios a eles pertencentes; a reduzi-los à escravidão perpétua e transferir suas terras e propriedades para o rei de Portugal e seus sucessores." O autor acrescenta que em 1452 os portugueses estavam certos de que a ´população do Marrocos era "exclusivamente muçulmana".[234] No litoral se encontravam os saarianos e os negros da Senegâmbia, considerados os outros *infiéis*.

A segunda bula, *Romanus Potifex*, "é um texto mais específico, foi muito justamente denominada a carta do imperialismo português" que, dentre outras coisas, "obriga os sarracenos e outros infiéis a entrar para o rebanho da Igreja." Determina o prosseguimento na luta contra os sarracenos e outros inimigos da fé. "O príncipe é autorizado a submeter e converter os pagãos (mesmo os que não estivessem manchados pela influência muçulmana) que pudessem ser encontrados entre o Marrocos e as Índias" [235]

A terceira, a bula *Inter caetera*, constituía uma confirmação da bula *Romanus Pontifex*, pelo papa Calisto III, a pedido do rei Afonso V e de seu tio, o Infante Dom Henrique, concedida à Ordem de Cristo. A D. Henrique, administrador e mestre dessa Ordem, era outorgada jurisdição espiritual sobre todas as regiões conquistadas pelos portugueses - no presente e no

---

[233] Boxer, C.R. *O Império Colonial Português*, Ver capítulo 1. "O ouro da Guiné e o Preste João" (1415-1499).

[234] Idem, p. 37.

[235] Idem, p. 37. Antes, Boxer lembra que as Índias "— termo elástico e ambíguo que muitas vezes englobava a Etiópia e a África Ocidental, bem como o que se conhecia como Ásia. [...] e os termos Índia e 'As Índias' não raro eram aplicados vagamente a quaisquer regiões desconhecidas e misteriosas a leste e a sudoeste do Mediterrâneo". Idem, p. 36.

futuro - "dos cabos do Bojador e não, por via da Guiné e mais além, para o sul, até às Índias". Essas bulas, concluiu Boxer, "estabelecem as diretrizes para o comportamento (ou mau comportamento) europeu posterior no mundo tropical."[236]

Nota-se que a perseguição aos sarracenos (mouro, árabe muçulmano) era a tônica da política naquela época.

Fim da Dinastia de Avis

A dinastia de Avis terminaria após a morte de D. Sebastião, na batalha de Alcácer-Quibir em 24 de agosto de 1578.[237] No âmbito político, o reinado de D. Sebastião envolveu-se em questões significativas, as mesmas que enfrentaram os reis da dinastia de Avis. Uma delas foram as tentativas de dominar o Marrocos e, a outra, a questão dos casamentos entre os herdeiros dos reinos ibéricos (os casamentos cruzados), pondo em risco a autonomia do trono português. Havia também a questão religiosa, culminando, posteriormente, com o estabelecimento da Inquisição Portuguesa. Os mouros ainda representavam uma ameaça para aqueles dois reinos: o espanhol e o português.

Quando D. Sebastião nasceu, o império português enfrentava um período de grandes impasses ligados a questões acima referidas, oriundas do início da expansão. Havia muita dificuldade para solidificar a dominação do Marrocos, tentativa iniciada pelos antecessores de D. Sebastião.

[236] Idem, p. 39.

[237] Consta que, nessa batalha, Dom Sebastião, decidido a fazer canonizar Dom Afonso Henriques, reiterava as intenções de seu avô D. João III. Por isso, escreveu ao prior do Mosteiro de Santa Cruz: "Padre Geral E Convento do mosteiro de Sancta Cruz de Coimbra, Eu El Rei vos envio muito saudar. Eu me tenho preocupado em fazer por mim, com ajuda de nosso Senhor uma empresa em África, por muitas E mui grandes razões, mui importantes ao bem dos Reinos. E de toda Espanha, de que também resulta benefício à cristandade o q me pareceo escrevermos, assim para encomendardes a nosso Senhor o bom sucesso desta empresa, que por seu serviço faço, como pera vos dizer que desejo levar nella a Espada e Escudo daquele grande e valoroso primeiro Rei deste Reino, Dom Afonso Henriques, cuja sepultura está nesse mosteiro, porque espero em nosso senhor que com essas armas me dê as vitórias que El Rei Dom Afonso com elas teve." *Chronica da Ordem dos Conegos Regrantes*, 2ª parte, liv. 10, cap. 325. (1924). Megiani, Ana Paula Torres, op. cit., p. 90.

Os cronistas registram as muitas investidas das tropas portuguesas que ali permaneciam durante anos, mas eram sempre rechaçadas pelos mouros. "D. Afonso V (1438-1481) conseguiu ocupar Alcácer-Ceger, Arzila e Tânger apenas em 1471, estabelecendo-se aí um ponto de difícil controle, pois a pressão dos mouros era intensa e ininterrupta. D. João II (1481-1495) manteve a mesma política de sustentação das praças do extremo norte da África, evitando a ameaça dos ataques dos piratas marroquinos - grandes inimigos das embarcações portuguesas provenientes do sul do continente, carregadas de ouro e de matérias-primas. [...] Durante o reinado D. Manuel I (1495-1521) o império ampliou-se para o extremo oriente e para o ocidente, alcançado seu ponto máximo em extensão."[238]

D. João III (1521-1557), após algumas décadas de uma inconsistente manutenção, desistiu de alguns territórios conquistados, conservando somente as praças de Ceuta, Tânger e Mazagão, em 1550. Por isso, D. Sebastião (1568-1578) tomou como ponto de honra a reconquista do norte da África, contando com a conivência de uma parte da elite, especialmente a nobreza, habituada como estava a essa espécie de ação invasiva. Por outro lado, aquela parte da África sempre foi objeto de cobiça e um desafio ao império português, empreendimento que outorgou muito prestígio ao poder real português, desde Afonso V.

Durante sua breve trajetória, Dom Sebastião empenhou-se, também, na continuidade às iniciativas de seus antecessores, quanto à imposição da fé católica. Era fervoroso cristão católico. Em 15 de março de 1570, Dom Sebastião confirmava o Regimento do Conselho Geral do Santo Ofício elaborado em 1º. de março de 1570, contendo trinta e quatro capítulos. Foi redigido pelo próprio Dom Henrique, que alegava estar ordenando as coisas do Santo Ofício, para servir a Deus Nosso Senhor, preservar a fé católica e castigar a desobediência às determinações da Santa Madre Igreja. Visava também à perpetuação do bom governo e, sem dúvida, o próprio Santo Ofício. Tinha em vista a ordenação do Conselho Geral que atendia, por sua vez, a Bula Papal de Paulo III e o Regimento de 1552. Atuavam, no Conselho Geral, Inquisidores Gerais e Deputados, especialmente os que tratavam de crimes de heresia e apostasia.[239]

O desaparecimento de D. Sebastião exige atenção, tendo em vista as implicações dessa dolorosa perda para o povo português que amava seu rei. O misterioso desaparecimento do personagem tem a ver com a longa história de extraordinárias conquistas lusas, cuja origem é simultânea à

[238] Megiani, Ana Paula Torres, op. cit., p. 113.

[239] *Regimento do Conselho Geral da Inquisição*, BNL, cod. 1535, p. 259-260.

formação daquele reino. Dentre as conquistas, consta a terra dos mouros, primeiramente e, principalmente, a lenta conquista da África – via Açores – e da América do Sul. "Ceuta é tomada em 1415, Madeira em 1420, os Açores em 1427; Diogo Cão navega até o Congo, Afonso de Paiva à Abissínia, Pero da Covilhã é o primeiro a atingir a Índia por Calecute, Bartolomeu Dias dobra o Cabo das Tormentas e, finalmente, Vasco da Gama - celebrado pela epopeia de Camões – chega à Ìndia em 1498. Pedro Álvares Cabral, acompanhado pelos irmãos Bartolomeu e Diogo Dias, alcança o Brasil na Primavera de 1500 e Fernão de Magalhães empreende a primeira viagem de circum-navegação em 1520."[240]

Megiani alega que "Alcácer-Quibir poderia ter sido uma batalha idêntica à de Ourique, pois para seus líderes tinha o mesmo objetivo – combater o avanço mouro. Assemelha-se, assim, a um rito que restabeleceria no presente de 1578 a intervenção divina de 1139, projetando para o futuro novamente as glórias que se sucederam à aclamação de D. Afonso Henriques. Mas os objetos simbólicos – a espada e o escudo – foram esquecidos, e da mesma forma o reino parece ter sido esquecido por Deus, permitindo a derrota do exército português, numericamente menor, como da primeira vez." [241]

Desde a transformação do *Condado Portucalense* em reino de Portugal, sempre ocorreram as alianças matrimoniais entre Castela e outros reinos ibéricos. A família real portuguesa sempre esteve envolvida em tais alianças, conforme já se demonstrou nos parágrafos anteriores. Tentava-se garantir uma herança passível de assegurar a autonomia dos reinos ibéricos contra a voracidade expansionista das dinastias francesas, inglesas ou germânicas. Portugal ancorava-se em tais políticas de casamentos com os castelhanos, durante a Baixa Idade Média, tendo em vista a fragilidade militar e limites territoriais. Eram casamentos meramente políticos, arranjados mutuamente pelos pais, interessados também na procriação, a fim de garantir a sucessão dinástica. Sendo boa parideira, a mulher estaria cumprindo o seu dever matrimonial.

Castela, por seu turno, considerava que as alianças eram o meio pelo qual seria possível recuperar o vassalo perdido desde o século XII. Em vários momentos, tanto de um lado como de outro, parecia que a aspiração se tornaria realidade. Lembramos que, no final do século XV, a política de casamentos deu origem ao reino da Espanha, em razão da união de Isabel

[240] Durand, Gilbert. *Imagens e reflexos do Imaginário português*. Lisboa: Hugin, 2000, p. 48.

[241] Megiani, op. cit., p. 107.

de Castela com Fernando de Aragão, os Reis Católicos, assunto com o qual já nos ocupamos. Por suas ações, esses nobres facultaram a definitiva autonomia de Portugal na Península Ibérica.

Havia sempre o perigo de as uniões matrimoniais redundarem na incorporação do reino português ao resto da península. Esse perigo foi observado quando o rei D. Manuel se casou sucessivamente com as três princesas espanholas D. Isabel, depois com a irmã desta, D. Maria e, em seguida, com D. Leonor. "Durante o século XVI os laços dinásticos deram origem à união final. Carlos V - Carlos I da Espanha - casou-se com D. Isabel, filha primogênita de D. Manuel. Na mesma época, D. João casou-se com D. Catarina, irmã mais nova de Carlos I. Em seguida, Felipe II casou-se em 1543 com D. Maria, filha de D. João III e D. Catarina. Já sua irmã, D. Joana, casou-se com outro filho de D. João III, o príncipe D. João, união da qual viria a nascer D. Sebastião."[242]

O casamento de D. João III e D. Catarina era favorável ao reino português, por pretender estreitar laços políticos com o Império Habsburgo de Carlos V. Não pretendia, porém, perder sua autodeterminação. Desse enlace nasceram nove filhos, seis homens, em benefício da sucessão do trono português. Porém, todos esses legítimos descendentes de D. João III morreram, desencadeando o último dos casamentos já mencionados em parágrafos anteriores. Estamos nos referindo ao casamento de D. Joana de Castela e o príncipe D. João de Portugal, logo ao completar dezesseis anos. Desta união é que foi gerado D. Sebastião (1553/1554), fato que o tornou conhecido como *o desejado*.

Era o único neto de D. João III. Vinte dias antes de seu nascimento, D. João, seu pai, único herdeiro do trono, foi a óbito; assim, o futuro D. Sebastião era a esperança da preservação da autonomia do trono português, ameaçado justamente por seu tio Felipe II da Espanha; o outro concorrente seria seu tio-avô, o cardeal D. Henrique, na época em idade muito avançada. Porém, tendo desaparecido sem deixar descendência, o mesmo D. Henrique o sucedeu ao trono, tornando sem efeito a reivindicação do Prior do Crato, D. Antônio. Esse fato encerra a Dinastia de Avis e tem início a Dinastia Filipina, ou Habsburgo, a cujo estudo dedicamos uma reflexão à parte, neste trabalho.

---

[242] Marques, A. H. Oliveira, *História de Portugal.* Desde os tempos mais antigos até à presidência do Sr. General Eanes. v 2, op. cit., p. 145.

Capítulo 4

ESPANHA: A RECONQUISTA E O SANTO OFÍCIO

"...o Inquisidor, prudente médico de almas,
procederá com precaução de acordo com as pessoas
que interrogará e a qualidade de quem investiga."
(Bernard GUI, no primeiro
Manual dos Inquisidores, século XIV)

A Periferia da cristandade

A história da Europa Cristã é muito complexa e, para entendê-la, é necessário delimitar os acontecimentos históricos, em prejuízo de importantes estudos de estruturas sociais e culturais. Isto implica uma redução de estruturas extravagantes a conceitos simplistas. Determinou-se, então, aplicar o termo "cristandade ocidental" para distingui-la do "oriente cristão", uma parte da cristandade existente também na Europa, sob Bizâncio, livre da obediência direta ao papa de Roma.[243] Até a ruptura da pretensa unidade cristã pela Reforma Protestante, a historiografia sobre a Europa Central aponta um jogo de interesses entre os poderes civil e eclesiástico – o Imperador e o Papa. Trata-se de uma história de conflitos centrada na área geográfica limitada à Alemanha, França e Itália. Naquela época, tudo o que se referisse a território que extrapolasse essa área era apenas fato periférico ao conflito central.

O estudo dessa fase medieval indica que, na questão da história política, ela segue o mesmo parâmetro, tem a mesma visão unitária da cristandade da época, sendo o ponto central a Universidade de Paris, tida como

243 Sobre o cristianismo no Oriente, ver: Febvre, Francis. *Teodora* — a Imperatriz de Bizâncio. Rio de Janeiro, 1991. Ver também Fernandes, Dirce Lorimier. *Rainhas*: entre a realidade e a imagem do poder, São Paulo: Clube dos Autores, 2012.

o cerne do pensamento cristão; e, a partir do século XII, Paris é referência definitiva da cultura da cristandade ocidental. Porém, a Europa medieval é muito mais complexa e diversificada, uma vez que, no marco de uma visão franco-germânica da cultura medieval, a área geográfica ocupada pelo Mediterrâneo Ocidental desempenha um papel secundário, pelas suas peculiaridades. A justificativa para tal afirmação é que o foco da visão centro-europeia é a cristandade como um todo harmônico, a periferia mediterrânea constituir um ponto de encontro de diferentes culturas e religiões, que só afetaria de modo acidental e exterior o conceito unitário formado a partir da Europa Cristã. Sob essa ótica, a cristandade enfrentou inimigos comuns da fé europeia, criando, portanto, mais empecilho para a constituição da pretensa unidade cristã ocidental.

Portanto, os acontecimentos que envolveram a Península Ibérica podem ser considerados uma simples moldura, algo acidental à Europa que se formou num espaço central, interior e íntimo.

A pesquisa sobre a Idade Média e o pensamento medieval exige uma conduta imparcial, fugindo da perspectiva de Idade Média a abrigar uma cristandade unida e compacta, exemplo de harmonia e de estabilidade ideológica, pois os fatos extrapolaram os objetivos da ideologia que inicialmente implantou o cristianismo católico; no horizonte da periferia, a vida transcorria de forma diferente: ali o pesquisador encontra as manifestações culturais dos séculos medievais e não somente aquelas controladas e dinamizadas pela exigência de unidade e ordenação hierárquica.

Tudo o que ocorreu na Península Ibérica, durante a Idade Média, foge do caráter decisivo que deu ensejo ao desenvolvimento da história europeia em seu conjunto. A história da Espanha é um complemento à história do contexto do quadro geral europeu. Não houve uma linearidade no comportamento político-religioso, especialmente no rigor da implantação da fé católica como única religião durante a Idade Média. Essa medida só foi tomada sob os Reis Católicos Fernando e Isabel, no ocaso da Idade Média. A partir daí, a Península Ibérica deixou de ser uma região de fronteira da cristandade ocidental. Ao chegar atrasada em relação ao que ocorria nos países da Europa Central, a Espanha foi considerada um exemplo de fanatismo e de intolerância religiosa; a Inquisição espanhola demonstraria o caráter marginal do cristianismo ibérico e sua influência negativa em face de uma pretensa evolução mais tolerante e aberta da cristandade europeia nos séculos que sucederam a Reforma.

Uma criteriosa observação dos acontecimentos justifica os atos dos governantes de Castela e Aragão, os Reis Católicos: a Espanha era a única região da cristandade ocidental a viver em contato direto com outras religiões. É verdade que, às vezes, havia nesse contato a ocorrência de alguns distúrbios, acirrados no transcurso do século VIII ao século XV, quando sobrevieram manifestações de convivência e de intercâmbio desiguais. Desde a dispersão dos moçárabes provocada pela perseguição de grupos dominadores intolerantes, até a expulsão dos mouriscos no século XVII, como demonstraremos posteriormente, o cristianismo espanhol viu-se obrigado a recorrer a modelos de convivência entre os membros de várias religiões, uma vez que os seguidores delas faziam parte da estrutura econômica, social e até educacional em várias partes do país. Os modelos consistiam em reações a situações históricas e sociais bem diversificadas.

Tal diversificação pode ser apontada, por exemplo, no simples fato de os cristãos de Espanha viverem em contado direto com o Islã, numa ordem social na qual os judeus desempenhavam um papel importante nos centros urbanos, tanto sob o domínio muçulmano como cristão, resultando consideráveis consequências para a identidade de cada indivíduo cristão naquela sociedade de múltiplas crenças. Enquanto os cristãos dos países europeus do centro ignoravam a existência dos não cristãos, para o homem de Córdoba, por exemplo, "o *infiel*" era um ser humano inerente à inter-relação de circunstâncias diárias. Trata-se de uma realidade muito simples, mas que ao mesmo tempo exige considerações específicas para a análise do contexto europeu como um todo. Logo, o estudo da história da Península Ibérica, com seus reinos e suas peculiaridades, deve ser feito com muito critério, uma vez que cada um deles exige do pesquisador muita atenção, a fim de que sejam evitadas as generalizações.

Por isso, ao refletir sobre a *Reconquista*, palavra usada para definir a expansão dos reinos cristãos peninsulares em direção ao sul, deve-se evitar a conotação de uma carga ideológica negativa e abrupta, tendo em vista as motivações da permanência dos mouriscos na península, principal objeto deste estudo. Os reinos cristãos da península, em princípio e por coerência religiosa, eram inimigos do Islã. Por motivações de sobrevivência, foi permitida uma generosa política de assentamentos e repovoamento impulsionada por concretas causas econômicas, na época, superiores a qualquer motivação religiosa.[244]

Assim, judeus e muçulmanos podiam viver em paz, professar a própria fé sem serem perseguidos, mesmo sob as complicadas estruturas jurídicas e sociais (passíveis de dificultar a convivência), que não se baseavam nas

---

[244] Ver: Conrad, Philippe. *História da Reconquista*. Lisboa: Publicações Europa-América, 2003.

premissas da ideia de *tolerância* engendrada pelas referidas estruturas. Ora, a tolerância religiosa que hoje conhecemos está fundamentada em conceitos aquém da visão medieval do mundo. Por isso, a *tolerância* praticada na Espanha Medieval era política, não dizia respeito à religião dos *infiéis*, à sua liberdade, aos seus direitos, à sua dignidade humana. Ela foi movida pela necessidade de integrar ao sistema político uma realidade social.

Tratou-se de um procedimento que preservou as diferenças, de propósito ou por acaso. Ela não determinou a assimilação, embora em muitos casos vamos notá-la, por acaso ou por imposição. O desenrolar dessa história sempre permitiu oscilações, uma vez que a indulgente estrutura social medieval na Espanha resultou de um modo de viver e não de uma teologia. A situação era aceita pela Igreja oficial em conivência com o poder civil, que consentia discretamente a situação. Disso resultou uma interessante sociedade multicultural, divergindo da uniformidade cultural cristã imposta no Ocidente, montada por um ideário clerical, em que padres e frades defendiam seus pontos de vista.

O grau de cultura e formação científica de judeus, cristãos e muçulmanos, ao longo da Idade Média espanhola, não compactuou com o ideário clerical. Durante o domínio árabe, foram os muçulmanos e seus dirigentes que determinaram a estrutura cultural na Península Ibérica. Ao reconquistar as áreas dominadas, os cristãos tiveram que enfrentar o impasse gerado pela cultura muçulmana, que a impregnara em todos os sentidos; além disso, quase todos se dedicavam à agricultura e ao artesanato; os muçulmanos sabiam ler, sendo essa uma exigência de sua religião. O bom muçulmano deveria aprender e recitar os textos do Corão.

No encerramento da grande expansão dos reinos cristãos, no final do século XIII, a cristandade espanhola dedicou-se à recuperação da tradição cultural muçulmana, a fim de afirmar a sua hegemonia política no campo das letras. Deu-se, então, sob Alfonso X, *o Sábio*, o empenho de traduzir e assimilar o acervo cultural árabe. Foi uma ação que proporcionou reconhecido impulso às estruturas jurídicas dos reinos espanhóis, à literatura e às artes plásticas. E o golpe decisivo na estrutura multicultural da Espanha chegou pelas mãos dos frades mendicantes.

Os dominicanos e os franciscanos dependiam diretamente de Roma, estando isentos da jurisdição territorial dos bispos. A ação pastoral desses religiosos emanava de postulados monárquicos e do papa romano. A formação intelectual dos frades era ditada pela Universidade de Paris, onde rapidamente ganharam força, determinando sem embargo o desenvolvimento da cultura cristã ocidental. Esse fato, aliado ao modo de governar de Felipe III, circunscreveu o destino dos mouriscos na Espanha, tema ao qual mais adiante voltaremos a fazer referência.

Na sequência das cruzadas, aqui analisadas epidermicamente, é necessário abrir um espaço para a instituição do Santo Ofício da Inquisição, pela igreja católica, e depois pelas crenças que ficaram conhecidas como protestantismo, muitas vezes apoiadas pela nobreza.[245] Tratava-se, portanto, de uma questão político-religiosa, que legou à humanidade um alerta quanto à natureza maligna daquele que detém o poder.

Durante o século XII, ocorrera em grande parte da Europa o ressurgimento da lei romana, considerada a base do sistema legal predominante. Herança do já citado antigo império cristianizado por Constantino, no início do século IV, essa lei continha cerca de sessenta preceitos contra a heresia, compreendendo sanções judiciais para a ação punitiva, na qual se baseou a Inquisição.

Na França, a instituição combateu ativamente os cátaros e pôde consolidar sua autoridade.[246] No fim do século XII, a Inquisição na Itália já podia ser comparada à Inquisição na França. Quanto à Espanha, ela se tornaria ainda mais poderosa e cruel após o século XV. O Santo Ofício chegou ali tardiamente, em vista do poder islâmico dominante até então. Durante o século XIII, grande parte da Península Ibérica ainda se encontrava sob os islâmicos. Havendo já um conflito entre cristãos e muçulmanos, a Inquisição não se sentia à vontade para exercer o seu mister.

---

[245] Gaffre. L. A. e Desjardins. A. *inquisition et inquisitions*. Paris: Librairie Plon, 1905. Segundo esses autores, no tema Inquisição os adversários da Igreja primam pela distinção entre a Inquisição nas mãos das autoridades eclesiásticas e aquela dirigida pelo poder civil: *entre l'inquisition romaine et l'inquisition espagnole* (p. 155). A Inquisição é, então, um bom argumento para as suas paixões anticatólicas. O livro e, na verdade, uma publicação de conferências proferidas em Paris, no início do século XX (1904) enfocando as inquisições praticadas pelos católicos (Roma e Espanha), pelos luteranos e calvinistas (*en allemagane et à Genève, Luther et Calvin*), pelos huguenotes, na França (*les trahisons de Coligny*) (p. 235) e a Inquisição Jacobina sec. XVIII (*procèdes juridiques des grands ancétres*). Ficam os temas apenas como referência, uma vez que eles fogem do enfoque desta pesquisa, exceto quando trata da questão inquisitorial católica romana.

[246] Segundo Baigent, Michael e Leigh Richard. (Trad. Marcos Santarrita), *A Inquisição*. Rio de Janeiro: Imago, 2001, p. 58, "Não existem registros abrangentes dos primeiros vinte anos da Cruzada Albigense; mas como resultado da campanha de 1229, mais de cinco mil vítimas foram queimadas, e inúmeras outras submetidas a prisão, exílio ou outros castigos". Ver também Mosse, Kate. *Labyrinthe* (edictions Jean-Claude Lattès), 2006.

Nessa época, a Santa Sé já havia confiado às ordens mendicantes o encargo de punir. Dominicanos e franciscanos estavam preparados para tal ofício. A perseguição à heresia era assunto da Igreja e a Inquisição avançava e vinha sofrendo modificações (1243-1254), até que sancionou oficialmente o emprego da tortura como prática, à procura da *verdade*. Em 1518, *La Suprema*, o conselho governante da Inquisição espanhola, decidiu que a tortura não deveria ser automática nem rotineira. Entretanto, a decisão não foi plenamente observada, uma vez que cada tribunal local podia aprovar a tortura de forma automática e rotineira.[247]

Durante o século XIII, grande parte da Península Ibérica achava-se ainda controlada por potentados muçulmanos. A parte cristã da península era dividida entre inúmeros reinos autônomos, às vezes incompatíveis, conforme já demonstramos nesta pesquisa. Dentre os principados da Península Ibérica, a Inquisição se instalou inicialmente em Aragão, atuando de maneira aleatória, e muito ineficiente, em se comparando com o que aconteceu depois. No início do século XV, a instituição era praticamente inofensiva. Até 1376, a Inquisição, um século e meio depois de seu surgimento na França, ainda não atingira os reinos de Castela, Leão e Portugal.

O que foi a Inquisição? Disse o papa Sixto IV[248] que a Inquisição não estava sendo movida "por zelo pela fé e a salvação das almas, mas pelo desejo de riqueza". Esta afirmação não se encaixa totalmente no conteúdo dos documentos, especialmente nos processos instaurados enquanto sobreviveu a Inquisição. Esses, muitas vezes, deixam no leitor um vazio, um descontentamento e sua única saída é perguntar: por quê? Por isso, antes de tudo, é necessário que o pesquisador se dedique a um estudo isento, imbuído do espírito científico para entender que os oficiais do Tribunal da Inquisição tinham obrigação de *vigiar e punir fiéis* ou *infiéis* visando a trazê-los para o convívio e prática da "*santa fé católica*", sem se importar com os infortúnios pessoais que isso causava ao "*transgressor*", conforme revelam os procedimentos dos reis católicos da Espanha. O assunto é amplo e polêmico e, muitas vezes, incompreensível para o entender de hoje, século XXI, cujas punições, tanto quanto discutíveis, pertencem a outra esfera.

Os arquivos preservam um considerável número de processos, docu-

---

[247] Baigent & Leigh, op. cit., p. 89. A respeito da tortura, ver também Verri, Pietro. *Observações sobre a tortura* (trad. Federico Carotti). São Paulo: Martins Fontes, 2000.

[248] O papa Xisto IV (Francesco Della Rovere) Itália: 1471-1484. Condenou os abusos da Inquisição espanhola (1482) e garantiu inúmeros privilégios às ordens mendicantes, sobretudo a dos franciscanos, à qual pertencia.

mentos e obras derivadas deles, na grande maioria, referindo perseguição ou intolerância à fé judaica. As obras, frutos de pesquisas, poucas vezes tratam da questão islâmica e, quando o fazem, é apenas para ilustrar. Durante o Congresso Inquisição Portuguesa –Tempo Razão e Circunstância realizada em Lisboa, apenas Bernard Vincent se ocupou do envolvimento de muçulmanos com o Santo Ofício.[249]

Dentre outras questões, Bernard Vincent fornece importantes cifras: 10.000 pessoas acusadas de *maometanismo* se tornaram objeto de processos em um dos tribunais inquisitoriais do império espanhol em duzentos anos: 9.000 a 10.000 *grosso modo* no século XVI, 1.500 a 2.000 no século XVII, ou seja, 5 a 6% do total das vítimas da instituição.[250] O muçulmano julgado pela Inquisição foi ordinariamente reconciliado. Assim, mais da metade dos mouriscos valencianos entre 1565 e 1610 e 70% dos *maometanos* granadinos conheceram a humilhação do auto da fé, submetidos a duras penas, banimentos, prisão, galeras; a maior parte dos granadinos sofreram o confisco de seus bens.[251]

O Renascimento

O Renascimento Humanista propiciou a redefinição da Igreja, no início da Idade Moderna. Revitalizando a vida cultural e intelectual europeia, o movimento deu ensejo à reflexão sobre o cristianismo e seus atos, levando diversos setores da sociedade europeia a um posicionamento crítico. O humanismo trazia à tona a fragilidade dos argumentos defendidos pelo cristianismo católico e levantava questões a respeito das bases em que se havia assentado o pensamento e as práticas religiosas medievais. Era necessário centralizar o poder e hierarquizar a instituição. Essa conjuntura impunha a

---

[249] Os temas foram publicados na obra dirigida por Barreto, Luís Felipe et alii. *Inquisição Portuguesa — Tempo, Razão e Circunstância.* Lisboa — São Paulo: Prefácio, 2007.

[250] "10.000 persones environ soupçonnées de mahométisme ont fait l'objet d'un procès dans l'un des tribunaux inquisitoriaux de l'impire espagnol en deux cents ans: 9 000 à 10 000 grosso modo au XVIe siècle, 1500 à 2000 au XVIIe siècle, soit 5 à 6% de l'ensamble des victimes de l'institution". Vincent, Bernard. L'Inquisition et l'Islã. In: Barreto, Luís Felipe et alii. *Inquisição Portuguesa* — Tempo, Razão e Circunstância. Lisboa — São Paulo: Prefácio, 2007, p. 609.

[251] Idem, p. 609-10.

criação de uma estrutura dependente de uma política unificadora, devendo contar com autoridades leigas a fim de consolidar a hegemonia da autoridade espiritual.

Dentro de tal política, o papa Xisto IV (1471-1484), pela bula de primeiro de novembro de 1478, autorizou os reis espanhóis a nomear inquisidores para proceder a averiguações acerca das práticas religiosas contrárias à fé católica. Estava iniciado o processo de perseguição ao judeu, ao cristão-novo e aos adeptos de Maomé. A Bula contendo a autorização para a instalação da Inquisição em Castela era o ponto inicial da perseguição a esse povo que até então ali vivia, ora usufruindo momentos de bonança, ora de intranquilidade, provocando correntes migratórias para Portugal, que inicialmente as aceitou sem grandes restrições. Aplicando uma hábil política, Portugal fixou os perseguidos em suas terras, tendo em vista a necessidade de captar recursos para os seus empreendimentos e para as guerras na África. Contudo, no século XVI, mais precisamente em 1536, uma vez instalada a Inquisição, Portugal também se empenhou numa perseguição aos judeus e aos mouros.

A História registra as consequências dessa política secular e religiosa: restrição de liberdade, confisco de bens e toda sorte de arbitrariedades.

A origem do expurgo

Em 1474, Isabel de Castela subiu ao trono e cinco anos depois seu marido Fernando tornou-se o rei de Aragão. Inicia-se então um projeto audacioso entre ambos, visando à unificação do reinado. Juntos decidiram extirpar os últimos enclaves mouros ou islâmicos de seus domínios, culminando com a tomada de Granada, em 1492. A partir desta vitória, iniciaram um trabalho de expurgo, varrendo de seus domínios o judaísmo e o islamismo, e tudo o que julgaram pertencer à esfera da heresia. Criaram a própria Inquisição que funcionava como um instrumento de ortodoxia eclesiástica e de política real. O título de inquisidor era dado pelo rei e pela rainha e não pelo papa. Contudo, é preciso lembrar que, em abril de 1482, em face de manifestações indignadas de bispos espanhóis, o papa deplorava o fato respondendo que "muitos fiéis e autênticos fiéis cristãos, com base em testemunhos de inimigos, rivais, escravos [...] foram sem qualquer prova legítima metidos em prisões seculares, torturados e condenados [...] privados de seus haveres e propriedades e entregues ao braço secular para serem executados [...] causando desgosto a muitos." E conclui: "A Inquisição há algum tempo é movida não por zelo e pela fé e a salvação das almas, mas pelo desejo de riqueza."[252]

Assim pensando, o papa decidiu revogar os poderes conferidos à Inquisição; dentre outras restrições, os inquisidores seriam controlados pelos bispos. Sentindo-se ameaçado em sua autonomia inquisitorial, o rei Fernando enviou ao papa uma carta em que, dentre outras coisas, afirmava que o assunto deveria ser deixado a seu próprio critério. E o papa desistiu de ir adiante, editando uma nova bula em 17 de outubro de 1483, na qual o conselho que ficou conhecido como "Consejo de La Suprema Inquisición" era a principal autoridade da Inquisição. Foi então criado o cargo de Inquisidor Geral, cujo primeiro a ocupá-lo foi o dominicano Torquemada, sob o poder do qual todos os tribunais da Inquisição, em toda Espanha cristã, ficavam concentrados.

Esse poder durou quinze anos, até sua morte, que ocorreu em 1489. O poder e influência de Torquemada competiam com os dos reis Fernando e Isabel.[253]

Segundo os autores Michael Baigent e Richard Leigh, Torquemada era vegetariano e ambicioso, tendo guardado para si "consideráveis somas de riqueza confiscadas, morava em palácios extravagantes e viajava com um séquito calculado para ao mesmo tempo impressionar e intimidar - cinquenta guardas montados e 250 homens armados."[254] Os mesmos autores afirmam que, em 25 de fevereiro de 1484, "trinta vítimas foram queimadas vivas ao mesmo tempo em Ciudad Réal. Entre 1485 e 1501, três foram queimadas 250 condenadas à morte *in Absentia*". O número de atrocidades é imenso e o tema deste trabalho não é esse. Contudo, deve ter

---

[252] Kamen, Henry. *The Spanish Inquisition:* A Historical Revision. London: Weidenfeld & Nicolson, 1997, p. 49-50.

[253] O zelo e o fanatismo desse Inquisidor o inspiraram na composição de *Las Instrucciones* em cujos artigos estavam as orientações quanto aos procedimentos dos inquisidores e de todos os membros componentes da Instituição inquisitorial. A primeira foi composta em 1474 sendo continuamente ampliada. Foi base para os Regimentos do Santo Ofício de Portugal editados em 1552, 1613, 1640 e 1774 (Regimento Pombalino). Estes Regimentos encontram-se reunidos na obra de Franco, José Eduardo e Assunção, Paulo de. *As metamorfoses de um polvo*. Lisboa: 2004.

[254] Baigent, Michael e Leigh Richard. (Trad. Marcos Santarrita), *A Inquisição*. Rio de Janeiro: Imago, 2001, p. 83-4.

servido de alerta aos árabes muçulmanos residentes na Espanha Católica. Muita coisa estava por acontecer ali contra eles.[255]

Os estudiosos da Inquisição têm voltado a atenção mais para o antissemitismo que refere especialmente os judeus e os cristãos-novos, com poucas alusões ao que realmente acontecia com os mouros, ou muçulmanos, como vimos, poderosos na Espanha dessa época. Pelos documentos até agora pesquisados nos arquivos, as práticas judaicas eram mais ofensivas aos defensores do catolicismo do que as práticas islâmicas. O material disponível impede que nos posicionemos objetivamente sobre o assunto.

O certo é que a repressão aos judeus recrudescia naquela época, pois até o rei Fernando reconheceu que a perseguição aos conversos iria resultar em perigosa repercussão econômica à coroa; mesmo assim, nem ele ou a rainha conseguiram barrar a pressão da Inquisição e da população contra aquele povo. Kamen, Michael Baigent e Richard Leigh referem uma carta que o rei escreveu a seus mais influentes e nobres cortesãos: "O Santo Ofício da Inquisição, vendo que alguns cristãos são postos em perigo pelo contato e comunicação com os judeus, estipulou que os judeus sejam expulsos de todos os nossos reinos e territórios, e convenceu-nos a dar nosso apoio e concordância a isso... fazemo-lo com grande dano para nós, buscando e preferindo a salvação de nossas almas acima do nosso proveito."[256]

A atitude nos reporta a Pilatos ("Estou inocente do sangue desse justo; fique o caso convosco" (Mt 11.11-26; Mc 15.1-15; Lc 23.1-5; Jo 18.33-19) ante a população agitada, gritando: *Crucifica-o! Crucifica-o!* E estava dada a sentença: em 1º de janeiro de 1483, os judeus foram expulsos de Andaluzia, em 12 de maio de 1486 foram expulsos de Aragão. Michael Baigent e Richard Leigh afirmam que a total expulsão foi adiada, porque os aragoneses precisavam de dinheiro e de outras formas de apoio de judeus e conversos "para a campanha em andamento contra os muçulmanos, empurrados para trás em seu cada vez mais reduzido Reino de Granada."

Os mesmos autores inferem sobre indícios de acordo clandestino entre Torquemada, pela Inquisição, e a Coroa espanhola quanto a adiar a expulsão dos judeus de toda a Espanha até que o Reino Muçulmano

---

[255] A represália voltava-se também contra os próprios religiosos católicos, pois a Inquisição "não traficava apenas com a morte". Um ano após a morte de Torquemada, em 1499, "o Inquisidor de Córdoba foi condenado por extorsão e fraude. O sucessor seguiu indiferente os seus passos, prendendo qualquer rico — até membros de famílias pias cristãs — para confiscar e apropriar-se de suas propriedades." Baigent & Leigh, op.cit. p. 85.

[256] Baigent & Leigh, *op. cit. p. 95.*

de Granada fosse definitivamente conquistado. Logo, enquanto os judeus fossem úteis com os seus recursos. O objeto da Inquisição e da Coroa era a conquista definitiva de Granada, que só aconteceu em 29 de novembro de 1491. Em março, um edito real ordenava que todos os judeus da Espanha se convertessem ou fossem expulsos. A Inquisição se encarregou de punir os que se negaram a se converter. Carlos Fuentes, citado por Michael Baigent e Richard Leigh, disse que "a Espanha, em 1492, baniu a sensualidade com os mouros, a inteligência com os judeus, e ficou estéril durante os cinco séculos seguintes,"[257] findos os quais Hitler atualizou a forma de perseguir, e seus efeitos ainda ferem a humanidade atemorizada em face da possibilidade de surgir um novo líder com tal cruel potencialidade.

A Reconquista

Nos séculos X e XI surgiram pequenos reinos cristãos no território espanhol que escapou à dominação muçulmana, como Navarra, Leão, Castela e Aragão. A partir do século XI, os reinos iniciaram a reconquista, conseguindo a supremacia cristã no século XIII. A reconquista cristã durou cinco séculos e terminou em 1492, quando Fernando de Aragão e Isabel de Castela – que haviam unificado seus reinos pelo casamento – capturaram Granada, última cidadela dos mouros. No mesmo ano, teoricamente, os árabes foram expulsos definitivamente da península, assim também os judeus, que fugiram para Portugal e países mediterrâneos ou foram convertidos ao catolicismo à força, criando o fenômeno dos cristãos-novos.

Em 2 de janeiro de 1492, a coalizão dos exércitos de Castela e Aragão tomou a cidade de Granada, tendo sido Boabdil (Abu Abdalá) o seu último rei. Nos anos seguintes, uma série de editos reais decretou a expulsão de todos os não cristãos da península, antes de tudo os judeus e depois os muçulmanos. A língua árabe persistiria ainda por algum tempo entre a população forçadamente convertida ao cristianismo. Contudo, os suspeitos

[257] Baigent, Michael & Leigh, Richard, op. cit., p. 96-7. As conquistas muçulmanas: a) Período da conquista territorial e dos governadores durante o qual os Al-Andalus dependiam do califado omíada de Damasco (711-756); b) Período de Córdoba (756-1031); c) Primeiro período de reinos de taifas (1031-1090); d) Período almorávida (1090-1146); e) Segundo período de taifas (1145-1150); f) Período almóada (1146-1228); g) Terceiro período de reinos de taifas (1228-1262); h) A dinastia Nasrida do Reino de Granada (1238-1492).

de praticar o Islã secretamente foram deportados para a África, no início do século XVII, como demonstraremos mais adiante.

Em 1499, os Reis Católicos implantaram uma política de repressão e provocaram conversões forçadas: foram celebrados três mil batismos em oito dias.[258] Porém, o enorme contingente de mouros, instalado no maciço de Alpujarras, tomou as armas em 1500. No ano seguinte, a insurreição se estendeu para a Serra de Ronda. Considerando que essas rebeliões violavam os acordos de capitulação do reino de Granada, os Reis Católicos exigiram, em 12 de fevereiro de 1502, que os muçulmanos, como os judeus em 1492, escolhessem entre a conversão e o exílio. Consta que a maioria optou pela primeira alternativa, convertendo-se ao catolicismo, mas, na prática, eram ainda muçulmanos.

A campanha de evangelização não trazia em seu bojo a argumentação necessária para fazer que aqueles *infiéis* dessem as costas aos apelos Maomé a clamar naquele deserto de repreensão; os muçulmanos não temiam a exteriorização de sua resistência: vestiam-se da forma tradicional, frequentavam os banhos, abstinham-se da carne de porco e do vinho. Mais uma vez, vencia o Islã. Comparando árabes e judeus naquele contexto, João Bernardino Gonzaga ressalta que "A situação dos mouros na Espanha apresentava características distintas da dos judeus. Esses, cabe dizer, mantinham postura mais agressiva, no sentido de que queriam participar amplamente do mundo cristão, nele interferir, dele tirar proveito sem, contudo, se deixarem assimilar. Os mouros, ao invés disso, formavam comunidades muito mais numerosas, que, vencida afinal na guerra, pretendia apenas levar vida própria, apartada da população cristã. Enquanto os primeiros possuíam vocação citadina, esses, os mouros, se localizavam de preferência na área rural ou se aglomeravam na periferia das cidades, extramuros."[259]

[258] Gaffre afirma que foram 4 mil: lorsqu'après l'apostolat fructueux du nouvel archevêque, — le grand chancelier de Castille Ximénès voulut se rendre compte par lui-meme du progrès de la foi catholique chez les Mores, il en fut merveilleusemente édifié. Il se resolut à redevenir lui-meme missionaire et convoqua les *alfaquis* ou prêtres et douteurs muçulmans à des conférences de controverse. Il s'efforça de se les attacher par des présents, tactique habile dont l'evénement confirma la justesse, car plusieurs imans se convertirent et au but de deux moins, le 18 décembre 1499, Ximénès eut la consolation de baptiser par aspersion quatre mille Mores et Moresques. (Grifos nossos) Les conversions allèrent se multipliant. Vainqueurs el vaincus fraternisaient dans une commune allégresse. Gaffre op. cit., p 49.

[259] Gonzaga, João Bernardino. *A Inquisição em seu mundo*. São Paulo: Saraiva, 1993, p. 197.

A princípio, os árabes deduziram que realmente seria possível manter seus costumes, sua cultura integralmente, ignorando que a Espanha, naquele momento, estava totalmente devotada à manutenção e propagação da posse da *verdade divina*, rompendo com ardor missionário os mares que a separavam de povos distantes, visando à garantia da unidade cristã e de seu poder político. Mesmo assim, após a queda de Granada, os mouros daquele reino ainda contaram com alguma benevolência dos vencedores, permitindo-lhes manter suas propriedades; ainda puderam conservar modo de vida, inclusive *idioma, sistema jurídico e religião*. O primeiro arcebispo designado para atuar na região foi Fernando de Talavera, que "procurou atrair os mouros pela brandura, dedicou-se a aprender o árabe, estimulou as conversões através da persuasão e da caridade."[260] Mas, devido à lentidão do processo e influenciados pelo cardeal Cisneros, os Reis Católicos apelaram para uma política mais rígida, exigindo que os mouros, ou *mudejares*, fossem convertidos em massa, provocando grandes manifestações coletivas.

No início de 1500, uma revolta só foi dominada três meses após muita luta. Uma vez apaziguados os ânimos, Cisneros concluiu que era necessário interromper qualquer concessão aos mouros que, sem complacência, deveriam aceitar o batismo ou o exílio. Esse rigor foi sendo adotado em outras regiões, mas vagarosamente: Castela, em 1502; Aragão, em 1525 e os demais reinos um ano depois. As autoridades espanholas foram forçadas a admitir que os costumes islâmicos não seriam totalmente varridos da mente de seus seguidores com as ameaças da cruz, †[261] uma vez que 'o crescente' ☪[262] era imperturbável. Tomados por uma sensação triunfalista causada pela Reconquista, subestimaram a força do Corão; a partir de 1526, realmente, ao que tudo indicava, a religião dos muçulmanos estava *apagada*; contudo, as brasas que se mantiveram acesas nem mesmo o empenho de Cisneros conseguiu abafar.

---

[260] Idem.

[261] Símbolo cristão.

[262] Símbolo islâmico.

A queda de Granada

Jimenez de Cisneros, em 1507, foi nomeado cardeal e grande inquisidor de todo o reino de Espanha. Em 1508 realizou o velho sonho da fundação da Universidade de Alcalá de Henares. A chamada *Bíblia Sacra Polyglota*, em grego, hebreu e caldeu, com tradução em latim, foi elaborada por ordem sua. E a adoração à Bíblia o fez odiar com tanto fanatismo o Corão.

Com o advento do cardeal Jimenez de Cisneros, estava encerrada a paz provisória entre as três religiões dominantes na época. Judeus e muçulmanos deveriam abandonar seus bens e partir para o exílio, voluntário ou não. Era preciso, porém, apagar a memória e as crenças dos *impostores*. E para isso os Reis Católicos contavam com o espírito destruidor e tirano desse religioso fanático.

Nessa fase obscura da História, consta que os habitantes da exuberante Granada, num dia de janeiro ou fevereiro, foram alertados pelos gritos de anciões, mulheres e crianças [...] e o alvoroço se estendeu para uma colérica multidão concentrada nas ruas, ante a notícia de que um austero sacerdote chamado Francisco Jiménez Cisneros dera ordem para que todos se integrassem a uma nova cultura e repudiassem a anterior. Havia uma enorme confusão, uma vez que esse mesmo homem já lhes havia causado muitos transtornos, movido pelo desejo de converter *infiéis*. Para o sucesso de tal objetivo, Cisneros optou por extinguir o patrimônio, nada mais fazendo do que repetir o que fizeram e ainda fazem os destruidores de ancestrais inscrições, apagando a história de importantes civilizações.

E como autêntico biblioclasta, Cisneros adotou seu próprio livro e empenhou-se numa *guerra santa* contra os Livros Sagrados do Islã.

E teve início um fato inesperado. De casa em casa, tal como os emissários de Herodes à procura de crianças do sexo masculino para degolar, há quinze séculos daquela data (Mt 2.2-18), sacerdotes e soldados confiscavam livros e, entre golpes e sussurros, advertiam que havia chegado a hora de queimar o livro sagrado, o Corão, o pilar do *deus dos hereges*. E a reação dos crentes muçulmanos não se fez esperar, apesar dos distúrbios controlados pelas tropas espanholas que tomaram a cidade em 1492. Na época, algumas pessoas enterraram seus exemplares, mas a devassa minuciosa propiciou às autoridades o encontro de mais de cinco mil livros.[263] Os reis vencedores, os grandes heróis da reconquista do reino da Espanha, Fernando e Isabel, os Católicos, autorizaram essa queima por estarem conscientes de viverem anos decisivos.

Cisneros, o astuto confessor da rainha, os havia advertido que a tolerância com os *hereges* poderia ser perigosa em uma cidade onde os textos muçulmanos eram lidos secretamente. Não bastava proclamar a unidade de toda cidade, não bastava vencer os mouros, não bastava impor uma nova fé. Era necessário agir para apagar uma fé distinta, uma concepção do mundo resumida na visão de um homem chamado Maomé e em um livro com o poder de convocar os inimigos em qualquer nova ocasião.

Nascido em 1436, em Terralaguna, Cisneros provinha de uma família pobre, mas compensou sua origem social com os estudos realizados em Salamanca e em Roma. Sua carreira eclesiástica teve início de maneira inusitada: no cárcere. O arcebispo de Toledo, conhecedor das intrigas de Cisneros em Roma, recusou os termos da carta em que o papa Paulo II o recomendava para o cargo de arcebispo de Uceda e, ante a indelicada insistência de Cisneros, mandou prendê-lo. Cisneros passou vários anos preso ali, esquecido, mas apegado à leitura da Bíblia. Amedrontado, tornou-se franciscano, mudando o nome de batismo, Gonzalo, e se autodenominou Francisco Jiménez.

Decepcionado com o mundo, nada o interessava. E assim passou quase dez anos em vários conventos, até que a indicação de um amigo seu o converteu em arcebispo de Toledo, em 1495, e em confessor da rainha. Segundo Báez, quem conhece a vida de Isabel pode entender imediatamente por que Jiménez de Cisneros adquiriu um poder absoluto sobre ela.[264] Sua estratégia consistia em atemorizar a todos os seguidores da fé muçulmana, estivessem eles em Granada, em África ou no resto do mundo.[265]

Há várias narrativas de testemunhas sobre destruições de livros em Granada. Um dos melhores discípulos de Cisneros, Alvar Gómez de Castro, que escreveu em latim a biografia oficial de seu mestre, confirma a queima e ânsia religiosa do franciscano. Diz ele que, estando satisfeito com

[263] Báez, op. cit., p. 127, afirma que a expulsão de mouros e judeus obrigou os sefarditas, por exemplo, a abandonar centenas de manuscritos. Em março de 2003, manuscritos em hebreu, entre eles atas notariais, contratos de compra e venda, certidões de casamento e versões do Tora apareceram ocultos nas capas de uns livros em Gerona. Os textos foram salvos graças à prática de encapar livros com material que permitia recheá-las com os manuscritos proibidos. Idem, p. 322.

[264] Idem, p. 127. O autor não dá outras explicações e, para não fugir de nosso foco, não nos aprofundamos no assunto.

[265] Idem.

o êxito, e calculando que deveria aproveitar-se da ocasião favorável para extirpar radicalmente de suas almas todo *erro maometano*, Jiménez não se detinha ante o parecer dos que julgavam mais prudente ir retirando pouco a pouco um costume inveterado; pensava que esse método era aplicável em assuntos de pouca importância e nos que não implicassem a salvação de almas.

Assim, com facilidade, sem um decreto e sem coação, logrou que os alfaquis,[266] dispostos naquela época a fazer todo tipo de favores, recolhessem das ruas os exemplares do Corão, ou seja, o livro mais importante de sua superstição e todos os livros da *impiedade maometana*, de qualquer autor e qualidade que fossem. Reuniram-se cerca de cinco mil volumes, adornados; eram também de prata e ouro, sem contar o admirável trabalho artístico. Os volumes atraíam olhos e ânimo dos espectadores. Muitos deles pediram a Jiménez que os presenteasse com alguns volumes, mas a ninguém concedeu nada.

Em uma fogueira pública, foram queimados todos os volumes juntos, exceto alguns livros de medicina: depositou na Universidade de Alcalá e Henares, com muito cuidado, os manuscritos árabes sobre medicina e ciência, "ao que aquela raça sempre foi com grande proveito muito aficionada."[267] Tais livros (40 ou 50 volumes), excluídos da fogueira pelo mérito da arte tão saudável, se conservam atualmente na biblioteca de Alcalá.[268] Muitos *anafis* (trombeta lisa de origem árabe) e trompetes podem ser encontrados hoje na Igreja de Santo Ildefonso, guardados em memória de Cisneros, onde está sepultado.[269]

Essa destruição constitui o primeiro *auto da fé* da religião católica praticada na Europa. Há quem afirme que o episódio envolveu também

---

[266] Sacerdote ou legista, entre os muçulmanos.

[267] "Os princípios da arte médica tinham sido expostos durante o período abácida em duas grandes obras de síntese: O '*Hawi*' (livro abrangente), de Abu Bakr Muhammad al Razi (863-925), e o Qanun (Princípio de Medicina), de Ibn Sina [...] traduzido para o latim e outras línguas, iria ser o principal manual de medicina europeu até, pelo menos, o século XVI.[...] Ibn al-Khatib (1313-74) foi talvez o primeiro a compreender o modo como a peste se espalha por contágio" Hourani, Albert. *Una história dos povos árabes*, 2001, p. 210.

[268] *De las hazanãs de Francisco Jiménez de Cisneros y su siglo, 1929-30, p. 137, apud* Báez, Fernando. *História Universal da le destrucción de libros*— de las tablitas sumerias a la guerra de Irak, Barcelona: Ediciones Destino, 2004, p. 128.

[269] Ver: *Memorial de la vida de Frai Francisco Jiménez de Cisneros*. Madrid: Antonio de la Torre y del Cerro, Centro de Estudios Históricos, 1913, p. 35, apud Fernando Báez, op. cit., p. 128.

tratados religiosos e poéticos dos *sufis*.[270] A base dessa discussão é o fato de Granada haver na época atraído dezenas de místicos *sufis*, e seus poemas foram arrasados: as obras dos *sufis* constituíam um capítulo à parte na literatura dos árabes. Pelo menos a metade da literatura *sufi* foi devastada pelos cristãos.

Mesmo assim, os reis entenderam que sua ordem não fora cumprida integralmente. Um ambíguo documento do ano de 1511, diz Báez, prova que o próprio rei Fernando ficou insatisfeito por haverem se salvado "*los libros de medicina e filosofia e crónicas*". E essa decepção propiciou a destruição de obras da cultura árabe em toda a Espanha. A chamada *Mora de Úbeda*, por exemplo, comentou que um precioso manuscrito muçulmano foi destruído para ser convertido em "*papeles de niño*".[271]

Por tal ação, Cisneros alcançou um prestígio sem precedentes e, por sua época e muitos séculos depois, legitimou sua condição de biblioclasta. Mas o franciscano se distinguiu em outras tarefas, que também lhe granjearam o temor e a desatenta admiração das pessoas que o cercavam.

Impôs o ainda polêmico celibato clerical, aconselhou os reis a expulsar todos os judeus e torturou a milhares de pessoas para convertê-las à fé católica. Castrava, açoitava, desmembrava e queimava os rebeldes. A imposição do celibato vem sendo mantida através dos séculos e o recém-falecido papa Francisco, o jesuíta argentino, apesar de suas convicções progressistas, não o revogou.

Mortos os Reis Católicos, Isabel em 1504 e Fernando em 1517, Cisneros saiu ao encontro do novo soberano, o rei Carlos I (Carlos V). Contava 81 anos e morreu quando visitava a população de Rouen, em Burgos, onde viviam seus familiares. Presume-se que tenha sido envenenado, mas há quem diga que sua morte foi causada pela fragilidade de sua saúde.

Não importa a forma como morreu aquele implacável defensor da fé católica como única manifestação religiosa na Península. Sua morte não causou propriamente alívio ou tranquilidade aos mouros. O destino dos fiéis à fé islâmica ainda não estava decidido; um século depois, seus descendentes seriam definitivamente expulsos da terra de Cervantes. Antes disso, porém, apresentamos um preâmbulo desse acontecimento, fruto do estudo do reinado de Carlos V e Felipe II, seu filho, que transformou o reinado dos Felipes num grande império, ao realizar a União Ibérica.

---

[270] Misticismo arábico-persa, que sustenta ser o espírito humano uma emanação do divino, no qual se esforça para reintegrar-se.

[271] Báez, op. cit., p. 129.

Em 1555, Felipe II recebeu de seu pai a herança borguinhona, ou seja, todos os domínios e senhorios dos Países Baixos e Flandres. Em 1556, Felipe II herdou a hegemonia do grande império espanhol na Europa, norte da África, e América Espanhola. Desde essa data, passou a reinar nos territórios europeus de Castela, Aragão, Navarra, Nápoles, Sicília, Sardenha, o Milanesa (região em torno de Milão) o Franco Condado, os Países Baixos e a Inglaterra; nos enclaves norte-africanos de Melila, Orán, Bugía (Argélia), Bizerta (Tunísia) e Túnis e nos vice-reinados americanos de Nova Espanha e Peru. Dessa herança, Felipe II perdeu o Sacro Império Romano Germânico, mas incorporou o trono da Inglaterra, pelo matrimônio com a rainha Maria Tudor, entre 1554 e 1558. A morte dessa rainha destituiu Felipe II dos direitos sobre a coroa inglesa em virtude do pacto matrimonial firmado pelo casal real antes do enlace. Em 1557 empreendeu guerra com Enrique II da França, tendo como aliado o papa Paulo IV. Obteve vitórias em Nápoles e na fronteira franco-flamenga: San Quintín e Cravelinas.

Um ano depois, Carlos V faleceu no Mosteiro de Yuste (Cáceres) e na Inglaterra morreu Maria Tudor, dando início ao reinado de Elizabeth I. Em 1559, firmou com a França o Tratado Cateau-Cambresis que estabeleceu a hegemonia espanhola na Europa, particularmente na Itália.

Ao ser coroado rei de Castela e Aragão, com as Índias e o reino da Sicília, Felipe II consolidou um período absolutista real e o sistema de Conselho Consultivo como forma de governo. Os Conselhos foram instalados em Castela, Aragão, Itália, Flandres, Conselho de Estado, das Índias, das Cruzadas, das Ordens Militares e da Inquisição. Mudou a capital do reino para Madri em caráter definitivo no ano de 1561.[272] Felipe II enfrentou muitos conflitos também em razão da extensão de seu reino.

O Escurial, monumento que faz lembrar que o custo das grandes obras do rei foi colossal. O Escurial (1562-1597) se elevou a quase seis milhões de ducados. Felipe imitou seu pai, que afetou os cofres do reino com a Alhambra de Granada, empregando a décima parte da contribuição paga anualmente pelos mouros para conservar alguns de seus costumes (mais de oito mil ducados). A maior parte do financiamento para a obra

---

[272] Miranda, Marcela F.G.M. *Aspectos políticos de uma teoria absoluta*: A monarquia e as Cortes na Espanha de Felipe II (1556-1598). São Paulo: Universidade de São Paulo, 2014. MarcellaFabiolaGouveiaMoreiraDeMiranda_VCor%20(4).pdf Acesso em 16 de setembro de 2015.

do Escurial era proveniente do tesouro das Índias, da venda das licenças acordadas para transportar escravos negros à América e do produto dos impostos estabelecidos progressivamente sobre os territórios de ultramar: a *cruzada* da Nova Espanha alimentou também as obras do Escurial entre 1566 e 1569. A obra contou ainda com empréstimos solicitados a banqueiros italianos e alemães, como Lomellini, Espinola, Fugger, assim como as vendas de direitos e de propriedade da coroa. [273]

Terminou em 1563 o Concílio de Trento e, em 1566, o reino foi surpreendido pela revolta dos Países Baixos, seguida pela sublevação dos mouriscos em Granada, coincidindo com a morte de Isabel I na Inglaterra, citada anteriormente. Em 1571 a Santa Liga saiu vitoriosa na batalha naval sobre os turcos em Lepanto, em 1573 ordenou o povoamento da Nova Espanha (México) e no ano seguinte o rei estava determinado a invadir a Inglaterra. Em política externa, o reinado de Felipe II consolidou a hegemonia universal da monarquia espanhola e incrementou os territórios de seu grande império. Contudo, nos primeiros sintomas de esgotamento durante a crise da Fazenda Real declarada em bancarrota nos anos de 1557, 1575 e 1596 devido a campanhas bélicas da monarquia, Felipe II buscou novos recursos econômicos com aumento de impostos, criação de outras novas taxas, obtenção de empréstimos em bancos estrangeiros, incremento de remessas de ouro procedentes da América e a venda de privilégios, como o de villazgo (tributo) para a constituição de Corporações (Juntas) independentes concedidas a cidades de Mazarrón (1572), Ojós - Múrcia na Espanha - (1588) e Blana – Valência (1591).

A hegemonia hispânica foi posta à prova no Mediterrâneo ante a invasão de Chipre, a conquista de Bugía, Malta (1556) e o ultimato de Veneza. Além disso, a Turquia renovou sua aliança com os piratas berberes do norte da África, para boicotar o comércio pelo Mediterrâneo Ocidental e assolou as costas espanholas em busca de butim e de escravos.

O papa Pio V encomendou à Espanha a liderança contra os turcos no Mediterrâneo. Assim, Espanha, Veneza e o papado fundaram a Santa Liga, conforme abordamos em capítulos seguintes. A guerra terminou com a assinatura de uma trégua em 1580.

---

[273] Cloulas, Ivan. *Felipe II* (trad. Amanda Forns de Gioia). Buenos Aires: Vergara, 1993, p. 208-9.

Os domínios estavam prestes a se expandir: em 1578 o desaparecimento do monarca luso, Dom Sebastião, lhe outorgaria o trono de Portugal e suas colônias.[274] A sequência citada anteriormente se refere às consequências desse episódio prejudicial aos lusitanos.

[274] Para entender a o porquê dessa questão: dentre os inúmeros candidatos ao trono português, Felipe II, como rei de Castela, contrariando a autoridade do papa para decidir, argumenta que recebera de Deus a autoridade natural necessária para examinar e definir juridicamente os poderes que lhe pertenciam. Por sua genealogia, o rei espanhol era sim, naturalmente herdeiro da coroa portuguesa. Foi casado em 1543 com sua prima D. Maria Manuela (1527-1545) com a qual efetivou uma profunda ligação dinástico-familiar entre a casa de Ávis e a casa de Áustria, que culminaria, na União Ibérica em 1580. Ver: Cloulas, Ivan. *Felipe II*. Buenos Aires: Vergara, 1993, p. 289-93.

TERCEIRA PARTE
A Dinastia Habsburgo

Capítulo 1

DE CarlOS V A FELIPE II: A LUTA CONTRA O ISLÃ

"Mais vale avançar com cuidado
e manter-se dentro de limites prudentes."
(Martín de Cantalapiedra, IN: CLOULAS, Ivan Felipe II,
Buenos Aires: Vergara, 1993, p. 155)

Novas tentativas de sufocar o Islã

A análise do pretérito combate ao Islã por parte da monarquia espanhola exige deslocamento espaço-temporal[275] a fim de evitar a predisposição natural para atuar como historiador-juiz e instaurar o olhar do historiador que deseja apreender intelectualmente os fatos, a fim de contribuir positivamente na criação de uma atmosfera de compreensão entre os seres humanos. O estudo do problema mourisco nas últimas décadas do século XV, século XVI e as primeiras décadas do século seguinte, considerando o espírito da época, leva a crer que o rigor da monarquia espanhola se justifica pelo fracasso nas tentativas de conversão e assimilação, não havendo alternativa a não ser a expulsão.

Observando a realidade geográfica, constata-se que não havia um problema, mas vários: a situação de Castela era diferente das de Valência e Granada. Em Castela, os mouros se encontravam diluídos entre a população cristã; em Valência, os mouros eram muito numerosos e submetidos aos senhores que também eram os seus defensores; em Granada, os vencidos de 1568-1570, por Felipe II, conservavam ainda a fidelidade a seus chefes e a lembrança de uma independência perdida menos de um século antes.

A gradativa evolução da expulsão total dos mouros e ou muçulmanos da Península Ibérica, pouco atrativa para os cronistas ocidentais em geral,

[275] Conforme Dicionário da Língua Portuguesa Contemporânea de Lisboa.

é uma proposição muito importante para os estudiosos da cultura ibérica e mediterrânea. Por conseguinte, estamos discutindo os mouros em Granada, no reino de Aragão (Valência, Aragão e Catalunha); os mouros e a política internacional espanhola do século XVI, expulsão dos mouros e suas consequências em diversas ordens no século XVII.

Na Espanha, após o reinado de Fernando e Isabel, veio o reinado de Carlos V (1516-56), sucedido por seu filho Felipe II (1556-98) (Felipe I de Portugal), um dos príncipes mais poderosos dos tempos modernos. Dentre os vários temas que a época oferece, optamos pelos sucessos dos mouros perante o reino de Carlos V e notáveis desdobramentos sob Felipe. Como grupo minoritário no reino de Felipe II, os mouros tinham um papel bem representativo, considerando os vestígios deixados pelo poderoso Islã espanhol. Algumas comunidades muçulmanas que gozavam de um estatuto comparável ao de algumas aljamas (comunidades) judias, existiam desde épocas remotas, no território cristão.

No reino de Castela havia cerca de 20 a 25 mil mudéjares; e no reino de Aragão mais ou menos 30 mil e em Valência mais de 50 mil. Em Navarra havia algumas comunidades mouras que exerciam pequenos ofícios, fornecendo mão de obra de qualidade aos grandes domínios da coroa de Aragão. Conforme o relato de Ivan Cloulas, a tomada de Granada colocou sob a jurisdição de Castela cerca de 200 mil mouros, obrigados a abandonar as cidades para se instalarem no campo, de acordo com os estatutos dos mudéjares: liberdade de culto, livre disposição de mesquitas e observação das leis corânicas.[276]

Ao tempo dos Reis Católicos, os muçulmanos não representavam propriamente perigo de subversão da sociedade como os judeus locais, uma vez que não manifestavam nenhum desejo de proselitismo.

Além disso, continua o autor Ivan Cloulas, a população islâmica mais notável havia abandonado o país para se refugiar na África, exceto alguns membros da família do ex-soberano, convertidos ao catolicismo. Só a gente humilde permanecera e os reis Fernando e Isabel aspiravam a introduzi-la lentamente no seio da fé católica, induzindo-a a renunciar não somente ao Islã, como também às suas tradições árabes. Contudo, o tempo demonstrou que os seguidores do Islã eram perseverantes em sua fé: a suave evangelização tentada pelo arcebispo de Granada, Frei Hernando de Talavera, mostrou-se ineficaz. Em 1499, a tática foi mudada e, apesar da imposição

---

[276] Cloulas, Ivan (trad. Amanda Forns de Gioia). *Felipe II.* Buenos Aires: Vergara, 1993, p. 141.

de conversão forçada dirigida pelo Cardeal Cisneros, o Islã manteve-se firme no coração e nos propósitos de seus fiéis. Fernand Braudel, citado por Vamireh Chacon, "insistia no caráter de longa duração das culturas, elas mudam muito lentamente, a não ser quando agredidas, mesmo assim se defendendo, por resistência passiva, em sincretismos e subterfúgios. Daí a necessidade maior das autocríticas sociais, a autocrítica cultural diante dos perigos de balcanização política na Península Ibérica, Iberoamérica e África lusófona, cada qual à sua maneira."[277]

Sob o reinado de Carlos V, entre 1511 e 1526, foi tomada uma série de medidas a fim de sufocar o Islã. Ficou proibido o uso de instrumentos que pudessem ser usados como arma, e determinado o extermínio de todos os livros em árabe, numa tentativa de apagar o Islã, como desejara também o feroz Cisneros. Tomadas reiteradas vezes, tais infrutíferas disposições originaram uma comissão reunida em Granada, por iniciativa real, cujas conclusões foram publicadas em 7 de dezembro de 1526: proibia-se o uso do árabe escrito ou oral, as vestes características com a almulafa[278], os amuletos e signos distintivos de pertencimento ao Islã.[279] Segundo a comissão, era proibida também a circuncisão, a propriedade de escravos e de armas, o sacrifício ritual de animais de consumo e os deslocamentos de um lugar para outro. A celebração de bodas deveria ser supervisionada e, finalmente, o Tribunal do Santo Ofício deveria encarregar-se da perseguição aos contraventores, em Granada.[280]

Os mouriscos de Aragão, por sua vez, apesar dos privilégios, muitas vezes seculares, temiam a obrigatoriedade de se converterem ao cristia-

[277] Chacon, Vamireh. *A grande Ibéria: convergências e divergências de uma tendência*. São Paulo: UNESP; Brasília: Paralelo15, 2005, p. 247.

[278] Chilaba na Espanha; gelaba no Marrocos, uma espécie de túnica.

[279] Cloulas, Ivan. Op. cit., p. 141.

[280] Hernando Talavera esperava conseguir admoestar os mouros através de predicações, educação e persuasão, mas prevaleceu a atitude de Cisneros, impondo o batismo forçado. "Las mezquitas fueron cerradas y convertidas en iglesias, el árabe fue prohibido, y los manuscritos arábigos arrojados al fuego. ... Carlos I (da Espanha) — ou Carlos V (1516-1556), tras prometer respetar los derechos de los muçulmanes, pidió al Papa que le eximiese de su juramento, y em 1526 proclamó un edicto prohibiendo a los muçulmanes usar su lengua, vestido, y nombres de familia. Su sucesor Felipe II (1556-1596) les prohibió comprar o poseer esclavos, puso en vigor el edicto de Carlos I de 1526, y añadió uno propio en 1568, exigiendo el registro de los niños entre tres y quince años, con el fin de educar-los en la fe católica". Chejne, Anwar G. *História de España Muçulmana*. Madrid: Ediciones Cátedra, 1999, p. 120.

nismo ou optarem pelo exílio. Desde 1517, viviam confiantes na promessa que lhes fizera Carlos V; porém, em 1521 e 1522, com a sublevação das Germânias,[281] os muçulmanos sofriam o ataque dos revoltosos que os reprovavam pelo fato de serem coniventes com os proprietários dos grandes domínios em que trabalhavam e por apoiarem as incursões de corsários berberes. Em agosto de 1521, contrariando o dispositivo de Carlos V, cerca de quinze mil mudéjares foram obrigados a receber o batismo. Mais uma vez, os muçulmanos provaram que sua fé era inabalável: sufocada a rebelião de 1552, eles levantaram novamente a bandeira de Maomé.

Os defensores do cristianismo, entretanto, não se deram por vencidos. Interrogado sobre a validade da conversão forçada, o Inquisidor Geral, Dom Alonso Manrique, fez sua a opinião de juristas e teólogos firmada em 22 de junho de 1525, respondendo afirmativamente. Tal fato incitou Carlos V a tomar a decisão de exigir que todos os muçulmanos da Coroa de Aragão abraçassem a fé cristã antes de 8 de dezembro de 1525.[282] Em janeiro de 1526 concedeu-lhes, perante a doação de quarenta mil ducados, algumas vantagens importantes: a Inquisição não agiria contra eles; poderiam, durante dez anos, falar a língua árabe e conservar os trajes tradicionais; as bodas consanguíneas e consumadas seriam válidas; manteriam os próprios cemitérios; as rendas dos bens das mesquitas, transferidas para a Igreja, ser-lhes-iam devolvidas para pagar os honorários dos representantes de suas comunidades; finalmente, gozariam de igualdade fiscal com os cristãos-velhos. Mesmo assim, o acordo não foi suficiente para impedir protestos contra a conversão forçada.[283]

Em Granada, em 1526, Carlos V pôde constatar a inutilidade das exações que tanto vitimavam os seguidores de Maomé e os convertidos

---

[281] *Germânia*, do lat. *Germanìa*, região da Europa antiga, limitada pelo Reno, pelo mar do Norte, pelo mar Báltico, pelo rio Danúbio, pelo rio Vístula e pelos montes Cárpatos, correspondente *grosso modo* à Alemanha atual; era habitada pelos germanos, do al. *gehr—* ou *Wehrmann* 'homem de guerra' ou 'homem da lança', mas Estrabão cuidava que os romanos lhes deram esse nome por pensarem que eram aparentados com os gauleses, identificando a sua origem com a dos germanos.

[282] "Encorajado pelo Papa Clemente VII, Carlos V (Carlos I da Espanha) promulga, a 4 de Abril (sic) de 1525, um édito que proclama a unidade religiosa do reino onde todos os habitantes devem, a partir daí, ser católicos, podendo os dissidentes ser perseguidos pela Inquisição por heresia ou apostasia." Conrad, Felipe. *História da Reconquista* (trad. Duarte da Costa Cabral). Portugal: Publicações Europa-América, 2003, p. 128.

[283] Cloulas, op. cit., p.143. Sobre a Inquisição Espanhola ver: Testas, Gui. *L'Inquisition*, 56ª ed. Paris: Presses Universitaires de France, 1990.

à força. Então o rei determinou, em 10 de dezembro, que o Arcebispo de Granada, Dom Pedro de Alba, baixasse instruções condizentes com a necessidade de os ex-muçulmanos serem realmente cristianizados. Depois disso, seguiram-se dois anos relativamente pacíficos.

Logo depois, o Santo Ofício atuou severamente, instruindo processos, em 1528 em Valência e em 1529 em Granada. Sufocados, muitos muçulmanos conheceram o peso da mão implacável a serviço da prática das *Instrucciones* de Torquemada. Consequentemente, alguns costumes, como a tradicional dança dos granadinos realizada em dias de festa, a zambra, passaram a ser periodicamente questionados a partir de 1532, enquanto a cristianização seguia seu ritmo repressor. Carlos V nomeou bispos fiéis à causa e muito bem-informados quanto aos hábitos mouriscos. Os prelados reformadores dedicaram-se à tarefa nas sedes episcopais, aplicando um programa racional de conversão: obrigação de assistência à missa dominical, confissão, devoções na quaresma e demais atividades. Embora nada significassem para os praticantes do Islã, o programa chegava às massas populares, principalmente às mulheres e às crianças. Mas tarde se verificaria que sob as cinzas da fé islâmica havia ainda muito carvão incandescente.

Enfim, no século XVI, o chamado "século de ouro", a Espanha atingiu a culminância de sua riqueza e poder. Sob os reinados de Carlos V e de seu filho Felipe II (1556-1598) originou-se o colossal império englobando a Europa, os Países-Baixos, o Franco-Condado, possessões na Itália do Sul, Sicília, Sardenha. "Carlos I, sob o título de Carlos V, tornou-se imperador da Alemanha e dizem, com justa razão, que o sol nunca se põe em seus domínios." Dominou as colônias nas Américas e na África, extraindo do México e do Peru "riquezas de estonteante valor."[284]

Nem tudo eram glórias. Foi sob o seu governo que os homens passaram a olhar menos para o céu e mais para a terra, um mundo mais tangível. Ora, a imprensa se desenvolvia, favorecendo a circulação de livros e de panfletos difundindo novas ideias, pondo em risco o monopólio cultural da Igreja. As pessoas começavam a ansiar por liberdade, procurando se desvencilhar da tutela eclesiástica. Veio, então, o contra-ataque da Inquisição, lutando não somente contra os muçulmanos, mas também contra a Reforma Protestante (por volta de 1517), iniciada pelo monge agostiniano Martinho Lutero, cuja teologia desafiava a infalibilidade papal em termos doutrinários.

---

[284] Gonzaga, João Bernardino. *A Inquisição em seu mundo*. São Paulo: Saraiva, 1993, p. 207.

Lutero, Calvino e outros dissidentes do domínio papal romano frustraram o desejo de impor universalmente a fé católica; no âmbito político, entre 1542-1544, durante a quarta guerra de Carlos V contra Francisco I rei da França que, ao se aliar a Suleimão e ao duque de Clèves, para formar uma aliança franco-otomana, favoreceu a frota dessa aliança no bombardeio e saque a Nice. O poderoso turco Suleimão atacou a Áustria e a Hungria, conquistou parte central deste país em 1526, após derrotar os cristãos na Batalha de Mohács.

O imperador espanhol andava doente, frustrado e há algum tempo aspirava a retirar-se do mundo, como realmente acabou fazendo; buscou asilo no convento dos Jerônimos, onde já havia se abrigado algumas vezes. Passou a viver no mosteiro de Yuste, sem nunca ter professado, e ali morreu. Derrotado em Metz, com alguma compensação no início do verão de 1553, pela capitulação das guarnições francesas de Thérouanne e Hesdin, o alquebrado Carlos V declarou o desejo de abdicar.

Os preparativos tiveram início naquele ano e a abdicação dos reinos de Castela, Aragão e Sicília e todas as suas dependências, em favor de Felipe II, seu filho, se deu a 16 de janeiro de 1556. Carlos V, tendo já abdicado de todos os seus títulos em Bruxelas, aos 54 anos, tendo governado durante três décadas e meia, morreu no dia 21 de setembro de 1558. Além de muito cansado e doente, não havia conseguido apagar a fé islâmica, nem barrar o avanço otomano, nem impedir a divisão do cristianismo entre católicos apostólicos romanos e "protestantes". Felipe II tornou-se, então, o imperador de uma vasta parte do mundo e de grande impasses econômicos, políticos e religiosos. [285]

O Reinado de Felipe II e os Mouros

Quando Felipe II herdou o trono espanhol, a população mourisca seguia fielmente suas práticas, encorajada, certamente, pelo êxito dos turcos e dos berberes no Mediterrâneo pela derrota dos espanhóis em Peñon de Vélez da Gomera, em 1554, e em Berja, em 1555. Nessa época, a Espanha nada mais possuía nas costas africanas do que Melila, Orã, Mazalquivir e a Goleta.

[285] Ver: Cloulas, Ivan (trad. Amanda Forns de Gioia). *Felipe II*, Buenos Aires: Vergara, 1993, p. 83-110.

Havia uma forte esperança, por parte dos muçulmanos, quanto a um retorno vitorioso do Islã, hipótese que o governo não ignorava. Os cristãos próximos das costas sentiam-se inseguros, prestes a se tornarem vítimas dos ataques conjuntos dos muçulmanos, interna e externamente, baseados no fato de que a berberia chegara ao apogeu a partir de 1560, sendo incontáveis as incursões praticadas ao sul do país.

Prevendo um desastre, Carlos V, de seu desterro, aconselhava o filho a resistir. Enquanto isso, internamente, a Inquisição reforçava o combate na defesa da fé católica e de seus privilégios. Na segunda metade do século XVI, observa-se acelerado aumento das tensões, causado pela intensidade das perseguições e o povo espanhol não escondia sua hostilidade. Os mouros viviam num ambiente opressivo, pagando impostos especiais que os sufocavam, sofrendo constantes confiscos de bens. [286]

A Inquisição os condenava e os reconciliava, uma vez despojados de seus bens, conforme determinava o artigo XXIII das *Instrucciones* de Torquemada.[287] E foi o que ocorreu em Granada, quando seiscentos e nove deles foram reconciliados a partir de 1550 a 1580: quatorze foram queima-

[286] Afirma L. Cardaillac: "Em uma semana, 50.000 pessoas foram reunidas e encaminhadas para Sevilha, Córdoba, Albacete e Toledo, a pé, em longas colunas sob escolta militar. A neve, o mau abastecimento, o tifo, o esgotamento de numerosos deportados, muito jovens ou muito velhos para suportar essa prova, os dizimaram: um em cinco, talvez, morreu no caminho". L. Cardaillac, *Les Morisques*, p. 23, apud Gonzaga, João Bernardino. Op. cit., p. 201. Ver também Maisoneuve, Henri. *L'Inquisition*, Paris, Desclée/Novalis, 1989, p. 133-139.

[287] Ver: *Compilación de las Instrucciones del Sancto Ofício de la Inquisición hechas en Sevilla de 1481* (documento manuscrito). Ver também documento impresso: *Compilacion de las "Instrucciones del Officio de la Sancta Inquisicion*, hechas por el muy Reverendo Señor Fray Thomas de Torquemada, Prior del Monasterio de la Sancta Cruz de Segovia, primero Inquisidor general de los Reynos e Señorios de España. E por otros Reverendisimos Señores Inquisidores generales que despues succedieron, cerca de la orden que se ha de tener en el exercicio del Sancto Officio. Donde van puestas successivamente por su parte todas las Instrucciones que tocan a los Inquisidores. E a otra parte, las que tocas a cada uno de los Officiales y Ministros del Sancto Officio: las quales se compilaron en la manera que dicha es, por mandado del Illustrissimo y Reverendissimo Señor don Alonso Manrique, Cardenal de los doze Apostoles, Arçobispo de Sevilla Inquisidor general de España. "En Madrid, En casa de Alonso Gomes, Impressor de su Magestad." Año. 1576 – AGN, "Inquisición", Vol. 1480, Exp. 2, Fs. 13-29.

dos vivos e sessenta e cinco em efígie.[288]

Gravíssima revolta moura, por fim, se desencadeou em Granada, no dia 24 de dezembro de 1568. O levante contou com a ajuda de uma expedição otomana, chamada a socorrer os irmãos de fé. Travou-se, então, uma luta selvagem que ocupou todo o ano de 1569, com atrocidades de lado a lado, na qual milhares de mouros pereceram e mais 80.000 foram expulsos para Castela.[289] Mesmo deportando 50.000 pessoas, seguida de outras deportações, o problema era apenas transferido, porque Castela, onde havia apenas 20 mil mouros, viu esse número crescer para 100 mil pessoas de língua árabe e cultura muçulmana, segundo Bernardino Gonzaga: "gente miserável, revoltada, que tudo havia perdido, que não entendia o castelhano e que, embora tendo recebido o batismo, se conservava completamente alheia à fé cristã. Tamanho desastre apavorou os habitantes de Castela, que se viram às voltas com autêntica convulsão social. O confronto entre as civilizações cristã e islâmica evoluía rapidamente para o seu clímax." [...] Bandos armados de mouros percorriam os campos, assaltando, pilhando, matando espanhóis".[290]

A convulsão, completa Ivam Cloulas, fez que os bispos se declarassem impotentes na missão evangelizadora. Foi convocado, então, o Sínodo Provincial de Granada em 1565, solicitando à coroa revogar imediatamente todas as permissões de uso da língua, da roupa, dos banhos, dos ritos e costumes herdados do Islã.

Em Madri, 1566, foi instalada uma assembleia de teólogos, juristas e militares reiterando a petição dos bispos, e o rei confirmou aquelas medidas em 21 de janeiro de 1567.[291]

Paralela à implacável perseguição contra o judaísmo e o maometanismo, havia a necessidade de coibir pessoas desequilibradas, mulheres histé-

---

[288] Os mortos deveriam ser condenados, caso houvessem morrido em pecado. Consistia em exumação e cremação.
[289] Gonzaga, João Bernardino, op. cit., p. 201.
[290] Idem.
[291] Cloulas, Ivan. op. cit., p. 144.

ricas, místicos, iluminados[292] e reformadores.[293] Governar a Espanha nessa época era missão difícil, pelo fato de o rei absorver o status de governante temporal e espiritual.[294] Havia ainda o caso dos judeus e cristãos-novos,

---

[292] João Bernardino Gonzaga observou que "até mesmo dois grandes santos, Inácio de Loyola (1491-1556) e Teresa de Ávila (1515-82), se viram ameaçados pela Inquisição, sob suspeita de desvios iluministas. Em 1526, aos 34 anos de idade, o futuro fundador da companhia de Jesus instalou-se em Alcalá, para continuar seu aprendizado na Universidade local. A cidade constituía importante centro de erasmismo, que atraía muitos religiosos. Verificando que Inácio possuía um círculo de companheiros e dava orientação espiritual sem ter autoridade para fazê-lo, os inquisidores se preocuparam, conduzindo-o diante do arcebispo de Toledo. Instaurado o inquérito, o suspeito foi encarcerado na prisão episcopal, onde, entretanto, lhe concederam muitas regalias, inclusive para prosseguir comentando suas 'Orientações Espirituais'." Teresa, a reformadora do Carmelo, a 'santa do êxtase' também caiu numa rede de intrigas e foi conduzida ao tribunal da Inquisição. Depois de investigada, sua doutrina foi aprovada e em 1580, sob Felipe II, ela foi posta em liberdade. João Bernadino Gonzaga, op. cit., p. 211-2.

[293] No século XVI, o catolicismo tornara-se uma religião de pompa, luxo e ociosidade, para alguns críticos. Começaram, então, já no início do século, a surgir críticas em livros como o Elogio da Loucura (1509) de Erasmo de Rotterdam, cujo teor serviu de base para que Martinho Lutero efetivasse o rompimento com a Igreja, dando início à Reforma. Em 31 de Outubro de 1517 Lutero publicou em Wittemberg as suas "Noventa e cinco teses contra as indulgências", que consistiam em 95 argumentos contra o perdão dos pecados mediante o pagamento de determinada quantia, defendo que só Deus pode perdoar o homem. Em 1519 foi acusado de heresia e foi excomungado. João Calvino (1509), apesar da educação católica rigorosa e dos incentivos que recebeu da Igreja, converteu-se ao protestantismo. Já em 1533, declarava-se luterano e, depois, ao expor suas proposições doutrinárias, tornou-se o chefe e fundador da fé *calvinista*. O acontecimento central da Reforma Católica, no entanto, foi a convocação do Concílio. O Papa Paulo III reuniu os representantes máximos da Igreja no Concílio de Trento (1545-1563), onde foram reafirmados os princípios da Igreja Católica. Sobre a A Reforma Católica, ver: Dedieu Jean-Pierre. *A Inquisição*, (trad. Dr. J.A. Antunes Vaz). Porto, Portugal: Editorial Perpétuo Socorro, s/d, p.46. Ver: Luizetto, Flávio. *Reformas Religiosas.*— Lutero e Calvino A Contra-Reforma e os Jesuítas da crise da modernidade. São Paulo: Contexto, 1988. Febvre, Lucien. *Martín Lutero.* México: Fondo de Cultura Económico, 1966. Huizinga, Johan. *O declínio da Idade Média.* Lisboa: Ulisseia, s/d. Bennassar, Bartolomé et alii. *L'Inquisition espagnole* -XVe-XIXe siecle. Paris: Hachette, 1994.

[294] Ver: Trevor-Hoper, H.R. *Religião, Reforma e transformação social* (Trad. Maria do Carmo Cary). Lisboa – Portugal: Presença; São Paulo: Martins Fontes, 1956-1972, p. 13-42.

a defesa do Mediterrâneo contra os invasores do Magreb, da Turquia e os corsários dos Países Baixos. Havia as constantes guerras dentro e fora da Europa. Os autos de fé (ou da fé) recrudesciam; era preciso lutar contra o paganismo no Novo Mundo, censurar as publicações que ofendiam a fé católica e tudo isso provocou o isolamento intelectual da Espanha. Em 1559, Felipe II proibia aos súditos ensinar ou fazer cursos nas universidades estrangeiras excetuando as de Bolonha, Roma, Nápoles e Coimbra. Os intelectuais estavam envolvidos com a Inquisição e muitos tiveram que acertar contas com o Santo Ofício, recrudescendo o isolamento. Da segunda metade do século XVI em diante, tal como em outras épocas e até hoje, era necessária muita cautela para referir determinados assuntos, a fim de evitar os conflitos pessoais que os indivíduos abaixo criaram para si:

– Frei Luis de Leon, um dos maiores teólogos da Espanha, foi encarcerado por duvidar que a Vulgata[295] fosse fiel ao hebreu. Permaneceu durante cinco anos no cárcere, até 1576, quando se retratou. Contudo, em Salamanca, tendo recuperado a cátedra, foi novamente preso em 1582, por referir o assunto do passado, mas graças à amizade do general Quiroga, o caso ficou encerrado.

– Gaspar de Grajal, amigo de Luis de León, foi preso quase ao mesmo tempo, mas morreu antes de ser posto em liberdade.

– Frei Miguel de Medina, um franciscano notável, teve a mesma sorte, mas a Inquisição de Toledo reconheceu a sua inocência postumamente.

– Padre José Sigüenza, professor do Escurial, foi detido pela Inquisição por haver afirmado que haveria de predicar o Evangelho e somente o Evangelho e por haver atacado a teologia escolástica. Suportou seis meses de prisão no Mosteiro de Sisla.

– O jesuíta Francisco de Toledo foi perseguido por seu "*Tractatus Septem*"[296], onde denunciava as manipulações monetárias. Após dois anos de prisão em um mosteiro de Madri, teve que abjurar e retratar-se perante o tribunal da fé.

– Martin de Cantalapiedra, um dos intelectuais constantemente ameaçados com a perseguição, chegou à conclusão de que "*más vale avançar con*

[295] Tradução latina da Bíblia feita por São Jerônimo (340-420), declarada a versão oficial da Igreja Romana pelo Concílio de Trento.

[296] Toledo, Francisco de. Tractatus De Septem Peccatis Mortalibus, Cum Bullae Coenae Domini Dilucidatione. London: Forgtten Books, 2018. Publicado originalmente em 1599, em Munique, pela editora Lambert Raesfeldt. Informações disponíveis em: https://www.prdl.org/author_view.php?s=80&limit=10&a_id=911&sort= Acesso em 04 de março de 2024.

cuidado y mantenerse dentro de limites prudentes."[297]

Essa pequena mostra permite avaliar o mundo conturbado e intolerante em que vivia indiscriminadamente toda a população da Península sob o domínio espanhol. Muitas das perseguições eram alimentadas por motivos pessoais, intrigas de gabinete e inveja. Por exemplo, Sigüenza foi vítima do ciúme do prior Diego de Yepes e do confessor do rei, Garcia de Loaysa. Havia desconfiança por toda parte.

Dona onipotente das almas, a Inquisição produzia rebeliões em todos os setores da sociedade, o único meio possível de lutar contra a intransigente ditadura moral e religiosa abraçada pelo Estado e pela Igreja, desde que decidiu ser a única forma de comandar os súditos que iam sendo absorvidos com suas tenazes, como se fora um polvo.[298] Tanto os indivíduos como as minorias deveriam orientar-se pela lei comum. "O tecido simbólico que cobriu, por tanto tempo, o temido Tribunal, provocou mudanças nas estruturas mentais, económicas e sociais, atingindo rincões longínquos do império."[299]

Tais circunstâncias justificam a decisão de Felipe II de atender aos peticionários, proibindo os mouriscos de usarem o árabe, vestes mouras, banhos e os costumes contrários à fé católica no seu reino. A pressão exercida pelos bispos do antigo Reino de Granada seria, então, a única forma

---

[297] Ver: Cloulas, Ivan. Op. cit., p. 155. "A Inquisição espanhola tinha ultrapassado os limites da península. Mantinha tribunais, sujeitos como os outros ao Conselho de Madrid, na Sicília, na Sardenha — possessões espanholas até o começo do séc. XVII ... a Inquisição americana só podia julgar os Espanhóis e os Negros. Os Índios estavam isentos da sua jurisdição." Ver também: Dedieu Jean-Pierre. *A Inquisição*, (trad. Dr. J.A. Antunes Vaz). Porto, Portugal: Editorial Perpétuo Socorro, s/d, p. 46.

[298] A alusão ao "polvo" é uma analogia 'que António Vieira construiu num dos seus famosos sermões de crítica social... (Sermão de Santo António aos Peixes) "Quem sabe não quis o mesmo no caso de não ter querido referir-se à Inquisição, a sua caracterização do polvo encaixa perfeitamente nesta instituição de terrível memória, que considerava traidora da sociedade portuguesa" Os autores desta observação citam em seu livro um trecho do referido sermão, do qual extraímos: ".... O polvo, com aquele capelo na cabeça, parece um monge; com aqueles seus raios estendidos, parece uma estrela; com aquele não ter osso nem espinha, parece a mesma brandura, a mesma mansidão. E debaixo dessa aparência tão modesta, ou desta hipocrisia tão santa, testemunham constantemente os dois Doutores da Igreja Latina e Grega que o dito polvo é o maior traidor do mar...." Franco, José Eduardo e Assunção, Paulo de. *As metamorfoses de um polvo*. Lisboa: Prefácio, 2004, p. 20.

[299] Del Priore, Mary. In: Franco, José Eduardo e Assunção, Paulo de. *As metamorfoses de um polvo*, op. cit., p. 15.

de suplantar as raízes do Islã. Tais medidas, assim como a repressão decidida nos Países Baixos, foram criticadas por Ruy Gómez, que temia, com razão, o acirramento da situação avivando os focos, em vez de extingui-los.

Os mesmos pressentimentos combatidos pelo duque de Alba tinha o cardeal Espinosa, em quem Felipe II depositava grande confiança. O ambicioso Espinosa era presidente do Conselho de Índias e Castela, sucessor de Valdés como Inquisidor Geral e ansioso por iniciar-se em tal função. Espinosa contradizia a opinião de Ruy Gómez, alegando que os mouros eram pacíficos e muito subservientes para se rebelarem. Ao interlocutor, Espinosa lembrava que se tratava de uma raça naturalmente guerreira e poderiam rebelar-se. Assim opinavam os soldados que viveram longo tempo entre eles. Confiante em Espinosa, em 1566, o rei implantou a Inquisição no antigo Reino de Granada, armando-a de poderes para espalhar o terror e a morte.[300]

Foi isso mesmo que o rei conseguiu. Houve rebeliões e aquela conhecida como a rebelião das Alpujarras[301] culminou numa guerra civil em Castela, ameaçando estender-se em nível internacional, pela sua gravidade. Em fevereiro de 1570, Felipe II visitou a Andaluzia, acompanhado pelos arquiduques Rodolfo e Ernesto e, ao analisar a situação, viu por bem não adotar a medida de expulsão, mas de remanejar parte da população para outros lugares. Em 1º de novembro de 1570, teve início a redistribuição de 80 mil mouriscos em Castela.

A difícil assimilação da população de origem árabe-muçulmana demonstrava há tempo que a fusão com a sociedade cristã era totalmente impossível. O Sínodo Provincial dos Bispos do Reino de Granada, reunido em 1565, comprovou que toda diligência de evangelização empregada durante quatro séculos fora inútil. Felipe II adotou medidas enérgicas que, na verdade, eram as mesmas que vinham sendo testadas reiteradas vezes sem, contudo, conseguir sufocar a ideologia islâmica.[302] Notáveis habitantes mouros apresentaram solicitações às autoridades, inclusive ao próprio Cardeal Diego Espinosa, visando ao abrandamento das decisões drásticas do rei, mas não obtiveram o sucesso esperado. Diante disso, acuados e

[300] Cloulas, Op. cit., p. 171

[301] 1568-71— rebelião de *Las Alpujarras*: após os trajes árabes e muçulmanos serem proibidos, foram apontados dois reis sucessivos pelos rebeldes.

[302] A situação social dos mouros na Espanha foi abordada por: Baroja, Julio César. *Los moriscos de Reino de Granada*. Madrid, 1985. e: *Les Morisques et leur tempos*, actas de la Mesa Redonda Internacional desarrollada en Montpellier, de 4 a 7 de julho de 1981, apud. Cloulas, p. 187, em sua nota 3, p. 479.

ameaçados de um sufoco cultural, começaram a realizar reuniões secretas em busca de soluções na defesa de sua e fé e cultura. Informados, os cristãos puseram-se em prontidão, esperando que a rebelião tivesse início na Quinta-Feira Santa de 1568. A administração já providenciava os confiscos de bens e estava prestes a pôr em prática o deslocamento da população. Os mouriscos seriam deportados para Castela, trocados por habitantes cristãos. Uma vez divulgada essa intenção, os descontentamentos aumentaram.

Passados alguns meses, os mouros sentiam-se prontos para atuar contra os inimigos; reuniram-se em Beznar, no vale de Lecrin, e elegeram como rei um de seus líderes, Hernando de Córdoba y Valor, parente dos antigos emires de Córdoba, que adotou o nome muçulmano de Aben Humeya. Era véspera do Natal de 1568, mesmo dia que a maioria dos mouriscos de Alpujarras se rebelava também. Em Granada, Farax Aben Farax, homem de confiança de Aben Humeya, entrava sorrateiramente à noite no Bairro de Albaicín, tentando inutilmente organizar um contingente favorável à rebelião. Não pôde, entretanto, contar com seus conterrâneos porque as famílias mouras da cidade eram muito ricas e participar da rebelião só implicaria perdas; a população do campo era protegida pela África e esperava reviver ali na península as glórias do passado.[303]

A punição

No ano seguinte, dia 3 de janeiro de 1569, quando o marquês de Mondéjar, capitão geral de Granada, atravessava o maciço de Alpujarras a fim de fixar seu quartel general em Orgiva, o marquês de Los Velés se posicionava em Terque, a oeste de Alpujarras. Cercaram Aben Humeya e a outro chefe, El Zaguer, mas eles conseguiram fugir. Deu-se, então, uma luta violenta e os mouriscos obrigaram os convertidos a abjurar o catolicismo e a retornar ao Islã; destruíram igrejas e objetos de culto, e os religiosos, alvo preferido dos revoltosos, foram satirizados e massacrados.

Em revide, ocorreram sangrentos massacres nos enfrentamentos que se seguiram a essa operação militar; em 3 de fevereiro de 1569, Francisco de Córdoba, filho do conde de Alcaudete, conduzia oitocentos homens para o assalto do promontório rochoso de Inox, perto de Almería, onde

[303] Idem, p. 187.

havia milhares de refugiados mouriscos. Depois de um cerco de oito horas, as defesas tomaram a praça e a maioria dos mouros rebelados tentou fugir, mas 400 foram degolados, 50 foram feitos prisioneiros e enviados para as galeras e 2.600 crianças e mulheres foram reduzidas à escravidão. O forte de Guájar foi tomado dias depois e o marquês de Mondéjar, impaciente com os que ainda resistiam, foi exterminando homens, mulheres e crianças que encontrasse em seu caminho. Mesmo assim, os rebeldes remanescentes não se renderam: em 11 de julho, após um mês de cerco, retomaram a praça de Serón, mataram a guarnição composta por 50 homens, cinco pessoas idosas e 80 mulheres, que foram tomadas como escravas.[304] Milhares de vidas foram sacrificadas até o final daquela década e o catolicismo não conseguia destruir a bandeira islâmica.

Havia, entretanto, quem admitia o contrário. De janeiro a março de 1569, o marquês de Mondéjar acreditava haver sufocado a rebelião, enquanto o seu inimigo pessoal, marquês de Los Véles, tinha outra opinião. Por isso, não apoiava Mondéjar quanto a solicitar ao rei o perdão geral para os mouriscos. Diante da discordância, Felipe II nomeou general chefe o seu meio-irmão Don Juan de Áustria, no dia 17 de março de 1569. Era um jovem de 22 anos, sem experiência, que conseguiu provar seu valor.

Entretanto, para dominar os rebeldes, os soldados de Don João da Áustria não vacilaram "em encher de fumo as caravelas onde aqueles se tinham refugiado," lembra Philippe Conrad em sua História da Reconquista. O autor afirma que "os confrontos terminam oficialmente em novembro de 1570, mas os últimos irredutíveis continuam a luta nas Alpujarras até Março (sic) de 1571."[305]

Conrad seguiu a trajetória dos mouriscos que ainda insistiam em receber apoio estrangeiro: em 1575 os de Aragão pediram armas ao governador francês do Béan; em 1580 alguns granadinos estabeleceram contatos com Marrocos e, mais tarde, sob Felipe III, em 1601, os mouriscos de Valência "dão informações aos Barbarescos de Argel sobre a expedição que preparavam contra eles."[306] Havia receio de que os mouros facilitassem as incursões inimigas contra as costas mediterrâneas do país, e isto levou as autoridades a proibi-los de habitar o litoral. A repressão seguia contínua, mas os mouros continuavam incansáveis. As hostilidades eram grandes e as

[304] Idem, p. 188.
[305] Conrad, Philippe. *História da Reconquista*. Portugal: Publicações Europa-América, 2003, p. 133.
[306] *Idem.*

opiniões sobre os mouriscos as piores possíveis: Pablo Aznar y Lafuente, citado por Conrad, os descreve como "'filhos de Satã' ... mentirosos e manhosos, que nascem com a mentira na boca e o roubo na mão..."[307]

Não conseguindo conter ou "amansar" os *infiéis*, os espanhóis foram pródigos na arte de persegui-los.

A rebelião granadina

A rebelião granadina constituiu um levante desesperado da população mourisca que ainda se mantinha no reino de Granada. Oficialmente, a população era cristã desde 1499, beneficiada pela tolerância da nova diocese de Granada e das autoridades civis e, por isso, pôde conservar os costumes e praticar a fé. No decênio dos anos sessenta, muita coisa mudou, tanto pela necessidade de dar um fim aos piratas berberes, com os quais os mouriscos mantinham relações, como pela revitalização da Contrarreforma Católica. Um edito emitido em 1º de janeiro de 1567 proibiu aos mouriscos a comunicação por meio da língua árabe, os seus costumes e práticas religiosas. Essa proibição já havia sido manifestada anteriormente, mas, até aquele momento, não passava de letra morta, graças à interessada proteção de alguns importantes senhores daquela sociedade hispânica, como o Marquês de Mondéjar.[308]

Porém, as crescentes atividades da Inquisição vinham inquietando os mouriscos e por isso eles procuravam comunicar-se com os correligionários do Magreb. Além disso, um ataque berbere à costa de Granada durante o inverno de 1565 alertou para o perigo de uma iminente ajuda dos turcos. Isso bastou para que o monarca emitisse disposições punitivas a fim de interceptar qualquer comunicação exterior dos mouriscos espanhóis.

E a consequência disso foi o levante que teve início com a tentativa de tomar Granada na noite de Natal de 1568. Iniciativa que, embora frágil do ponto de vista estratégico, tinha ínfimas possibilidades de sucesso; sem dúvida, pôs a corte em estado de alerta. A revolta teve alguma amplitude, tanto pelo fato de os mouriscos rebeldes haverem se refugiado nas abruptas serras de Granada, cujo acesso era precário, como pela divisão do comando cristão, rivalizado com as facções da nobreza granadina. Porém, o jovem

---

[307] *Ibidem*.

[308] Prada, Vazquez V. de. *Felipe II*, 2ª edição. Barcelona: Editorial Juventud, 1990, p. 127.

Don Juan de Áustria, já citado como meio-irmão de Felipe II, nomeado para liderar o combate, apresentou resultados surpreendentes. Ordenou o bloqueio da costa por embarcações cristãs. Ante o temor de um ataque turco, os núcleos de rebeldes foram sendo dispersos um a um. Em maio de 1570, o reino de Granada estava pacificado, "mas os últimos irredutíveis continuam a luta nas Alpujarras até Março (sic) de 1571. Vários milhares de combatentes turcos e barbarescos vieram ajudar os insurrectos durante a guerra. Estes também receberam armas e puderam por isso dispor de três mil arcabuzeiros durante o Verão (sic) de 1569."[309]

Assim, as tentativas dos muçulmanos quanto a permanecerem em Granada estavam radicalmente sufocadas. Pelos cálculos de Vazquez V. de Prada, talvez uns 150.000 mouriscos tenham sido deportados e dispersados em pequenas comunidades, por todo o país castelhano, cuja vigilância ficava a cargo dos bispos locais. E a estabilidade do antigo reino de Granada foi conquistada à custa da insegurança de Castela, para onde os mouriscos acuados se dirigiram. Até aquele momento, o problema mourisco ainda não afetara aquele reino. Os mouros recém-estabelecidos em povoados e cidades castelhanas encontraram problemas de convivência, só aparentemente resolvidos em 1609, sob o reinado de Felipe III (Felipe II de Portugal).

O Mediterrâneo

Concomitantes aos problemas internos, prosseguiam os conflitos no Mediterrâneo, a exigir de Felipe II uma ativa participação. Como defensor da fé católica e dos interesses espanhóis, ele também se dedicou à defesa do Mediterrâneo contra o Islã (1559-1578), que há muito era uma necessidade constante para os territórios da coroa de Aragão. Desde a unificação espanhola, o assunto se tornara prioritário dentre os temas políticos.

Roger Crowley, em seu estudo sobre a luta pelo Mediterrâneo, afirma

[309] Conrad, Felipe, op. cit., p.133.

que o "Mediterrâneo se tornou uma biosfera de violência caótica, onde o islamismo e o cristianismo entraram em confronto com ferocidade inigualável. Seus campos de batalha eram a água, as ilhas e as praias, onde os eventos eram condicionados pelo vento e pelo tempo; sua principal arma, a galera e o remo."[310] Entendemos, portanto, que a monarquia hispânica deveria defender suas próprias costas e as costas das ilhas mediterrâneas, manter as praças do norte da África e proteger a navegação e o comércio, sempre ameaçados pela expansão dos turcos otomanos. No âmbito mediterrâneo, os interesses espanhóis eram vitais; a luta tinha caráter de Cruzada contra o maior inimigo da cristandade. Defesa dos interesses espanhóis no Mediterrâneo e luta contra o turco foram duas constantes da política dos reis cristãos desde Carlos V. Contudo, as inúmeras atribuições no que se referia a conquistas expansionistas, defesa e preservação delas, distanciaram Carlos V de mais essa atividade e o que pôde realizar, segundo seus críticos, não passou de expedições isoladas no Mediterrâneo, dando como saldo êxitos temporários, sem conseguir que os sítios arrebatados pelo Islã, como Argel e Trípoli, fossem retomados.

Coube a seu filho Felipe II dar continuidade à busca de solução para o problema instaurado no Mediterrâneo. Após a paz de Cateau-Cambrésis,[311] Felipe II retomou essa linha política com grande decisão. Durante os vinte primeiros anos de seu reinado, a defesa dos interesses espanhóis na área mediterrânea e a luta contra o turco representaram preocupação semelhante ao avanço do protestantismo na Europa e às relações com os países do Ocidente. O império turco, regido pelo enérgico sultão Suleimã ou Solimão, "O Magnífico", que soube imprimir-lhe uma direção claramente expansionista frente aos cristãos, constituía uma constate ameaça. Desde 1517, quando os otomanos conquistaram o Egito, diz Roger Crowley que "a ameaça dos turcos parecia maior do que nunca. O mar cristão começou a tremer, com uma terrível expectativa". Temeroso, o papa Leão X dizia: "Agora que o Terrível Turco tomou o Egito e a Alexandria e toda a parte oriental do Império Romano e equipou uma enorme frota de Dardanelos, vai absorver não só a Sicília e a Itália, mas o mundo todo."[312] Tais conquistas ameaçavam o desejo de unificação da cristandade.

Tratava-se de um colosso, com imponentes recursos humanos e mo-

[310] Crowley, Roger. op. cit., p. 15.

[311] A paz de Cateau-Cambrésis (2/Abril 3?, 1559) foi um tratado ou acordos que acabaram com as guerras da Itália e o conflito entre a França e os Habsburgos. O centro de gravidade agora era o Atlântico, e a Espanha passa a dominar a Itália.

[312] Crowley, Roger. *Impérios do Mar* – a batalha final entre cristãos e muçulmanos pelo controle do Mediterrâneo 1521-1580 (trad. Fátima Marques). São Paulo: Três Estrelas, 2014, p. 28.

netários que, mobilizado por um grupo de dirigentes exaltados, empreendia uma expansão imperialista e econômica no Mediterrâneo, revestida também de intenção religiosa. Agora era o Império espanhol o inimigo contra o qual dirigia os seus ataques. Em Constantinopla, atuavam também outros fatores que buscavam o enfrentamento dos dois poderes. De um lado, a política francesa que, há anos, como referimos anteriormente, mantinha boas relações com os turcos; de outro, os mercadores de origem oriental e judaica, como o famosos José Miques-Mendes, mais conhecido como duque de Naxos, evadido da Espanha e confidente próximo do sultão, ao qual se atribuem muitas das agressões otomanas.[313]

O perigo otomano era uma pantalha de fundo, pois existiam outros, menores em potência, porém, não menos preocupantes. Os mouros que haviam abandonado a Espanha em razão da conquista do reino granadino, refugiados nas vizinhas costas norte-africanas, mantinham o espírito de luta contra os cristãos. Essa hostilidade implicava também interesses econômicos, contando com a simpatia ou a aliança dos mouros que ainda permaneciam em terra espanhola. O foco mais perigoso era Argel, onde se instalaram piratas de procedência turca. Trípoli, mais a leste, conquistada por Dragut, em 1551, depois de haver estado durante quarenta anos em mãos espanholas, tornou-se um Estado organizado ao estilo de Argel.

No Ocidente, já no Atlântico, em Tetuán e Larache, mais tarde seriam instaladas bases de ataque para interceptar os galeões e carracas[314] procedentes da América ou das Índias Ocidentais. Esses reinos eram compelidos a lutar a fim de garantir a sobrevivência, uma vez que, no interior, não havia possibilidade de desenvolvimento econômico, tendo-se que procurar alimentos e meios de subsistência no exterior. E se os encontravam na pirataria, nos despojos ou no resgate de cativos, conforme estamos demonstrando na Quinta Parte deste trabalho.

Com os frutos da pilhagem, construíam e mantinham frotas poderosas, garantindo o pagamento dos navios que transitavam nas águas entre Sardenha, Sicília e na costa norte-africana, realizando capturas ou, pelo menos, impedindo a livre navegação, obrigando os navios cristãos a seguir por rotas mais distantes, próximas ao Cabo de Córsega. Afinidades religiosas ou interesses mútuos facilitaram o estabelecimento de estreitos vínculos entre reis berberes e os turcos. Os primeiros necessitavam de uma proteção mais firme em caso de dificuldades; e a frota turca, impedida de

[313] Prada, op. cit., p. 120.

[314] Navio mercante português, de grande porte e longo curso; caraca, conforme dicionário eletrônico Houaiss.

alcançar diretamente a Espanha, requeria bases mais próximas a ela. As potências berberes chegaram a ser auxiliares mais preciosas da guerra naval que o império turco manteve no Mediterrâneo.[315]

Como vimos, durante a guerra hispano-francesa ocorreram também alianças franco-otomanas contra a Espanha, para escândalo da cristandade, que não se desfez por ser um ponto de apoio benéfico à estratégia francesa. Disso resultou, na época de Carlos V, o recrudescimento do poder de berberes e turcos no Mediterrâneo Ocidental; apesar de algumas penalidades, os rebeldes mantiveram suas posições.

Uma vez terminada a guerra com a França, Felipe II decidiu pôr em prática um programa efetivo contra os mouros norte-africanos. Reforçou as fortalezas que serviam como pontos de vigilância, a de Orán, por exemplo, e desenvolveu um plano de equipamento naval. O momento era propício, uma vez que, desde a primavera de 1559, a Espanha não ignorava as divergências internas no Império Otomano e, com a eventual ajuda dos reis norte-africanos, o impasse seria reduzido.

Em junho de 1559, Felipe II incumbiu ao vice-rei da Sicília, duque de Medinaceli, e ao grande maestro dos Cavaleiros de Malta a realização de uma expedição de reconquista de Trípoli, local de onde essa Ordem Militar fora expulsa em 1551. Tal recuperação era imprescindível para assegurar a navegação pelo mar através do estreito da Sicília, uma garantia de sucesso comercial no Mediterrâneo.

É provável que, em tal momento, os turcos não estivessem em condições de apoiar os norte-africanos, nem podiam contar com o apoio de seus aliados franceses ou venezianos. A preparação da armada foi lenta e, nos portos de Messina e Siracusa, com a entrada do inverno, a navegação no Mediterrâneo era problemática. Com efeito, saída a frota, um temporal a obrigou a refugiar-se em Malta. Tudo isso deu ensejo a que inimigos se inteirassem a respeito da expedição e tomassem as necessárias precauções. Os espanhóis decidiram apoderar-se da Ilha de Djerba para torná-la base de ataque contra Trípoli.

O desembarque realizado em 7 de março ocorreu sem incidentes importantes, mas o problema era a permanência na ilha, que dependia de provisões através do mar. Antes que fosse decidido o ataque final a Trípoli, uma frota turca, comandada por Piali Pachá, que partiu de Constantinopla e fez o percurso em apenas vinte dias, atacou de improviso os cristãos em 12 de maio de 1560. O ataque fulminante paralisou o comando espanhol

[315] Prada, op. cit., p. 122-3.

que, em face da impossibilidade de receber socorro imediato, optou pela fuga. O pânico causou a perda de quarenta e duas de suas oitenta naves, deixando indefesos seis mil homens na fortaleza de Djerba. Sem provisões e sem água, eram rendidos meses depois.[316] O fato marcou o indiscutível poder dos turcos.[317]

Os piratas berberes, protegidos, infestaram as águas do Mediterrâneo Ocidental. Suas esquadras realizavam ataques surpresa às costas cristãs, fazendo cativos e realizando pilhagens trágicas. Alguns desses ataques eram verdadeiras ousadias, como o assalto a Mallorca, em 1561, ou o bloqueio de Nápoles, no verão de 1561, por 35 navios de Dragut. Entretanto, o fracasso de Djerba e o recrudescimento das expedições piratas dos berberes norte-africanos proporcionaram uma importante lição a Felipe II, consciente de que, sem uma potente armada, não poderia defender as costas espanholas nem manter seus inimigos a distância.

A partir de 1560, com o apoio das cortes castelhanas que prestaram muitos serviços relevantes, contando também com uma nova contribuição do clero - o imposto de Cruzada -, foi iniciado um programa de reconstrução e de equipamento naval nos estaleiros da Catalunha, assim como da Sicília e outras localidades italianas, a fim de recuperar as perdas sofridas durante o malogrado ataque de Djerba. Os frutos desse esforço puderam ser comprovados em seguida. Em 1563, a ofensiva argelina contra Orán foi rechaçada após uma tentativa que durou dois meses, graças à imediata chegada de galeras de Cartagena. O triunfo entusiasmou a armada espanhola e a encorajou a avançar rumo às fortalezas berberes. Em setembro de 1564, o comandante da frota mediterrânea, Dom García de Toledo, marquês de Villafranca, que dispunha de quase uma centena de galeras, sessenta delas espanholas e o resto de seus aliados italianos (Gênova, Florença, Sabóia, Ordem Militar de Malta), expulsou os corsários de Peñón de Vélez de la Gomera, deixando ali uma guarnição cristã.[318]

Os turcos inquietaram-se com o fortalecimento do poder naval espanhol no Mediterrâneo, antevendo maus dias para seus aliados norte-africanos. Para contornar a situação, empreenderam uma expedição com o objetivo de revidar e retomar a antiga posição. Em maio de 1565, a armada turca, composta de 170 navios grandes e uns 200 pequenos, surgia nas águas das costas de Malta, centro do poderio da Ordem de São João. O grande mestre, de acordo com Don García de Toledo, prevendo um ata-

[316] Prada, op. cit., p 124.
[317] Ver: Crowley, Roger, op. cit. P. 127-42, "Ninho de Víboras -1560-1565".
[318] Prada, op. cit., p 124

que, tendo reforçado consideravelmente as defesas, pôde defender heroicamente, durante cinco meses, o bastião da San Telmo, com apenas uma guarnição de 9.000 homens a enfrentar 23.000 otomanos.[319]

No início de 1565, uma frota de socorro enviada pela Sicília sob Dom García de Toledo libertou os sitiados, já faltos de água. As cortes cristãs cantaram ruidosamente essa vitória, um júbilo justificado, por constituir uma prova da recuperação naval espanhola no Mediterrâneo, resultante do empenho do governo espanhol nos últimos anos. Em contrapartida, Suleimã (Solimão) organizaria um novo ataque contra a fortaleza de Szeged, na Hungria.

A vitória de Malta favoreceu o processo de rearmamento naval da Espanha no Mediterrâneo. Nos estaleiros, prosseguia a construção de galeras e reparo da frota, enquanto os berberes, confiantes em sua agilidade e audácia, não executavam qualquer atividade, até que, em 1566, assaltaram vários navios vizcaínos que saíam do Porto de Málaga; avançaram para fora do estreito, dirigindo-se para o Atlântico, decididos a atacar as naves das frotas das Ilhas Canárias.

No mesmo ano, enquanto sitiavam Szeged, receberam a notícia da morte (1566) de Suleimã, o Magnífico, que, durante o seu reinado, era o terror dos cristãos; e a direção do Império Otomano passou para as mãos de um governante menos ousado, Selim II. Nesse mesmo ano de 1566 o trono de São Pedro passou para o comando de Pio V, um espírito forte, cuja energia deu impulso à Reforma Católica e à luta contra os *infiéis*. O novo papa convocou Felipe II e os soberanos cristãos para formarem uma Liga Santa[320] contra o poder turco, com o propósito de o desterrar definitivamente do Mediterrâneo. "Em resposta ao ataque de Malta (1565), ao massacre de cristãos pelos turcos em Famagusta em agosto de 1571 e à subsequente aparição de atacantes otomanos nas costas europeias, a confederação de Veneza, Espanha e estados pontificais finalmente formaram uma aliança grandiosa, embora um tanto instável. No início de outubro de 1571, a frota combinada da recém-batizada Liga Santa atravessava o Adriático, vinda da Sicília."[321]

Virando as páginas da história, podemos observar que a ocasião era

---

[319] Prada, op. cit., p 125.

[320] Ou, Santa Liga, conforme Hanson, Victor Davis. *Por que o Ocidente venceu? –* Massacre e cultura — da Grécia Antiga ao Vietnã. Rio de Janeiro: Ediouro, 2002, p. 349.

[321] Idem.

desfavorável à Espanha, uma vez que Felipe II concentrara suas forças e atenção em Flandres; há meses vinha preocupado com problemas internos e, no final do ano de 1568, desapareceram sua esposa Isabel de Valois e seu desditoso herdeiro; e veio a sublevação dos mouros granadinos. O único fato positivo era o comportamento dos turcos, mantidos em estado de prontidão, mas sem ameaça de ataque imediato: sofreram grandes perdas na campanha húngara e, por isso, também, firmaram uma trégua de oito anos com o imperador em 1568. Nos anos de 1566 a 1569 ignoraram os seus aliados norte-africanos.

Antes disso, porém, os argelinos auxiliaram com alguns homens e armas na revolta dos granadinos e aproveitaram a ocasião do conflito para se apoderarem de Túnis, cujo rei era protegido de Felipe II, que alertou o governador de Goleta; entretanto, os argelinos conduziram suas forças por terra e se apoderaram de Túnis, em janeiro de 1570. Os turcos perderam, nesses anos da guerra em Granada, a oportunidade de dominar o Mediterrâneo, por estarem mais comprometidos no combate aos moscovitas, uma questão que, uma vez encerrada, os deixaria livres para dirigirem sua ambição para o Mediterrâneo.

Selim aspirava ao domínio da Ilha de Chipre, uma possessão veneziana, rica em cana de açúcar, algodão e vinho. Além disso, era uma base estratégica fundamental para as comunicações com Constantinopla e o Egito, que acabara de incorporar-se ao governo turco. Ora, em 1569, acidentalmente, os arsenais de Veneza arderam e corria a notícia de que a frota local fora atingida. Em março de 1570, o sultão dirigiu ao senado veneziano um ultimato para que Chipre lhe fosse entregue, mas não recebeu qualquer resposta. No mês de julho, uma armada turca desembarcaria suas forças nesta ilha. Esse ataque surpreendeu Veneza, rompendo a paz de que vinha desfrutando há trinta anos.

O desembarque turco em Chipre precipitou a formação da Liga Santa proposta por Pio V desde a sua nomeação ao pontificado. Agora, o pontífice experimentava a sensação de segurança ante a adesão de Veneza e a possibilidade de contar com o apoio de Felipe II. Ocupado em Flandres, o rei não demonstrou imediato interesse pelo empreendimento, mas acabou aderindo, pressupondo resultados positivos. As negociações para a criação da Liga correram lentamente, apesar de os turcos estarem assentados em Chipre. Os participantes, receando questões de precedência, impunham condições. Felipe II exigia o comando supremo da armada para a Espanha, argumentando que deveria contribuir com maiores forças. Em 20 de maio de 1571 ainda não havia uma decisão definitiva, pois, os aliados pretendiam manter uma frota de 200 galeras e 100 navios de transporte e um exército de 30.000 homens.[322]

A Espanha concorreria com a metade das tropas e embarcações e a metade dos fundos; à Veneza caberia uma terça parte e à Santa Sé a sexta parte; e a Don Juan de Áustria a designação de comandante em chefe. "Se não encontrassem os otomanos naquele outono, avisou o Papa, era muito provável que a unanimidade de ação se perdesse. Cada estado cristão seria forçado mais uma vez a resistir sozinho ou a fazer acordos com o sultão por conta própria."[323]

Felipe II, inseguro em razão da juventude do meio irmão, criou um Conselho para assessorá-lo. Dentre os membros desse Conselho, estava Dom Luis de Requesens, o futuro governador dos Países Baixos, que deveria observar as correspondências e as ordens do príncipe. Roger Crowley cita trecho da pesquisa de Sir Charles Petrie referindo uma correspondência de Don Juan de Áustria, ofendido por aquela decisão: "Com a devida humildade e respeito, eu arriscaria dizer que seria para mim um favor infinito e uma bênção se Vossa Majestade fizesse a gentileza de se comunicar comigo diretamente com a própria boca (em vez de) me reduzir a uma igualdade com muitos outros de seus servos, coisa, certamente, no meu entender, não merecida."[324]

É natural que as relações entre Don Juan e o Conselho não fossem das melhores e isso atrasou o empreendimento. Mesmo assim, a armada cristã reunida em Messina partiu em 15 de setembro de 1571, rumo a Corfú, onde tomou conhecimento de que a armada turca, comandada por Ali Paxá, se achava atracada em Lepanto, na entrada do Golfo de Corinto. No estado em que se encontrava o Conselho da Liga, seus membros discutiam se deveriam ou não se lançar ao combate. E Don Juan de Áustria decidiu atacar o mais rapidamente possível. Ao amanhecer o dia sete de outubro de 1571, as frotas se enfrentaram. "Senhores, a hora de discutir já passou e chegou a hora de lutar." [325]

Do lado cristão havia umas 280 galeras, além de outros navios meno-

---

[322] Prada, Vazquez V. de. *op. cit.*, p. 130-1.

[323] Hanson, Victor Davis. op. cit., p. 349.

[324] Crowley Roger, op. cit., p. 317.

[325] Sobre esse enfrentamento (guerra de galés), ver Hanson, Victor Davis. Op. cit., p. 332-48. Dentre outras atrocidades, diz o autor que "As doenças — mais frequentemente cólera e tifo — podiam dizimar flotilhas inteiras, o que era compreensível quando quatro ou cinco homens ficavam acorrentados noite e dia uns ao lado dos outros, marinando em seus piolhos, pulgas, excrementos, urina e suor. Eram essas as condições de trabalho dos quase duzentos mil marinheiros desesperados que colidiram no dia 7 de outubro de 1571."

res, perfazendo uns 300, levando a bordo 8.000 homens dos quais 5.000 eram marinheiros e remeiros. Os turcos apresentaram-se com umas 230 galeras, além de outros navios auxiliares, com um número superior de marinheiros e soldados. As naves cristãs eram mais bem equipadas e sua artilharia tinha um calibre superior.[326]

Essa batalha ocorreu sob o signo da Cruz. Segundo Vazquez, em cada nave foi içado um crucifixo ante o qual os soldados se ajoelhavam em oração. A batalha foi rápida. O almirante turco conseguiu envolver a armada cristã, obrigando-a a guarnecer-se no golfo e bloqueou-a ali mesmo. Pressionou a retaguarda e a porção direita cristã cedeu sob o comando de Andrea Doria, enquanto a esquerda, dominada pelos venezianos, conseguiu manter posições. A artilharia turca parecia menos potente e seus efetivos já não eram numerosos. Don Juan, posicionado no centro da formação cristã, deu início à abordagem, mas fracassou duas vezes consecutivas, sendo bem-sucedido na terceira tentativa. A principal galera turca foi tomada de assalto e, na luta, morreu Alí Paxá.

Apoiando-nos no relato de Roger Crowley, constata-se que as "embarcações estavam cercando o Sultana (a embarcação em que ia Ali Paxá), impedindo o fornecimento de homens capazes de reforçar o navio de Ali Paxá. Os filhos dele fizeram uma tentativa desesperada de ajudá-lo, mas foram repelidos." Roger Crowley refere as posições e tentativas de salvamento e revide de outras embarcações da ala muçulmana e continua: na "terceira os homens tomaram o convés do Sultana; uma verdadeira resistência ocorria no tombadilho... Ali Paxá ainda estava furiosamente lançando flechas de seu arco quando as últimas defesas foram pelos ares. Os homens jogaram-se ao mar para evitar a chuva de fogo." Declara que existem outros diferentes relatos sobre os últimos momentos de Ali. Narra as prováveis causas de seu fracasso e diz ainda que "a cabeça de Ali foi levada para Dom João (Don Juan) que, segundo alguns relatos, ficou seriamente aborrecido por seu adversário ter sido decapitado de maneira tão degradante e ordenou que o 'objeto' fosse atirado ao mar. Os soldados espanhóis limparam tudo."[327]

O trabalho de Roger Crowley leva a concluir que as preocupações de Felipe II quanto à competência bélico-administrativa de seu meio-irmão eram infundadas. Crowley o eleva à categoria de herói na Batalha de Lepanto.

O incidente castigou severamente as tropas turcas, desmantelando-as

[326] Números colhidos na obra de PRADA, Vazquez, op. cit., p. 131.
[327] Crowley, Roger, op. cit., p. 373.

completamente. Escaparam apenas 35 galeras turcas; outras 117 e seis galeotas caíram nas mãos dos cristãos e as restantes foram a pique. As perdas humanas dos combatentes turcos chegaram a 25.000 entre mortos e feridos e 3.000 foram aprisionados. Os cristãos também tiveram baixas: doze galeras no mar e uns 8.000 homens, além de cerca de 20.000 feridos,[328] dentre os quais Miguel de Cervantes Saavedra (1547-1616). Esse gênio da literatura espanhola foi capturado por piratas berberes quando regressava ferido da batalha de Lepanto.[329] Crowley acrescenta que Miguel de Cervantes foi "atingido no peito por dois tiros de alcabuz e permanentemente mutilado da mão esquerda, que resumiu o estado de espírito cristão: '*O maior evento testemunhado na era passada, presente e futura.*'"[330]

Do ponto de vista militar, Lepanto foi uma façanha técnica e um ato de valentia. Foi também uma compensação às humilhações impingidas pelos turcos durante séculos e um encorajamento. A vitória seria celebrada em toda a Europa cristã com orações e graças, cunhagem de medalhas comemorativas e numerosas representações plásticas. Contudo, quase nada ficou decidido, do ponto de vista político. Devido às próprias perdas e ao avançado da estação, a armada da Liga teve que regressar à Sicília. Os turcos, por sua vez, a despeito das numerosas baixas, mantinham em seu poder a Ilha de Chipre e, graças aos seus recursos inestimáveis, em breve poderiam refazer-se.

Pela falta de oportunidade de ação, foram surgindo novamente disputas entre os aliados. Espanhóis e venezianos queriam aproveitar a Liga para pôr em prática interesses particulares: Veneza pretendia retomar a Ilha de Chipre; a Espanha pretendia exterminar os focos de piratas que ainda resistiam ao norte da África e somente o Papa Pio V referia interesses gerais da cristandade. E ele (o papa) venceu. A armada voltou a reunir-se em Messina e na primavera de 1572 realizou uma campanha ofensiva contra os turcos no Mediterrâneo Oriental. Com a morte desse papa, em 1º de maio de 1572, Felipe II, estando ocupado com a guerra de Flandres

---

[328] Prada, op. cit., p. 132.

[329] Cervantes permaneceu recluso na prisão de Argel durante mais de cinco anos, até pagar o próprio resgate. Discretamente, refere sua experiência africana na *História do cativo*, intercalada na primeira parte do *Quijote* (Quixote). Nesse trabalho o autor relata a história de um prisioneiro de Argel a quem salva a moura Zoraida, que pretende abraçar o cristianismo. Cervantes já havia abordado esse tema nos *Banhos de Argel*, onde, em tom de comédia, invoca os amores de um cativo, don Lope, e a formosa moura Zahara.

[330] Crowley, Roger, op. cit., p. 380.

e bem-sucedido na França, aproveitou-se desse passamento para ordenar a Don Juan que suspendesse a saída das galeras espanholas.

O descontentamento em Veneza e em Roma era evidente e a Espanha foi acusada de estar voltada apenas aos próprios interesses. Em face de tal tormenta, Felipe II teve que reconsiderar, autorizando logo às galeras realizarem uma expedição contra Morea. A armada da Liga nutria a esperança de que a população cristã que ali vivia sob o jugo turco tomasse as armas assim que os vissem aproximando-se. Mas isso não aconteceu.

A armada turca, sentindo-se em desvantagem, evitou o combate. Distante de suas bases, sem porto onde poder recalar, a armada cristã ficou imobilizada, impossibilitada de dar o golpe fatal no Islã. Diante da derrota, os venezianos, prejudicados financeiramente há muito tempo pela interrupção do comércio com o conjunto dos países do Mediterrâneo Oriental (Turquia, Síria, Egito) e Ásia Menor, recorreram à intermediação de um diplomata francês e firmaram um tratado de paz com a Turquia no dia 7 de março de 1573, mediante condições desfavoráveis: Veneza renunciava à Ilha de Chipre e aos territórios que perdera em Dalmácia; devolveria suas conquistas na Albânia, ficando ainda obrigada a uma indenização considerável ao sultão.

Na Espanha, uma vez superado o impasse de tal notícia, o governo sentiu-se livre para que Don Juan se dedicasse exclusivamente ao objetivo espanhol, no que se referia ao norte da África.[331] E então a armada espanhola avançou contra Túnis, tomada sem grandes impasses no dia 11 de outubro de 1573. Diante dessa vitória tranquila, o general espanhol, que aspirava a uma coroa, retornou a Nápoles a fim de dar continuidade às suas maquinações políticas.

Carente de qualquer recurso e impossibilitada de conseguir o apoio de um forte armado, Túnis capitulou ao ataque de uma frota turca em 1574.[332] Pouco antes, os argelinos tomavam dos espanhóis La Goleta, que lhes pertencia desde 1535.

O insucesso espanhol ocorrido três anos após o incidente em Lepanto confirmava o poderio turco muçulmano na região, marcando o último avanço bélico hispano-turco (ou cristão-islâmico) no Mediterrâneo. O acontecimento compensava os turcos pela humilhação em Lepanto, impondo à Espanha a inquietação quanto à defesa de seu espaço marítimo. Havia muita preocupação quanto à defesa do Mediterrâneo. Contudo, o

[331] Sobre a atuação do personagem, ver: Hanson, Victor Davis. Op. cit., capítulo 7, p. 333-393. Ver também Cloulas, Ivan, op. cit., p. 134.
[332] Hanson, Victor Davis, op. cit., p. 340.

império turco não comemorava só vitória: havia desordens internas de origem econômica e política, obrigando o sultão a voltar as costas para a Europa.

Reviver enfrentamentos implica entender que a paz entre as nações depende de grandes concessões de cada uma das partes envolvidas. Em algumas ocasiões, em política, é preciso esquecer os escrúpulos em favor do bem comum. No caso em questão, Espanha e Turquia sufocaram suas respectivas suscetibilidades e dedicaram-se a negociações de paz em 1574, firmando um pacto de trégua em 1578; sucessivamente renovada, a trégua resultou benéfica para ambas as partes, no espaço mediterrâneo; o século XVI favoreceria o livre trânsito de navios ingleses e holandeses, constituindo para a Espanha um trunfo diplomático, uma vez que o império otomano já não causava o temor de outrora. Apesar de tudo, a questão interna de Espanha contra o Islã continuava; desventuras o aguardavam. A fortuna acenava novas conquistas para o reino de Felipe II.

A Ibéria se une novamente

Em 1580, estava encerrada em Portugal a importante dinastia de Avis. Com a morte do cardeal Dom Henrique, a coroa lusitana passou para o domínio espanhol, a compor a desejada *Unión Peninsular*, que teve início com Felipe II,[333] atravessou o reinado de Felipe III e percorreu parte do mandato de Felipe IV, até 1640, quando o trono português foi restaurado com a coroação de Dom João IV, duque de Bragança, dando início a uma nova dinastia.

Para apoderar-se do trono português, Felipe II enfrentou muitas dificuldades. A aclamação de Dom António (descendente dos soberanos portugueses), em 15 de junho de 1580, como rei de Portugal, foi transitória.[334] Felipe II o declarou rebelde, e quem se unisse a ele seria condenado à pena de desterro. Ordenou seu exército a cruzar a fronteira de Portugal e, em 8 de julho de 1580, o duque de Alba instalou suas baterias frente a Montemor, uma das cidades fortificadas de Portugal, que imediatamente capitulou. Em 16 de julho, entrou com facilidade em Setúbal e a saqueou.

[333] Felipe II da Espanha e I de Portugal.

[334] Ver: Serrão, Joaquim Veríssimo. *História de Portugal* – Vol. IV, Governador dos reis espanhóis, 1580-1640. Lisboa: Editorial Verbo, 2007, vol. 4.

Dom António recorreu ao socorro do papa Gregório XIII, que tentou persuadir Felipe II, mas a decisão do rei quanto a fazer valer os seus direitos continuou inalterada. As cortes de Tomar, em 1581, deram ensejo a uma nova era.[335] A conquista de Portugal foi efetivada num clima de devastação, desastre econômico e demográfico, pois a peste se alastrava, arrastando para a morte conquistadores e conquistados. Em meio ao terror, a forte epidemia se expandiu, indo alcançar toda a Europa. Nem mesmo Felipe II escapou da doença que matou sua esposa e dois de seus filhos, restando-lhe apenas o frágil Felipe, com apenas dois anos, que mais tarde sucederia ao pai como Felipe III. Resignado, Felipe II aceitou os desígnios divinos que também lhe concedera, com a coroa portuguesa, as imensas riquezas que exploraria nas terras da África, Ásia e América Portuguesa, já que a América Espanhola lhe pertencia desde 1492.

Antes de iniciar a exploração de sua herança, Felipe II procurou submeter os novos súditos à sua vontade. Assegurado pelo duque de Alba de que tudo estava pacificado, o rei partiu da Espanha para Portugal, cuja entrada triunfante em Lisboa se deu em 29 de junho de 1581.[336] Mas era preciso exterminar o fantasma do rei Dom Sebastião. Por isto, fez celebrar solenemente as exéquias do rei imprudente, usando um cadáver cedido pelos marroquinos, em cujo país ele desaparecera durante uma batalha que, na ocasião não contara com a conivência de Felipe II.

O corpo foi transportado para Belém, onde, em 11 de dezembro de 1582, na presença do rei e da corte, o ataúde baixou à cripta da família real.

A partir dessas exéquias, portugueses e castelhanos viveram de comum acordo na exploração das riquezas do mundo. Uma façanha que foi compartilhada pela ambição dos piratas contrários ao monopólio hispano-português, a explorar o Oriente e o Novo Mundo.[337]

Ivan Cloulas lembra que, ao anexar-se a Castela, o Estado português

[335] Mattoso, José (org.). *História de Portugal* — 3° volume: No alvorecer da modernidade 1480-1620. Lisboa: Estampa, 1997. No mesmo ano, de 1581, o rei espanhol foi é destituído da soberania das Províncias Unidas. Tudo começou a 23 de Janeiro de 1579, quando se deu a união dos Estados protestantes dos Países Baixos, Zeeland, Utrecht, Guéldria e a província de Grominga na União de Utrecht. Essa União levaria mais tarde (1581) à independência de Espanha, formando as Repúblicas das Sete Províncias dos Países Baixos, também conhecidas como os *Estados Gerais* ou por vezes como a *República Holandesa.*

[336] Cloulas, Ivan, *Felipe II*, p. 307.

[337] Ver: Crowley, Roger. *Impérios do Mar* – a batalha final entre cristãos e muçulmanos pelo controle do Mediterrâneo 1521-1580 (trad. Fátima Marques). São Paulo: Três Estrelas, 2014.

se provia das divisas em metais preciosos, como o ouro das Antilhas, a prata do México e do Peru. Os meios comerciais e bancários, assim como a alta nobreza associada a eles, só podiam aplaudir tais novas perspectivas de comércio nos momentos em que o ouro da Guiné sofria uma crise de produção.[338]

Os documentos atestam que, durante os 60 anos em que Portugal e suas conquistas permaneceram sob o domínio espanhol, a Coroa esteve ocupada com guerras marcadas por sucessivas derrotas e vitórias.

A tomada do império português com as suas possessões de ultramar transformou o império de Felipe II numa verdadeira monarquia universal. Suas frotas marítimas percorriam livremente todos os mares trazendo ouro, açúcar, seda, marfim, porcelanas e especiarias do Oriente, da África, e das Américas Portuguesa e Espanhola, assegurando ao tesouro real as riquezas de que necessitava.

A união das coroas ibéricas resultou a intensificação do controle religioso e, consequentemente, a perseguição aos hereges, alcançando-os nas suas possessões. Havendo várias infrações contra a fé católica, era necessário que o Santo Ofício exercesse muita repressão e, por conseguinte, muita condenação. E a oficialização das condenações orientou os procedimentos da Santa Inquisição. "Era notório que a estrutura hierárquica da Inquisição e seu funcionamento sofriam interferência do poder monárquico, que criara uma máquina burocrática ampla e complexa"[339]

A partir daí, os tribunais inquisitoriais atuariam com maior intensidade contra os hereges na nova Coroa conquistada. Tendo gozado de uma tolerância palpável nas terras portuguesas, *infiéis*, de agora em diante, seriam o alvo principal da ânsia do confisco espanhol, tendo a seu favor o incentivo às denúncias, contido nos Regimentos.

A Coroa Espanhola precisava criar mecanismos de controle de suas

---

[338] Cloulas, Ivan, *Felipe II*, p. 310.

[339] Os autores José Eduardo Franco e Paulo de Assunção enfatizam o cerceamento das práticas judaicas e mobilização dos cristãos novos invadindo as colônias da Coroa na América, principalmente na América Espanhola. Por isso, logo no início de sua gestão como Senhor absoluto da Península Ibérica e suas colônias Felipe I de Portugal adotou medidas passíveis de garantir a imposição da fé católica e as finanças de seus cofres. "Além da publicação do catálogo de livros proibidos nas cidades e vilas, o Cardeal (Cardeal Arquiduque de governou Portugal de — 1583-1593 sendo também inquisidor geral) determinou que Frei Bartolomeu Ferreira visitasse todas a livrarias de Lisboa e os livreiros ambulantes a fim de verificar o comércio de livros [...] A importação de livros deveria ser submetida a um controlo prévio" Franco, José Eduardo & Assunção, Paulo de. *As Metamorfoses de um polvo*, op. cit., p. 53-4.

ações entre os tribunais que, na época, só era possível por meio das correspondências que, pelas nossas pesquisas, podemos acrescentar terem sido intensas, apesar de morosas. Mesmo assim, elas impediam que um infrator se refugiasse nas imediações de um outro tribunal, conforme demonstraremos mais adiante, quando Felipe III expulsou definitivamente os mouros que ainda viviam no reino ibérico.

O material compilado por Isaías Rosa Pereira, intitulado *A Inquisição em Portugal* – séculos XVI-XVII – período Filipino, traz farta informação a respeito do conteúdo das correspondências dos reis Felipes, quanto ao controle e penalidades contra pessoas de outras religiões. O domínio filipino fez recrudescer em Portugal os autos de fé.

Um grande império se formava sem, contudo, ser homogêneo e estável. Inúmeros problemas sondavam a Coroa e suas riquezas. O assédio de piratas e comerciantes minava as bases comerciais espanholas, os antigos *infiéis* perseguidos tinham obtido o refúgio e a tolerância do trono português.

A Espanha ajustava-se às estruturas existentes, mas a interferência dos *infiéis* nas praças comerciais mais caras à Coroa exigia a adoção de medidas mais enérgicas para inibir a ação nefasta deles (os *infiéis*) incidindo sobre o erário real. A política dos monarcas valeu-se da estrutura inquisitorial enquanto instituição nacional e ibérica – porque ela poderia equalizar o desequilíbrio da presença e tolerância de um lado, perseguição e punição do outro. Para uma ação coesa, fazia-se necessária a reformulação de procedimentos. Somente uma lei mais rígida poderia assegurar à Coroa o controle sobre sua nova conquista. Em vista disso, "a União Ibérica impôs a reformulação das normas do Tribunal do Santo Ofício, tendo em vista o poder político estar centralizado em Madrid. Em 1601, D. Jorge Ataíde, inquisidor-geral, censurou, em uma missiva, os conselheiros por terem comparecido a uma reunião convocada pelo vice-rei. Por isso, a Inquisição portuguesa enviou agentes à corte a fim de tratar dos assuntos do Santo Ofício diretamente com o monarca,"[340] na época, Felipe III de Espanha.

Anteriormente, em Portugal a partir de 1541, o Cardeal Dom Henrique começou a ditar normas regulamentando alguns temas do inquérito instaurado pelo Santo Ofício contra os denunciados por práticas heréticas. Em 1552, era publicado o primeiro Regimento regulamentando, ainda de forma débil, os procedimentos que facultavam ao Santo Ofício salvaguardar a nação lusa dos malefícios advindos dos *infiéis* e dos demais desvios de

---

[340] Franco, José Eduardo & Assunção, Paulo de. op. cit., p. 57.

conduta. Essa forma de assepsia religiosa assegurava o fortalecimento do Poder do Estado, cujo monarca gerenciava todos os atos.

Embora o conteúdo do Regimento de 1552 fosse reduzido se comparado aos seguintes que o complementaram, teve grande importância na regulamentação das normas e práticas inquisitoriais portuguesas, até 1613. Sua redação recebeu o tratamento de instruções, dividida em capítulos, sem divisão de títulos como os demais.

Percebe-se que a Inquisição portuguesa, nesse documento, assumia formalmente o dever de aplicar penas pecuniárias e de confiscar os bens das pessoas julgadas por suas culpas.[341] Havia uma evidente cumplicidade entre o poder temporal e o espiritual.

Esses e outros motivos eram causas religiosos e econômicas para que a Coroa se tornasse sempre mais ávida pelas confiscações dos bens dos hereges e do seu estar no mundo católico a que deveriam ser submetidos, uma vez que a reconciliação era parcial: os acusados continuavam infames de direito, mesmo depois de abjurarem. Permaneciam-lhes vedados, e aos seus descendentes, ofícios e benefícios e até vestimentas e ornatos, tidos pelo Tribunal como bens específicos de cristãos-velhos e pessoas que não tivessem pecado contra a santa fé católica.[342]

O Regimento de 1613 facultava ao Santo Ofício um rastreamento mais completo sobre as formas de representação herética, para identificar e indiciar as pessoas praticantes de rituais proibidos pela santa fé católica. Tratava-se de uma forma de repressão que ampliava o poder da Inquisição para alcançar os hereges onde quer que estivessem. Os *infiéis* deveriam

---

[341] *Instrucciones* fechas en Valladolid: Año de 1488, por el Señor Prior, capítulo I. Fernando Ayllón estuda o período de crise (1621-1700), dizendo que a mudança de século encontrou a Espanha em sérias dificuldades a partir da derrota da *Armada Invencible* que havia entregado o controle dos mares à Inglaterra, debilitou as comunicações da metrópole com suas colônias, pondo em risco a segurança da própria Península Ibérica. O autor lembra que a política exterior de Felipe III (II de Portugal) foi marcadamente pacifista, mas subsistiram dificuldades pelo poderio que a Espanha ainda conservava na Europa e outras potências o disputavam. Com a sua morte, em 1621, Felipe IV fez recrudescer guerras, extinguindo a Trégua dos Doze Anos com a Holanda, os ataques a Cádiz, em que os ingleses foram rechaçados e a recuperação do Porto da Bahia, no Brasil. Ayllón, Fernando. *El tribunal da la Inquisicion – de la leyenda a la historia*. Perú: ediciones del Congreso de la República del Perú, 1997, p. 383 — 87.

[342] *Regimento do Santo Ofício de 1613*, Tit. III, capítulo V.

aderir ao discurso inquisitorial.[343]

Contudo, a Coroa Espanhola dominaria dois universos heréticos distintos, com características específicas, pretensões e motivos díspares, incluindo a interferência cultural. Na verdade, a Inquisição, antes, durante e depois da União Ibérica fez surgir um universo delituoso, tanto em Portugal como na Espanha. A Inquisição marcava as pessoas pela sua origem, aviltando-as perante a sociedade, desde o seu nascimento. Este é um dos temas das parcelas seguintes deste trabalho, contendo análise de processos inéditos da Inquisição de Lisboa.

Durante a sua trajetória como poderoso imperador, Felipe II se esforçou para manter a ordem política e religiosa no Ocidente (1560-1570); defendeu o Mediterrâneo e guerreou o Islã entre 1559 e 1578; sustentou a guerra nos Países Baixos entre 1572 e 1584, embora tivesse perdido as Províncias Unidas, em 1581.

No Atlântico e nas Índias, lutou entre 1559 e 1583. Organizou uma expedição contra a Inglaterra durante 1584 até 1589; procedeu a uma intervenção militar na França. Em 1589, Enrique de Navarra converteu-se ao catolicismo e Felipe o converteu em rei de França como Enrique IV, no tratado reconhecido como Paz de Vervins.[344]

No dia 13 de setembro, Felipe II faleceu em seu aposento, no Escurial.

---

[343] Souza, Laura de Melo e. *O diabo e a Terra de Santa Cruz*, São Paulo: Companhia das Letras, 1995, p. 308. É preciso considerar que estamos discutindo a culpa a partir da religião católica, implantada na Europa, e a dificuldade de o Santo Ofício trabalhar a questão com os negros que professavam outra crença, sem culpa, tida pelos inquisidores como superstições, logo, condenáveis. Os judeus, por sua vez, firmes em sua fé, defendiam um discurso próprio, adquirido pelas suas leituras de textos dos livros sagrados, sem a interferência de pregadores.

[344] Nascido calvinista, mudou de religião após a matança de São Bartolomeu, em 1572, e depois retornou à sua fé. Porém, tornado rei da França, tratou de voltar-se novamente à fé católica mediante a declaração de Saint Cloud, por se comprometer a manter os direitos da religião romana e instruir-se nela pessoalmente. Unindo-se a outras personalidades, formaram o partido dos "católicos realistas". Cf.: Prada, V. Vasquez de. *Felipe II*, 2ª ed. Barcelona: Editorial Juventud, 1990, p. 183.

Capítulo 2

FELIPE III

"Dios que me ha dado tantos reinos
no me ha dado un hijo capaz de gobernarlos.
Temo que me lo gobiernen."
(LACARATA, Manuel. Felipe III,
Madrid: Alderabán, 2003, p.49)

Um rei polêmico

Muitas desditas seriam preparadas contra os seguidores do Islã que ainda insistiam em permanecer no território espanhol. Como se verificará, Felipe III não teria nenhuma condescendência, após perceber que qualquer tentativa quanto a convencê-los a abraçar livremente a fé católica seria vã. Todas as práticas, coercitivas ou não, impostas por seus antecessores, demonstraram inconsistência, ante a firmeza da convicção dos mouros na fé islâmica. Nem mesmo Felipe II foi bem-sucedido em tal mister. Antes de entrar no terreno movediço que aguardava o sucessor do poderoso herdeiro de Carlos V, observemos quem foi e como montou o seu governo. Por que alguns críticos não o poupam em suas análises?

Felipe III (1578-1621) marcou o seu reinado de forma inusitada e por isso o perfil que muitos críticos traçam dele o diferencia de seus antecessores. Ricardo Garcia Cárcel acusa-o de apático[345] enquanto Cristóbal de Castro, citado por Manuel Lacarta, afirma que Felipe III "não era um homem apático nem príncipe indolente imerso nas delícias maliciosas da quietude. É falso, ainda que comum, a ideia de supor que não se ocupava do governo; que o abandonava de forma absoluta. Este Rei de validos e privados era governante e político. Estão aí para prová-lo, entre outras muitas, suas cartas aos Príncipes de Itália. Todas concebidas por ele e até

[345] Cárcel, Ricardo Garcia. *Revista La Aventura da la História*, editada em Madri, em 1999, p. 46.

por ele dirigidas; como era sua a direção da política externa. Vejam as consultas ao Ministro, nada mais que simples opiniões, que ele, depois, escutava ou não escutava."[346]

Dentre os validos constava o Duque de Lerma e o Conde de Olivares; ao primeiro, dizem os críticos, Felipe III entregou suas funções, alienando-se quanto à forma como elas seriam conduzidas. Stella afirma que, a partir de Felipe III, "o valido assumiu o papel mais importante do secretário de Estado, que era o despacho 'a boca' com o rei. Consistia em reunir-se com o monarca para informar-lhe sobre os diversos assuntos e consultas que aguardavam resposta e solução. [...] Os validos absorveram dos secretários de Estado a faculdade de comunicar-se verbalmente com o monarca e poder de gozar de sua confiança," ficando vagas as tarefas burocráticas que foram preenchidas pela criação do cargo de Secretário do Despacho Universal.[347]

Cristobal Castro cita na sequência alguns trechos de comunicações do príncipe, como este: "*Cuando en Europa hizo la paz, la hizo por ganar la guerra que no podia ganar. Cuando hizo la guerra, lo hizo siempre por la paz...*" (Quando na Europa fiz a paz, fiz para ganhar a guerra que não podia ganhar. Quando fiz a guerra, o fiz sempre pela paz).[348]

O autor refere a boa relação do príncipe com seus filhos e esposa, mas "sua figura não era imponente nos negócios de Governo". Ao compará-lo com Carlos, o Imperador, diz que Felipe III não era nem guerreiro, nem batalhador – "não era aquele raio luminoso da guerra, general maior do Reino."[349]

De qualquer forma, ambos, Cárcel e Lacarta, são unânimes nas referências ao compromisso do príncipe com o seu governo e na afirmação de que Lerma era dono da total vontade do monarca, pois agia por conta própria e o que não fizesse era somente porque não o desejava. Assim, dispondo da vontade do rei, quem não se deixasse conduzir por ele negociava mal ou tardiamente. Cárcel lembra que há indícios de que a onipotência de Lerma era incerta, porque sua ambição desmedida não lhe deixou tempo para mandar. Sua frivolidade e tendência para a corrupção logo influenciaram Felipe III, um rei singularmente religioso (para a desdita dos

[346] Castro, Cristobal. *Felipe III*, Madrid, Biblioteca Nueva 1944, p. 8 e 9. Citado por Lacarta, Manuel, op. cit., p. 49.

[347] Stella, Roseli Santaella (op. cit., p 36), baseia-se nas pesquisas de Escudera, Jose Antonio em *Las Origenes del Consejo de Ministros en España*, p. 23-4.

[348] Idem.

[349] Ibidem.

muçulmanos) e enamorado de sua esposa, Margarida de Áustria, cujas bodas, realizadas em Valência, em 1599, mereceram de Lope de Vega o auto sacramental "El peregrino en su patria," em que relata a pompa luxuosa que, por coincidir com o Carnaval, alcançou níveis incríveis. As despesas implicaram dez por cento dos ingressos da Fazenda em 1599.[350]

Felipe III, pelo seu caráter, nunca esteve à altura das exigências messiânicas em que se desenvolveu o reinado de seu pai, seu primeiro crítico: "Deus que me deu tantos reinos, me negou um filho capaz de regê-los."[351] O embaixador de Veneza, Soranzo, por seu turno, em 27 de setembro daquele ano de 1598, catorze dias após a morte de Felipe II, escrevia: "Com os meus próprios ouvidos escutei o oficial a serviço da coroa de Castela declarar que agora sabia o que valiam os espanhóis, já que estavam com as mãos livres, não estando mais sujeitos a uma só cabeça, que acreditava saber tudo o que podia saber e que tratava a todos os demais como estúpidos."[352]

A comprovação da realização dessa expectativa foi o papel exercido pelo partido da continuidade, formado pelos ministros e Junta anteriores, como Dom Cristóbal de Moura, Don Juan de Idiáquez, o Marquês de Velada, o Conde de Chinchón, Rodrigo Vázques, presidente de Castela; Dom Pedro Portocarrero, bispo de Córdoba e Inquisidor Geral, Garcia de Loaysa, arcebispo de Toledo, que fora protetor do rei, o terceiro Felipe.

Quatro horas após a morte de seu pai, afirma Manuel Lacarta, Dom Felipe recolheu-se com o Marquês de Denia; e quando Dom Cristóbal de Moura começou a despachar, ordenou a Felipe III, simplesmente, que deixasse ali os seus papéis. Foram logo entregues a Denia, assim como os documentos importantes e as chaves mestras do palácio. Novas iniciativas iam sendo tomadas até que a Junta foi suprimida pelo príncipe sob o pretexto de o órgão ser obsoleto, embora útil durante a enfermidade de seu

---

[350] Sobre o assunto ver a transcrição de documento feita por Manoel Lacarta: D. MARGARITAE AUSTRIAE /D. FELIPP. III./ HISPANIARUM REGIS POTENTISSIMI/UXORI CHARISSIMAE/R.P.Q.R./DICAVIT ANO DOMINI 1599. Lacarta, Manuel. *Felipe III — Poco rey para tanto reino.* Madrid: Alderabán Ediciones, 2003., p. 54-7.

[351] Cárcel, Ricardo Garcia, op. cit., p. 49. Ou, "Dios que me ha dado tantos reinos no me ha dado un hijo capaz de gobernarlos. Temo que me lo gobiernen."

[352] "Con mis proprios oídos escuché al Adelantado de Castila declarar que ahora se sabría lo que valían los españoles, ya que tenían las manos libres y no estaban más sujetos a una sola cabeza, que creía saber todo lo que se podía saber y que trataba a todos los demás como estúpidos." Lacarta, op. cit., p. 43.

pai (Felipe II), para dar lugar ao restabelecimento do sistema de Conselho de Estado e de Guerra. Durante oito semanas após a morte de Felipe II, seu filho, o rei, convocou não menos do que oito reuniões.

Assim, os Conselhos de Estado e de Guerra passaram a participar da aristocracia, invertendo os interesses do reinado anterior, quando as pessoas, agora investidas do caráter de conselheiros, eram apenas funcionários de Estado. Suprimida a Junta que o ligava a seu pai, acomodou-a ao Conselho de Estado, com notável aumento de seus membros.[353]

Atenuando a opinião dos autores citados, Roseli Santaella Stella explica que "em meados do século XVI, o Estado espanhol constituía-se em um conjunto de territórios subordinados ao poder de um soberano comum. Cada qual apresentava cultura e, por vezes, etnia diversa, sendo regido por suas próprias leis. O monarca centralizava o poder através dos órgãos criados para atendê-lo na condução do governo central e de seus vários territórios, variando esse aspecto conforme atuava o valido, figura típica da época, a partir de Felipe III. O valido ou privado era o homem de confiança do rei, com o qual dividia as responsabilidades. Assumindo boa parte das tarefas, atenuava as preocupações do monarca quanto ao governo; no exercício de suas funções, era natural que partilhasse do poder real."[354]

Pelo fato de esta parte da pesquisa adotar como foco principal as decisões dramáticas de Felipe III em relação aos mouros no território Ibérico, não podemos nos aprofundar na discussão sobre o caráter e o governo,

[353] Dom Bernardo de Rojas, Bispo de Jaén e Cardeal da Igreja, a quem se daria a vaga de Toledo, após García de Loaysa, que era tio do Marquês de Denia; o Conde de Miranda, que fora vice-rei de Catalunha e de Nápoles, que foi posto na presidência de Castela, e cujo herdeiro, Diego López de Zuñiga, contrairia matrimônio de Dona Francisca, a terceira filha do marquês do Marquês de Denia; Martín de Padilha, *Adelantado Mayor* de Castela e Capitão General das Armas e do Mar, cuja filha María Ana, contrairia matrimônio com Cristóbal, primogênito do Marquês de Denia; o Príncipe Juana Andrea Doria, Duque de Tursi e Princípe de Melfi, sobrinho do legendário *condottiere* Andrea Doria; o Conde de Fuenetes a quem foi atribuído o governo de Milão; o Duque de Medina-Sidonia, Capitão General do Mar Océano e Costa de Andaluzia, Contestável de Castela, Governador de Milão etc., cujo filho Manuel Pérez De Guzmán, Conde de Niebla contrairia matrimônio com Dona Juana, a primogênita do Marquês de Denia etc. Lacarta, op. cit p. 45-7 Lacarta se estende em intermináveis nomeações e matrimônios de conveniência, provando que a estrutura do governo, sob Felipe III, estava mudada, contrariando os projetos de seu pai.

[354] Stella, Roseli Santaella, *O domínio Espanhol no Brasil durante a monarquia dos Felipes*, São Paulo: Unibero/CenaUn, 2000, p. 17.

mas é possível que as censuras que hoje lhe fazem os historiadores incidam na falta de carisma de um rei normal. A sociedade espanhola de 1598 estava tão saturada de anomalias e de excessos carismáticos, que as acusações se voltavam para o abandono de funções e a total alienação a respeito de um personagem como o Duque de Lerma. Tendo sobrevivido ao rei em quatro anos, o duque apregoava: "Más temo yo a mis años que a mis enemigos" (Mais temo a minha idade do que aos inimigos);[355] em 1598, estava toda a sociedade espanhola sob seu jugo.

Comparando pai e filho, os cronistas perguntam se era preferível o excesso de compromissos fora da realidade de Felipe II. Julgam Felipe III destituído das qualidades necessárias para dar conta das atribuições políticas que aquele reino de tão grandes proporções geográficas exigia, pela sua diversidade. Posteriormente, seu filho, Felipe IV,[356] seria acusado de levar a Fazenda à bancarrota.

Para Felipe III, dizem os cronistas, nada era suficiente. Os anos de seu reinado foram de expansão nos envios de prata americana. Circulava tanto dinheiro pelos caminhos que o bandoleirismo catalão roubou uns 200.000 ducados, só em 1614. As quadrilhas eram tantas que chegaram a reunir uma centena de membros. Apesar de os vice-reis adotarem as mais diversas medidas para controlar os desvios das riquezas, a rota de metal precioso, somente entre Barcelona e Gênova, estava sempre na mira da rapina.

Quanto às riquezas do Brasil, o Conselho da Índia, em 29 de maio de 1607, acusou o recebimento de uma carta do capitão-mor de Pernambuco, datada de 30 de março do mesmo ano, em resposta aos avisos que recebera do monarca sobre quatro naus que os holandeses armavam para saquear aquela capitania. Alexandre de Moura dizia que as naus realmente tinham chegado a Pernambuco, mas seus objetivos haviam sido malogrados, pois, avisados, os moradores puderam sair de suas fazendas no sertão a fim de defenderem a capitania.[357]

---

[355] Idem.

[356] Felipe IV de Espanha, o Grande, nasceu em Valladolid, a 8 de abril de 1605, filho de Felipe II de Portugal (III de Espanha) e de D. Margarida de Áustria, neto de Felipe I de Portugal e de D. Ana de Áustria, bisneto de Carlos V e da portuguesa D. Isabel, filha de D. Manuel I, o Venturoso, e de D. Maria, filha de Felipe I de Espanha.

[357] AGS, SP 1476, 29/05/1607, p. 318 e AGS 1476, 24/04/1607, p. 269r, Apud Stella, Roseli Santaella, op. cit., p. 230.

Com relação à pirataria (tema objeto da Quinta Parte deste estudo), "Quando não era possível a obtenção do açúcar brasileiro através do comércio ilegal ou do saque, as caravelas que transportavam o produto eram abordadas em alto mar. Em fevereiro de 1607, o Conselho da Índia discutiu providências a serem tomadas para evitar tamanho prejuízo, posto que Felipe III informara que os holandeses proviam com o açúcar brasileiro a Inglaterra, a França, a Alemanha e parte da Itália."[358]

Queiroz Veloso afirma que "à frente das riquezas da Nova Espanha brasileira estava o açúcar. Para o plantio e moagem da cana tornava-se, porém, indispensável multidão de negros, pois o índio se furtava por todos os meios à escravidão. Só a África podia fornecer os milhares de escravos destinados ao duro trabalho braçal: a Companhia da Índias Ocidentais mandara então conquistar a Mina, enquanto se não estabelecia em Angola, enorme armazém de carne humana, facilmente aberto ao hediondo tráfico."[359]

Um estudo mais apurado sobre as atividades desse rei, tão severamente criticado, poderia levar a novas conclusões a esse respeito e sua forma de governar.

Mesmo assim, não se pode negar que todo o dinheiro arduamente recolhido era insuficiente para cobrir os gastos suntuosos da corte. Contudo,

---

[358] AGS, SP 1476, 07/02/1607, p. 246r-v e 249r. *O provimento dessas nações com o açúcar brasileiro é também comentado na consulta do Duque de Lerma em* AGS, SP 1476, 30/01/1607, p. 251r. Apud Stella, Roseli Santaella, op. cit., p. 230. A mesma autora cita a preocupação de Felipe III quanto à forma como o pau-brasil vinha sendo explorado. Havia uma devassa e concomitante desvio do produto pelos piratas, sendo necessário averiguar as condições do corte do pau-brasil negociado. Em julho de 1605, Felipe III comunicava ao vice-rei sua preocupação a esse respeito, *podendo causar em pouco tempo sua total extinção por ser de espécie que não tornava a brotar.* Lorimier Fernandes afirma que em 1610, *os holandeses prepararam navios corsários e capturaram navios portugueses carregados, com destino a Portugal. Em 1616, capturaram vinte e oito navios e setenta em 1623. Tomaram, sem grandes dificuldades, a Bahia em 8 de maio de 1624, e em 1630 tomavam Pernambuco.* Fernandes, Dirce Lorimier. *A Inquisição na América*, 2024, p. 102. (Denunciações Almeida, Candido Mendes — reprodução "fac simile" Fundação Calouste GulbenKian) *Ordenações Filipinas*, Livros II e III, Rio de Janeiro, 1870, p. 443. (Biblioteca História -FFLCH, USP, 48652) de 1618. In: *Anais da Biblioteca Nacional do Rio de Janeiro*, XLIX, p. 77.

[359] IN: Baião, António *et alii* (org.). *História da Expansão Portuguesa no Mundo*, Vol. III. Lisboa: Editorial Ática, 1940, p. 123.

considerando a falta de uma política mais criteriosa, a sangria financeira não foi tão maciça conforme poderia ter sido. Com base na descrição do caráter de Felipe III, o período de 23 anos comprometeu muito as aspirações de Felipe II, quanto a tornar a Espanha o país mais poderoso de todos os tempos. O poder espanhol teve uma forte curva ascendente iniciada pelo rei Carlos V, prorrogada por seu filho Felipe II, em cujo transcurso de governo já se notava a iminência de quedas e o desfecho começou a ocorrer com Felipe III, e o IV, ao perder a Coroa Portuguesa, perdeu com ela as suas ricas colônias.[360]

Porém no trato com os mouros, percebe-se uma contradição em suas drásticas decisões, lembrando que fora acusado de apatia pelos seus críticos.

Felipe III decreta a expulsão dos Mouros

Na Espanha, em 1602, em pleno auge do poder do Santo Ofício, sob o governo de Felipe III, havia uma campanha para integrar as minorias de origem estrangeira, como já acontecera no reinado de Felipe II. A pressão contra a presença dos mouros era intensa e a decisão de expulsá-los foi retomada depois que o patriarca Ribera, arcebispo de Valência, expusera ao rei os seus motivos. Trata-se de um memorial expedido no final de 1601, seguido de outro em 24 de janeiro de 1602, requerido pelo rei, em vista da impossibilidade de convertê-los e da necessidade de remover os mouriscos livres residentes em Castela, Andaluzia e Estremadura, remanejando-os para Valência e Aragão, onde os interesses eram outros e se concentravam as duas terças partes da população.

Na época, em pleno auge do poder do Santo Ofício, os mouriscos, às vezes, conseguiam aplacar as medidas adversas contra a sua comunidade, mediante a "entrega de dinheiro" – *servicios* – ao Estado, em troca de privilégios semelhantes aos dos cristãos-velhos, conforme o documento

[360] Ver Fernandes, Dirce Lorimier. *A Inquisição na América*: Normas e práticas (1580-1640). In: Barreto, Luís Felipe et Alii, *Inquisição Portuguesa*: Tempo, Razão e Circunstância, Lisboa — São Paulo: Prefácio, 2007, p. 317-330.

emitido pelo rei, em Madri, no dia 7 de novembro de 1602.[361] Felipe III expediu ao mesmo tempo uma ordem aos treze procuradores comissários dos naturais que se juntaram à corte para tratar de serviços em favor de todos os mudéjares e gazis que viviam e estavam relacionados na Coroa de Castela e León. Eles não deveriam ser desalojados ou desarmados para que gozassem de todos os privilégios concedidos aos cristãos-velhos daqueles reinos. Isentava também os naturais de Granada "por superior permissão e timbre dos Senhores Reis nossos predecessores" [...] Ratificava a garantia de prerrogativas de que gozavam os cristãos-velhos, também naquele reino e que todas as autoridades obedecessem a essa ordem, o Conselho, presidente e ouvidores, corregedores e outras justiças em virtude daquela cédula. Reiterava que permitissem "aos ditos trazer armas sem que por isso sejam molestados, e esta é minha vontade. Feita em Madri, aos sete dias

361 O documento continha a seguinte declaração: "— Prosigue la campaña para integrar a las monorías de origen foráneo. Los moriscos consiguem a veces aplazar las medidas adversas contra su comunidad con la entrega de cantidades de dinero (servicios) al su Estado. A cambio de ello reciben privilegios correspondientes a los cristianos viejos." "El Rey. — Por cuanto los trece procuradores comisarios de los naturales del Reino de Granada que se han juntado en esta nuestra Corte para tratar del servicio que nos han de hacer en nombre de todos los naturales mudéjares y gazis que viven y están alistados en la Corona de Castila y León me han representado la voluntad y cuidado con que a este presente que ahora hacen y a los otros dos servicios que ellos y sus himos y descendientes gocen de todas las exenciones que los demás cristianos viejos de estos nuestros Reinos que no se les echen huéspedes y puedan traer armas; teniendo consideración a lo dicho y a lo que adelante espero me servirán, por la presente doy licencia a vos [blanco] uno de los trece comisarios, vecino de [blanco] para que vos y los hijos que vos y los hijos que teneis y tiviereis todos los dias de vuestra vida y de cada uno de ellos podáis y puedan traer en los lugares donde estuvieseis avecindados y en todos los demás de estos Reinos armas como y de la manera que más cumplidamente las traen y puedan traer los otros exentos naturales del Reino de Granada por superior permisión y executorias de los Señores Reyes nuestros predecesores y que tengan las mismas exenciones que los cristianos viejos para traer las dichas armas no obstante cualesquier leyes o bandos que contra esto haya, que para en cuanto a vos el dicho [blanco] y a cada uno de vuestros hijos los derogo y mando a los de mi Consejo, Presidente y oidores de las nuestras Cancillerías y Audiencias, alcaldes de mi Casa y Corte, gobernadores, corregidores, y otras justicias que en virtud de esta nuestra cédula es de su traslado firmado de escribano dejen traer a los susodichos armas sin que por ello sean molestados, y esta es mi voluntad. Fecha en Madrid a siete dias de noviembre del año 1602." Dominguez Ortiz, *Historia de los Moriscos: vida e tragedia de una minora*. Madrid: Alianza, 1989.A.G.S. CJH, 474, sin num. op. cit.

de novembro do ano 1602."[362] Essa iniciativa, entretanto, não garantiu a permanência dos mouros no território espanhol.

Durante anos, a minoria moura foi considerada um problema tanto religioso como nacional. A fé católica receava que alguns cristãos-novos formassem uma possível "quinta coluna" capaz de ajudar os piratas berberes em seus ataques às costas espanholas. Assim se chegou à expulsão, começando por Valência, num documento contendo treze itens.

Primeiramente, dizia o documento que todos os mouriscos daquele reino, "tanto homens como mulheres, com seus filhos, dentro de três dias da publicação desta ordem, nos locais onde cada um vive e tem sua casa, saiam dela e embarquem no local onde o comissário, que for tratar deste caso, lhes ordenar, seguindo-o e as suas ordens; levando consigo de suas propriedades os móveis, os que puderem em suas pessoas para embarcar nas galeras e navios que estão preparados para levá-los à Berberia, onde os desembarcarão, sem que sejam maltratados, nem molestados pessoalmente, nem o que levarem, de obra nem palavra, advertindo que se lhes proverá do abastecimento que necessário for para seu sustento durante a embarcação e eles, por si, levem também o que puderem. E aquele que não o cumprir e exceder em um ponto do conteúdo desta ordem incorra na pena da vida que se executará de forma irremissível."

Na sequência, o documento diz que, passados três dias da publicação, qualquer mourisco que fosse encontrado fora de seu próprio lugar estaria incurso em pena de prisão, de despojamento de seus bens pela pessoa que o tivesse encontrado. Essa, por sua vez, deveria entregá-lo à justiça do local mais próximo; caso o infrator reagisse, o capturador poderia matá-lo.

Além disso, qualquer mourisco que escondesse ou enterrasse algum pertence que não pudesse ser levado consigo, teria incendiadas as suas propriedades - casas, hortas, pomares etc. – e seria condenado à morte. As propriedades dos desterrados, por ordem do rei, seriam doadas aos "Senhores" (suseranos) dos quais eles eram vassalos.

Para que as casas, engenhos de açúcar, colheitas de arroz e os instrumentos de irrigação (regadios) fossem transmitidos aos novos moradores, o rei estabelecia que a cada cem casas, seis moradores (mouriscos) permanecessem com seus filhos e mulher, desde que os filhos não fossem casados nem tivessem sido; a restrição era estendida aos filhos que estivessem com intenção de se casar e ainda morando com os pais. Os mouriscos eleitos para permanecer em suas propriedades haviam de ser os mais velhos "e

[362] O documento foi dirigido às eminentes personalidades da Corte, "firmada de sua real mão e referendada de Andrés de Prada, seu secretário de Estado."

que só tenham por ofício cultivar a terra, e que sejam dos que mais mostras houverem dado de serem cristãos e mais satisfação se tenha de que se sujeitarão à nossa Santa Fé Católica."

Além disso, as pessoas não mouras que oferecessem qualquer forma de ajuda aos desterrados ficavam incursas à pena de seis anos de galera, dentre outras sanções. Numa demonstração de misericórdia, o rei afirmava no documento que sua intenção não era apenas expulsar os muçulmanos de seus reinos; não pretendia causar-lhes vexame e, para tanto, os enviava à terra de "berberia" de onde dez dos exilados e embarcados na primeira viagem poderiam retornar para confirmar tal propósito aos que ainda seriam desterrados.

O documento admite a permanência de alguns mouros no território espanhol, sob as seguintes condições: os meninos e as meninas menores de quatro anos de idade, sendo órfãos, não seriam deportados se quisessem permanecer e tivessem a aprovação de seus pais adotivos ou curadores. Além disso, meninos e meninas menores de seis anos, filhos de cristãos-velhos, deveriam permanecer com suas mães ainda que fossem mouriscas; porém, se o pai fosse mourisco e a mãe cristã-velha, ele seria deportado e os filhos menores de seis anos ficariam com a mãe.

Poderiam permanecer também os mouriscos que, durante os dois últimos anos, houvessem vivido entre cristãos sem participar das reuniões das aljamas,[363] além dos mouros que estivessem recebendo o Santíssimo Sacramento com licença de seus prelados, que, por sua vez, se entenderia com os reitores dos lugares onde habitavam.

O documento incluía permissão para que os mouros pudessem procurar outros reinos para viver, exceto os reinos da própria Espanha. O documento é finalizado com ameaças de penas implacáveis em caso de qualquer tipo de desobediência. Era o dia 20 de setembro de 1609 e o documento foi assinado pelo marquês de Caracena...[364] Considerando os condicionantes apresentados, não é impossível inferir a respeito dos dramas pessoais resultantes de tal determinação.

Paralela à forma conativa de expressão, com o intuito de influir no comportamento do interlocutor por meio de ordem, pedido ou sugestão ou, fazer que o enunciatário fizesse - fazer /fazer -, como ocorre nos termos do marquês de Caracena, os intelectuais produziam obras satíricas

[363] *Do ár. al-'ajamiia, 'língua estrangeira'.]* Nome dado pelos mouros, na Península Ibérica, ao romance (1) dos moçárabes, escrito em caracteres árabes.

[364] Diaz-Plaja, Fernando. Op. cit., p. 27-9, apud Col. de Documentos Inéditos, t.18, p. 5 y ss.

adotando o tema em suas composições. Miguel de Cervantes, por exemplo, na novela "El coloquio de los perros" (um conto alegórico em que dois cães dialogam), estando nas portas do hospital da Ressurreição, em Valladolid, um dos interlocutores (Berganza) brada:

> "OH! Quantas e quais coisas te poderia dizer, Cipión amigo, Oh! Dessa morisma canalha, se não temesse não poder dar-lhe fim em duas semanas! E se as houvesse de particularizar, não acabaria em dois meses; mas, com efeito, haverei de dizer algo; e assim, ouça em geral o que eu notei em particular dessa boa gente. Por maravilha se encontra, entre tantos, um que creia diretamente na sagrada lei cristã; toda sua intenção é ganhar e guardar dinheiro acunhado e, para o conseguir, trabalham e não comem; em entrando o real em seu poder, não sendo ingênuos, o condenam ao cárcere perpétuo e à obscuridade eterna; de modo que ganhando sempre e gastando nunca, chegam e amontoam a maior quantidade de dinheiro que há na Espanha. Eles são luta, mariposas, suas picadas e suas comadrejas;[365] [...]. Consideremos que eles são muitos e que cada dia ganham e escondem pouco ou muito [...]; e como vão crescendo, vão aumentando os esconderijos, que crescem e hão de crescer ao infinito, como mostra a experiência. Entre eles não há castidade, nem entram em religião eles nem elas; todos se casam, todos multiplicam, porque o viver sobriamente aumenta as causas da generalização. Não os consome a guerra, nem exercício que demasiadamente os cansem; roubam-nos de forma descarada, e com os frutos de nossas herdades, que nos revendem, tornam-se ricos. Não têm criados, porque todos o são de si mesmos; não gastam com seus filhos em estudos, porque sua ciência não é outra que a de roubar-nos." [366]

Havia obviamente um sentimento antimourisco entre a população, afetando especialmente o célebre escritor espanhol, cuja aversão pode ser justificada pelo fato de ter sido encarcerado em Argel.

Nos estudos de Fernando Diaz-Plaza, encontramos a compilação de documentos sobre a opinião de religiosos, ora favorável aos muçulmanos, ora contrários. Vejamos, porém, na citada obra de Miguel de Cervantes, a resposta de Cipión a Berganza, o interlocutor: "Zeladores prudentíssimos

[365] Mamífero carniceiro noturno; mata os ratos e outros animais pequenos, come os ovos das aves, e mata suas crias.

[366] Cervantes, Miguel de. El coloquio de los perros. Disponível https://www.cervantesvirtual.com/obra-visor/el-coloquio-de-los-perros--0/html/ff31b1bc-82b1-11df-acc7-002185ce6064_32.html Acesso em 08 de julho de 2022z.

tem nossa república que, considerando que Espanha cria e tem em seu seio tantas víboras como os mouriscos, ajudados por Deus, encontrarão a tanto dano certa, garantida e segura saída."[367]

Esse hipotético diálogo entre Miguel de Cervantes e o personagem Cipião, o general cartaginês que destruiu Cartago e a História registra como o político que se vingou de Aníbal, é uma forma de buscar aprovação para atitudes contra os mouros pelos presumidos malefícios que eles causavam à Espanha. Constitui uma forma de justificar a repressão a uma cultura contrária ao que impunha a fé católica, a religião que deveria ser observada em todo o território e possessões espanholas da época, conforme já referimos.

O problema dos mouriscos espanhóis (os moçárabes), aos quais era imposta a penalidade de desterro, negando-lhes o direito de viver em sua pátria, está refletido na queixa de "Ricote", uma das personagens de Miguel de Cervantes, na obra Dom Quixote de la Mancha. A personagem reclama com Sancho o edito publicado por ordem do rei: "os de minha nação infligiram terror e espanto em todos nós. Ao menos em mim, por uma fatalidade, ao que me parece, antes do tempo que nos concediam para que nos retirássemos de Espanha, o rigor da pena já estava imputado à minha pessoa e aos meus filhos". [368]

Sabendo Ricote que ao ser posta em prática tal ordem lhe confiscariam a casa sem se preocuparem com o destino de sua família, adiantou-se e saiu sozinho em busca de um local onde pudesse pôr a salvo os seus, evitando um imprevisto desagradável, conforme vira acontecer com os demais espanhóis muçulmanos. Sabia ele que aqueles pregões não eram apenas ameaças, como alguns diziam, mas sim leis verdadeiras a serem executadas quando ele menos esperasse. Ricote acreditava que a decisão do rei era fruto de uma inspiração divina, porque alguns dos seus tinham, sim, cometido atos reprováveis, mas havia, dentre os implicados, cristãos convictos e verdadeiros.

Porém, eram tão poucos que não valia a pena castigá-los com o desterro, uma forma de penitência que para alguns seria uma pena branda.[369]

---

[367] Idem.

[368] ." Cervantes, Miguel de. *El ingenioso hidalgo D. Quijote de la Mancha*, 2ª parte. Madrid, 1615. II – 54: "los de mi nación puso terror y espanto en todos nosotros. A lo menos, en mí lo puso de suerte, que me parece que antes del tiempo que se nos concedía para que hiciésemos ausencia de España, ya tenia el rigor de la pena ejecutado en mi persona y en la de mis hijos."

[369] Idem.

Ricote dizia que os desterrados choravam por Espanha, pátria onde nasceram. Em nenhum lugar encontrariam a acolhida desejada; a desventura era imensa. Em Berberia e em todas as partes da África, onde esperavam acolhida e regalos, ali era onde mais os maltratavam e ofendiam, conforme se verifica na última parte deste trabalho, no processo 5267, de Julian Calvo. E não conheciam o bem até que o perderam. Todos esperavam um dia retornar à Espanha.[370] Ricote é personagem literária, mas temos argumentos suficientes para afirmar que ele representa o real sentimento de todos os mouros brutalmente desterrados por Felipe III.

Estavam encerrados os tempos de paz e de concórdia entre os muçulmanos e os cristãos da Espanha. A partir daí, os muçulmanos (mouros) sofreriam as agruras que os esperavam como os confiscos de bens, as deportações e outras humilhações, pela determinação quanto a conseguir que a Fé Católica fosse a única religião praticada naquele reino. Partiam, abandonavam para sempre as marcas da fé e da cultura que os representavam. Embora pouco servisse como consolo, houve simpatizantes dos desterrados que se manifestaram, muitas vezes de maneira peculiar.

Um autor desconhecido, naquele ano de 1609, publicou um poema "De cómo el rey Don Felipe III expulsó a los moriscos y de la pena que les causó el destierro" (modo como Felipe III expulsou os mouriscos e o sofrimento que lhes causou o desterro) que detalha as acusações típicas contra a expulsão:

> ...} Viva Margarida de Áustria[371]
> e goze-a muitos anos
> o León, que com seu nome
> mantém o Gran Turco tremendo.
> Tremam nossos inimigos,
> chorem com ambos os olhos,

[370] Idem.

[371] Margarida de Áustria (1584-1611) foi arquiduquesa da Áustria e, desde 1599, até sua morte, foi rainha de Espanha, Portugal, Nápoles e Sicília. Era filha do Arquiduque Carlos da Áustria (que a tornou neta do Sacro Imperador Romano -Germânico Fernando I) e da Arquiduquesa Maria Ana da Baviera. Em 18 de abril de 1599, pelo seu casamento com o primo Habsburgo Felipe III de Espanha (II de Portugal), tornou-se rainha consorte de Espanha, Portugal, Nápoles e Sicília. Teve oito filhos, dentre os quais Ana de Áustria, esposa de Luís XIII de França e regente durante a menoridade de seu filho, Luís XIV; o rei Felipe IV de Espanha (III de Portugal) e mais tarde Maria Ana de Espanha, que se tornaria imperatriz alemã, pelo casamento com Fernando III.

que mais vale que eles chorem
que não os leais vassalos
e aquele cutelo sangrento,
e o curvo alfanje afilado
voltados para nós
seja neles executado.
Passem rápido à Berberia,
tomem sítio reformado,
que aqui se nutrem de disfarces,
um pouco mais em outro extremo,
O mourisco que usava
dura sandália de esparto,[372]
agora traz borzeguins
argentados reluzentes,
vestido de terciopelo
em tafetá forrado,
e espada mui prateada
e punhal sobredourado.
[...] Esses pequenos senhores
esses vergonha causaram:
à desordem põem ordem
ao que está mais descuidado.
[...] Todos juntos vão a um tempo
pois em um tempo pecaram.
Sabe Deus quanto nos pesa
sequer por serem criados,
nascidos em nossa pátria
e na fé confirmados.
Uns dizem: Ai, minha terra!
quem dela me desterrou?
Mas não há o que perguntar,
que tenham causado meus pecados.
E as mouriscas mulheres

[372] Arbusto (*Spartium junceum*) de folhas unifolioladas, flores amarelas e vagens negras, nativo do Mediterrâneo e introduzido na América do Sul; outrora usado como medicinal, pelos alcaloides que encerra, e para obtenção de fibra; é cultivado como ornamental e para extração de essência aromática e tintura amarela das flores [sin: espárcio, esparteira, giesta, giesta-dos-jardins, giesta-ordinária, giesteira, giesteira-dos-jardins, giesteiro, junco-de-espanha].

torcendo as brancas mãos
alçando os olhos ao céu
às vezes dizem chorando:
Ai Sevilha, pátria minha!
Ai igreja de São Paulo!
Santo André, Santa Marina,
São Juliano e São Marcos![373]

O poeta alude ao convívio entre árabes e espanhóis, especialmente na questão religiosa, evidenciada ao inferir sobre as súplicas das mouras cristãs. Com efeito, isso é literatura, em cuja criação o autor pode evadir-se da realidade; contudo, de acordo com a pesquisa de Fernando Diaz-Plaja, alguns eclesiásticos também se manifestaram contrários à expulsão, tendo em vista "reparos humanitários, práticos, materiais e econômicos", por parte dos cavalheiros diretamente prejudicados pela decisão: D. Pedro Vaca de Castro, Arcebispo de Sevilha, em 24 de janeiro de 1610, enviou ao Rei Felipe III uma carta demonstrando, dentre outras preocupações, que destino dar aos mouros dedicados ao sacerdócio.

O religioso afirma na correspondência que aquela decisão era causa de lástima e compaixão, porque a cédula era tão generalizada que parecia envolver também os inocentes. Por isto, ele temia a reação dos implicados. "Eu, como padre, o sinto e me dói, pois queria socorrer o perigo das consciências."[374] O arcebispo declarava-se temeroso, por entender que a razão principal da cédula não se resumia a castigar delitos, sendo temeroso aplicá-la a toda a gente. Os mouros que ainda habitavam aquela cidade não ofereciam perigo e, além disso, eram poucos, porque "foram retirados todos daqui, na rebelião passada, ficaram poucos, é gente humilde; não são parte para nada."[375] Por outro lado, dizia que as mulheres, de qualquer idade, não ofereciam perigo e os homens de mais de sessenta anos já não serviam nem para alvoroços nem para pegar armas.[376]

Lembrava que os filhos das mulheres mouras casadas com cristãos-velhos eram, por conseguinte, da mesma estirpe. E, assim, aquelas mulheres, ainda que mouras, deveriam gozar dos privilégios de seus maridos e pais

[373] Das compilações de Diaz-Plaja, Fernando. *História de España en sus documentos* — Siglo XVI. Madrid: Catedra, 1987. p. 30.

[374] Archivo de la catedral de Sevilha, legajo 131, número 19. In: Domínguez Ortiz, *História de los moriscos.*

[375] Idem.

[376] Ibidem.

deles. Tais casamentos tiveram a permissão do rei, segundo as leis régias e as leis da Santa Madre Igreja. Por que haveria o edito do rei afastar aquelas mulheres? Além, disso, ainda que fosse mourisco casado com cristã-velha, ao ser deportado, estaria dividindo o matrimônio, "e logo verá se valeu ou não, haver-se casado de acordo com diferente lei, e logo outros muitos danos."[377]

E os meninos, criaturas infantes, também não ofereciam perigo. "Aonde deverão ir?", indagava o religioso, acrescentando aí a sua preocupação com os que não tinham mãe. Iriam para onde os fizessem escravos e perdessem a fé e a religião? Os meninos deveriam ser preservados, considerando a pouca idade, incompatível com a aplicação daquele edito ou a submissão a castigo. Eles não eram delinquentes, não era justo condená-los porque seus pais eram mouros; tinham sido batizados, acolhidos pela Igreja, sendo grave separá-los de seus genitores ou expulsá-los. Conforme se verificará nos processos analisados adiante, as preocupações do sacerdote tinham fundamento.

A seguinte preocupação do religioso era com os "homens varões", conhecidamente mouriscos, descendentes desses, dentre os quais havia alguns que demonstravam serem cristãos. "Entre tantos, alguns há de haver." Lembrava ao rei que os jovens a que se referia recebiam os sacramentos, criavam seus filhos na virtude e os encaminhavam para estudo, sendo favorecidos dele (o rei) que lhes fizera mercês e os admitira, naquele reino, com benefícios e "prebendas das igrejas." Ele próprio admitira alguns nas ordens, tendo previamente averiguado, com exata diligência, sua criação e costumes. Além disso, alguns deles foram admitidos publicamente em cátedras na universidade daquela cidade. Seus cuidados baseavam-se também em evidências que reforçavam a ideia de que aqueles mouriscos não poderiam estar envolvidos em conspirações, não poderiam ter "consentido em rebelião."

Mesmo assim, naquela cédula real eles estavam sendo castigados, ameaçados de desterro e confisco de suas propriedades. Então, que destino seria dado aos cidadãos virtuosos que se fizeram ordenar, "que com o fervor de Deus e sua graça poderiam ser úteis para a conversão dos seus?"[378]

Não havia como contestar o fato de que outros serviram ao rei na rebelião passada: eles deixaram seus parentes, serviram-no abertamente "e por isso os fez V.M. que ficassem neste reino e em suas propriedades." Foram fiéis quando todo o reino se rebelou, "estando eles em meio ao

[377] Ibidem.

[378] Idem.

fogo com os seus, não podemos crer que agora que estão sós se rebelem encontrando-se entre nós."

O apelo é dramático. O religioso afirma também que havia necessidade de alguns deles na cidade e reino de onde serviam a toda a Espanha e a outras províncias. Na rebelião passada, os insurgentes foram postos fora do reino, só permanecendo os oficiais de serviços públicos, um serviço que, a seu ver, só os mouros sabiam executar a contento. Por outro lado, com tal decisão, as rendas reais e os serviços seriam prejudicados. Se aquelas pessoas fossem excluídas, "cessariam estes ofícios que cristãos-velhos nem sabem fazer nem se aplicam a eles. E mais danoso seria ao patrimônio real; e daí, logo os demais."[379]

Na rebelião de 1570, muitos mouros se revoltaram e tomaram armas, negaram o batismo, a fé e a religião e por isso foram rechaçados, tiveram seus bens confiscados e afastados da coroa real. Naquela ocasião, o rei usara clemência com muitos deles, fazendo-lhes mercês, e permitindo a muitos outros permanecerem em Valência. "Esperança temos todos na mesma clemência, que usará dela com os de Granada."[380]

O prazo para que deixassem o reino não permitia àquele arcebispo a oportunidade de fazer emendas. "Suplico a V.M. me perdoe e receba minha vontade, que é de acertar e servir sempre. Deus guarde e engrandeça a católica pessoa de V. M. como eu seu capelão o suplico. De Granada, 24 de janeiro de 1610."[381]

A expulsão pressupunha, dentre outras coisas, que haveria falta de braços na zona rural. Para atenuar a questão, foi proposto ao Conselho de Estado trazer camponeses estrangeiros, desde que fossem católicos e bons trabalhadores. Mas a sugestão não foi posta em prática. Consta que foi considerado que não fariam falta medidas parecidas se os lavradores espanhóis deixassem de idealizar carreiras não agrícolas para seus filhos.

Em 30 de janeiro de 1610, um documento assinado por cinco peticionários foi enviado ao rei, sugerindo substituição do trabalho rural dos muçulmanos expulsos por outros estrangeiros. Dizia a carta que o conde de Castro escrevera ao duque de Lerma, em 28 de dezembro, afirmando que o rei pretendia convidar algumas famílias estrangeiras para preencher o vazio deixado pelos mouriscos. Poderiam ser gregos e cristãos e levantaria as mãos a Deus se alcançasse a fortuna de as arrebanhar da Morea e de

[379] Idem.

[380] Idem, p. 131.

[381] Archivo de la catedral de Sevilha, legajo 131, número 19. In: Domínguez Ortiz, *História de los moriscos. Op.cit.*

outras províncias do Império do Turco Ortomano.

O Conselho, por sua vez, votou da seguinte forma: "O Comendador Maior de León, pelo que tem ouvido sobre os gregos, não lhe parecem convenientes para a povoação e seria melhor trazer famílias da Lombardia, Baviera e Mallorca que dizem serem bons agricultores e da Lombardia e Baviera a gente é muito boa e católica."[382]

O cardeal de Toledo mostrava-se preocupado quanto a preencher o vazio deixado pelos muçulmanos, por parte do rei e dos ministros. Rechaçava a opinião do conde de Castro, pois o Conselho deveria precaver-se quanto às nacionalidades dos que chegariam à Espanha.

O condestável de Castela desaconselhava os gregos, mas era favorável à indicação de famílias da Lombardia e da Baviera, porque já haviam provado serem boa gente em outras ocasiões.

O duque do Infantado[383] afirmava que se a gente que viesse de fora fosse para Castela, que a remetessem para lá; porém, se fosse para Valência, que o rei mandasse avisar os barões a fim garantir-se quanto à conveniência do ato, e em que condições. O duque de Albuquerque concordou com o duque.

O comendador maior de León reiterou o fato de haver em todos os reinos de Castela falta de muita gente e as pessoas que havia eram muito atrevidas, sendo conveniente que o Conselho procurasse amenizar a ordem de expulsão, visando à garantia da preservação do reino, não obstante a Sala do Governo se recordasse disso; reconhecia a falta de mão de obra na lavoura e suas consequências negativas para a produção; era necessário encontrar solução dentro e fora e, enquanto isso, fossem encaminhados e atendidos os dali; que fosse ordenado aos corregedores de cada distrito providenciar a relação das terras e vinhas para trabalhar e semear; quem eram os donos das terras desocupadas, quantos lavradores havia e se estavam se dedicando à lavoura; haveria outros lavradores conforme a quantidade de terras e vinhas, porque não serviria de nada levar gente onde não houvesse possessões em que pudesse ocupar-se ou manter-se.

Aconselhava a remediar o fato de haver muito abuso por parte dos lavradores ao encaminharem seus filhos para as letras, para a Igreja e para a guerra, desviando-os do labor agrícola, causa de haver tantos letrados, clérigos e religiosos e tanta falta de homens para o campo; bastaria que, por exemplo, um pai que tivesse seis filhos designasse três deles àqueles misteres e que os demais seguissem seu próprio ofício; que tal decisão

[382] *Apud*. Plaja-Diaz, *op. cit., 1987: 31-2*

[383] Território de um infante ou infanta, filhos de reis.

fosse aplicada conforme o número de filhos, visando a garantir sempre abundância de mão de obra. Caso contrário, deveriam ceder as terras e vinhas a sobrinhos ou parentes que as lavrassem.

O Conselho acatou a proposta do comendador maior de Leon enviando-a ao rei para que fosse atendida.

Em resposta ao conde de Castro, o rei agradeceu pelos cuidados e ao conde de Fuentes perguntou quantas pessoas poderia trazer de Milão e o que lhe parecia isto; a Dom Baltazar de Zuñiga perguntou a mesma coisa sobre as pessoas da Baviera. Pelo que tocava aos reinos, os apontamentos eram procedentes e mandaria executá-los. E gostaria muito que o Conselho o avisasse sobre outros episódios que nessa e em outras matérias semelhantes ocorressem.[384]

Apesar dos esforços, a falta de mão de obra no campo atravessou o reinado de Felipe III e se perpetuou no reinado seguinte, com graves consequências sociais e econômicas.

Apoio à expulsão dos mouros

A ideia da realização de uma nova Cruzada, passível de fazer valer definitivamente a reconquista, não encontrava amparo entre os cidadãos influentes, inclusive o papa. Nem mesmo o poderoso e astuto duque de Lerma aderia claramente ao assunto, mais propenso à tolerância.

Entretanto, havia religiosos fanáticos, dentre os quais o dominicano Jaime Bleda, partidário da "Total ruína do império Maometano e restauração do Império Romano", que não poupava motivos para justificar os seus temores à presença dos mouriscos.

Nascido em Algemesi, em 1550, ordenou-se sacerdote em 1585 e recebeu a paróquia de Corbera, cuja maioria populacional era mourisca. Sem êxito, tentou convencer o rei Felipe II sobre o sentido de seu antissemitismo. Professou nos dominicanos e em 1590 foi para Roma. Ao regressar, sua beligerância frontal foi de encontro à doutrina catequética da igreja de Valência. Por isso, retornou a Roma e regressou em 1603 quando o geral da Ordem o proibiu de importunar tanto o papa como o rei. Desobedeceu.

Em 1604, quando Felipe III se encontrava com o duque de Lerma em Valência, por intermédio do conde de Benavente, Jaime Bleda obteve per-

[384] A. G. S. Estado 1802, Dominguez Ortiz, op. cit.

missão para ser ouvido, conseguindo uma verba de quatrocentos ducados para publicar um livro com suas teorias. Novamente em Roma, em 1605, e uma segunda vez em 1607, conseguiu ser ouvido. Depois de seu " "*Defensio fidei in causa neophitorum, sive Morischorum*" (Defesa da fé na causa dos neófitos ou mouriscos) - Reino de Valência e em toda a Espanha - publicado em Valência em 1610, redigiu os oito livros de "*Crônica de los moros de España*" sua obra mais conhecida, que se tornou o respaldo historicista mais volumoso sobre fatos já consumados.

Na relação de religiosos contra a presença dos mouriscos, os franciscanos e os dominicanos sobressaíam-se pelo fato de os Reis Católicos os terem encarregado de dirigir o Santo Ofício da Inquisição. O frade dominicano português Damián de Fonseca, antigo amanuense de Frei Luis de Granada, em Roma, em 1609, escreveu a "*Justa expulsion de los mouriscos de España*" primeiramente em italiano, em 1611, cuja proposição se tornou finalmente a doutrina oficial.

Apesar da oposição, a situação dos mouros agravava-se progressivamente, em face da obsessiva corrente de seguidores da religião que impunha a exclusão ou a obrigatória conversão de *infiéis*. Os bispos de Segorbe, Orihuela e Tortosa e o arcebispo de Valência e patriarca de Antioquia, Juan de la Ribera, organizaram paróquias nos locais mouriscos; o Papa Paulo V, em cinco breves que enviou a esses religiosos e ao rei, em 11 de maio de 1606, apoiou tal decisão. Contudo, ela não se tornou pública, ficando retida durante três anos. Uma Junta composta pelo cardeal Javierre, confessor do rei, o comendador de Leon e o conde de Miranda, reunida em primeiro de janeiro e em 29 de outubro de 1607, aconselhou a formação de um concílio provincial e medidas de integração.

Entretanto, o Conselho de Estado aprovou em 30 de janeiro de 1608 a expulsão maciça com caráter secreto e, em 4 de abril de 1609, ratificou a medida; Lerma havia mudado o voto, posicionando-se a favor da expulsão, após haver convencido Sua Majestade a determinar que os bens arrestados aos mouriscos de Valência fossem transferidos aos seus senhores como indenização.

A decisão acima não foi informada ao papa, nem aos vice-reis e governadores de Nápoles, Milão e Sicília, cujas galeras e tropas deviam confluir no Porto de Mallorca, em 15 de agosto daquele ano, com pequena margem de erro.

Manuel Lacarta apresenta um contingente humano e aparatos muito superior àquele que Felipe II estimou como necessários para garantir a expulsão dos muçulmanos e moçárabes, em 1582, conforme referimos em parágrafo anterior. Diz o pesquisador que se concentraram 17 galeras e 1.875 infantes do marquês de Santa Cruz; 16 galeras e 1.200 infantes de Carlos Doria; nove galeras e 800 infantes de Octavio de Aragón e nove esquadras de Pedro de Toledo nos portos de embarque e locais fronteiriços. O movimento não passou despercebido aos holandeses, com os quais a Espanha se encontrava em trégua.[385] O mesmo ocorreu com os franceses e os ingleses que temiam uma nova guerra.[386]

Em 24 de julho, Felipe III concedia a Agustín Mejía, que se distinguira nas guerras de Flandres, o comando das operações. Tendo-se entrevistado com o rei em Segóvia, transferiu as ordens ao marquês de Caracena em Valência. Em seguida, Pedro de Toledo, marquês de Villafranca, foi a Denia, a fim de preparar a execução do decreto.

É de Lacarta a descrição sobre a composição dos responsáveis pelo desempenho da ação: Mejía se incumbiu pessoalmente de um terço do encargo, o marquês de Caracena levantou as milícias e situou as esquadras, embargando os portos entre Vinaroz e Alicante; Pedro de Toledo posicionou-se em suas galeras nos Alfaques e reprimiu por terra os passos de Espadán; Álvaro de Bazán se colocou em Denia, Luis Fajardo e Pedro de Leiva, almirante do Oceano e comandante da esquadra de Nápoles, respectivamente, em Alicante, impedindo o trânsito entre Valência e Múrcia.

Em 22 de setembro de 1609, Luis Carrillo de Toledo, marquês de Caracena, publicou Edito de Expulsão do reino de Valência. Transcreveu a

---

[385] Em 9 de abril de 1609, Felipe III procurava um caminho pacificador com a Holanda sem, todavia, poder encarar a trégua como uma afirmação de paz. Procurava pelo menos um alento com o inimigo político-religioso que era a Holanda. O documento composto por 38 artigos, levava o nome de tratado: "Tratado de trégua por doze anos entre o senhor Rei Católico Dom Felipe III e os senhores Arquiduques Alberto, e Isabel Clara Eugênia, de um lado, e os Estados das Províncias Unidas dos Países Baixos de outro, ajustado, e concluído por mediação dos senhores Reis de França e de Inglaterra, e outros potentados, em Amberes a 9 de abril de 1609." O artigo III assegurava a permanência dos holandeses onde quer que se encontrassem sem que fossem perturbados durante a referida trégua. O artigo XXXIV concedia liberdade a todos os prisioneiros de guerra em ambas as partes, sem pagar resgate. E o artigo XXXV afirmava que ambas as partes se comprometiam a "dar as mais estreitas ordens, e empregar suas forças, e meios, cada um por sua parte, para garantia do direito de ir e vir, por mares, rios navegáveis, e seguros contra a incursão dos piratas, corsários e ladrões; e se os pudessem apreender que fossem castigados rigorosamente". Abreu, Tratados de Paz... Felipe III, parte 1ª. p. 458 y ss., apud Plaja-Diaz, Fernando, op, cit., p. 25-27.

[386] Lacarta, op, cit., p. 80.

carta do rei escrita em 4 de agosto; antes de ditar suas medidas, lhe explicava: "por longos anos tentei converter os mouriscos desse reino de Castela, e os editos de graça que se lhes concederam e as diligências que se fizeram para instruí-los em nossa santa fé, e pouco de tudo isso foi aproveitado, pois não se viu que nenhum se haja convertido; antes, tem crescido sua obstinação; e ainda que o perigo e irreparáveis danos que em dissimular com eles poderia suceder, muitos e muitos doutos e santos homens exortaram-me ao breve remédio, a que em consciência estava obrigado, para aplacar a Nosso Senhor, que tão ofendido está desta gente, assegurando-me que podia, sem nenhum escrúpulo, castigá-los com a vida e propriedades,[387] porque, pela persistência em seus delitos, tornaram-se hereges, apóstatas e criminosos de lesa-Majestade divina e humana... "

Essa decisão não era aleatória. Desde os Reis Católicos os soberanos podiam deliberar sobre a vida e os bens pertencentes às pessoas que se negavam a professar devidamente a fé católica.[388]

Em 1484, considerando a experiência do passado medieval, o papa Inocêncio IV e os Reis Católicos de Espanha, Fernando e Isabel, e Frei Tomás de Torquemada, Prior de Santa Cruz, deliberaram sobre assuntos tocantes à Inquisição, para dirimir as dúvidas dos inquisidores a respeito de suas normas.

Os cristãos, amparados pela força persuasiva dos discursos emanados do poder procedente da Igreja e do rei, não se constrangiam pelo descaso a questões humanitárias que poderiam favorecer os mouros, nem mesmo pelo que tocava à economia que fatalmente seria afetada pela exclusão da mão de obra qualificada para a lavoura. Até mesmo alguns prelados não omitiram a satisfação, como a demonstrada pelo beato Juan de Ribeira, arcebispo de Valência, que aprovou a expulsão dos mouros. Numa carta dirigida ao rei, enaltecia a decisão do marquês de Caracena, quanto à necessidade de os expulsar, justificando que ele próprio deveria ter concluído tão importante negócio. "A cada dia Nosso Senhor nos faz ver milagres acerca desse particular, de modo tal, que se pode e deve chamar obra milagrosa e mui semelhante a outras que lemos na Sagrada Escritura a quem chama o Espírito Santo maravilhas [...]" [389]

---

[387] Nessa afirmação o rei está amparado pelas ditas *Compilaciones* de Torquemada, que concede o direito de vida e morte e de confisco de bens.

[388] Ver: Bloch, Marc. *Os reis taumaturgos*. São Paulo: Companhia das Letras, 1993.

[389] Col. De Documentos Inéditos ...t. 18, págs. 36-38, Apud Diaz-Plaja, p. 38-9.

Atribuía a Deus o fato de os mouros haverem confessado livremente aos cristãos, seus amigos, a rebelião que haviam maquinado e preparado para aquele ano, especificando o tempo e o dinheiro que haviam investido para tal fim, e que a realeza fora avisada, em tempo, por alguns de seus leais súditos.

Condenava nessa correspondência os que, sob o pretexto de piedade, duvidaram que os mouros convertidos fossem notoriamente hereges. Porém, os mais bem providos de riquezas, letras e de prudência humana, foram os primeiros que quiseram embarcar. Na sequência de acusações, Juan Ribeira alegava que todos, geralmente, praticavam cerimônias dos maometanos, vangloriavam-se de serem vassalos de turco; recusavam os conselhos de seus amigos, nada os demovera de tão temerária resolução. Dizia que a decisão resultara o "descargo daqueles que foram seus mestres, porque é certo que nas almas obstinadas no mal não pode entrar a doutrina do Evangelho [...] "[390]

Firme em suas acusações, Juan Ribeira ainda considerava milagroso o fato de aqueles mouros haverem declarado, voluntariamente, a grande inimizade e ódio entranhados neles contra seus donos e senhores de vassalos, com nenhum proveito para eles; antes, muitos danos. Mesmo assim, Nosso Senhor viu por bem mitigar o desgosto que puderam ter as autoridades do dano temporal motivado pela expulsão. Ao contrário, tal exclusão fora de grande proveito, pois ele ouvira muitos fiéis renderem graças a Deus Nosso Senhor pelo fato de o rei os haver livrado do perigo em que viviam. Caso o rei decidisse o contrário, todos iriam suplicá-la com a maior solicitude.

Lembrava ao rei que, pelo que observara, até aquele momento, a perda causada à fazenda seria menor do que se pensava, porque todos aqueles com direito a censo (rendimento tributável) ganhavam. Os demais, ao reduzirem a divisão a uma quantidade moderada, provariam, conforme a experiência vinha corroborando, que em muitos lugares já se encontravam povoados com grande contento dos senhores e dos vassalos. Havia unanimidade quanto à opinião de que, dentro de três ou quatro anos, os prejuízos seriam reparados, exceto os casos de interrupção das gabelas (imposto), ou zofras, e de outros tributos que os mouros cobravam em muitos sítios. Mas isso favoreceria os Senhores. "Valência, 10 de fevereiro de 1610. Beija as Reais mãos de vossa Majestade seu humilde capelão – O arcebispo de Valência."[391]

---

[390] Idem.

[391] Idem, p. 39.

Essa carta explicita a intolerância religiosa do arcebispo, a serviço da realeza. Não importavam o futuro ou o bem-estar daquela população. Tal regozijo foi também manifestado por um grupo hostil enquistado no país. Soranzo Girolano (1611) relata como Fernando expulsou a todos os mouros de Espanha.

Diz que não ficaram mais do que os que se tornaram cristãos. "Porém, não bastou para essa péssima gente esquecer o nome de Maomé que esculpiram no coração;" embora fossem batizados e vivessem aparentemente como cristãos praticando ritos e sacramentos eclesiásticos, ainda eram maometanos. No elenco das acusações, o autor ainda acrescenta que, "há tempo, foram enviados, por essa má gente, oitenta cargas de azeite (envenenado) para a corte, com o objetivo de exterminar um número infinito de senhores e cavaleiros principais e, dado esse golpe, rebelar-se-iam passando a fio de espada a toda Espanha [...]."

Tendo descoberto a tempo, continua o autor, a justiça conseguiu impedir a catástrofe preparada pelos mouros que iam "unindo muitos reinos de Espanha" e em Valência acumulavam armas, pólvora, arcabuzes e outras munições de guerra, causando às autoridades suspeita a respeito de suas reais intenções. Além disso, inferiam que, na Sexta-Feira Santa, enquanto as pessoas estivessem menos atentas e ocupadas nas igrejas com ofícios divinos, doze mil mouriscos – gente seleta e bem armada – estariam prontos para assaltar Madri, a casa real e a corte. Seria um fácil empreendimento, uma vez que, segundo eles, Madri era uma cidade aberta, sem nenhuma custódia e, além disso, em tais ocasiões, o rei costumava sair com apenas 300 pessoas de sua guarda, mas nunca estavam todos. Entrando o rei na capela, ficavam apenas seis deles na porta, somente para dar aparência de segurança. Por isso, seria facílimo atacar e triunfar. Mas tudo isto fora evitado, "porquanto vindo à luz a traição do azeite envenenado, e o rei aconselhado pelo conselho dos teólogos, mandou que todos os mouriscos saíssem de Espanha."[392]

A determinação do rei resultou os seguintes números: saíram de Valência 160.000 mouros; de Castela, sem resistência, 150.000. Fato interessante ocorreu em Aragão: de 180.000 indivíduos apontados para serem expulsos para Berberia, alguns afirmaram com veemência que eram católicos, e como tal queriam morrer. O rei viu conveniência, para sua piedade, não os enviar violentamente a país turco e ordenou que, aquele que preferisse, poderia ir viver em outras partes à sua escolha; muitíssimos

[392] Soranzo, Girolano. *Relazione di Spagna*, t. 1, p. 466. Apud Plaja-Diaz, op. cit., p. 39.

optaram pela França onde, bem acolhidos e armados, foram postos nos confins daquele país e da Espanha; ao saber disso, o rei, temendo novos distúrbios, ordenou novamente a expulsão de todos eles para a Berberia. Cerca de 50.000 suspeitos de heresia foram deportados.[393]

Segundo Fernando Diaz Plaja, no Arquivo General de Simancas há um documento relatando a jornada dos querquenes contra os mouros – na relação do Marquês de Santa Cruz ao Rei. Santa Cruz era militar e poeta, tendo participado nas campanhas contra os piratas berberes em 1613-1615, quando quase morreu no desastre dos querquenes (1614).

No documento, Marquês de Santa Cruz relata suas peripécias para chegar ao local onde os mouros se encontravam entrincheirados. Percebe-se que, embora os espanhóis os tivessem expulsado dos seus territórios, eles eram ainda uma preocupação para a segurança do país, por não se deixaram dominar por completo. Muitos mouros conseguiram fugir em barquinhas que os levaram à terra firme, longe da fúria dos perseguidores. Nessa luta, os mortos e os afogados passaram de 300 "[...] Misina (ou Messina) y octubre de 1611."

A logística dessa guerra está assim descrita: Santa Cruz partiu de Messina e três dias depois chegou a Malta e nove dias depois já se encontrava em Querquenes ou Kerkennah, (situadas na costa oriental de Túnis, no golfo de Gabès) tendo permanecido três dias, anteriormente, em Gozo, devido ao mau tempo.

No dia 23, ordenou a Dom Diego Pimentel que, com seis galeras e seis falucas (embarcação da costa marroquina), fosse tomar o espaço existente entre Querquenes e a terra firme e, no dia 27, chegaram ao desembarcadouro onde encontraram alguns mouros a cavalo e a pé; e assim desembarcou logo a gente em uma praia mais abaixo do abrigo. Os mouros tentaram impedir o desembarque, mas a artilharia das galeras os fez debandar, de maneira que logo se formaram os esquadrões e se desembarcou toda a gente; naquela noite, permaneceram ali aquartelados.

Às oito horas da manhã, chegaram a uma pequena baía onde os inimigos estavam entrincheirados em meio a um braço de mar de cerca de 100 metros de largura; a maré ia crescendo e Santa Cruz orientava o mestre de campo Dom Sancho de Luna e Dom Luís de Córdoba, sobre como deveriam agir contra os inimigos; que seguissem os arcabuzeiros com suas lanças 20 homens por fileiras, uma vez que a passagem era estreita, não podendo o batalhão apartar-se do rio por haver ali muito lodo, pondo os cavalos em perigo. A Dom Antonio de Mendonça, Santa Cruz ordenou que

[393] Idem, p 40-1.

não fechasse com a cavalaria até que a infantaria houvesse tomado pé em terra; o subordinado logo começou a avançar, tendo já a água pela cintura.

Os nobres seguiam ansiosos por ganhar importância perante o rei, devido à participação naquela aventura; isso explica a disputa entre eles. Iam assim quando surgiram uns 100 mouros, havendo outros 300 nas trincheiras próximas e começaram a lutar. Os cavaleiros que iam a cavalo mataram com muito valor alguns mouros e, por terem se desviado do solo firme, deram em um grande lodaçal, onde caiu o cavalo em que ia o duque de Cherches que ali foi morto pelos inimigos, ficando feridos também Dom Antônio de Mendonça, duque de Nochera, e marquês de Torrecuso, tendo eles lutado valentemente; salvaram-se os melhores, diz o documento. Houve mortes em ambas as partes e, depois de muita luta, Santa Cruz ordenou a Juan de Ávalos que retornasse com a cavalaria pela enseada; matando alguns mouros, conseguiu seu intento. A infantaria seguiu os demais, fazendo mais de 500 prisioneiros.[394]

A luta entre espanhóis e mouros ainda perduraria por um bom tempo. Gôngora a declinaria num poema lembrando as praças do norte da África como bases de muçulmanos contra as costas espanholas. A Mamora[395] era o ninho dos piratas.

O soneto "¡A la Mamora, militares cruces!" (para a Mamora, cruzes militares) é o instrumento através do qual o poeta ironiza os senhores que se dedicaram à luta contra a Mamora, mais preocupados com o próprio bem-estar do que com a milícia. Fecha a obra dirigindo-se à amada:

¡Escuche la victoria yo, o el fracaso
a la inutilidad del agua de mis ojos![396]

A expulsão dos mouros foi realmente uma árdua batalha empreendida pelos seus perseguidores. Ilícitos denunciados em 1561 não estariam repri-

---

[394] Archivo General de Simancas. Estado. Leg. 1,106. C. D. I. H. E., t. 44, p. 189 e seguintes. (Apud Plaja-Diaz, p. 40-1). Ver também: Garcéz, Maria Antonia. *Cervantes en Argel* — Historia de un cautivo. Madrid: Gredos, 2005.

[395] Mehdia ou Mehdiya (em árabe: المهدية), antigamente denominada el Ma'mura, al-Mamura, ou ainda Mamora ou São João da Mamora pelos portugueses e *La Mamora* e *San Miguel de Ultramar* pelos espanhóis, é uma cidade e município do noroeste de Marrocos, que faz parte da província de Kenitra e da região de Ghrab-Chrarda-Beni Hssen Disponível em: http://pt.wikipedia.org/wiki/Mehdia — Acesso: em 15.02.2024.

[396] "que eu ouça a vitória ou a inutilidade de minhas lágrimas" Góngora, Luis de. *Obras Completas*. Madrid: Millé, s/f.

midos mais de um século depois: em 23 de dezembro de 1670, o Conselho de Castela enviava ao rei uma denúncia a respeito dos piratas, um perigo constante nas ribeiras espanholas, conforme lhes comunicara o bispo de Almeria. Na carta o Conselho alertava sobre insegurança naquela região, apesar do muito que os cofres públicos investiam em munições e soldados sem treinamento, facultando aos mouros invadirem as terras sem resistência. Prova disso foi o sequestro de três homens e seis mulheres - *las três preñadas* - (as três grávidas), e oito meninos, para cujo resgate houve diligências e todos foram liberados, com mais três meninos que nasceram em Argel.

O resgate custou nove ou oito mil reais, cuja maior parte foi paga pelos redentores de Andaluzia com as rendas da Igreja e outras esmolas. Quando imaginavam haver solucionado a questão, notaram que faltava ainda resgatar o marquês de Sántillan, capitão general, enquanto os demais cabos militares negligentes deixaram desguarnecidos os castelos e as torres. Esse descuido foi responsável pelo desembarque de mais de 200 turcos que, vestindo traje espanhol, invadiram as terras e levaram grande quantidade de gado, e muitas pessoas, para cujo resgate o reclamante alegava não ter posses, uma vez que os naturais não podiam ajudá-lo porque muitos outros religiosos de diferentes bispados vinham até a cidade pedir esmola, "cosa prohibida por las leyes reales."[397]

Não encontramos acolhida para tal pedido, sendo, entretanto, viável inferir a respeito dos dissabores que o monarca espanhol assumiu para seu povo quando decidiu desalojar os seguidores de Maomé de suas terras, enxotando-os para o vizinho norte da África. Por muito tempo tiveram que admitir: "hay moros en la costa"(Há mouros na costa). É desse tema que nos ocupamos a seguir, na Quarta Parte deste estudo.

Antes, porém, vejamos um resumo do artigo *Cultural Contributions of the Moriscos in Tunis*, de Raja Yassine Bahri. Trata-se do destino de alguns dos mouros expulsos em 2009. Diz o autor que depois da expulsão de 1609, aproximadamente 80.000 mouriscos chegaram a Túnis. Para aquele pequeno e devastado país, esse número de indivíduos era muito grande. Os mouriscos foram bem acolhidos pelos religiosos e pelas autoridades políticas da regência, tanto física como espiritualmente. Eles se instalaram na cidade de Túnis e em diversas zonas do país, dedicando-se às atividades que praticavam na Espanha: agricultura, artesanato e comércio, e alguns

---

[397] Coisa proibida pelas leis reais. Archivo Histórico Nacional de Madrid, Consejos Suprimidos, leg. 15.264, apud Plaja-Diaz, op. cit., (1987), p. 315.

deles obtiveram sucesso como escritores.[398]

Porém, nem todos os expulsos tiveram tal destino e ficaram vagando entre a Berberia, o Mediterrâneo e o sul da Espanha, lutando para retornar ao reino filipino, confirmando o temor dos espanhois: "hay moros en la costa."

[398] Bahri, Raja Yassine. Aportes culturales de los moriscos en Túnez IN: *Revista de História Moderna*: Anales de la Universidad de Alicante nº27, *La expulsión de los moriscos 400 años despues* _ Universidad de Alicante – Alicante, Espanha. 15 de outubro de 2009.

QUARTA PARTE
Os Mouros e o Reinado de Felipe III
(1598-1621)

Capítulo 1

A Fuga de Moçárabes

"[...] muitos fiéis e autênticos fiéis cristãos, com base em testemunhos de inimigos, rivais, escravos [...] foram sem qualquer prova legítima, metidos em prisões seculares, torturados e condenados [...] privados de seus haveres e propriedades e entregues ao braço secular para serem executados [...]causando desgosto a muitos."
(Papa Sixto IV)

A decisão fatal

Antes que Felipe III tomasse a iniciativa de expulsar definitivamente os mouros de seus domínios espanhóis, eles, certamente, já previam o seu futuro ali, considerando os fatos já relatados, especialmente sob Felipe II. O cerco em torno dos seguidores de Maomé ia se fechando, apesar dos intervalos de relativa tranquilidade. Para corroborar tal hipótese, apresentamos a frustrada fuga de alguns moçárabes surpreendidos em Tânger.[399]

[399] Tânger é uma cidade do norte de África, pertencente a Marrocos. Está situada junto do estreito de Gibraltar, onde começa a orla atlântica de Marrocos. O sítio foi conhecido e habitado por Fenícios e Cartagineses e tornou-se uma cidade importante na época romana, sob o nome de *Iula Traducta*. Os romanos chamaram-lhe Tingis, donde o adjectivo *tingitana* para designar essa terra desde a Antiguidade. Ela foi objeto de cobiça dos portugueses em 1437, cujo intento malogrou ante a defesa dos mouros. Os portugueses continuaram tentando tomar a cidade e, em 1458, a armada de D. Afonso V esteve dois dias ancorada na baía de Tânger e, após três tentativas de ataque, finalmente saiu vitoriosa. Com a tomada de Arzila, os habitantes de Tânger compreenderam que o objetivo final era a sua cidade e a abandonaram. Tânger foi ocupada no mesmo ano por ordem de D. Afonso V, por D. João, filho do duque de Bragança. No domínio eclesiástico, pertenceu ao bispado unido de Ceuta e Tânger. Com o início do século XVI, Tânger permanecerá sempre em pé de guerra, cortada por pequenos intervalos de tréguas. Surge então o plano de abandono de algumas praças portuguesas de Marrocos exposto por D. João III, em 1532, ao Papa. No entanto, em 1534, num pedido de consulta aos principais conselheiros do Reino, o monarca demonstrou a sua vontade em conservar Tânger como base de ataque ao reino de Fez. As Cortes de 1562-63, reunidas depois do cerco de Mazagão, insistiram em sua defesa e pediram o reforço da guarnição. A cidade permaneceu em mãos portuguesas até 1661, altura em que, ao abrigo do tratado de paz e amizade firmado com a Grã-Bretanha, a mão da princesa Catarina de Bragança, filha de D. João IV, foi cedida em casamento ao rei Carlos II de Inglaterra, levando no seu dote as cidades de Tânger e de Bombaim (na Índia). https://pt.wikipedia.org/wiki/T%C3%A2nger http://pt.wikipedia.org/ Acesso em 19.02.2024.

Um ano após a morte de Felipe II, no reinado de seu sucessor, incontestavelmente mais atuante na questão da cruzada contra o Islã e seus simpatizantes, árabes muçulmanos e moçárabes procuravam fugir da península em busca de refúgio onde pudessem professar a fé maometana, distantes da perseguição filipina. Um desses casos é preservado no "Processo de Julião calvo mourisco natural de Pestrana, morador de Sevilha. Solteiro filho de Joam Frz Calvo, e de Esperança Frz preso nos carceres do santo offício da Inquisição desta cidade de Lisboa (sic)."[400] Os autos iniciais do processo foram instaurados em Tânger, região situada no limite da competência jurídica de Portugal (que na época pertencia à Espanha), especialmente nas questões inquisitoriais. Nessa época ainda vigorava o Regimento português de 1552, do cardeal Dom Henrique que, em 1570, expediu o Regimento do Conselho Geral da Inquisição, tendo em vista a "[...] grande obrigação que temos de ordenar as cousas do Santo Ofício, de modo que Nosso senhor mais seja servido, pois nele se trata de conservar em nossa santa fé católica os que a professaram e castigar os que dela se apartarem e da obediência da santa Madre Igreja de Roma e querendo dar ordem necessária para a perpetuação e bom governo do Santo Ofício, determinamos ordenar o Conselho Geral da Inquisição, conformando-nos com a Bula do Santo Padre Paulo III, e fazer um regimento de que o dito conselho se usasse, além doutro (o Regimento de 1552) regimento que os anos passados ordenámos para os inquisidores [...]"[401]

Vejamos como se deram os fatos. Consta nos autos que, logo pela manhã, um grupo de pessoas viu aproximar-se um barco que, pela forma de atracar, lhes chamou a atenção. Raiava o dia 23 de novembro de 1599.

Segundo o relato do escrivão Luís Castelino, logo ao amanhecer, foi identificado um barco suspeito que, pelo visto, pretendia entrar na baía. Passando ao longe, foi demandar na costa de Berberia.[402]

---

[400] Processo nº. 5267, MF 3028 (inédito) que se encontra no Instituto dos Arquivos Nacionais da Torre do Tombo, em Lisboa (Iantt).

[401] Franco, José Eduardo e Assunção, Paulo de. *As metamorfoses de um polvo*, Lisboa: Prefácio, 2004, p. 139. Adiantamos que os autores das prisões realizadas em Tânger estariam baseados nesse capítulo. Ver também *Capítulo Vigésimo Primeiro do Regimento do Conselho da Inquisição* (1570), p. 142.

[402] Berbéria, Berberia, Barbária, Costa berberisca, Costa berbere ou Costa barbaresca é o termo que os europeus utilizaram desde o século XVI até ao século XIX para se referirem às regiões costeiras de Marrocos, Argélia, Tunísia e Líbia, ou seja, o atual Magrebe, à exceção do Egito. O nome deriva dos berberes, então chamados *berberiscos*. No Ocidente, o termo normalmente é usado para falar dos piratas da Barbária e dos comerciantes de escravos, que povoavam essas costas e buscavam nessas atividades a sua economia e que representavam uma ameaça constante para as embarcações comerciais e inclusivamente as cidades costeiras do Mediterrâneo. Disponível em: https://pt.wikipedia.org/wiki/Berb%C3%A9ria – Acesso: em 4 de dezembro de 2015.

Apoiado nos depoimentos das doze testemunhas arroladas nos autos, o escrivão descreveu os tripulantes do barco suspeito. Declararam que os passageiros eram mouriscos que vinham fugindo com mulheres e filhos para a Berberia.

O escrivão continuou: "capitão general João da Gama 'com muita diligência e presteza' saiu rapidamente a serviço de sua majestade rumo à praia, a fim de equipar com capacetes e armas uma galeota capitaneada por Felipe Jacome que, juntamente com a barca de Luís Dias e alguns soldados, saiu ao encalço daqueles forasteiros; partindo da costa de Berberia, junto a *Cal de Palomos*, logo foram deparados os mouriscos de Granada, disse António Dias, uma das testemunhas. Aquelas pessoas vinham realmente fugindo de Espanha para a terra dos mouros e, ao serem surpreendidas, a embarcação já estava ancorada."[403]

Naquele momento, os que puderam se embrenharam terra adentro, permanecendo à vista de seus perseguidores apenas dezenove pessoas: cinco homens e as demais eram mulheres e crianças. Foram encontradas com eles duas caixas de *roripa*,[404] cestos com pão-de-campeche e "cousas de casa." Conforme as leis daqueles reinos, eram pessoas suspeitas e por isso deveriam ser presas para averiguações. Uma vez capturadas, deveriam ser tratadas com rigor, em razão da religião que supostamente professavam. Na verdade, as autoridades estavam cumprindo as determinações do Santo Ofício, cujas normas eram as de Portugal. As autoridades deveriam atentar para práticas religiosas não católicas, perseguindo os *infiéis*.

Na transcrição dos discursos contidos nos processos fomos fieis aos originais, tendo em vista a evolução da Língua Portuguesa a partir do século XVI. Os processos, às vezes de difícil compreensão, são manuscri-

[403] Ver: Ordenações Filipinas, Título XLVII, *Da jurisdição dos Capitães dos lugares de Africa* " Os Capitães, que per Nós estiverem nos nossos lugares de África, nos crimes commetidos nos mesmos lugares, terão esta jurisdição. Nos casos em que não couber a pena de morte, ou cortamento de membro, poderão condenar segundo lhes perecer por Direito, que os taes maleficios devem ser punidos. É mandado executar suas sentenças, sem dellas darem appelação, nem agravo (M.-liv.2t.27.pr.)" O Regimento dos Capitães-mores de 10 de Dezembro (sic) de 1570, a Provisão sobre Ordenanças de 15 de maio de 1574, o Regimento do Conselho de Guerra de 22 de Dezembro de 1643, e dos Governadores das Armas e seus Auditores do 1º. de Junho de 1678... Almeida, Candido Mendes (reprodução "fax-simile" Fundação Calouste GulbenKian) *Ordenações Filipinas*. Livros II e III. Rio de Janeiro, 1870, p. 477.

[404] Designação comum às plantas do gênero. *Rorippa*, da família das crucíferas, que reúne 80 espécies, de distribuição subcosmopolita, como, p. ex., o agrião.

tos conforme se verifica nos fac-símiles apresentados em parágrafos mais adiante. Não há critério para uso de maiúsculas e minúsculas, sem uniformidade nas abreviaturas.

Na página 7 do processo, consta o "Treslado dos autos contra Miguel de Luna, Isabel Ferreira, fernão (sic) de Mendonça, Luisa de Gusmão, Constança, Maria, Álvaro de Luna, João Francisco calvo (sic), Esperança Fernandes, Julião Calvo e Inês Lopez." E na mesma página têm início os depoimentos das doze testemunhas, já referidas anteriormente. O primeiro depoente, Pedro Gonçalves (no processo esse nome oscila entre Pero e Pedro), era marinheiro, "alto de corpo ruivo vermelho do rosto na parte direita abaixo do olho dous golpes desferidos[...]" O prisioneiro revelou que era natural do Conselho de Pongos, um povo que se dizia asturiano, solteiro, residente em Sevilha e participara daquele trajeto por ser comandante do mar e viver de tal mister.[405]

Disse que fora contratado em Sevilha por Miguel de Luna, um dos cinco homens presos dentre as dezenove pessoas, para transportá-lo juntamente com os outros homens, suas mulheres e filhos, e assim partiram no mês de outubro do mesmo ano de 1599, e aportaram em São Lucas; dali saíram e foram parar em Cadis e seguiram viagem pelo estreito, onde havia vento em popa. Miguel de Luna era o dono do barco. Lucas de Malta foi um dos que saltaram em terra de Berberia e ambos o obrigaram (Pero Gonçalves) a ir com eles à costa daquele local. O desenrolar deste depoimento ia, num crescendo, incriminando os referidos passageiros.

Disse que entendeu que Miguel de Luna e Lucas de Malta vinham confederados, pois eram mouriscos. Ambos saltaram com ele (Pero Gonçalves) e o ameaçaram com uma *alabarda*.[406] Eles pretendiam ir para Arzila, e Pedro Gonçalves (ou Pero Gonçalves, uma variação gráfica constante no processo) foi obrigado a acompanhá-los até a costa de Berberia. Dirigiram-se a *Cal de Palomos*, e ali Lucas de Malta saltou da barquinha com outros seis homens, alegando que ia buscar água e lenha. O álibi chamou a atenção de Pero Gonçalves por estarem suficientemente abastecidos de tais produtos para preparar os alimentos. Diante das evidências, Pedro Gonçalves concluiu que realmente aqueles homens eram mouriscos fugitivos.

Lembrou, enquanto cogitava sobre a questão, que percebera a apro-

---

[405] Regimento 1552, Capítulo 22, op. cit., p. 113.

[406] Antiga arma com longa haste, que é rematada por peça pontiaguda de ferro, atravessada por lâmina em forma de meia-lua.

ximação de um *bergantim*[407] transportando soldados de Tânger, que logo tomaram o navio em que ele (Pero Gonçalves) ainda se encontrava; em seguida, alguns soldados saíram numa barca e, em terra, tentaram prender as pessoas suspeitas que haviam desembarcado. Elas conseguiram fugir e ele, que viera enganado, fora preso, embora fosse cristão-velho, envolvido com pessoas que *trazião a falsa fé*.

Após o relato, foram inquiridas as demais testemunhas, todas moradoras em Tânger. É interessante notar a conivência de procedimentos entre Estado e Igreja, uma vez que o "crime" dos prisioneiros era da competência da Igreja, até que seus representantes legais decidissem entregar ao braço secular os acusados impenitentes de suas culpas.

O primeiro depoente era Manoel Alfonso, armador e os seguintes, Antônio Dias, soldado da companhia do capitão João da Gama; Manoel Fernandes Caporal, membro da guarda do referido capitão; Dom João de Faria, cavaleiro; Geraldo do Silva; Bras Gonçalves Pita, "cavaleiro, fidalgo da casa de Del Rei nosso senhor:" Brás da Franca, "fidalgo da casa de sua majestade" e comendador da ordem de Cristo; Manoel de Oliveira Pita, também "fidalgo da casa de sua majestade" e comendador da ordem de Cristo; Felipe Jacome, capitão da armada de Tânger; Peres Gomes, *o patrão*; e Bartolomeu Cabeças, "patrão da galeota do capitão Felipe Jacome".

Os depoimentos coincidem muitas vezes, tornando os discursos enfadonhos, como sói acontecer em documentos desse teor. Contudo, transcrevemos alguns trechos que nos pareceram dignos de nota. Disse Manoel Alfonso que as dezenove pessoas surpreendidas afirmaram que retornavam a Málaga porque chegaram até ali enganados. Porém, entendeu o depoente que se tratava de mouriscos fugitivos porque, se realmente fosse essa a intenção deles, não havia problema, uma vez que o vento os estava favorecendo.[408]

António Dias, soldado da companhia do capitão João da Gama, disse que ao aproximar-se dos forasteiros percebera que se tratava de "gente de mao trato", por andarem, alguns deles, portando na cabeça "toucas de mouriscos[...] e outros trajos de mouros." E por ser um barco grande, navio com muita gente, "tomaram armas contra ele."

Manoel Fernandes Caporal acrescentou que, ao chegar à paragem do Rio dos Judios, logo percebeu que se tratava de "gente de mao trato".

---

[407] Bergantim é uma embarcação antiga, a remo, esguia e de convés corrido, usada no Mediterrâneo.

[408] Processo nº. 5267, p. 9.

Os depoimentos são provas contundentes de que a perseguição aos mouros e, de um modo geral, aos não católicos, estava tão disseminada, era tão persuasiva, que qualquer testemunha podia livremente avaliar um suspeito como sendo *de bom* ou *de mao trato* pela simples aparência no vestir, comer ou rezar.

Por outro lado, considerando que não podemos interferir no passado, nosso julgamento hoje a tais fatos é dispensável. Cabe ao pesquisador informar-se a respeito deles para poder situar-se. Assim, retornemos ao documento que nos leva a afirmar que Dom João de Faria ratificou os depoimentos precedentes. E Geraldo da Silva, Bras Gonçalves Pita, Bras da Franca, Manoel de Oliveira Pita nada acrescentaram. Mas o capitão Felipe Jacome afirmou que, se os ditos mouriscos quisessem realmente ir a Málaga, como os prisioneiros lhes disseram, nada os teria impedido, porquanto: "*[...]* o tempo era prospero e vento em popa pera, poderem tomar a costa de Espanha antes fizerão força por tomar a berberia, e por ele capitão não poder tomar Tangere com o dito barco e mouriscos por o tempo lhe ser contrário se foi com eles na costa de Ceuta onde esteve vinte dias sem poderem tornar, até que entrarão neste barco em vinte e cinco dias deste presente mês de novembro e entregou ele testemunha ao dito general as ditas dezanove pessoas e algumas cousas que trazião pera com eles se fazer as diligencias necessárias *[...]*"

Os depoentes seguintes foram Peres Gomes e Bartolomeu Cabeças, que nada mais acrescentaram aos autos e, assim, o escrivão João das Neves encerrou a parte inicial do processo. No mesmo dia, foram tomados os depoimentos dos acusados Miguel de Luna, Álvaro de Luna, João Calvo, Constança de Córdoba.

Miguel de Luna era natural de Granada, *casado, tinha filhos, e residia em Sevilha*. Era pedreiro. Sobre a rota e navegação com sua mulher e filhos e com os mais companheiros, disse que eram de Sevilha, na costa de Málaga (essa não era a primeira vez que estava sendo inquirido). Reafirmou ser natural de Granada e cristão-velho. Contudo, não escapou do tormento.

Para as autoridades, havia indícios de que Miguel de Luna era mourisco e, "por isso, pareceu ao inquiridor ser serviço de sua majestade" e convinha, a bem da justiça, mandar metê-lo a tormento.[409] E, assim, perante o escrivão e o tabelião João das Neves, foi-lhe "dado o primeiro trato

[409] Decisão baseada no Capítulo 46 do Regimento.

de cordel nos pulsos dos braços." O acusado, mesmo sentido muita dor, negou ser mourisco e que era cristão-velho. Ia com sua mulher e filhos à costa de Málaga.[410]

Conforme orientava o regimento, deram-lhe um segundo *trato* e o infeliz confessou em juízo que era mourisco do Reino de Granada e que, com sua mulher e filhos, ia para Berberia, para viver lá, por ser mourisco, "e que seus pecados o enganarão".

Aliviado do tormento, foi-lhe perguntado se sabia de algumas pessoas que estivessem confederadas para fazerem aquela jornada a fim de residirem na terra de mouros, e o prisioneiro respondeu que "não sabia de mais pessoas que se fossem para a terra de mouros, senão daqueles que foram encontrados no barco." Foi admoestado a dizer a verdade se não quisesse ser novamente posto a tormento, mas o acusado disse que nada mais tinha a confessar. E convenceu.

O prisioneiro seguinte era Fernão de Mendonça que também foi inquirido pelo capitão general, que, pelas evidências, detinha os poderes inquisitoriais previstos para autoridades da Igreja. Fernão de Mendonça não esperou ser posto a tormento, declarou que era mouro e denunciou seu companheiro Miguel de Luna. Consta no processo que era um homem baixo de corpo, "pouca barba em baixo (sic) da cara e uma ferida no meio da testa sobre o olho direito",[411] natural de Granada, mercador, residindo em Sevilha. Confessou que seu pecado era ser mourisco e que Miguel de Luna o convencera a ir com ele à Berberia com sua mulher e filhos, à terra de mouros, para viver na lei de *Mafomede* (Maomé). Disse que sua mulher era cristã-velha, natural de Granada. E que não sabia de outros mais, senão daqueles que vieram em sua companhia.

Álvaro de Luna: feita a diligência anterior, no mesmo instante apareceu ante o capitão general e seu escrivão e o tabelião João das Neves. Álvaro de Luna era um homem robusto de mediana estatura, meio calvo,

---

[410] Conforme Biblioteca Nacional de Lisboa, cod. 1535, p. 372-374. *Regras gerais para julgar no crime de heresia*, um documento em que são expressadas as opiniões dos doutores a respeito da forma como *convencer o réu no crime de heresia de que e acusado.* Sendo negativo, o réu é submetido a tormento, sendo antes de tudo, avaliada a qualidade das testemunhas. Os tormentos vão sendo intensificados. *Se manda dar aos confitentes mais tormento não havendo circunstâncias q o impidao, porq lhe nã fica p purgar pella abjuração.*

[411] Conforme o Regimento 1552, Capítulo 35, op. cit., p. 115.

uma ferida na sobrancelha esquerda, quarenta e um anos, pedreiro, filho de Luís Gonçalves e de Isabel de Luna, natural de Almagro, no Reino de Toledo, residente em Sevilha. Sua rota de navegação levava à costa de Berberia, onde ele e seus companheiros foram surpreendidos pelos soldados. Confessou sem tormento, "em juízo", perante o escrivão e o tabelião João das Neves que, estando em Sevilha com os mais companheiros, exceto o marinheiro do barco, todos se confederaram com Miguel de Luna para irem viver com suas famílias à Berberia, onde poderiam professar livremente a lei de Maomé.

E disse mais: Naquela junta vinha também um filho seu, estudante, por nome Luís de Luna, um dos que se passaram na barquinha e saltaram em terra, indo para a terra de mouros. Essa era a verdade. Todos vinham com o propósito de irem à Berberia por serem mouriscos. Segundo o processo (nº 5267), as declarações foram espontâneas, sem necessidade de tormento.

Sobre João Francisco Calvo, diz o processo que esse homem era baixo de corpo, pálido do rosto, barba preta. Natural de Granada, casado, com mulher e filhos que trouxera consigo. Por negar-se a confessar, foi-lhe "dado o primeiro trato de cordel nos pulsos dos braços" e o prisioneiro, para evitar a continuidade do tormento, confessou que "era mourisco de nação e que residindo em Sevilha," confederara-se com os demais, reiterando as declarações de Miguel de Luna. Iam à Berberia, mas pretendiam dar a impressão de que estavam indo para Málaga.

Confessou também que tinha ainda um irmão em Sevilha que se chamava Francisco Calvo, moço, mas ignorava o local onde poderia estar.

Foi feito traslado das ratificações de Miguel de Luna e João Francisco Calvo, no dia vinte e nove de novembro de 1599, no Castelo Velho de Tânger, na presença do capitão general e o escrivão João das Neves e Luís Castelino, em que se ratificaram as confissões anteriores. Ambos estavam qualificados como mouriscos, tentando fugir para Berberia a fim de viverem de acordo com a religião dos mouros com suas mulheres e filhos. Como Miguel de Luna não sabia escrever, não firmou a qualificação, nem a confissão anterior, sendo representado por João das Neves e Luís Castelino que assinaram por ele, conforme determinava o Regimento, em tal caso.

Uma vez qualificados como hereges, contrários à fé católica, os presos foram enviados a Lisboa onde passaram por novos interrogatórios, sendo ali devidamente sentenciados, de acordo com as "*culpas*" que a Santa Inquisição determinou como tais. Esse procedimento estava previsto no Regimento de 1552.

Tentando solucionar a situação de perseguidos vivendo em Granada e em Sevilha ou Toledo, e para evitar o desfecho que Felipe III encontrou para "varrer" da Espanha os remanescentes filhos de Alá, os prisioneiros encontraram um destino talvez pior do que aquele que lhes estava reservado pela expulsão geral de 1609. Todos, homens mulheres e crianças. Além disso, o Reino de Portugal encontrava-se sob o poder de Espanha, desde 1580 e naquele reino seriam inquiridos.

Pelas declarações, os acusados eram trabalhadores, tinham família, mas pegos em flagrante pelos oficiais da repressão, julgados hereges pela confissão forçada, foram embarcados para Lisboa. A Inquisição lusitana cuidaria do destino deles, uma vez que os primeiros laudos levantavam a suspeita de "*se tratar de gente da casta de Mouros*", conforme Capítulo 23 do Regimento de 1552. Portanto, malgrado nossas convicções, naquele contexto, havia motivo para que a Inquisição exercesse a função de impor a fé católica àqueles *reus*.

Capítulo 2

OS PRISIONEIROS MOÇÁRABES NOS CÁRCERES DE Lisboa

"Historiadores são frequentemente acusados
de concentrar seus estudos apenas nos
detentores de riqueza, poder e saber e que,
embora finjam escrever a história de nações,
países e eras, na verdade escrevem
apenas sobre alguns poucos milhares
de indivíduos privilegiados,
e ignoram a grande massa do povo."
(Lewis, Bernard. *O Oriente Médio* –
Do advento do cristianismo aos dias de hoje,
(trad. Ruy Jungmann)
Rio de Janeiro: Jorge Zahar, 1996).

O destino dos moçárabes A perda da identidade (1599-1605)

Os efeitos das constantes medidas de expulsão de mouros ou muçulmanos, por ordem da Cruzada Cristã dos reis Felipes II e III da Espanha, foram sentidos até muitos anos mais tarde, obviamente. Pessoas perseguidas, que poderiam ser chamados hoje de excluídas, lançavam-se em alto mar com destino a Argel, tiveram o curso de suas vidas interrompido, sofrendo dramas pessoais, perseguições, principalmente religiosas; vidas destroçadas, infância e juventude sob açoites e servilismo por parte de pessoas inescrupulosas [...] famílias destruídas, filhos denunciando os pais, a prisão, a Inquisição, o viver entre o islamismo e a fé católica, enfim uma indefinição espiritual e moral indescritível. É com esta sensação que retrocedemos ao dia 18 de setembro de 1600, quando os dezenove espanhóis moçárabes prisioneiros da Inquisição foram desembarcados em Lisboa e postos ao rigor da decisão do Tribunal da Fé.

Conforme competia aos inquisidores (Capítulo 26 do Regimento), naquele alvorecer do século XVII, Constança de Mendonça era levada à presença das autoridades do Santo Ofício; o escrivão Simão Lopez logo começou a anotar, em discurso indireto - o seu próprio discurso - as perguntas dos inquisidores e as respostas da acusada. O discurso indireto dava à Inquisição a prerrogativa da acusação (ou perdão) antecipada uma vez que nessa forma de expressão fica implícita a subjetividade de quem transcreve o discurso. É um olhar em terceira pessoa. Por isso, mesmo sendo documento, um processo exige do pesquisador bom senso em sua interpretação. O processo 5267 é de Julião Calvo e não procuramos no IANTT os processos dos demais presos. E por isso o que aqui se relatam são as denúncias de seus companheiros de viagem (ou de fuga) que também tiveram seus processos instaurados; julgados, suas penas foram as que o Santo Ofício viu pelo bem da fé católica.

Constança de Mendonça chegara ali com seus companheiros no dia 18 de setembro de 1600. Essa primeira audiência ocorreu no dia dez de outubro do mesmo ano. Tinha dezoito ou dezenove anos, natural de Sevilha, filha de Simão de Mendonça, mercador de especiaria, e de Luzia de Gusmão. Nas duas primeiras audiências "não quis confessar nada de suas culpas" (p. 25), mas no mês de janeiro do ano seguinte, pediu audiência e, ao ser atendida, fez um relato de sua ida e chegada a Tânger, onde todos foram presos pelos soldados – não tinha mais certeza se fora no mês de outubro ou novembro de 1599. Afirmou o propósito de viver em Berberia e que Julião Calvo, filho de João Calvo, e toda gente que vinha no barco "eram mouriscos que iam para berberia para lá se tornarem mouros". Segundo lhe disseram, Julião Calvo seguia a lei dos mouros porque seus pais o ensinaram "que cresse nela". Ele acreditava. "Toda [...] aquela gente que ia naquele barco tinha feito lá em terra aquele concerto de se irem para berberia [...] depois de estarem embarcados, no dito barco." Julião Calvo disse também a Luís de Mendonça "que por então não quisesse saber mais nada, mas que depois de estarem em terra de berberia ele lho diria." Constança estava se referindo aos ensinamentos sobre a lei de Maomé. Essa denúncia pesaria muito contra Julião Calvo.

A prisioneira Isabel Ferreira foi chamada em audiência. Ela declarou ser cristã-velha, ter mais ou menos 40 anos, natural de Castela Velha, na Espanha. Na segunda audiência, no dia 13 de setembro, disse às autoridades eclesiásticas que pretendia confessar tudo o que sabia acerca de seu embarque.

Declarou, então, que era "casada segundo o mandamento da Santa

Madre Igreja com João Mendonça, pedreiro, cristão-velho, castelhano montanhês", do qual tinha três filhos e uma filha, todos legítimos. Os filhos que tivera com ele, um com a idade treze e outro com dezoito anos (mais ou menos), se encontravam em Granada em poder de Maria de Molina, irmã de seu legítimo marido; Bernardino, outro filho com mais ou menos doze anos acompanhara seu pai João Mendonça às Índias do Peru.[412] O outro filho Miguel de três anos ficara em Tânger em poder do capitão e há mais de dez anos que o seu legítimo marido João Mendonça a deixara em Granada quando esses filhos eram menores, e se foi para as Índias do Peru levando consigo o seu filho Bernardino, ficando ela prenhe do seu filho Miguel; estando ela em tal situação em Granada, o marido ausente, veio a ter amizade [...] com Miguel Francisco de Luna, pedreiro que, nos autos, ela declarara, anteriormente, como sendo seu marido.

E, estando assim amancebada com ele, ficou sabendo que o legítimo marido estaria regressando do Peru e, por isso, o casal fugiu de Granada para Sevilha, onde ela e Miguel Francisco estiveram "no dito roim estado". Tiveram dois filhos e uma filha dos quais, um com cinco anos de idade e outro (Álvaro) com três anos, ficaram em poder do capitão em Tânger e a criança de peito se encontrava com ela no cárcere.

Viveram cerca de dois anos em Sevilha, quando novamente receberam notícia de que o seu marido João Mendonça estava regressando do Peru. Temendo a ação da justiça, Miguel Francisco resolveu fugir para Málaga, levando consigo os filhos que tivera com ela. Se quisesse, ele a levaria consigo. Por falta de opção e para fugir da justiça, Isabel o acompanhou.

Isabel Ferreira se alongaria em sua denunciação: há dois anos, num domingo do mês de outubro, Miguel Francisco de Luna, *homem dela*, os filhos que ela tivera dele e Miguel, filho dela e de seu marido legítimo, com alguns pertences, embarcaram no porto de Sevilha, onde muitas outras pessoas desconhecidas embarcaram também.

Citou os nomes de todos, inclusive de Inês Garcia, com a qual, no barco em que viajavam, teve maior proximidade, por serem conhecidas. "[...] se agasalharam ambas para uma banda do barco e depois de andarem alguns dias com tormenta no mar, antes de serem tomados pelos soldados de Tangere." Isabel percebeu que, durante dois dias, estando já na costa de Berberia, todos "andavam perturbados [...] determinaram de se lançarem em terra de Berberia." Falavam em árabe, língua que ela não sabia, mas Inês Lopez traduziu para ela o que eles diziam e ela, Isabel, que até então

[412] Na época, conforme relatamos anteriormente, havia uma indefinição quando às Índias. Na verdade, a testemunha/acusada estava se referindo ao Peru, na América.

pensava que estavam indo para Málaga, descobriu que, na verdade, todos estavam indo para Berberia, para a terra de mouros. Isabel ficou muito perturbada, começou a gritar e a implorar que a pusessem em terra, "que era cristã, e não queria ir a terra de mouros e ninguém fez caso do que ela dizia. E ela disse que gritou que a lançassem em terra de cristãos."

Então, "Álvaro de Luna, irmão de Miguel Francisco", mandou-a calar-se. Se continuasse importunando, ele a lançaria no mar. Sentindo muito medo, Isabel calou-se "e ficou ela como morta e nunca mais deu acordo de si até se verem na terra de Celta" e nem percebeu a entrada dos soldados no barco, nem quando a desembarcaram em terra, porque estava como morta e, depois de desembarcada, tornou a si e nada mais sabia daquele caso.

Disse ainda que as pessoas procuraram tranquilizá-la, afirmando que naquela terra de mouros ela poderia viver em paz, professando sua religião: "viveria lá da maneira que quisesse porque se ela la entre os mouros quisesse ser moura viveria como moura, e que se quisesse ser judia também viveria como judia e se quisesse lá viver como cristã."

Procurando inocentar-se, acrescentou que havia má vontade da parte de todos, porquanto a levaram enganada a Berberia. Apesar disso, Isabel Ferreira estava irremediavelmente comprometida com as normas impostas pela fé católica por viver amancebada com Miguel Francisco de Luna, além da denúncia de práticas islâmicas. Naquela época, o sacramento do matrimônio era sagrado.

No mesmo processo de Isabel Herrera (Ferreira), apenso ao processo 5267, de Julião Calvo, a acusada apresentaria outra culpa desse réu. No dia 20 de setembro de 1600, ela retornou à casa do despacho e disse que *pedira mesa* para alcançar perdão e misericórdia de suas culpas por omissão de fatos ocorridos no referido barco, na última audiência, tomada pelo temor: quando estava no barco, disseram-lhe que eles acreditavam na seita dos mouros "e ela dando-lhes ali crédito, se apartou logo da fé de Cristo Nosso Senhor e se passou à seita dos mouros."[413]

E, depois disso, estando em Tânger, [...] na prisão, procurando convertê-la (*Shahada*), ensinaram-lhe os ritos da religião, como dar uma esmola a um pobre (*Zakat*), comprometer-se a fazer uma romaria a alguma casa santa que houvesse em terra de mouros. Ela deveria jejuar os jejuns

[413] Isabel acusa: Miguel de Luma e Álvaro de Luna, e João Calvo, e Julião Calvo, seu filho, e Fernão de Mendonça e sua mulher Luzia de Gusmão, e Constança e Maria, suas filhas, e Inês Lopez e Esperança Mendonça [...] e todos as mais pessoas que ficaram em terra de Berberia.

dos mouros (Ramadan) "que eram três dias na semana não está lembrada em particular que dias eram, mas isto era pelo tempo dos reis [...], e, então, todos jejuaram em uma terça-feira, ficando sem comer até à noite". Isabel, por estar prenhe, não pudera continuar praticando aquele jejum, "mas as demais pessoas todas continuaram por mais dias[...]" Simão Lopes escreveu essa confissão.

E Isabel Ferreira agora era ré, culpada de mancebia e prática islâmica. Não consta no processo o porquê de Isabel tomar a decisão de confessar "*sua culpa*", mas é possível inferir sobre as condições da prisão e a força persuasiva de seus carcereiros.

Do processo de Miguel Francisco de Luna, cuja denúncia está apensa ao processo de Julião Calvo, consta que o primeiro, como testemunha, fez a seguinte confissão, ou acusação. É nomeado como mourisco, "preso em Tangere (Tânger) por se achar ir fugindo em um barco a viver em Berberia", de onde fora entregue à Inquisição de Lisboa. Era o dia 18 de setembro de 1600. O Réu pedira audiência e fora atendido a onze de outubro do mesmo ano e negou as *culpas* confessadas ao capitão em Tangere. Ao contrário, disse que era cristão-velho e que iria viver cristão em Berberia. Sobre sua genealogia, afirmou ter 40 anos, casado com Isabel Ferreira (a qual não é sua mulher e assim o confessa adiante – anota o escrivão).

Pelo visto, o réu desconhecia a confissão de sua companheira Isabel Ferreira, descrita anteriormente. Sem alternativa, Miguel expôs contra si a verdade que o inquisidor queria ouvir.

Era o dia 9 de novembro de 1601 e Miguel de Luna iniciou a sessão declarando que: "Isabel Ferreira não era sua mulher porque a trazia consigo como amiga e que ela era casada com João Mendonça, um trabalhador cujo paradeiro ignorava. Vivia em Granada quando se amigou com Isabel de Herrera" (o nome de Isabel oscila entre Ferreira, Herrera ou de Herrera).

Miguel estava coagido, não havia outra saída. Caso continuasse *negativo*[414] seria levado a tormento. Então declarou que era verdade que no tempo que esteve em Tânger por espaço de oito ou nove meses - todo preso perdia a noção de tempo. Declarou que fora persuadido a aceitar a religião dos mouros por João Calvo que fugira da prisão e repete com algumas oscilações as denúncias feitas por Isabel Ferreira.

Miguel ia negando, denunciando companheiros e omitindo a sua verdadeira crença enquanto pôde. Mas, diante da perseverança dos inquirido-

[414] Ver: Franco, José Eduardo e Assunção, Paulo de. *As metamorfoses de um polvo* (Regimento do Cardeal D. Henrique, 1552), capítulo 38, p. 117.

res, o réu confessou denunciando que dera crédito ao que João Calvo lhe dissera e lhe parecera bom ser mouro. Por isso, respondeu que ele faria os jejuns da maneira que ele dizia e que acreditava na lei dos mouros e ambos jejuaram durante oito ou dez dias. E todos, inclusive Isabel Ferreira, fizeram o jejum.

Logo em seguida a essa confissão, o prisioneiro negou que tivesse visto *Isabel de Herrera* jejuando, não sabia se ela professava a seita dos mouros e permanecia calada quando alguém referia a crença na presença dela. Quanto a João Calvo, estando a sós, este lhe dissera que, caso eles fossem à terra de mouros, tinham obrigação de irem à Meca, onde praticariam o Hajj.

Era tudo o que lembrava no momento e pedia perdão. Caso recordasse mais alguma coisa, voltaria para confessar. Mesmo assim, acrescentou que tivera uma "*diferença*" com João Calvo, mas que depois disso no caminho se falaram. Manoel Marinho assinou a declaração.

Miguel Francisco de Luna achava-se diante de uma situação complicada, tanto quanto sua companheira Isabel.

Por outro lado, as confissões e acusações iam corroborando as "*culpas*" de Julião Calvo, cujo pai fugira da prisão. E, assim, do processo de Inês Lopez, tida como cristã-velha, foi extraída sua confissão na qualidade de testemunha contra Julião Calvo, como todos os demais. Na primeira audiência, acusou o marido *Fernão Gomes* de a ensinar a ter crença na lei dos mouros e, logo no dia seguinte, completou a declaração.[415]

Na manhã do dia 9 de outubro de 1602, Inês Lopez, cristã-velha, perante o licenciado Dom António Pereira de Meneses, fez acusações semelhantes às anteriores, ora omitindo nomes, ora acrescentando, uma alternância em que todos, sem exceção, estavam implicados com o instituto da repressão católica.

Inês Lopez, conforme o costume, ainda foi admoestada a dizer a verdade, mas o certo é que ela estava livre do tormento.

A testemunha seguinte era Constança de Córdoba. Tinha na época dezoito ou dezenove anos, disse que era cristã-velha, natural de Sevilha, filha de Fernão de Mendonça e de Luzia de Gusmão, "que com ela vierão presos pera estes carceres," solteira [...] e nas duas sessões iniciais negou suas culpas. Contudo, diante das condições em que se encontrava, *"pediu mesa"* no dia 18 de janeiro de 1601 para acusar-se assim como a seus pais e irmã como seguidores da lei dos mouros. No dia 15 de junho de 1602, acrescentou denúncias contra Julião Calvo.

---

[415] Processo 5267, p. 36. (de Julião Calvo)

Constança havia suportado as agruras da prisão durante um ano e meio, mas a força da instituição era maior do que ela previra.

E naquele dia sua confissão quanto a nomes coincide com as demais. Percebe-se que a fé na lei de Maomé, ou Mohammad, oscilava entre uma aventura e uma convicção. Constança declarou, ainda, que Luiz de Mendonça, seu irmão, ficara em Berberia para viver na seita dos mouros. E Manoel Marinho, o escrivão, assinou sua denúncia/confissão.

Todos deveriam depor, ou denunciar Julião Calvo. Todos denunciavam todos, esta era a tática para que todos ficassem incursos como hereges, praticantes de seitas que punham em risco a unidade e universalidade da fé católica.

Álvaro Francisco de Luna, mourisco de Granada, declarou sob juramento, como seus companheiros, que era cristão-velho, natural de *Almagne* no campo de Caltraya,[416] morador em Sevilha, tinha quarenta anos. Fizeram com ele as três sessões ordinárias e ele negou suas *culpas*, diz o processo. [417]

Feitas as formalidades legais, Álvaro disse que não conhecia o acusado Julião Calvo, objeto do processo 5267. Há quatro anos se encontrara com Fernão Gomes, alfaiate, mourisco, granadino, casado com Inês Lopez, que lhe disse morarem em Cal de Palomas (na casa de Berberia e lá ficou). Seu relato vai incluindo todas as pessoas já referidas pelos outros presos/testemunhas contra Julião Calvo, sempre os acusando de praticar a crença de Maomé e a profissão de cada um, já conhecida anteriormente. João Calvo é citado como sendo mourisco de Granada, casado com Esperança Fernandez o qual fugiu no caminho, mas ele, Álvaro, com sua mulher, "veio preso a estes cárceres" de Lisboa.

A testemunha seguinte era Maria de Mendonça, que também testemunhou contra Julião Calvo[418]. Era mourisca, solteira "de idade que disse ser na primeira audiência que com ela se fez aos 9 de outubro de 1600, de 11 para 12 anos, filha de Fernam de Mendonça e Luzia de Gusmão, natural de Sevilha e aí moradora." Nem as crianças ficavam livres das sessões

---

[416] Seria *Almagro*, campo de *Calatrava*. Um município da Espanha na província de Cidade Real, comunidade autônoma de Castela da Mancha.

[417] Página 37v do processo nº 5267.

[418] Página 45v do processo nº 5267.

de interrogatório naquele universo em busca da "verdade".[419]

No dia 15 de julho de 1602, a menina disse "que indo pelo barco em que foram tomados pelos soldados de Tangere", estando ela, seus pais e irmãos Inês e Constança de Córdova e todos os demais presos anteriormente citados, "[...] tirando as que ficaram em África." O texto repete literalmente as mesmas palavras, demonstrando que o escrivão filtrava os discursos, porque, certamente, queriam dizer a mesma coisa. Quanto a Julião (às vezes, Julian) Calvo, ela não acrescentou nada. "Reitera que ele disse perante ela e seus pais que iam para África para lá salvarem suas almas e viver na seita de Mouros".

Constança descreveu com minúcias as cerimônias da religião dos mouros. Disse que sua mãe prometera lhe ensinar mais sobre os ritos quando se encontrassem em Tânger. Lá chegando, as pessoas rezavam três vezes por dia: pela manhã, ao meio dia "e à tarde estavam descalços e pano branco de linho atados na cabeça cada um deles com seu pano e alevantavam as mãos para cima, e três vezes abaixavam a cabeça até o chão e a tornavam a levantar e estando em pé e de joelhos" e depois que os trouxeram presos não assistira a nenhuma destas cerimônias.[420]

Nenhum declarante forneceu aos inquisidores tantos pormenores sobre os rituais e os costumes muçulmanos. A menina acrescentou que jejuavam daquela forma para preservar a seita dos mouros, rezavam as orações, que ela não entendia nem as sabia porque os homens Inigo e Pedro não lhas ensinavam. Aqueles dois homens ficaram ali pelo espaço de seis meses, no fim dos quais o capitão os mandou embora e, conforme a declarante Maria de Mendonça entendeu, foi por eles dizerem que não tinham culpas.

Essa declaração permite inferir que o capitão tinha poder de decisão como se fora um oficial do Santo Ofício.

A coleta de declarações contra Julião Calvo foi encerrada com o depoimento de Fernam ou Fernão de Mendonça (mourisco de quarenta anos, casado com Luzia de Gusmão) que nada acrescentou às perguntas do inquisidor, o Licenciado Manoel Alvez Tavares.[421]

---

[419] O Regimento de 1552, em seu capítulo 16, prevê que "Se alguns filhos ou netos de hereges incorrerem em crime de heresia e apostasia, por serem ensinados por seus pais e avós, sendo menores de vinte anos [...] e porém os menores de idade de discrição não serão obrigados a abjurar publicamente, os quais anos de discrição são catorze no varão e doze na fêmea." Franco, op. cit., p. 112.

[420] Página 43v do processo nº 5267.

[421] Páginas 49 a 99 do processo nº 5267.

As acusações que pesavam sobre Julião Calvo consistiam em testemunhos de práticas religiosas e costumes contrários à fé católica, cujos oficiais tinham a obrigação de vigiar e punir. E a acusação do Papa Xisto IV, contra os inquisidores por estarem movidos pelo "desejo de riqueza", no seu mister de defender a fé católica, por esse processo, não nos parece procedente, uma vez que os oito declarantes, até aqui referidos, nada possuíam que pudesse ser alvo de cobiça. Logo, os oficiais do Santo Ofício também viviam a defender a sua fé.

O destino de Julian Calvo

> "Qui necit fingere necit vivere"[422]
> (Quem não sabe mentir não sabe viver)

Quem era Julian ou Julião Calvo, do qual apenas sabemos ser filho de João Calvo e de Esperança Fernandez? Como os demais depoentes, Julião Calvo era espanhol, apenas um menino diante de um tribunal português.

No dia 3 de outubro de 1600, o *acusado* apresentou-se ante o inquisidor Manoel Álvares Tavares e logo lhe foram feitas as perguntas gerais de sua genealogia. Julião Calvo tinha agora apenas quatorze anos.[423] Nada adiantou ao que já havia confessado em Tânger. Era cristão-velho "sem raça alguma de mouro ou de judeu de outra alguma seita"; natural de Pestrana, morador em Sevilha em casa de seus pais e também estivera em Granada para onde o levaram quando tinha cinco ou seis anos e depois para Sevilha, de onde embarcaram em direção à África e, da costa de Tânger, foram levados para Lisboa.

Reiterou que não tinha irmãos, era solteiro (tinha quatorze anos, reiteramos), nunca fora penitenciado pelo Santo Ofício senão agora, cristão batizado na igreja da cidade onde nascera, desconhecia o nome do padre

[422] Quem não sabe mentir não sabe viver. Torquato, Accetto. *Dela dissimulazione onesta* Disponível em: mhttps://it.wikipedia.org/wiki/Della_dissimulazione_onesta Acesso 19 de fevereiro de 2024.
[423] Ver: Regimento 1552, Capítulo 16 (já citado anteriormente) In: Franco, op. cit., p.112.

que fez a cerimônia, nem o nome de seus padrinhos, não se lembrava se fora crismado, praticava obras de cristão e, para provar, persignou-se, benzeu-se, disse o Padre Nosso e a Ave Maria, o Creio em Deus Padre, a Salve Rainha, os Mandamentos da Lei de Deus, os da Santa Madre Igreja, os sacramentos da Santa Madre Igreja e disse que nada mais sabia a respeito da doutrina cristã. Desconhecia o motivo de sua prisão. Admoestado a dizer a verdade, que abrisse os olhos da alma, foi mandado de volta ao seu cárcere.[424]

No dia 25 de setembro novamente o menino foi levado à presença do Inquisidor o qual lhe perguntou há quanto tempo havia se afastado da Santa Madre Igreja para viver na crença dos mouros. E o prisioneiro disse que nunca o fizera, nunca abandonara o Cristo Redentor; nunca praticara as cerimônias de Maomé (*Mafamede*), nunca jejuara, mantendo-se sempre negativo às perguntas do Inquisidor, que tomava por base as denúncias de seus companheiros. Foi novamente admoestado para que se pudesse usar com ele de muita caridade e misericórdia, conforme dispunham as normas vigentes, e o acusado continuou dizendo que nada tinha a acrescentar.

Os oficiais da Inquisição eram pacientes, não tinham pressa, iam manipulando, repetindo as mesmas perguntas [...] seguindo a tradição: "o Inquisidor, prudente médico de almas, procederá com precaução de acordo com as pessoas que interrogará e a qualidade de quem investiga."[425]

No dia 25 de setembro de 1601, Julian Calvo se encontrava novamente ante o Inquisidor Heitor Furtado de Mendonça. Nessa audiência, o jovem disse que, há uns dois anos, no mês de outubro, estando em Sevilha com seu pai, João Calvo, sua mãe, Esperança Fernandez, e as demais pessoas, já nomeadas, foram à terra de Berberia, inclusive os homens que ficaram em Tânger. Todos ingressaram em um barco grande, de duas velas, no porto do rio de Sevilha e, pelo que diziam, ele entendeu que estavam indo para Málaga.

Por lhe ser perguntado o motivo de tal opção se, tendo o vento em popa, por que rumaram para Berberia, o acusado respondeu que nada sabia porque "ia doente no barco".

E, se eles iam para Málaga, por que indagaram aos soldados de Tânger sobre "que terra era aquela, se era a costa de Berberia ... por que razão os da companhia dele tomaram as allabardas contra os soldados do dito

[424] Página 55v do processo nº 5267.

[425] Gui, Bernard. *Bernad Gui et son monde*. (Cahiers de Fanjeaux nº16). Toulouse: Privat, 1981. Primeiro Manual dos Inquisidores, século XIV. Eymerich, Nicolau & Peña, Francisco. *Le Manuel des Inquisiteurs*. France: Mouton, 1973.

barco?" Julião reafirmou que ia doente e não percebeu a violência. Julião Calvo persistia na negativa a todas as perguntas do Inquisidor, que eram longas, baseadas nas denúncias, principalmente naquelas obtidas pelas testemunhas de Tânger, mas as respostas eram idênticas e breves: "nunca tal vio passar nem de tal sabe." E o inquisidor fez uma séria e perigosa advertência: "Portanto o admoestam com muita caridade e se ele colaborasse se usaria com elle de muita misericórdia [...]." Essa era a última admoestação que lhe cabia ser feita naquela mesa. Ainda havia tempo para ele confessar *suas culpas*, seria melhor colaborar para livrar-se da justiça.

E por reafirmar que não tinha culpas, permanecendo *negativo*, o reu foi reconduzido ao cárcere, pois, competia ao inquisidor incutir nele a percepção da culpa. Julian Calvo persistia em sua posição, tentando convencer os inquisidores. Até essa página do processo, podemos inferir que o jovem era cristão e por isso imaginava que não tinha culpa, uma vez que ignorava as acusações que os religiosos tinham como provas contra ele. E a longa sessão terminava como começara.

No dia 1º de outubro de 1601 o prisioneiro foi novamente chamado em audiência perante o inquisidor Dom António Pereira de Meneses. Julião Calvo novamente disse que não tinha culpas a confessar e a todas as perguntas respondeu que nada sabia. Foi "admoestado em forma"[426] e novamente devolvido ao seu cárcere.

Admoestação antes do Libelo: no mesmo dia dessa audiência, o Inquisidor Dom António Pereira de Meneses fez que retornasse perante si o acusado Julião Calvo, uma vez que o processo estava em termos de, por parte da justiça daquele Santo Ofício, se apresentar um libelo criminal contra ele, conforme requeria o promotor fiscal. "Portanto tornava a admoestar com a mesma caridade da parte de Nosso senhor [...]" pedia que o réu abrisse os olhos da alma e confessasse suas culpas dizendo a verdade delas e que acusasse todas as pessoas que sabia terem crença na lei de *Mafamede*, não pondo testemunho falso sobre si nem sobre outrem. Que fizesse isso antes de ser *acusado e que lhe fosse lido o libelo, pois com isto gozaria de mais* misericórdia, mas como o acusado insistia em afirmar que não tinha nada mais a confessar, foi-lhe apresentado o libelo criminal daquele Santo Ofício. [427]

A admoestação foi assinada por Manoel Marinho.

---

[426] Admoestação em forma: advertência leve ou benévola.

[427] Desde a primeira negativa do acusado, os inquisidores estavam procedendo de acordo com os Capítulos 50 e 56 do Regimento, que mandava agir com muita caridade e misericórdia, mas também com muita severidade, estando *pronunciado por herege pertinaz*. Franco, Eduardo et al, op. cit., p. 121.

Foi apresentado o libelo acusatório em seguida "Diz a justiça contra Julian Calvo, solteiro, filho de João Calvo mourisco réu preso no cárcere desta Inquisição a se cumprir [...]". O documento referia as obrigações do réu como cristão batizado e sua adesão ao islamismo. E como fugitivos ele e seus companheiros, tentando alcançar a Berberia, foram tomados e conduzidos a Tânger e, dali, o réu (com outros de sua companhia) chegara preso para aquela Inquisição, em razão das culpas referidas.[428]

Estava provado também que, achando-se na embarcação em companhia de pessoas de sua nação, o réu dissera a algumas pessoas que elas iam enganadas, pois estavam sendo "levadas para terra de mouros que era muito boa, [...]" que lá viveria como quisesse e poderia ser "moura ou judia".

O réu era acusado de propagar a lei de Maomé, aconselhando as pessoas a se afastarem dos ensinamentos de "Cristo, Nosso Senhor." A lei dos mouros garantia a salvação das almas. Para isto, o fiel deveria, dentre outras coisas, prometer esmola a um pobre, jejuns por honra da lei, três dias a cada semana sem comer até à noite. Dando crédito a tais promessas, algumas pessoas se afastaram da fé católica e se tornaram mouras. E todos juntamente e, cada um por si, disseram que criam na lei dos mouros e nela esperavam salvar-se. E prometeram, quando estivessem em Berberia, irem a uma casa santa que havia lá. E, depois disso, todos jejuaram por honra da dita lei numa sexta-feira permanecendo sem comer até à noite. E o réu e muitas daquelas pessoas continuaram jejuando por mais dias.

Assim, apesar de todo esforço dos inquisidores tentando admoestá-lo para que confessasse a verdade, acusando as pessoas a quem comunicara sua crença, fazendo-as afastar-se "de nossa santa fé católica", Julião permanecia irredutível. "Antes, persistia em sua dureza e pertinácia pelo que não merecia que com ele se usasse de misericórdia alguma, mas de todo rigor de Justiça." O réu permanecia firme em sua decisão de negar suas convicções religiosas, ignorando a fidelidade de seus inquisidores às normas inquisitoriais.

Por isso, o Libelo solicitava que o réu fosse declarado herege e apóstata "da santa fé," portanto, incurso em "sentença de excomunhão maior e confiscação de todos os seus bens para ofício e câmera Real (sic)[429] e nas

[428] Página 59 do processo nº 5267.

[429] Nas Ordenações Filipinas (op.cit.), Título XXVI (Dos Direitos Reaes) consta: "30. Em todo caso, onde por Lei do reino algum deva perder os bens, não per via de condenação, mas por Lei expressamente dizer, que os perca; porque tanto que for condenado, serão seus bens confiscados, segundo forma da Lei, por assi a traspassar, e nossos mandados, postoque tenha ascendentes, ou descendentes; salvo se a dita Lei outra cousa ácerca dos ditos bens disposer. (M-liv.2t15§31.)" Ver também no mesmo título, itens 28, 29, 31 e 32. Op. cit., p, 443.

mais penas em direito contra os semelhantes estabelecidos" e, como herege impenitente, pertinaz e negativo, seria entregue à justiça secular. O ser excomungado era o que menos importava àquele fiel seguidor de Maomé, mas a justiça secular ele deveria temer.

Foi lido o libelo acusatório para que o réu respondesse aos artigos, ao que ele se prontificou a fazê-lo sob juramento: e respondeu negativamente às quatro primeiras perguntas e disse que queria defender-se.[430] Então, de acordo com o Capítulo 131 do Regimento, foram nomeados dois procuradores, tendo em vista sua menoridade e, "com todos os poderes em direito necessário aos Licenciados Miguel Nuno e Gregório Roiz de Oliveira e inquisidor," foi solicitada a assistência de um procurador ao menor ali presente. O documento foi assinado por Dom António Pereira de Meneses, Gaspar de Molina da Cunha e pelo acusado.

No dia 2 de outubro de 1601 seu procurador, o licenciado Miguel Nuno apresentou a defesa, segundo os artigos do libelo.[431]

Cerca de um ano e meio depois, no dia 12 de março de 1603, (na página 65-6 do processo) o "termo de admoestação antes da publicação" foi então apresentado. O licenciado Manoel da Cruz Tavares mandou vir perante si Julian Calvo a quem foi dito que, pelos motivos já apresentados, o processo dele estava em termos de se tornar público, mas se ele confessasse suas culpas, antes de ser feita e publicada, ainda poderia ser tratado com misericórdia. E, por responder que não tinha culpas que confessar "se lhe fez a dita publicação."

Pelos relatos, fica claro ao leitor do processo que a fé professada pelo jovem Julian Calvo era mais profunda e lhe dava mais força para abrandar o temor diante do poder de persuasão dos representantes do Santo Ofício. Ou ele estaria protegendo alguém, inferimos. Viera ali menino e, em cerca de três anos, ainda não se dobrara a eles. Isso nos reporta ao que afirmou Dewey: "embora possamos levar um cavalo até a água, não poderemos obrigá-lo a beber e que poderemos trancar um homem em uma penitenciária, mas não o tornar arrependido."[432]

Foi feita a "Publicação da prova da Justiça contra Julião Calvo[433] solteiro mourisco Reo Preso[...]" consta no processo a ratificação das de-

[430] Ver página 62 do processo nº 5267.

[431] Ver: página 63 do processo nº 5267.

[432] Dewey, John. *Democracia e Educação*. (Trad. Godofredo Rangel e Anísio Teixeira, 3ª ed. São Paulo: Companhia Editora Nacional, 1959, p. 28/29.

[433] O processo ora traz o nome do réu com Julião, ora como Julian. Por ser espanhol, o correto hoje seria Julián.

nunciações de todas as pessoas que testemunharam no caso dos fugitivos presos em Tânger (e deles próprios) e, neste caso, as denunciações eram tidas como sendo contra Julião Calvo. Acompanhando a trajetória dos procedimentos e o Regimento legal da época, conclui-se que os critérios foram legais. Os inquisidores seguiam os passos dos capítulos do Regimento, esperando vencer pelo cansaço o menino "*herege.*" [434]

Prevendo que não lhe restava alternativa, senão confessar, "o réu se pôs de joelhos e disse que ele queria confessar seu pecado e disse que o não confessou até agora" e que em Tânger ficaram cativos do capitão. Dentre outras confirmações do que sabiam os inquisidores ele revelou que seu pai lhe dissera "que se queria ir para berberia para viver lá na lei dos mouros porque era a boa para salvar a alma. [...] a dita terra dos mouros era uma terra muito fértil[...]" Essa afirmação contradiz a sua insistência em dizer que iam para Málaga.[435]

A proposta de seu pai fora aprovada por sua mãe porque lá se podia viver na seita dos mouros ideal para salvar a alma e não a lei dos cristãos; em Berberia ela lhe ensinaria as práticas da seita dos mouros. Disse ainda que seus pais acreditavam na lei do*s 'ceos'* e tinham por profeta *'Mafoma'* e por isso guardavam as sextas-feiras sem fazer serviço algum e nunca comiam carne de porco. E, naquele tempo, não lhe ensinaram mais nada a respeito daquela religião.

Apartara-se da fé de Cristo, Nosso Senhor, "e teve crença na seita dos mouros, por dar crédito ao que eles lhe ensinaram".

À margem dessas declarações/denúncias na linha onde constam os nomes de seus pais existem anotações do inquisidor como: "apartou da fé"; "João Calvo e Esperança", "sextas-feiras"; "declaração"; isto significa que seus pais estavam sendo denunciados pela confissão do filho. E aqui temos também a provável causa de o acusado haver resistido aos interrogatórios durante tanto tempo.

Julian, ou Julião, ia revelando procedimentos da fé islâmica aos inquisidores (nada que eles já não soubessem), nomeava todos, envolvendo-os mais do que já estavam com o Santo Ofício. Na página seguinte, constam os nomes das pessoas e sua ocupação enquanto à margem o Inquisidor anotou os nomes de todos. Repete o que as testemunhas afirmaram sobre o porquê de irem vivem em Berberia. Sobre si mesmo, o escrivão transcreveu: "[[...]] e que a dita seita dos mouros teve ele até agora que faz esta

---

[434] Páginas 69 a 75 do processo nº 5267.
[435] Páginas 75 a 79 do processo nº 5267.

confissão, porque logo que foi preso nestes cárceres se arrependeu de ter a dita seita dos mouros." Deixara de se confessar, mas doravante queria ser cristão, estava muito arrependido de haver abraçado a fé islâmica e de não haver confessado suas culpas *mais cedo a esta mesa.* Só lhe restava pedir perdão e misericórdia.

Foi novamente admoestado em forma e mandado ao seu cárcere. E, no dia 20 de março de 1603, o pequeno réu foi novamente levado à casa do despacho onde se encontrava Heitor Furtado de Mendonça. Estava também seu procurador e, feitas as formalidades, o menino acrescentou à confissão anterior que os companheiros de viagem, tantas vezes citados, ele e todos os demais prometeram "irem em Romaria a uma casa santa que nomearam por um nome que ora lhe não lembra, que está lá em Berberia onde os mouros têm de nação."

Declarou que, em Tânger, "jejuou ele alguns dias sem comer até noite por guarda da seita dos mouros por assim lhe dizer seu pai Joan Calvo." E todos os demais, homens e mulheres fizeram o mesmo." (Salvo Constança de Córdova que ia então a estar em casa do capitão) "disseram todos que haviam de guardar a Páscoa dos mouros que então vinha sendo, apontando o dia em que vinha." (Não se lembrava de qual teria sido o dia nem em que tempo caiu) e de feito viu ele declarante que a guardavam e que no dia dela não trabalhavam. "Ele declarante guardou também a dita seita na vontade porque andava servindo o capitão-mor desde Tangere." Pedia novamente perdão e misericórdia.

Foi feito o "Traslado da publicação da prova da justiça contra Julião Calvo, solteiro, mourisco, preso[...]" em que constam as denúncias de todas as testemunhas e o depoimento está assinado por Simão Lopes.[436]

E no dia 5 de abril de 1603 fez-se a ratificação, tudo conforme o Regimento do Santo Ofício de Portugal de 1552. Os autos foram vistos novamente no dia 9 de junho de 1603 e todos assinaram o documento em que constavam as penas que deveriam ser impingidas ao réu que, diante de sua tardia confissão e arrependimento por ter-se tornado herege e apóstata, ratificavam: excomunhão maior, confiscação de todos os seus bens aplicados para o fisco e Câmera e nas mais penas do direito contra semelhantes estabelecidas.[437] Contudo, tendo o réu usado de saudável conselho confessando suas culpas, pedindo deles perdão e misericórdia com sinais

[436] Páginas 81 a 85 do processo nº 5267.

[437] Ver: Franco, op. cit., p. 206 Repertórios do Regimento do Santo Ofício e de suas adições e declarações: "Confiscação se se (sic) fará de bens de herege estrangeiro que se apresenta e reconcilia na Mesa e como se dará conta ao Inquisidor-Geral para que peça a Sua Majestade lhe remeta os bens, fól. 7 e 7 vers. cap. XII." Ver também capítulos vigésimo quinto, vigésimo sexto e vigésimo sétimo, p. 143.

e mostras de arrependimento, eles recebiam Julião Calvo a reconciliação e união da Santa Madre Igreja como pedia e lhe mandavam apresentar-se ao auto da fé, para abjurar publicamente seus heréticos erros "em forma e em pena e penitência" deles. Assim, estava condenado a "cárcere e hábito penitencial perpétuo," no qual seria "bem instruído nas cousas da fé," necessárias para a salvação de sua alma. "E mandam que a dita excomunhão maior fosse *Absoluto in Forma Ecclesie.*"[438]

Nada restara ao jovem. Sua vida, sua família, seu desenvolvimento como homem crente na fé Islâmica, tudo estava acabado. Fora-lhe imposta uma nova crença que ele deveria seguir à risca vestido com um Sambenito,[439] que o discriminaria para sempre, perante as demais pessoas. Foi publicada a sentença no dia três de agosto de 1603, cuja cópia do original se encontra abaixo em *fac-símile.*

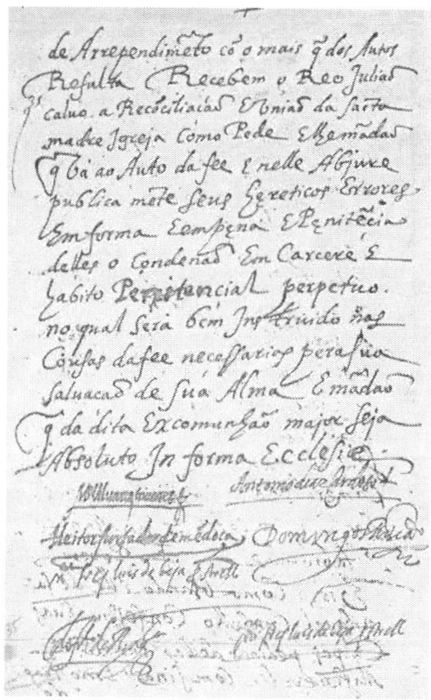
de Arrependimento co o mais q dos Autos
Resulta Recebem o Reo Julião
Calvo a Reconciliação E união da santa
madre Igreja Como Pede E lhe mandão
q va ao Auto da fee E nelle Abjure
publicamente seus hereticos Erros
Em forma E em pena E Penitencia
delles o Condenão Em Carcere E
habito Penitencial perpetuo.
no qual sera bem Instruido nas
Cousas da fee necessarias pera sua
saluação de sua Alma E mandão
q a dita Excomunhão major seja
Absoluto In forma Ecclesie

Figura 1: Fac-símile: Termo de Reconciliação-fl. 2

[438] Absolvido na forma da Igreja.

[439] Hábito em forma de saco, em baeta amarela e vermelha, que se enfiava pela cabeça, usado pelos penitentes que iam ser queimados nas fogueiras da Inquisição.

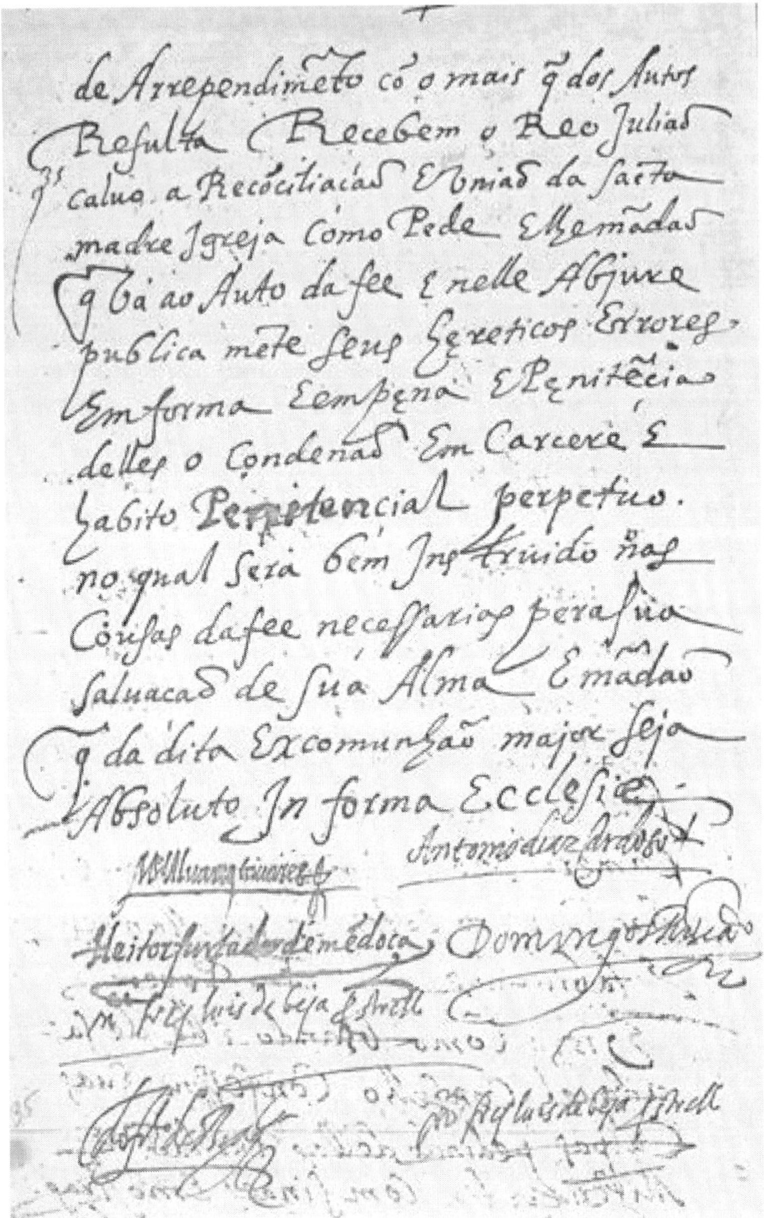

de Arrependimẽto cõ o mais q̃ dos Autos
Resulta Recebem o Reo Julião
Caluo a Recõciliação E uniaõ da santa
madre Igreja como Pede E lhe mandaõ
q̃ vá ao Auto da fee E nelle Abjure
publica mẽte seus hereticos Errores
Em forma E em pena E Penitẽcia
delles o Condenaõ Em Carcere E
habito Penitencial perpetuo.
no qual será bem Instruido nas
Cousas da fee necessarias pera sua
saluacaõ de sua Alma E mandaõ
q̃ da dita Excomunhaõ major seja
Absoluto In forma Ecclesie.

Figura 2: Fac-símile:Termo de Reconciliação-fl. 3

Julião Calvo leu o juramento, conforme o costume, em que prometia renegar sua antiga fé, afastar-se de pessoas que pudessem induzi-lo à recaída e seguir a fé católica com todas as suas cerimônias e crer nos seus dogmas. Tudo corria de acordo com o Regimento: assinou, como assinou também o termo de segredo em que seria severamente castigado "e logo foi mandado levar às escolas gerais para ser instruído nas cousas da fé necessárias para salvação de sua alma."

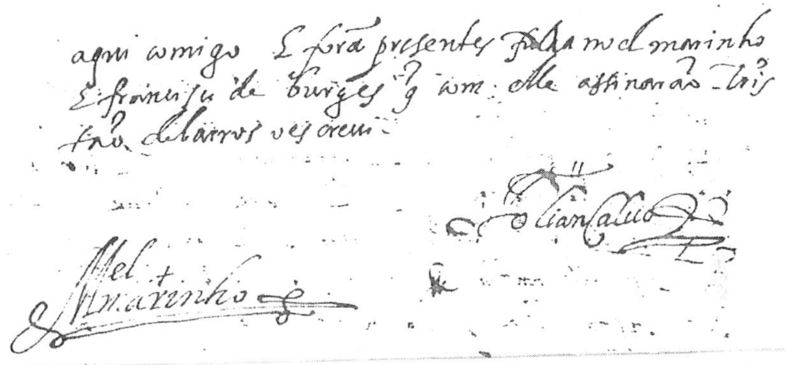

Figura 3: Fac-Símile:assinaturas: Manoel Marinho e Julião Calvo - Processo 5267, p. 94 fig 4.

Esse evento ilustra bem as consequências da intolerância religiosa e racial iniciada em 1492 quando os Reis Católicos, de Espanha, decidiram expulsar os mouros de suas terras. As ações de expulsão atravessaram os reinados de Carlos V, Felipe II, Felipe III (de Espanha) completava a perseguição e agora Portugal apanhava alguns remanescentes moçárabes que tentaram fugir de Granada, Córdoba e Sevilha para irem viver em Berberia onde imaginaram que pudessem viver e praticar livremente a sua crença. Os documentos citados são apenas uma ilustração, uma vez que ainda se encontram nos mesmos arquivos uma infinidade de processos sobre o mesmo tema. A perseguição ainda duraria mais um século.

Retomando a desdita de Julian que em Portugal se tornou Julião, no processo não consta a declaração de bens do acusado; por isso não sabemos de que bens o Santo Ofício tomara posse, nem temos em mãos os processos instaurados contra seus pais, que certamente também não terão tido um destino melhor do que o do filho, a cujas penas ainda se acrescentava o seguinte débito:

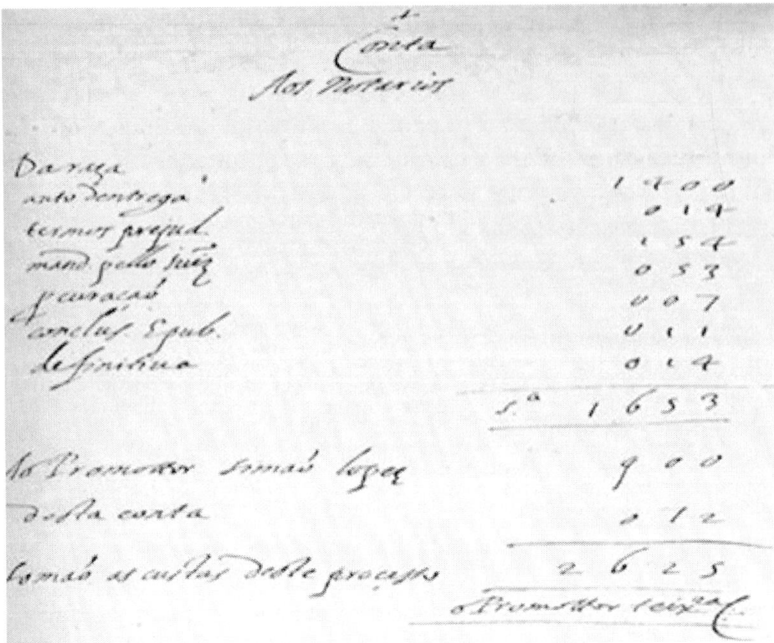

Figura 4: Fac-símile: Processo nº. 5267, de Julião Calvo, p. 96.

Em 1620, esse valor correspondia, conforme estimativas de Start B. Schwartz, cerca de 743 caixas de açúcar branco, ou, aproximadamente, a 854 contos de reis. Não encontramos outra fonte.

Estando a cumprir tais penitências, o bispo inquisidor geral, ao revisar o processo de Fernan de Mendonça, um dos cidadãos espanhóis presos em Tânger, emitiu uma provisão em que o favorecia e aos demais presos, inclusive Julião Calvo:

"O Bispo dom Pedro de Lourenço Inquisidor Geral em os Reinos e Senhorios de Portugal fazemos saber ao que na petição atrás dizem Fernando do Mendonça (sic), Julião Calvo, Miguel Francisco de Luna, esperança Fernandez e Luzia de Gusmão naturais de Granada e a informação que do caso a seus autos segue pelos Inquisidores desta cidade de Lisboa. Houvemos por bem de os dispensar com cada um deles que no cárcere não levasse hábito perpétuo em que foram condenados e mandamos-lhe será tirado o hábito e lhes comutamos a dita penitência em outras penitências espirituais que aos inquisidores parecerem necessárias para salvação de suas almas, as quais eles lhe imporão, e os ditos superiores cumprirão e farão os mais autos de conscientes e fiéis cristãos cumprindo tudo o mais que prometeram em suas abjurações sob pena nela conteúdas, e não sairão desta cidade para parte alguma sem nossa licença. E esta se ajuntará aos autos de Fernan de Mendonça (sic) com declaração da admoestação que lhe for feita, das penitências que lhe forem impostas e nos feitos das mais pessoas acima nomeadas se ajuntará o treslado della, para constar em todo o tempo desta dispensação. Em Lisboa primeiro de março de mil seiscentos e cinco. Dom Bartolomeu Fernandes a fez. O Bispo dom Pedro."[440]

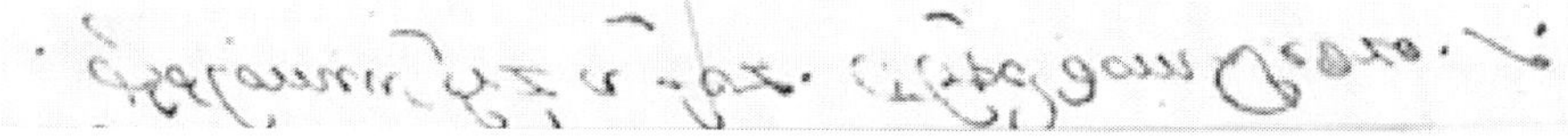

Figura 5: Fac-símile: assinaturas dos inquisidores no despacho datado de 1° de março de 1605/ Fig. 5

Embora limitada, a liberdade que o bispo concedia aos prisioneiros espanhóis devolvia um pouco da dignidade cada um, uma vez que o uso obrigatório do hábito penitencial, ou sambenito, que levava no peito um sinal correspondente ao "delito", expunha o portador às mais inusitadas humilhações públicas. Agora o penitenciado, embora perpétuo, poderia transitar e trabalhar, ou pedir esmola para quitar o imenso débito com o Santo Ofício, conforme inserção do documento na página anterior, que corresponde aos débitos de Julião Calvo. Isso nos remete a Anita Novinsky que afirmou: "Na Inquisição está o modelo ideal da implantação de regimes totalitários, dos seus métodos de tortura, de como são tratados dissidentes políticos e sociais, de como isolar milhares de pessoas proibidas de conhecer suas origens culturais, da miséria dos condenados ao silêncio e à incomunicabilidade, do racismo mascarado em novas ideologias e da apropriação de bens como fiança desses crimes."[441]

Trevor-Hoper tem sobre a tortura opinião esclarecedora. Referindo-se à questão das bruxas, o autor afirma que "se as confissões foram feitas livremente, teríamos que admitir pelo menos a 'realidade subjectiva' das experiências confessadas, e então a notável semelhança entre elas, que con-

[440] Página 102 do processo.

[441] Novinsky, Anita. *Inquisição-Rol dos culpados*. Rio de Janeiro: Expressão e Cultura, 1992, p. XI.

verteu muitos cépticos do século XVI, constituiria um problema real."[442] Por outro lado, se as confissões foram obtidas pela tortura esse problema não ocorre. É possível explicar a semelhança das respostas pela combinação de respostas análogas e de dores insuportáveis. Por isso é preciso considerar o papel da tortura judicial no julgamento das bruxas, mas nós podemos aplicar essa ideia aos acusados de heresia também. Para Trevor- Hoper, "A tortura judicial fora autorizada, em casos restritos, pelo direito romano; mas o direito romano e com ele a tortura judicial foram esquecidos na Idade das Trevas. No século XI o direito romano foi redescoberto no Ocidente e, em breve, a tortura recomeçava a ser aplicada. Em 1252, Inocêncio IV, na bula '*Ad Extirpanda*'[443], autorizara o seu uso contra os albigenses. No século XIV era corretamente aplicada nos tribunais da Inquisição [...] Na Renascença a Inquisição medieval estava em decadência em toda a parte [...] A partir do momento que a tortura voltou a vigorar em certos países da Europa, também as confissões absurdas regressaram"[444] Isso aconteceu na Espanha e em Portugal e suas colônias. Continuou acontecendo tanto por motivações religiosas como políticas. Exemplos não faltam.

---

[442] Trevor-Roper, H.R. *Religião, Reforma e transformação Social.* Lisboa: Editorial Presença/Martins Fontes, 1972, p. 92. Ver também: VERRI, Pietro. Observações sobre a tortura. São Paulo: Martins Fontes, 2000.

[443] *Bula ad extirpanda* – "Ad extirpanda de medio Populi Christiani haereticae pravitatis zizania, quae abundantius solito succreverunt, superseminante illa licentius his diebus hominis inimico tanto studiosius, juxta comissam nobis sollucitudinem insudare proponimus, quanto perniciosius negligeremus eadem in necem catholici seminis pervagari. Volentes autem, ut adversus hujusmodi nequitiae operários consurgant, stentque nobiscum Ecclesiae filii, ac Orthodoxae fidei zelatores, Constitutiones quasdam ad* extirpationem haereticae pestis edidimus, a vobis ut fidelibus ejusdem Fidei defensoribus exacta diligentia observandas quae seriatim inferius continentur." "Propusemos esforçar junto à preocupação cometida a nós para extirpar a erva daninha da depravação herética do meio do povo Cristão, a que mais abundantemente que o usual brotou, pelo semeá-la mais livremente por estes dias o inimigo do homem tão mais desejadamente, quão mais perniciosamente negligenciarmos que ela vaga visando a morte da semente Católica. Porém os filhos da Igreja, e zeladores da fé Ortodoxa, que desejam, surjam e estejam conosco, deste modo contra os operários da maldade, editamos algumas Constituições para a extirpação da peste herética, que estão contidas regularmente mais abaixo, que devem ser observadas com exata diligência por vós como fiéis defensores da mesma fé." Tradução de Guilherme Rosa Pinho. Disponível em: http://jus.com.br/artigos/34779/bula-ad-extirpanda-traducao#ixzz3duSPcM2E. Acesso em 23.06.2015.

[444] Idem, p. 93

Na época, a situação de Julião Calvo seria compreensível, mas não é possível controlar o desejo de comparar a ideia de Trevor–Hoper com a situação daquele jovem perante o tribunal do Santo Ofício, naquele dia três de março de 1605, quando ele retornava à casa do despacho para uma audiência em que ouviria a nova sentença do Senhor Bispo Inquisidor Geral, anteriormente transcrita.

O documento tem os mesmos termos com alguma exceção: é mandado tirar o hábito que trazia e desobrigado do cárcere em que estava. Comutaram-lhe tais penitências por outras espirituais: "que por espaço de um ano se confesse as quatro festas principais dela - Natal, Páscoa, Espírito Santo e Assunção de Nossa Senhora - e nelas receba os santíssimos sacramentos da comunhão, se confesse ao seu confessor e no acabo do ano mande certidão a esta mesa de como se confessou as ditas pessoas, e jejue cinco sextas-feiras. E em cada qual do dito ano reze cinco vezes a oração do Padre Nosso e Ave Maria e seja muito contínuo nas Igrejas nos domingos e dias santos de guarda e nos mais que puder (assista) às missas e pregações e faça todos os mais autos de fiel e católico cristão apartando-se da comunicação de pessoas que lhe possam causar dano em sua alma."[445]

Na verdade, Julian deveria evitar contatos com os fiéis da fé islâmica, "cumprindo tudo o que em sua abjuração tem prometido sob as penas nela declaradas; e assim lhe foi mandado que se não saia desta cidade para parte alguma sem licença do Ilmo. Senhor Inquisidor Geral[...]"[446]

A liberdade era vigiada. Portanto, a tortura moral não fora suspensa. Mas tudo o que prometera sob juramento deveria ser cumprido, pois, se ele tornasse a cair nos erros de heresia e apostasia que havia confessado ou, se caísse em outros erros semelhantes, o tribunal não o trataria com misericórdia, " antes seria Relaxado à Justiça secular."[447]

A ameaça era a pior possível, pois ser relaxado ao braço secular significava tormento e condenação à morte por fogo ou enforcamento. Feito o termo, o inquisidor assinou, assim também Julian Calvo que ainda mantinha seu nome espanhol:

[445] Páginas 103 a 104 do processo nº 5267.
[446] Página 104 do processo nº 5267.
[447] Página 75 a 79 do processo nº 5267.

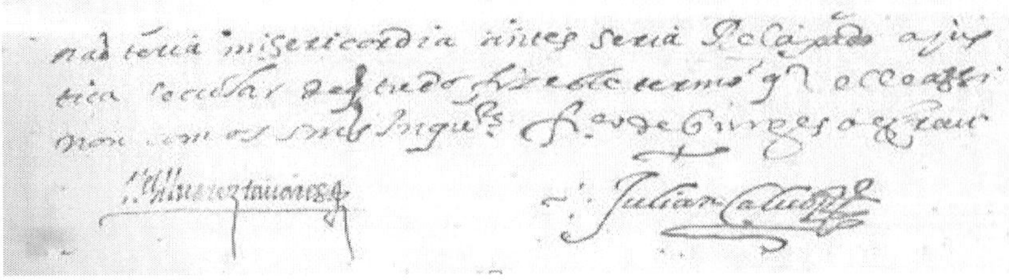

Figura 6: Fac-símile: assinatura do Inquisidor e de Julian Calvo em três de março de 1605, Processo 5267, p. 103. P. 103.

Nessa data Julian Calvo tinha dezoito anos. Sufocaram sua infância e juventude aprisionando-o nos cárceres da Inquisição onde sofrera um processo que hoje chamaríamos ordinariamente de lavagem cerebral. Perdera tudo, até sua verdadeira identidade. Em sua mente, Maomé (Mohamad) segundo nossas hipóteses, teria perdido o estatuto de primeiro Profeta para Jesus Cristo que, na hierarquia islâmica, ocupa lugar de importância, mas em outra escala. O poder de *fazer crer* dobrava as criaturas a uma vontade superior representada por fiéis aos quais fora concedido o estatuto da onipotência.[448]

Persuadir é, antes de tudo, sinônimo de submeter, uma vez que quem persuade leva o outro à aceitação de uma determinada ideia; persuadir implica atos de convencer, comover e agradar, e isso leva a concluir que o discurso do líder consiste em convencer e comover (tanto no sentido do arrependimento, como do terror); tem características de discurso autoritário, por ser persuasivo: não permite ponderações, mediações, dita verdades que devem ser aceitas pelo interlocutor, mesmo ignorando o peso do discurso.

O discurso da Inquisição segue um modelo. É uma forma de manifestação que se desenvolve em um jogo que reflete uma convenção. O discurso progride em torno de uma questão sem a qual a retórica não se realiza. Nos processos da Inquisição do teor a que estamos nos dedicando, a questão é a prática da religião de *Mohamad*, ou Maomé, na verdade, um magnífico persuasor. No caso de Joan Calvo, na comutação de sua pena, o inquisidor sabe que os seres humanos são influenciáveis pelo meio em que vivem. Hipollyte Tayne (1828-1893), historiador positivista, propunha uma abordagem do comportamento humano condicionado pela raça, pelo meio e pelas circunstâncias (*la race, le milieu et le moment*); por maiores que sejam suas qualidades, como nobreza de caráter, o meio os modificará. Isso

[448] Ver: Auerbach, Erich. Mimesis. São Paulo: Perspectiva, 1987, p. 1-20.

justifica a proibição de o penitenciado em tese relacionar-se com pessoas que pudessem conduzi-los novamente ao "pecado".

Naquele universo, um "pecador" era sempre considerado um presumido reincidente. Levavam por base o fato de o acusado se deixar influenciar pela pressão e pela persuasão durante o tempo de cativeiro e número de audiências, cujas perguntas reiteradas, iguais, acabavam por cansá-lo, fazendo-o confessar a *verdade* para a qual estava sendo encaminhado.

Alguns acusados se entregavam logo na primeira audiência, amedrontados pela sobriedade do tribunal e pela fisionomia hostil dos representantes da fé. Caráter fraco? Falta de convicção? Compromissos pessoais? Fragilidade diante do que poderia acontecer, inclusive ser levado à fogueira ainda vivo?

Conforme se observa no transcurso dos diálogos do processo, percebe-se que a persuasão por parte dos representantes do tribunal da fé ocorre por meio da ironia, da dissimulação, reiteração de perguntas, entonação, gestos, ameaças, promessas de agir com "muita caridade e com muita misericórdia." O inquisidor transmite a ideia de que confessar as "culpas" dizer "a verdade" resulta benéfica ao pecador, que terá mérito diante da Igreja e de Cristo, Nosso Senhor. Por isso, a escolha vocabular é precisa. É repetitiva, tem uma sintaxe simples. Tudo é premeditado. O inesperado, o inusitado fica por conta do interrogado, porque o inquisidor já tem de antemão as respostas porque elas devem coincidir com as acusações.

O duelo entre autoridade e acusado em situação inferior, *poder*, *fazer crer* e *crer*, força e fragilidade, manipular e ser manipulado resulta nas últimas páginas do processo um desencanto, um vazio, uma impotência ante o discurso laudatório que exerceu uma profunda influência no ouvinte que, a essa altura, depois da crise, os seus valores certamente se perderam. O que ocorreu com tal criatura?

Dada a sentença, o réu está irremediavelmente alquebrado, tendo que demonstrar obediência e acatamento a valores que não são os seus, submisso, mudo, sem nada. Mandam nele e na sua vontade. Reza as orações impostas e vai levando os seus dias intermináveis sob o olhar eternamente condenatório dos inquisidores. Está aí a diferença. Porém, na questão dos muçulmanos perante o Tribunal do Santo Ofício, temos que considerar a força da fé islâmica, acima de nossa compreensão. Neste sentido, Abdelwahab Meddeb aconselha voltar aos ismaelitas[449], para nos lembrar da

---

[449] Diz-se de ou descendente de Ismael, filho do patriarca Abraão e sua concubina Hagar, segundo o Antigo Testamento; indivíduo de qualquer tribo ou povo antigo do Oriente Médio considerado descendente de Ismael.

importância da dissimulação. "Deve-se invocar a dissimulação implicada no recurso à 'taqiyya'[450], cujo uso estava na lógica xiita do ismaelismo." E *taqiyya* orienta o fiel muçulmano que, ao não se sentir em situação de praticar livremente sua religião, "ou de tornar pública vossa fé," é recomendável dissimular a própria crença, tomar todas as precauções necessárias a fim de preservar o mais íntimo de seus pensamentos. O autor lembra que "esta prática foi observada em duas situações: junto aos muçulmanos com estatuto de estrangeiro sob autoridade de uma outra lei, e junto às minorias do Islã, quando o poder sunita perseguia os que ele considerava herético, isto é, diversas seitas xiitas (entre os quais o ismaelismo) ou os Kharijitas."[451]

Logo, o dissimular a convicção religiosa era um ato recomendado porque evitava perseguições. A teoria da aparência, ou simulacro, recomendada durante o período Barroco, no século XVII, é uma estratégia que ajudou na preservação de muitas seitas, pois "Deus autoriza renegar sua fé pela língua, desde que permaneça crente no coração." O Corão (III, 28) adverte: "Que os crentes não tomem os infiéis como amigos em vez de crentes. Quem o fizer não honra em nada a Deus, a menos que vos protejais (tattaqû) de seus malefícios." O Livro ordena também (II,195): "Usai o caminho de Deus e não vos lanceis com vossas próprias mãos no perigo e fazei o bem, Deus ama os benfeitores."

A dissimulação foi uma proposta de Machiavel: os males justificam o mal. Por isso, o Poder é sempre exercido com muita violência, pois quem simula produz o falso. Quem dissimula produz a mentira: o Príncipe não

---

[450] *Tqiyya* deriva da raiz w.q.y. que quer dizer estar atento, ser prudente, proteger, conservar.

[451] Meddeb, Abdelwahab, *A doença do Islã* (trad. Cleonice Paes Barreto Mourão). Belo Horizonte: UFMG/ Humanitas, 2003, p. 136. Kharijitas são "os desertores", ou dissidentes, que constituem a mais antiga seita do islã, cujos adeptos se manifestaram por ocasião da batalha de Siffin (julho de 657), saindo das fileiras dos dois exércitos para expressar sua recusa em participar da arbitragem entre os dois pretendentes ao califado, Mu'âwiya e Ali. Essa seita extremista, de fanatismo exaltado, tem a particularidade de declarar infiel quem quer que não participe de seu ponto de vista. Ela pratica também o assassinato e o terrorismo políticos, não poupando nem mesmo as mulheres. É por isso que muitas vezes é lembrada a respeito dos integristas contemporâneos." Meddeb recomenda ler o artigo de G. Levi Della Vida na Encyclopédie de l"Islã [Enciclopédia do Islã]. Paris: Payot, 1965, p. 36 et seq. Sobre os ismaelitas, ver também Bartlett, W.B, *Assassinos*— A história da Seita Secreta do Islã Medieval. São Paulo: Madras, 2007, p. 35-53.

diz para todos quais são as suas razões. Ele tem o segredo.[452]

Tal orientação foi importante em 1499 aos muçulmanos que optaram permanecer em Granada, aderindo à conversão forçada. E em tantas outras situações abordadas nesta pesquisa, inclusive durante as Cruzadas. Sabendo como agir para ocultar a fé no coração, apelaram para a aparência, declinando orações católicas, que para eles nada significavam, para provar sua nova convicção religiosa. Depois de algum suplício, moral ou físico, o personagem do processo percebe que é preciso "inventar alguma *verdade*", dar finalmente respostas afirmativas, aquelas que ele percebe que o investigador quer ouvir, mas na verdade ele está evitando um terror maior e não abdicando ou renegando a sua fé.

A ideia de que aqueles seres ante o tribunal da fé, ainda que menores, não tinham convicção religiosa, é uma declaração de desconhecimento da orientação religiosa islâmica.

Mas os fatos relatados até aqui não encerram a história da reconquista espanhola. Em pouco tempo, Felipe III, apesar da crítica negativa dos cronistas contra ele, por sua forma de governo, e malversação da renda pública, demonstraria ser um algoz implacável contra os milhares de cidadãos mouros que ainda permaneciam na Espanha.

[452] Machiavelli, Niccoló. *O Príncipe*. (trad. Lívio Xavier) São Paulo: Atena, [s.d.]. Ver Capítulo XVIII.

QUINTA PARTE
O Retrorno dos Renegados e o Tribunal da Fé

"[...]a todos os que estando em terra de mouros por homizios, ou sendo cativos, ou por outra cousa,
(não sendo da nação dos cristãos-novos),
se lançaram com eles e professaram a seita de mafamede, ou tomado nome e hábito de mouros e
fazendo as cerimónias de suas culpas confessando-as inteiramente, e que os mandem confessar e sacramentar, impondo-lhes as penitências que lhes parecer[...]"
(In: Regimento do santo ofício de 1611- TÍTULO iii, CAP. XI)

Capítulo 1

O COMÉRCIO HUMANO

"O povo, alquebrado pela opressão,
não mais tem a força de se defender,
tornando-se escravo de cada conquistador
e a presa de qualquer ambicioso."
(Khaldun, Ibn. *Os prolegômenos – ou Filosofia Social* (trad. José Khouri et alii)
São Paulo: Ed. Comercial Safady Limitada, 1958, p. 259)

Cativos cristãos em terra de infiéis

Acompanhando neste trabalho a "cruzada" dos mouros e dos cristãos visando ao domínio da Península Ibérica, deparamos com um fato que extrapola os seus limites, mas não deixa de ser o eixo em torno do qual as atividades de conquistas que implicavam lutas e submissão aconteciam durante os séculos XVI e XVII. Por isso, estamos nos enveredando num desvio, não necessariamente alheio a tudo o que estivemos considerando nos temas anteriores, uma vez que ele irá elucidar os fatos posteriormente apresentados neste último capítulo. Trata-se de procedimentos que, a nosso ver, exigem uma explicação prévia: a presença de escravos brancos, homens da Península Ibérica na África, um acontecimento quase ignorado, apesar de sua importância, pois essa modalidade de servidão se estendeu até o século XIX.[453]

Inicialmente lembramos que na Espanha do século XVI, após a rebelião de Alpujaras, de 1569 (citada anteriormente), quando cidades inteiras foram subjugadas, os mouriscos escravizados eram chamados escravos brancos. Na contrapartida, aos cristãos ibéricos em poder dos argelinos denominavam cativos, talvez pelas conotações religiosas que lhes davam

[453] Arenal, Mercedes Gacia. *Los Españoles y el norte de África* (siglos XV-XVIII). Madri: Mafre, 1992.

os frades que se ocupavam de sua liberação, mediante uma negociação pecuniária, tida como redenção. Os historiadores estrangeiros os chamavam escravos, tendo em vista a condição a que eram submetidos: comprados e vendidos, realizavam trabalhos para seus amos que, além de tudo, dispunham também de suas vidas. No desenrolar da leitura e análise dos processos da Inquisição portuguesa, apresentados a seguir, adotamos alternadamente as duas formas, conforme o escrivão do inquisidor o fez.

Retrocedendo na cronologia que viemos seguindo até aqui, lembramos que entre 1497 e 1510, por interferência do inquisidor Cisneros, foram tomadas Melilla, Mers-el Kibir, Peñon de Velez, Orán, Bugia, Trípoli e uma ilha junto ao porto de Argel denominada Peñon de Argel e perdida em 1525. Em todos esses locais foram construídas fortificações (presídios, na verdade) com guarnições consideráveis. A ideia inicial para justificar esta ação foi abandonada quando se decidiu conquistar a Itália e abandonar a África, deixando os presídios como postos avançados para controlar os piratas e os corsários. O Império Otomano podia atacá-los com maior facilidade, tendo em vista a defesa e a dificuldade para o abastecimento. Consequentemente, desde 1515, piratas de procedência turca se instalaram em Argel; em meados do século XVI, aquele império atingiu sua culminância. Vimos que Felipe II o enfrentou, mas após a batalha de Lepanto, em 1571, ambos os impérios assinaram um tratado de paz. No acordo firmado em 1580 entre turcos e Espanha, esta manteria os presídios de Melilla, Mers-el Kibir, e Orán e foi assim que, da guerra, os turcos passaram a se dedicar à pirataria, e à atividade corsária.[454]

A partir de 1609, data da expulsão geral dos mouriscos, a atividade corsária se acentuou.

Conforme as pesquisas de Fernando Ballano, em Argel a quantidade de escravos europeus chegou à cifra de 50.000, principalmente espanhóis. "Se hablaba del 'oro blanco de los piratas' para referir-se a los esclavos."[455] No caso dos espanhóis cristãos vivendo no norte da África, às vezes o aprisionamento era esporádico, mas para muitos foi uma situação permanente. Um em cada cinco era aprisionado em terra, a metade em terra e mar,

[454] A pirataria atua livremente e os corsários sob a proteção de uma autoridade, a quem pagam uma porcentagem e de quem recebem apoio. Houve corsários em ambos os lados, porém, as atividades dos berberes foram muito maiores do que as dos espanhóis, que se limitaram a uma reação mais defensiva. Este assunto é tratado com profundidade na obra: Baião, António *et alii* (org.). *História da Expansão Portuguesa no Mundo*, Vol. III. Lisboa: Editorial Ática, 1940.

[455] Falava-se "ouro branco dos piratas" para se referir aos escravos.

porém, perto do local onde residiam era fácil aprisionar os pescadores. Em 1637 atacaram a vila de Calpe, enquanto os homens trabalhavam no campo, e levaram 315 pessoas, a maioria mulheres e crianças, ainda de acordo com o trabalho de Ballano.

Em parte, era o revide dos expulsos, pois muitos dos corsários o foram e por esta razão havia facilidade pelo bom conhecimento do terreno e a possibilidade de vestir-se e falar como espanhol. Fernando Ballano lembra que antes de 1609 os mouriscos da região de Valência colaboravam com os corsários, como o caso do ataque a Chilches em 1583 (devastada naquela data por piratas berberes que desembarcaram em sua costa), dando ensejo a que se tomasse a decisão de expulsá-los definitivamente. Em outras ocasiões, foram *identificados mouriscos dos expulsos* retornando como corsários, anos depois, movidos pelo desejo de vingança e aproveitando o conhecimento do entorno da Argélia. Eram cerca de 60.000 mouriscos. A partir da expulsão, os ataques nas costas espanholas recrudesceram. Surgiu, então, o corso atlântico de Salé (no Marrocos), de que trataremos mais adiante, que fez muitos cativos nas costas de Portugal, Galícia e Astúrias. Muitas personagens importantes daquela sociedade ibérica foram capturadas no estuário do Tejo, após realizar toda travessia a partir da Índia e conduzidos a Argel, onde viveram como escravos durante muitos anos.[456]

Em 1577, a coroa autoriza a construção de torres defensivas, mas devido à falta de pagamento ou a pequenos soldos, os guardiões negligenciam em suas tarefas e facilitam por isso os ataques inimigos. Não há diferença entre ser soldado ou cativo.

Além disso, os muçulmanos não confiavam naqueles que mudavam de "bando" ou se deixavam converter ao Islã e, por isso, os convertidos continuavam sendo escravos e não tinham saída. Alguns conseguiam fugir para a Espanha, onde eram aprisionados ou devolvidos à origem para serem julgados. Outros eram aprisionados quando saíam em busca de lenha (o combustível da época) ou água, ou para alimentar suas bestas. Conseguiam-se escravos roubando-os das potências vizinhas.[457]

Os homens aprisionados pelos corsários pertenciam ao capitão e aos seus sócios, devendo, porém, entregar um em cada oito deles ao governa-

---

[456] Ver: Gómes, Pedro López. *Argel, mercado de esclavos*, Instituto de Estudios Zamoranos. Zamora, 2002.

[457] Fernando Ballano acrescenta: *asi, en 1750, cuando Argel atacó la ciudad de Túnez y la conquistó se trajeram de regreso los 950 esclavos.* Ballano, Fernando. *Esclavos Españoles en África*, In: *Historia de Ibéria Vieja*, Madrid: América Ibérica, nº 43, 2009, p. 54-61.

dor por patente de corso. Além disso, tinham o direito de eleger os que podiam ser vendidos a um maior preço. Os mouriscos traficavam com escravos espanhóis em Tetuan; segundo os mercedários,[458] quase todos os proprietários de escravos espanhóis eram mouriscos. Apesar de a maioria do tráfico de escravos ter-se produzido em Argel, havia também tráfico em Túnez, Oran, Trípoli, Tetuan, Larache e Salé nas costas saaráui.[459]

As principais atividades desempenhadas pelos escravos eram de remeiros em barcos militares, corsários ou comerciais; trabalhavam também nas minas, na construção, na agricultura, nas tendas, ou no comércio e no serviço doméstico. Os mais qualificados profissionalmente eram mais bem tratados, porém, o preço de sua liberação era tão alto que eles não conseguiam o próprio resgate.

O trabalho forçado contribuiu para aliviar a escassez populacional ao norte da África e os escravos lhes proporcionaram também mão de obra especializada. Além disso, homens, mulheres e crianças eram utilizados por seus amos para práticas sexuais ou homossexuais, sendo isto socialmente aceito. A beleza podia garantir a salvação, uma vez que os agraciados fisicamente podiam assegurar um posto como escravos nos banhos públicos.

Havia dentre eles os que renegavam a fé católica, uma decisão nem sempre bem aceita pelo amo. Por isso, os renegados às vezes eram mais maltratados do que os demais escravos, para provar que eram bons muçulmanos e serem aceitos socialmente. Em outros casos, esses indivíduos adquiriam um status mais elevado, livrando-se dos remos e dos trabalhos pesados na construção. Havia os convertidos à força de pancadas, como veremos nos relatos dos renegados, nesta parte do trabalho.

Isto não era tudo, pois havia outra opinião nada lisonjeira para as pessoas escravizadas e convertidas ao Islã. Na Espanha e em Portugal a apostasia era considerada um perigo; fazer-se muçulmano, renegar a fé, era o pior que poderia acontecer a um cristão. Mas este era um assunto à parte, pois mais da metade dos egressos do Estado argelino procedia da atividade corsária.

---

[458] Relativo ou pertencente à Ordem das Mercês (Ordem da Santíssima Virgem Maria das Mercês), fundada em 1218, em Barcelona (Espanha), por São Pedro Nolasco, para a redenção de cristãos em poder dos mouros, do ministério paroquial e da educação da juventude.

[459] Grupo humano que habita a região africana do antigo Saara Ocidental ou Saara Espanhol, hoje incorporado ao Marrocos.

A História registra nomes importantes, envolvidos em tais aprisionamentos ou testemunhando as perversidades a que eram submetidos os prisioneiros, inclusive meninos "garçons", ou seja, submetidos à sodomia. Miguel de Cervantes conta a história de um menino que acabou se tornando garzón de seu amo, em sua obra *Los tratos de Argel*. "Oh, cuán bien la limosna es empleada en rescatar muchachos."[460]

Às vezes, os próprios escravos pagavam seu resgate, com o dinheiro ganho durante a prisão. A maioria desses indivíduos eram homens, apenas 5% eram mulheres, pois muitas delas eram enviadas a Constantinopla, onde, oficialmente, deixavam de existir.

Já no século XII, a realidade do cativeiro em terra de infiéis incentivou a criação de ordens resgatadoras como a dos trinitários (1198) e a dos mercedários (1218), cuja função era velar pelo retorno e a liberação dos cristãos cativos do poder dos mouros e de qualquer outro inimigo da lei de Cristo, conforme rezam as primitivas constituições dos mercedários. Até essa data, haviam exercido esta função tanto os mercadores como os alfaqueques (emissário encarregado de resgatar prisioneiros de guerra) na coroa de Castela e os *exeas*[461] na coroa de Aragão. Eles se encarregavam de pagar o valor exigido pelos capturadores e de conseguir a liberação dos aprisionados. Mercedários e trinitários desempenharam uma importante missão neste mister, desde a criação de ambas as ordens; a partir do século XVI adquiriram maior notoriedade, coincidindo com o auge das campanhas corsárias no Mediterrâneo. Ante a gravidade do problema dos cativos, a monarquia hispânica fez destes monges os seus mediadores oficiais.

Para bem entender esse evento histórico e não nos desviarmos de nosso foco, estamos situando-o durante o governo de Felipe IV - e até a morte desse rei. A pirataria é tão antiga quanto a navegação. Primeiro Roma, depois Bizâncio tentaram se fazer respeitar no Mediterrâneo, mas não conseguiram erradicar um flagelo que se estendeu para todos os mares e teve o seu apogeu nos séculos XVI e XVII. A pirataria perdura até os dias de hoje.

---

[460] Oh, como é bem empregada a esmola no resgate de meninos. Garcés, Maria Antonia. *Cervantes en Argel, el trauma de un cautivo*. Madrid: Gredos, 2005.

[461] *Exea*: do espanhol, o mesmo que milícia exploradora.

As vítimas dos corsários e dos piratas[462]

O assunto abordado a seguir está incluído no regime dual; envolve dramas pessoais, consequências do sistema religioso e político adotado contra os atos de heresias. Antes de mergulharmos nos conteúdos dos três processos ilustrativos das afirmações em parágrafos anteriores, lembramos que os interrogatórios abaixo relacionados já estavam previstos nos regimentos, e no período enfocado nesta parte do trabalho o documento normativo foi expedido em 1613. No Título III (Dos que vêm fora do tempo da graça pedir perdão de suas culpas), o Capítulo XI determina:

"Porquanto El-Rei D. Henrique, que esteja em glória, Inquisidor--Geral deste reino, passou uma provisão, dada em nove de fevereiro de 1579, pela qual promete aos provisores e vigários-gerais dos lugares da África que possam absolver com reincidência a todos os que estando em terra de Mouros por homizios, ou sendo cativos, ou por outra cousa, (não sendo da nação dos cristãos-novos), se lançaram com eles e professaram a seita de Mafamede, ou tomado nome e hábito de Mouros e fazendo as cerimónias de suas culpas confessando-as inteiramente, e que os mandem confessar e sacramentar, impondo-lhes as penitências que lhes parecer, prometendo eles se apartar de seus erros e permanecer na obediência da Santa Madre Igreja, contanto que venham apresentar ante os inquisidores dentro do tempo que for assinado, havemos por bem que a dita provisão se guarde inteiramente como nela se contém e que os inquisidores os recebam e tratem com muita misericórdia e caridade e os despachem com toda

---

[462] Há diferença entre piratas e corsários: os piratas eram bandidos cruzando os mares só para roubar outros navios. Não agiam em nome de um Estado ou nação. Geralmente se escondiam em ilhas remotas, de difícil acesso, especialmente no mar do Caribe.

Corso – Caça a navios mercantes de nação inimiga para roubar. Era efetuada por navio armado por empresa particular, com a autorização do governo beligerante. O corso também podia ser o ataque eventual às linhas de navegação comercial de país inimigo, realizado pela marinha de guerra convencional ou por navio mercantil armado. A principal arma do corso era a surpresa.

Corsário refere navio ou marinheiro que faz o corso. Bucaneiro era o pirata que infestava as Antilhas nos séculos XVI e XVII. Flibusteiro o pirata que atacava navios nos mares da América nos séculos XVII e XVIII. Crédito: Eltèca, Sérgio et all. *Piratas e Corsários História* — In: Viva.Ano1— Nº 3-Jan 2004, p. 35.

a brevidade possível, respeitando quanto importa usar-se com tais pessoas de benignidade, para que outras que tiverem cometido as mesmas culpas se não intimidem, antes se esforcem e animem para se tornarem à nossa santa fé católica. E sendo algumas das ditas pessoas reconciliadas em forma, lhe não lançarão hábito penitencial e somente as tais pessoas abjurarão na Mesa ante os inquisidores e seus oficiais e lhes imporão as penitências espirituais que parecer, mandando-as instruir nas cousas da fé por pessoas religiosas, e no modo de abjurar, quando negarem atenção, terão sempre respeito à suspeita que contra elas resulta ser leve ou veemente para conforme a ela serem julgadas e penitenciadas. E sendo alguma das ditas pessoas natural e moradora de outro reino, os inquisidores a remeterão com os papéis que trouxer à inquisição do distrito onde foram moradores ou naturais para lá serem examinadas acerca das ditas culpas e penitenciadas conforme a elas."

Havia também um item no regimento orientando quanto ao modo de proceder quando as pessoas se apresentavam ao Santo Ofício "fora do tempo da graça" e "sem ser chamada".[463] Enfim, com base nos regimentos é que analisamos os três documentos seguintes. Os Regimentos salvaguardam os inquisidores quanto às suas determinações antes, durante e após o inquérito.

Os renegados — Primeiro Processo

Era o ano de 1628 quando foi aberto "processo 3502 de Pedro Franco, cristão-velho homem de mar solteiro filho de Vicente Pinheiro desta cidade de Lisboa renegado em Sale apresentado na mesa do Santo Ofício em 14 de junho de 1628." Esse era apenas um dentre as centenas ou milhares de processos instaurados pelo mesmo motivo, incompreensível para o pensamento e os interesses que dominam o homem neste raiar do século XXI.

O processo consiste na apresentação de um "renegado" à mesa do Santo Ofício, sem ser chamado, fato que, segundo o que consta no Regimento de 1613, em vigor naquela época, facultava ao *infiel* procedimentos inquisitoriais baseados na caridade e na misericórdia. Seria algo seme-

[463] Regimento de 1613, Título III, *dos que vêm fora do tempo da graça pedir perdão de suas culpas*. Capítulos III e IV.

lhante à atual Delação Premiada que beneficia os brasileiros acusados de envolvimento na corrupção que *supostamente* empobrecia o tesouro brasileiro. Ora, conforme a lei inquisitorial, ao *infiel* que se confessasse espontaneamente e demonstrasse arrependimento eram aplicadas penalidades mais brandas. Para isto era necessário prestar juramento, seguindo o ritual litúrgico.

Levado à mesa inquisitorial, Pedro Franco explica o porquê de apresentar-se espontaneamente para acusar-se de culpas contra a fé católica. Descreve sua trajetória a partir dos doze anos de idade, quando começou a trabalhar no mar e sua primeira viagem foi ao *Brazil*. Esteve em Argel, em Barcelona, em Sale, ou Saleh, ou Salé, perto de Rabat, no Marrocos; passou por Argel novamente, Lisboa, Pernambuco, algumas vezes por algumas ilhas do arquipélago de Açores. Acusava-se, justificando, de haver renegado sua fé sob coação de mouros que o tornaram cativo. Era natural de Lisboa, em Boa Vista, tinha 24 anos, "solteiro, filho de Vicente Pinheiro, homem do mar, defunto, e de Luiza Franco, mulher de seu pai, moradores na Rua dos Pescadores." Seguindo as regras litúrgicas inquisitoriais, sendo admoestado a dizer a verdade, Pedro Franco iniciou sua denunciação dizendo que estava se apresentando "a causa de um delito grandíssimo que cometeu como fraco o qual fora arrenegar de Cristo Nosso Senhor e de nossa santa fé em Salle em casa de mouros." Esta abjuração não fora feita "de coração senão só com a boca não mostrava de fora para assim facilitar para poder fugir pera terra de cristãos por ter sido cativo outra vez em Argel e resgatado por sua mãe com sua pobreza e estar ela devendo ainda muito dinheiro que pedira emprestado para o resgate e não esperar ele que pudesse ter modo pase (sic) resgatar nessa segunda vez."[464]

No segundo depoimento fica esclarecido que essa mãe era na verdade uma senhora muçulmana procedente da leva dos expulsos em 1609 que se equivocara ao reconhecê-lo como um de seus filhos desaparecidos; embora soubesse disso, Pedro Franco deixou-se passar por filho dessa mulher.

O confitente declarou, então, que nascera em Boa Vista[465], que fora batizado em Lisboa, na igreja de Santos, criado em casa de seu pai na vila dos pescadores até a idade de doze anos; ensinaram-lhe a doutrina cristã e continuava indo à igreja a ouvir missa, confessar, enfim, a praticar os rituais da fé católica.

---

[464] Página 1v do processo nº 3502.

[465] Não esclarece: Boa-Vista era um bairro de Lisboa ou a Ilha de Boa-Vista em Cabo Verde?

Aos doze anos começou a ir ao mar e foi ao *Brazil.* [...], aos dezesseis anos comungou ali na igreja da freguesia (em Lisboa) continuou vivendo como cristão católico, indo à Igreja, sabendo que Cristo Nosso Senhor era Deus e que em Deus havia três pessoas, Padre, Filho e Espírito santo, três pessoas e uma em todas. E que Nossa Senhora fora Virgem Santíssima, que os sacramentos da Igreja eram a salvação da alma e o Sumo Pontífice cabeça da Santa Igreja e que é "nossa santa fé salvação e fora dela não". Estudando as incompatibilidades nas crenças, ou dogmas, entre muçulmanos e cristãos, uma delas é o fato de os primeiros considerarem "as doutrinas da Trindade e da Encarnação incompreensíveis e desagradáveis. O que é um Deus que é de alguma forma 'divisível', um Deus que pode se transformar num homem, numa pomba, ou num cordeiro, ou idolatria – crença repetidamente condenadas no Corão?"[466]

Retomemos, então, a trajetória náutica e religiosa de nosso confitente: procedendo desta maneira, aos dezesseis anos, indo de viagem em um navio para Santo Thome,[467] na altura do Cabo de São Vicente[468], tornou-se cativo do turco Arrais Amete. Levado a Argel, foi vendido a um turco por nome Mamoteaga, ao qual pertenceu durante os cinco anos seguintes; neste período, serviu em navio de corso em três viagens em que tomaram quatorze navios de levante, quatro peças de artilharia, dentre outros obje-

[466] Fletcher, Richard. *A Cruz e o Crescente* – Cristianismo e Islã, de Maomé à Reforma (Trad. Andréa Rocha) Rio de Janeiro. Nova Fronteira, 2004, p. 21. Ver também o Corão, 4ª Surata Versículo 171; " Ó adeptos do Livro, não exagereis em vossa religião e não digais de Allah senão a verdade. O Messias, Jesus, filho de Maria, foi tão-somente um mensageiro de Allah e o Seu Verbo, que Ele enviou a Maria e um Espírito d'Ele. Crede, pois, em Allah e em Seus mensageiros e não digais: *Trindade* (grifo nosso). Abstende-vos disso, que será melhor para vós; sabei que Allah é Uno, Glorificado seja! [...]"

[467] As ilhas de São Tomé e Príncipe estiveram desabitadas até 1470, quando os navegadores portugueses João e Santarém e Pedro Escobar as descobriram. Foi então, uma colónia de Portugal desde o séculço XV até sua independência em 1975. É um dos membros da Comunidade dos Países de Língua Portuguesa. A Ilha de São Tomé é a maior ilha do arquipélago de São Tomé e Príncipe que é constituído por duas ilhas, ambas pertencentes à Linha vulcânica de Camarões. A capital é São Tomé com uma população estimada hoje em 160.000 e uma área de 964 km². Estado insular, não tem fronteiras terrestres, mas situa-se no golfo da Guine, relativamente próximo das costas do Gabão, Guiné Equatorial, Camarões e Nigéria. Boxer, R. Charles. *O império marítimo português*, op. cit., p. 102-3.

[468] Cabo de São Vicente está situado no extremo sudoeste de Portugal continental, na freguesia de Sagres, Concelho de Vila do Bispo.

tos e, na medida em que iam saqueando, o produto do saque era enviado a Argel, "e ele, confitente, magoava-se muito por isso".[469]

O confitente não se esquece de introduzir a afirmação de que embora estivesse convivendo com os mouros, "nos ditos cinco anos em Argel se confessou uma vez a cada ano, procedia como cristão verdadeiro e sem embargo que o dito turco lhe dizia que renegasse e fosse mouro e tinha um cativo português natural de Faial" (no mesmo arquipélago em que se encontra a Ilha terceira)[470] e renegado por nome de mouro Romedão e de cristão não lhe sabe o nome nem ele dizia."

Nota-se que, ao renegar, ao cristão era atribuído um nome que o identificasse como muçulmano. Continuando, declara que aquele indivíduo fora cativo na Ilha de Santa Maria aos treze ou quatorze anos e se mantivera cristão durante quatro anos; mas tem convicção de que o tal "Romedão era mouro renegado de coração" e vivia tentando persuadir esse confitente Pedro Franco que arrenegasse sua fé católica. Pela sua veemente recusa, era cruelmente espancado. Em sua descrição literal ele diz: "e por não querer renegar lhe dava muitas pancadas nos pés e na barriga das pernas e pelo corpo por ordem do amo que não estava presente." Por isso, Pedro Franco concluía que, mantendo-se "cristão em seu coração", agiriam com menos violência contra ele.[471]

Ainda na ausência do amo, o tal Romedão lhe dizia aos berros que haveria de "ser vosso anticristo na outra vida. Nesta vos hei de matar. E é homem agora de vinte e oito anos pequeno do corpo, pouca barba e já não é cativo que lhe deu o dito turco liberdade e está em Argel." Este procedimento e o fato de já não ser cativo seria uma comprovação de que seu algoz era verdadeiramente mouro em seu coração. Havia renegado a sua fé. Nesta mesma afirmação, há uma denúncia à Inquisição, contra um praticante da religião dos mouros. Para isso, conforme já referimos anteriormente,

[469] Página 1v do processo nº 3502.

[470] Faial pertence ao conjunto das Ilhas Terceiras. O povoamento da Ilha Terceira iniciou-se em 1450, com predominância de colonos flamengos, que se dedicaram à agricultura, sendo na altura as principais colheitas os cereais e o pastel (planta tintureira). Nos séculos XVI e XVII, a Terceira tornou-se importante como porto de escala para os galeões espanhóis, carregados de riquezas vindas do Novo Mundo. Com todo o ouro, diamantes, porcelanas, especiarias e sedas armazenadas no porto de Angra, a ilha Terceira tornou-se um dos alvos preferidos dos piratas e corsários, oriundos dos países inimigos da coroa espanhola, como a França, Flandres e Inglaterra. Em 1597, Sir Francis Drake, liderando uma frota de cerca de cem barcos, tentou em vão conquistar os galeões espanhóis ancorados no porto de Angra.

[471] Página 2v do processo nº 3502.

há na descrição de aspectos peculiares do denunciado, uma facilitação para que a Inquisição o encontrasse por terra ou por mar. Este procedimento já constava no capítulo 35 do Regimento de 1552. Ao acusar-se para garantir a reconciliação com a fé católica, Pedro Franco estaria também engrossando o rol de culpados, do qual o Santo Ofício se alimentava.

Mas retomemos à confissão. E ao cabo daqueles cinco anos, (dos quais Pedro Franco vinha se referindo) estando com vinte e um anos, ou seja, há dois anos e meio, Pedro Franco saiu de Argel resgatado por João Sinel, por cento e noventa e dois mil réis, e chegou a Liorne, onde permaneceu durante um ano, e dali foi para Barcelona em companhia do lezado (?) sobrinho do papa. De Barcelona foi para Lisboa por terra. Há cerca de dois anos embarcara na Armada na Almiranta quando, com seus companheiros, foi a Galiza buscar duas naus da índia, mas se perderam na Costa de França, tendo sido ele (confitente) um dos trinta e sete que da dita Almiranta se salvaram a nado; e de França dirigiu-se a Lisboa por via fluvial. Dali, completaria um ano no próximo mês de agosto (de 1628) que embarcou com destino a Pernambuco no navio de Mestre Baltazar Pires Marsello; mas, no terceiro dia da viagem, setenta léguas distante de Lisboa, dois navios de transporte de Sale (sal) pertencentes a "mouros dos expulsos os tomaram e levaram atados cativos pera Salle (no Marrocos)."

Figura 1: Marrocos Disponível em: https://br.depositphotos.com/29121601/stock-illustration-morocco-and-western-sahara-map.html Acesso em 03. 07. 2022

Esse relato constitui uma importante fonte de informações a respeito do movimento comercial, naquela época, ligando os países do Mediterrâneo, inclusive Argel, ao Oriente, às ilhas do Atlântico e ao Brasil.[472] Revela a busca da mão de obra escrava, que impunha ao cativo a submissão total. Os mais fracos viviam sempre à mercê da servidão, ora vendidos e tornados escravos, ora lutando por resgatar sua própria liberdade. Além disso, estando na orla ocidental da cristandade, havia ainda a pirataria lutando em alto mar para tomar navios carregados de especiarias vindas do Oriente, ou de prata da América Espanhola, ou de pau-brasil, derivados da cana-de-açúcar e posteriormente (século XVIII) da América Portuguesa. O sal era proveniente do Caribe, especialmente da ilha que leva hoje o nome de Anguila[473]. Naquela época, o sal era moeda de troca, tendo em vista a conservação de alimentos nessas grandes e intermináveis travessias.

Havia também os caçadores de almas: ora os mouros, ora os cristãos (e os protestantes) que impunham aos aprisionados a sua própria fé, cujos dogmas e ritos os infelizes, certamente, decoravam procurando uma melhor qualidade de vida para o corpo, já que a alma vivia à deriva, de acordo com o momento.[474]

---

[472] Sobre este tema, ver Boxer, Charles R. *O império marítimo português -1415-1825*. São Paulo: Companhia das Letras, 2002.

[473] Localizado entre as Pequenas Antilhas no mar do Caribe, o território dependente do Reino Unido é formado pelas ilhas de Anguilla Sombreio e ilhotas desabitadas.

[474] Quanto aos procedimentos dos reis ibéricos, Boxer lembra que esse direito, ou dever, consta na segunda bula *Romanus Pontifex ... um texto mais específico, foi muito justamente denominada a carta do imperialismo português.*" Esse documento se inicia com um resumo da obra de descoberta, conquista e colonização empreendida pelo infante Dom Henrique, desde 1419. Fala de seu zelo apostólico, *verdadeiro soldado de Cristo*, lutando por aumentar *o rebanho da Igreja*. Fala de sua trajetória de conquistas pelos continentes, luta parra submeter os *sarracenos e outros inimigos da fé. ...O príncipe é autorizado a submeter e converter os pagãos (mesmo os que não estivessem manchados pela influência muçulmana) que pudessem ser encontrados nas regiões entre o Marrocos e as Índias [...]"*. Mais tarde, "na bula Inter caetera, de 13 de março de 1456, o papa Calisto III confirmava os termos da *Romanus Pontifex* ... e concedia à Ordem de Cristo, a pedido do rei Afonso V (1438-1481) *jurisdição espiritual sobre todas as regiões conquistadas pelos portugueses no presente ou no futuro" dos cabos do Bojador e Não, por via da Guiné e mais além, para o Sul até às ìndias" ...Quanto ao termo "às Índias", é provável que se referisse aos reinos de Preste joão, na África Oriental, mas poderia incluir igualmente partes da Ásia e da Índia"*. Boxer, Charles R. *O império marítimo português* -1415-1825. São Paulo: Companhia das Letras, 2002, p. 37.

Neste sentido, além de outros temas já discutidos neste trabalho, estamos reencontrando, também, alguns dos expulsos de 1609, por ordem Felipe III, que reservou para os crentes em Maomé um destino tão cruel quanto aquele que eles impingiam agora aos seguidores de Cristo. O ato de exclusão determina consequências cuja intenção perversa recai sobre outros indivíduos, gerando um círculo vicioso, conforme consta neste e nos demais processos que analisamos neste trabalho.

Vejamos a continuidade dos relatos de Pedro Franco: pela segunda vez, estava cativo de um mourisco granadino "per nome Amese Arrais que lhe disse se queria arrenegar e dizendo-lhe que não, não o quis levar ao mar e vendo-se ele confitente, pobre cativo, sem esperança de ir ao mar"; escravizado pela segunda vez, Pedro Franco sentiu que nunca mais iria resgatar a sua liberdade. Então, "enganado do Diabo como homem fraco e persuadido de que se arrenegasse o levariam ao mar e poderia fugir para terra de cristãos, disse a seu Amo que queria renegar." Há sete meses ou um pouco mais "arrenegara de boca e deu mostras de que externamente era de mouro e nunca de coração." Na sequência, o condenado por aquele sistema cruel descreve como se deu a sua conversão ao Islã: estando ele "um dia em casa do dito seu amo ele presente e outros quatro ou cinco mouros levantando o dedo para cima, disse as palavras seguintes":

"Ley ley hi la la, maomete de lá só lá la" e não sabe o que querem dizer, mas são as palavras com que se arrenega e o dito seu amo lhas ia dizendo e ensinando e lhe puseram por nome Maamet e lhe deram (sic) trajo de mouro que vestiu e daí a quatro ou cinco dias o circuncidaram por um barbeiro destinado para circuncidar com um ferro armado de navalha do que esteve doente vinte e quatro dias e não rezou orações de mouro nem fez sallas nem jejuns nem foi à mesquita e só uma vez foi aos banhos por limpeza e ficou tido e havido por mouro, ficando porém sempre cristão no coração e encomendando-se todos os dias a Virgem Nossa Senhora, pedindo que lhe alcançasse de tirá-lo de cativeiro, daquele mau estado, e trazê-lo à terra de cristãos à nossa santa fé e rezava cada dia o terço do rosário cinquenta Ave Marias e cinco Padres Nossos, de mãos postas; e vindo no navio de noite passeando pelo convés com a mão ali a beira quando rezava não se sentindo."

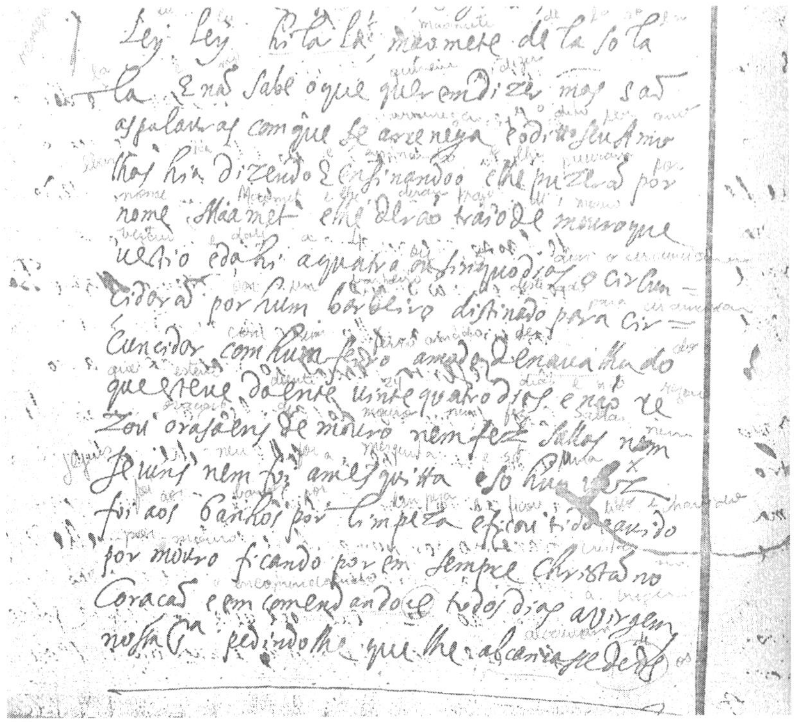

Figura 2: Fac-Símile: Processo 3502 de Pedro Franco, 1628, p. 3v.

Novas façanhas aguardavam essa criatura oscilando entre duas crenças e implorando aos deuses delas, no silêncio da noite, o retorno a uma presumida liberdade. Assim vivendo, disse ao inquisidor que haveria dois meses, por ordem de seu "amo" embarcou em Salleh, no Marrocos, "por acaso a ganhos". Mestre Arrais o embarcou num navio onde se encontrava um inglês arrenegado com nome mouro Sollimão Arrais, mais trinta e três mouros, alguns deles granadinos dos expulsos, outros seis cristãos, dois deles resgatados para serem deixados em terra; e os quatro para serviços do navio, mais treze renegados (dentre eles o próprio Pedro Franco confitente), mas todos esses treze eram cristãos no coração (pelas mostras que eles davam); desses treze renegados, onze eram franceses, um inglês, fora ele, o confitente. Quatro se encontravam ali na sala do despacho inquisitorial: "Alexandre, Acrião, Luís e João todos franceses."[475]

Prosseguindo o relato, o confitente denuncia: "e vinham mais dois renegados maus e mouros de coração, a saber: Remedão, natural de cascais,

[475] Página 2v do processo nº 3502.

e o nome de cristão não sabe nem nome de sua mãe que dizia ser viúva e tinha duas irmãs e um irmão clérigo e dizia [...] a ele confitente que desejava colher sua mãe e irmãs e irmão para se vingar deles e fazer em pedaços ao clérigo, e que os cristãos que viviam enganados que criam nos santos de pau e pedra e que não havia lei como a dos mouros."

Essa denúncia entregava aos inquisidores mais um perigoso infiel disposto a trucidar a própria família, especialmente o irmão religioso, por acreditar em "deus de pau e pedra".

Além disso, vinha também o dito inglês Arrais renegado de coração, pelas suas demonstrações. Encarregado como guardião do navio e sentindo-se por isso em segurança, Pedro Franco aconselhou ao renegado de Cascais "que se fosse para outra parte e deixasse os cristãos do navio porque os tinha maltratado de palavras". Chegando a Salleh, juntamente com os franceses renegados, Pedro Franco combinou uma rebelião em alto mar a fim de desviar o navio rumo a Lisboa, mas nada disseram aos cristãos: "porque não tem o segredo necessário e não temem que os matem". Como renegados, encontrando-se nas imediações da Ericeira, tomaram um barco com sete cristãos, três meninos e quatro homens, e na barra do Aveiro tomaram uma caravela abandonada.

O confitente e os demais companheiros, entre Aveiro e a cidade do Porto, tomaram um navio transportando apenas dois homens que vinham carregar sal, pois os demais fugiram para a terra no batelinho; disse o confitente que não causou nenhum mal aos prisioneiros, senão contra os mouros que os humilharam exigindo que abraçassem a fé maometana. Assim, estando a vinte e cinco léguas do mar, na passagem ao norte do Mondego, anunciaram aos cristãos a pretensão de se evadirem e se apartaram deles. Aguardaram o romper do dia; estando em São Tiago, avançaram contra os mouros e logo mataram o renegado Arrais com a própria arma dele. Mataram a facadas mais três mouros que estavam no convés; entretanto, aqueles que pareciam dormir em baixo das cobertas subiram imediatamente e logo acudiram a revolta apontando suas pistolas e mosquetes; cinco cristãos foram feridos e os demais foram rendidos; apenas Pedro Franco e seus companheiros conseguiram fugir para este porto, embora dois navios de mouros e dois de ingleses que vinham como reserva os quiseram render, por saberem que se tratava de amotinados. Os fugitivos conseguiram refúgio na fortaleza de Peniche (perto de Lisboa) de onde saíram por terra, mas cinco turcos feridos que traziam presos conseguiram fugir.

No dia 20 de junho (1628) na casa do despacho da Santa Inquisição e estando aí o Senhor Inquisidor Pedro da Silva de S. Payo, em audiência de manhã, apareceu Pedro Franco "para em tudo dizer a verdade", sobre a sua genealogia, uma sessão prevista pelo regimento.[476] Disse ainda, dentre outras coisas, que estava muito arrependido, nunca mais cometeria coisa semelhante e assinou o termo com os inquisidores e seu curador António Monteiro.[477]

Em obediência ao "modo de proceder", no dia 7 de julho apresentou-se no mesmo local estando lá o mesmo inquisidor que, seguindo as normas, foi fazendo perguntas ao inquirido, tentando obter mais informações, inclusive sobre as práticas islâmicas, conforme vimos em processos analisados anteriormente. Se o renegado fizera o *sala* ou *salah*, se fora à mesquita e aos banhos, se jejuara no *remedão (ramadã)*, se fez cerimônias deles, se deixou de beber vinho e comer carne de porco. E o acusado negou tudo; só fora uma vez ao banho, mas por limpeza e não fizera coisa alguma quando passou defunto perto dele. Não acreditava na salvação dos praticantes daquela religião "que os mouros se hiam ao inferno e que ele confitente estava em mao estado trajando-se como mouro e que fizera grande pecado em renegar ainda que em seu coração ficou cristão."

Fez um relato sobre a trajetória de seus quatro amigos e ratificou o seu encontro com a muçulmana que o tomou por filho e ele a aceitou como mãe, mesmo sabendo que ela estava equivocada. Era apenas uma pobre viúva mourisca. Na casa dessa mourisca renegou sua fé católica, adotou os trajes de mouro e ali havia outros mancebos, ou a visitavam às escondidas, inclusive João Furtado, cristão castelhano que, segundo dizia, depois que arrenegou andava em trajos de mouro, pois vinha num navio que foi sequestrado e foi obrigado a abjurar sua fé. Mas ele pretendia ir para terra de cristãos e na ocasião do levante contra os mouros ele não pelejou contra eles porque estava dormindo, mas Pedro nunca o vira em atitudes que não fosse de cristão. Que agora os inquisidores o tratassem com misericórdia, pois se estava nas galés foi porque pretendeu fugir com os demais e fora preso em Peniche.

Reiterava que João Furtado, durante o referido levante "não porque ajudasse os mouros senão porque vendido, um outro João francês renegado lhe disse: 'ha perro não tens vergonha de fugir da masmorra e ir a Salle a tornar mouro' porque assim o fez haverá ano e meio aonde o viu com nome e vestido de mouro e foi notório que renegava de sua vontade."

Acrescentou que o outro sujeito era alto de corpo, magro, grandes bi-

[476] *Regimento de 1613*, Título III, Cap. I, III, IV e Título IV, do modo de proceder e ordem que se há-de ter os culpados no crime de heresia e apostasia.

[477] Página 8v do processo nº 3502.

godes doente dos olhos; de Larache fugira também para Salle, desconhecia o seu nome mouro e também quando renegara; "e o via em trajo de mouro e com nome de mouro, e não lhe viu fazer nem ao outro supra próximo cousa de mouro nem por onde chegasse que eram mouros de coração nem que pelejassem contra os cristãos no dito alevantamento (sic) mas que estavam debaixo da coberta com os mouros com os quais faziam rancho e não como os mais renegados."

Não tendo dito mais nada, "os reverendos padres D° Velho e Gaspar Clemente assinaram com o dito Pedro Franco e juntamente com seu curador António Monteiro de Farias." Estando já fora do recinto, o promotor do Santo Ofício não perdeu mais tempo. Perguntou aos mesmos reverendos se lhes parecia que falava a verdade e se poderiam lhe dar crédito. Sendo unânime a resposta afirmativa, todos assinaram novamente o mesmo documento.

Em 7 de julho, na Mesa do Santo Ofício, os oficiais Gaspar do Rego da Junqueira, Manoel da Cunha, dentre outros, assinaram a decisão de trazer Pedro Franco novamente à presença deles para abjurar de *levi* por suspeito na fé e ser absoluto de Excomunhão *ad cautelam*; deveria receber instruções e penitências espirituais.

Esse procedimento está assinado por Gaspar Pereira, Francisco Barreto e António de Souza. Pedro Franco tinha então 28 anos.[478]

Diogo Velho assinou o acórdão dos Senhores Inquisidores e deputados da Santa Inquisição no qual, conforme costume, os fatos apresentados e as acusações eram assim resumidas: "e como o Réu se veio presentar (sic) a esta mesa e confessar nela suas culpas e pedir perdão e misericórdia com mais dez autos a presunção que deles resulta contra o réu Pedro Franco manda que em pena e penitência de suas culpas ouça sua sentença na mesa do Santo Ofício diante dos Inquisidores e seus oficiais e aí faça abjuração de levi suspeito na fé e por tal o declara esteja absoluto de cautela da excomunhão maior e que pelas ditas culpas e coragem e tenha penitências espirituais e a visitação necessária para salvação de sua alma e não cometa mais semelhantes culpas e pague as custas dos autos."[479]

No dia 8 de julho daquele mesmo ano de 1628 o "réu" abjurou na forma. Constam da página 14 do processo a Cautela da Instrução, absolvição e confissão de Pedro Franco. Na página seguinte o débito que, somado, chegou à cifra de 387 reais daquela época.

Este processo, simples em razão da causa a que foi instaurado, de-

[478] Página 11 do processo n° 3502.

[479] Página 12 do processo n° 3502.

monstra que as pessoas daquele universo controlado pelas três grandes religiões (cristianismo, judaísmo e islamismo) que viviam constantemente sobressaltadas sob o jugo daquele que detinha o poder de manipular e reprimir, usando a sua crença como escudo e liberdade para oprimir e subjugar.

O universo desses prisioneiros era o mar, na época, povoado por aventureiros que pilhavam navios mercantes e povoações costeiras em lutas que resultavam na escravização dos vencidos, não somente na questão da prestação de serviço, mas também na forçada conversão à religião do vencedor. Havia outras embarcações levando viajantes, cujo destino eram as terras pertencentes e exploradas pelos reis ibéricos, ou franceses, ou flamengos, com o objetivo de investigar suas riquezas naturais.

Nesse processo há referência aos expulsos, tema desta parte deste trabalho, e mais uma vez somos levados a concluir que aquela decisão transformou em párias muitos cidadãos espanhóis, ora como cativos, ora como piratas, praticando religiões que oscilavam entre o catolicismo e o islamismo. Ora renegava uma, ora outra. De qualquer forma, o policiamento praticado pelo tribunal do Santo Ofício, dentro e fora do mar, encarregava-se de os dobrar à sua vontade, aniquilando-os moral e socialmente. Além deste aspecto, os processos confirmam os estudos de historiadores dedicados ao intenso trânsito de embarcações no mar praticando comércio de produtos e de gente.[480]

---

[480] Boxer, R. Charles ilustra bem este tema com sua obra *O Império Marítimo Português*, já citada anteriormente. Nesse trabalho, Boxer, dentre outras coisas importantes sobre o tema, explica as instituições, as alianças interétnicas, os modos de organização navais, mercantis políticos, culturais e religiosos que constituíam os "pontos nodais" da ancoragem portuguesa no ultramar. Aborda também o trabalho missionário, os inquisidores, os comerciantes e os portugueses, na época, presentes em várias partes do mundo. Ver também, no que se refere ao Brasil e a Angola: Boxer, R. Charles. *Salvador de Sá e a luta pelo Brasil e Angola*— 1602-1686, (trad. de Olivério de Oliveira Pinto), São Paulo: Nacional e Universidade de São Paulo, 1975. Holanda, Sérgio Buarque de. *A época colonial* — do descobrimento à expansão territorial, São Paulo: Difel, 1985. Ver também Crowley, Roger. *Impérios do Mar* – a batalha final entre cristãos e muçulmanos pelo controle do Mediterrâneo 1521-1580, op. cit.

O Segundo Processo

Pedro Vermudez (ou Bermudes) cristão-velho, natural da cidade de Málaga, Reino de Castela apresentado à mesa do santo ofício da inquisição (sic) da cidade de Évora em 1634.[481]

Numa manhã do inverno de 1634, em Évora, Portugal, acontecia um fato corriqueiro para os religiosos que se dedicavam ao expurgo praticado pela Santa Inquisição. Como vimos anteriormente, naquela época a instituição já havia dominado a consciência da população, quanto ao dever de aderir, defender e praticar os dogmas da santa fé católica. Aos infiéis ou renegados, a Igreja contava com instrumentos de persuasão suficientes para dobrar a vontade deles e fazê-los retornar ao seu abrigo.

Assim, consta no início do processo nº 3044: "Aos dez dias do mês de novembro de 1643, em uma sala da Santa Inquisição estando aí o Senhor Inquisidor Manuel de Portugal em audiência da manhã apareceu sem ser chamado um homem que disse chamar-se Pedro Vermudes de nacionalidade espanhola, natural da cidade de Málaga e por dizer que se vinha apresentar à mesa para nela confessar culpas, foi-lhe dado juramento dos Santos Evangelhos [...]"; e a transcrição vai seguindo o ritual ditado pelo regimento de 1613.

Tratava-se de um homem de 32 anos e suas culpas consistiam no fato de, há dez anos, haver partido de Alicante embarcado a trabalho num navio mercante, com destino a Liorne, na Itália; estando já em Tarragona (Barcelona) na Espanha, o navio foi alcançado por uma embarcação de mouros comandada por Morato Arrays, quando ele, como os demais tripulantes que não morreram no combate, foi rendido e levado cativo para Argel; ali, o mesmo Morato Arrays o vendeu vinte dias depois, a um renegado de corso que também se chamava Morato Arrays. Com este novo amo ele permaneceu durante os sete ou oito anos seguintes, sempre forçado a renegar sua fé em Cristo.

Mesmo à força de maus tratos e sob a promessa de tornar-se livre, casar-se, ele conseguiu resistir. Morato Arrays morreu e a sua viúva se casou com um turco que se chamava Soliman Buleobassim em cujo poder ficou ele, confitente. Esse novo amo, cansado de tentar persuadi-lo a abraçar a fé islâmica, prendeu-o e o condenou a "cento e cinquenta pancadas com um pau nas solas dos pés e lhe disse que havia de morrer em seu poder ou se

[481] Inquisição de évora — maço 321 Nº 3044. ap. em 10 de novembro de 1634.

havia tornar turco[482] o que foi haverá treze ou quatorze anos." E ele confitente, não suportando as pancadas, rendeu-se ao poder do amo. Disse "que queria ser mouro ficando sempre em seu coração na fé de Cristo Senhor Nosso da qual nunca se apartou."[483]

E logo foi obrigado a dizer: "Lalai e lalai Mahamete es solalai (sic)." Deve-se "crer em um só Deus e em Mafoma que é seu mensageiro e as costumam dizer todos os que renegam da fé." Na sequência, Pedro Vermudez foi vestido em trajos de mouro, mas resistiu ao ritual da circuncisão.

Disse que fizera três viagens sob esse amo, duas fora do estreito (não diz qual) e uma a Levante, praticando pirataria, roubando. Percorreram a costa de Lisboa, passaram pelo Algarves e foram para Argel. Um dia, quando ele e alguns turcos saíram em terra para capturar alguns barcos para serem transformados em lenha, chegando às terras entre lagos e Albufena, onde havia a ermida de Santo António, os turcos manifestaram desejo de assaltá-la. Estando próximos da ermida, Pedro Vermudez fugiu implorando a Nossa Senhora do Rosário que o livrasse dos turcos que saíram em disparada tentando recapturá-lo. Finalmente desistiram da intenção e ele, confitente, chegou até os cristãos aos quais logo implorou por misericórdia.

Essa era a primeira sessão de uma série que ainda haveria de enfrentar para capitular à obrigação de dizer a verdade buscada a qualquer custo pelos inquisidores.

Uma vez que paciência era o que não faltava aos oficiais do Santo Ofício, o confitente foi devidamente admoestado conforme o costume e determinado pelo Regimento. Pedro Vermudez assinou o termo juntamente com o inquisidor Dom Miguel de Portugal.

A segunda sessão: Pedro Vermudes compareceu novamente perante o inquisidor na casa do despacho para declarar sua genealogia[484], ocasião em que, como já vimos, era possível verificar o contexto em que o herege fora criado, a extensão de suas culpas e os prováveis envolvidos nelas ou desviados da fé católica. Nada ocorria ao acaso. Tudo fora previamente estipulado pela instituição, desde que Torquemada organizou e foi aprimorando o modo de proceder dos tribunais.

A sessão ocorreu no dia três de novembro de 1634, presidida novamente pelo Inquisidor Miguel Portugal. Era filho de Pedro Vermudez e Inês da Reina, cristãos-velhos naturais de Málaga, onde o confitente foi

[482] Tornar-se "turco" era o mesmo que abraçar a fé islâmica.
[483] Página 1v do processo nº 3044.
[484] Página 4v do processo nº 3044.

batizado e crismado; enfim, disse quase tudo o que os inquisidores queriam ouvir. Disse que nunca esperou salvar-se na seita de "Mafamede assim como os mouros esperão" nem se apartara de fé em Cristo Senhor Nosso e só renegou sua fé depois de sofrer muito tormento e sentir-se fraco para suportar a dor que lhe causavam as pancadas.

Enquanto estivera em Argel ia às mesquitas às sextas-feiras e entrando nelas levantava as mãos e imitando os demais "fiéis" ia repetindo palavras como Allah U Akbar, que significa "Deus é maior"; fazia o *salah* (ou *sala*, ou *sallat*), debruçando-se até tocar a testa no chão; quando ia embarcado dizia orações em língua "turqueza", desconhecendo o significado das palavras, mas no final da oração dizia "amem, amem"; Fingia estar cumprindo a obrigação do jejum, porquanto às escondidas dos mouros, quando ia trabalhar com outros cativos cristãos, se alimentava. Às escondidas, comia carne de porco e bebia vinho. Respondeu também que em algumas sextas-feiras comera carne, porque tudo o que havia para comer continha carne.[485]

A pedido de Dom Miguel de Portugal, o inquisidor, Pedro Vermudez repetiu algumas orações dos mouros, incompletas, pois se esquecera delas em sua íntegra, por não serem ditas na língua vulgar falada em Argel. A tal oração ele disse que repetia muitas vezes quando os mouros lhe ordenavam e o fazia "respeitando pola ter por boa".

Era chegado o momento crucial do interrogatório: ele havia participado de perseguições ou pelejado contra cristãos. "Se o fez foi com ódio e desprezo de nossa Santa fé catholica?" Sim, por duas vezes pelejara com navios de cristãos, conforme já afirmara anteriormente, mas o fizera contra a própria vontade "e não podia fazer outra coisa visto andar entre mouros". E a única vez que teve oportunidade de fugir dos mouros para a terra de cristãos foi neste em que conseguira chegar ao tribunal.

Confirmou que tendo renegado a Cristo foi lhe dado traje e nome de mouro (Mostafá) e passou a andar em corso em navios contra os cristãos. E o inquisidor afirmou que tudo isso o confitente fizera com a intenção de ser mouro por andar na seita de Mafamede. A partir daí Pedro Vermudez seria tratado como réu impenitente e deveria pensar em suas culpas para confessá-las. O termo foi assinado pelo acusado e pelo Inquisidor.

E no dia 15 ocorria a quarta sessão, pois havia ainda muita presunção

[485] O catolicismo proibia o consumo de carne às sextas-feiras para atingir a virtude moral que modera a atração pelos prazeres e procura o equilíbrio no uso dos bens criados, a fim de assegurar o domínio da vontade sobre os instintos e manter os desejos dentro dos limites da honestidade. Atualmente são poucos os fiéis que se submetem a essa regra disciplinar.

de que o confitente não dissera a verdade. Apresentou-se à casa do despacho para sofrer mais uma humilhação. Ali se encontravam os licenciados Francisco Alonso Seco, médico, e António Nogueira, cirurgião, tendo como testemunha do ato que ali iria ser praticado o notário Gaspar Barreto.

O objetivo era proceder a um exame em Pedro Vermudez a fim de constatar se realmente ele não fora circuncidado conforme insistia em suas declarações anteriores. Diz o processo: "mandaram que [...] visem a Pedro Vermudez conteúdo nestes autos para efeito de saberem se era cortado se não e farão o exame necessário dessem conta nesta mesa do que achassem o que prometeram cumprir sob cargo do juramento que lhe foi dado de que fiz termo Gaspar Barreto notário do Santo Ofício que o escrevi."[486]

No mesmo dia, na casa do despacho, todos comparecem diante do inquisidor para ouvir dos profissionais que realmente aquele infeliz não fora "cortado". Vêm em seguida quatro assinaturas, confirmando que o exame patético fora realizado.

A quinta sessão ocorreu no dia 16 de novembro do mesmo ano, no mesmo local e o inquisidor ainda era Dom Miguel de Portugal. Seguindo o mesmo ritual litúrgico, com juramento, admoestações e exigência para dizer verdade. Vermudez não se lembrava de mais nada para confessar. Reiterou as confissões anteriores. Mas o inquisidor era incansável. Perguntou "se ao renegar a fé em Cristo Senhor Nosso o fez por tormentos [...] se esses foram continuados por muitos meses de modo que com a continuação [...] não pudesse conter sua fraqueza. Pedro disse "que não lhe fizeram mais fora as pancadas que hé confessado lhe davam nas solas dos pés e estas não repetiram por outra vez."

Umas das preocupações do Santo Ofício era o contato dos pecadores com outras pessoas que poderiam ser influenciadas por eles. Esta questão está inserida no capítulo XIV do Título IV "do modo de proceder e ordem que se há-de ter com os culpados no crime da heresia e apostasia" do regimento do Santo Ofício de 1613.[487]

O confitente respondeu que enquanto esteve cativo em Argel não conheceu cristãos renegados, por estar ocupado no trabalho e não se lembrava de nenhum nome de cristão renegado. Mas isto não era suficiente para que o acusado recebesse a absolvição a que se achava digno de receber. Havia outra questão ainda.

---

486 Página 10v do processo 3044.

487 Ver: Franco, José Eduardo & Assunção. Paulo de. *As metamorfoses de um polvo*, op. cit. p. 161 e seguintes.

Foi-lhe dito, então, que não havia razão para ter renegado da fé em Cristo Senhor Nosso, e passar-se para a seita de Mafamede, tendo em vista que os tormentos que lhe infringiram foram irrelevantes, porquanto muitos cristãos cativos convivendo com mouros conseguiram suplantar suplícios e manter a fé. Portanto, a mesa inquisitorial, usando com ele de muita caridade em nome de Cristo Senhor Nosso, o admoestava a confessar inteiramente a sua culpa por ter-se tornado mouro durante algum tempo, apartado da Igreja vivendo na fé dos mouros; caso contrário, seria acusado à justiça daquele Santo Ofício, sendo, portanto, melhor confessar antes que o promotor viesse com o libelo. Nada disso foi suficiente para que o "infiel" confessasse o porquê de haver se tornado mouro, conforme queria ouvir o inquisidor.

O notário António Simões consignou o termo que foi lido para o obstinado homem "pecador" que o assinou juntamente com o inquisidor.[488]

Na mesma página é apresentado o referido libelo, datado de 17 de novembro de 1634, cuja sessão é novamente presidida pelo inquisidor Miguel de Portugal. Pedro Vermudez é chamado e admoestado para acabar de confessar (que se tornara mouro voluntariamente).

Diz o Libelo: "Primo (primeiro) ser da Justiça deste Santo Ofício requerer se lhe quitem seu libelo acusatório contra ele Reo e lhe será melhor se acabar de confessar antes de ser acusado que depois e por dizer que tinha dito verdade não tinha mais culpas que confessar." Essa leitura era acompanhada pelo notário do Santo Ofício, Sebastião Paes.

Na página seguinte está consignado o libelo completo contendo sete itens condenatórios: primeiramente, lembra que o réu ignorou sua obrigação de cristão batizado e se passou para a crença de Mafamede; o item 2 evoca as circunstâncias em que o réu se passou para a dita crença e repete as palavras da abjuração e "se passasse à lei de Mafamede não o podendo sofrer disse que arrenegava da fé e queria crer e seguir a Lei de Mafamede o que fez dizendo as palavras seguintes: Lay Lay e La lay Mafamete es so Lalay: que querem dizer crer em um só Deus e em Mafama que é o mensageiro."

O terceiro item o acusa de haver tomado o nome de mouro "e se chamou Mostafa: sendo de todos tido e havido por tal; e assim acompanhava os mouros quando andavam a corso e pelejava contra os cristãos."

No quarto item o libelo lembra que o réu vinha tentando justificar sua conversão à crença dos mouros (a palavra Islã nunca é referida), mas que a praticava apenas exteriormente e, por isso, "por o terem por mouro às sextas-feiras ia com os mouros às suas mesquitas e entrando nelas levantava as mãos... dizendo as palavras seguintes: Alá U Akbar," e fazia o

[488] Essa sessão está registrada na página 14, e as assinaturas estão borradas.

sallah debruçando-se por terra até tocar com a testa no chão. Estando embarcado assistia às orações com os mais companheiros repetindo: Amem, Amem. E comia carne nos dias proibidos pela Igreja: "e fazia o jejum do Ramedão e que não comia carne de porco, nem bebia vinho e rezava uma oração que começa Bermila assalam" (sic); fazia isto em observância da lei de Mafamede.

O quinto item o acusa de omitir a verdade, sendo, portanto, um réu negativo. Há nos regimentos capítulos especiais orientando os inquisidores quanto aos procedimentos nestes casos, considerados graves.[489]

O sexto item lembra que mesmo sendo admoestado com muita caridade sobre a necessidade de "confessar a verdade para descargo de sua consciência" e para a salvação de sua alma, Vermudez permanecia irredutível na sua intenção. Presumia-se, então, que o réu era cego, pertinaz e obstinado e, por isso, o sétimo item o declara herege.[490]

No dia 17 do mesmo mês e ano os autos foram vistos na mesa do Santo Ofício contendo as confissões de Pedro Bermudez. O despacho consiste num resumo de tudo o que consta nas páginas anteriores "renegou da nossa Santa fé católica e se passou à maldita seita de Mafamede em que fez alguns ritos seus, tomando nome e trajes de mouro o que fez no exterior." Amenizando o libelo, diz o documento que no coração o acusado mantivera a verdadeira fé e, por isso: se deve dar crédito às confissões do réu, porquanto contra elas não há causa alguma e que a culpa que tem confessado se deve atribuir aos tormentos que lhe deram e que deve ser ouvido." Apresentara-se espontaneamente para confessar sua culpa e que ele deveria "abjurar de *levi sospeito* na fé na mesa do Santo Ofício e ser absoluto *ad cautelam* da excomunhão em que poderia incorrer. Deveria ser penalizado com "penitência e que tenha penitência e instrução necessária para a salvação da sua alma e pague as custas." Além disso, não deveria ausentar-se da cidade "sem primeiro ter conselho na forma da provisão."

António Monteiro Miguel de Portugal etc.[491]

Seguindo o ritual da instituição, os autos "foram vistos na mesa do conselho estando presente o Ilustríssimo Senhor Bispo Inquisidor Geral esses autos e confissões de Pe. Bermudes ..." alegando que o mesmo (sic) fora bem julgado pelos inquisidores ordinário e deputados. E Gaspar Pereira, Francisco Barreto e Manoel da Cunha "confirmam a sentença por seus fundamentos e pelo mais dos autos; e mandam que assim se cumpra e se dê a execução. Lisboa 21 novembro de 1634."

---

[489] Ver, Ver: Franco, José Eduardo e Assunção, Paulo de. *As metamorfoses de um polvo*. Lisboa: Prefácio, 2004, Capítulo XVIII, p. 162

[490] Página 18 do processo.

[491] Página 20 do processo.

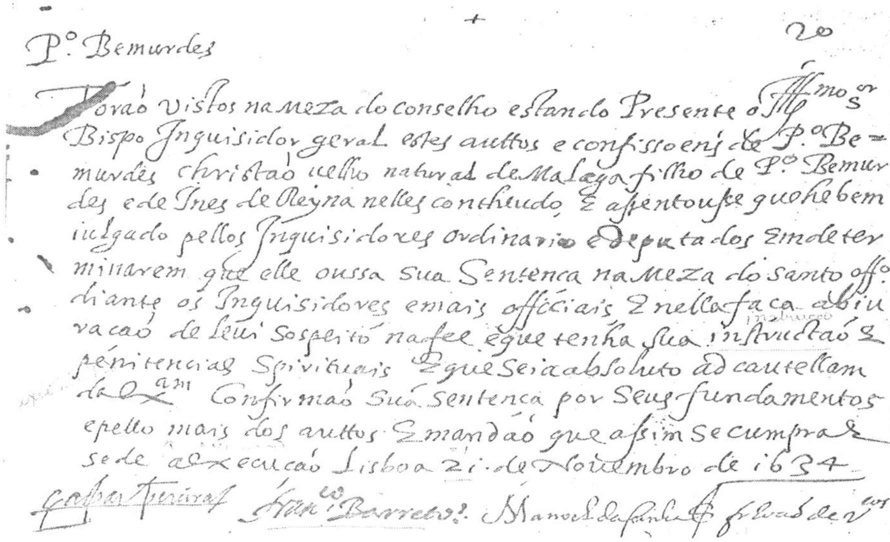

Pº Bemurdes 20

Forão vistos na meza do conselho estando presente o Illmo Sor Bispo Inquisidor geral estes auttos e confissoens de Pº Bemurdes christão velho natural de Malaga filho de Pº Bemurdes e de Ines de Reyna nelles conteudo, e assentouse que he bem julgado pellos Inquisidores ordinario e deputados e mandão que elle ouça sua sentença na meza do santo offº diante os Inquisidores e mais officiais e nella faça abjuração de levi sospeito na fee e que tenha sua instrução e penitencias spirituais e que seja absoluto ad cautellam ... confirmão sua sentença por seus fundamentos e pello mais dos auttos e mandão que assim se cumpra e se de a execução Lisboa 21 de Novembro de 1634

Figura 3: Fac-Símile: Processo – Inquisição de Évora - maço 321 nº3044, p. 20.

O Acórdão consiste num resumo dos despachos anteriores.[492]

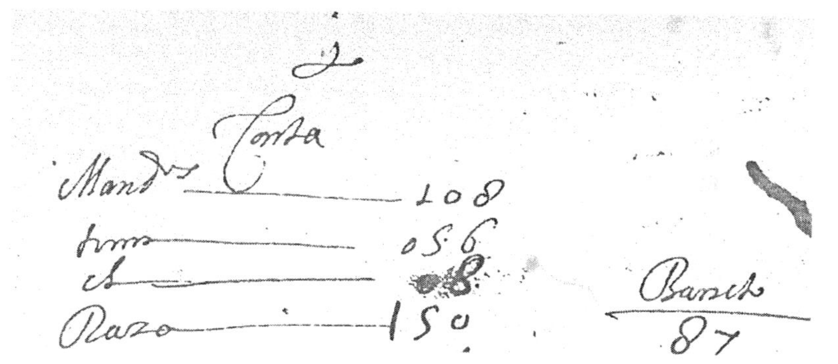

Conta

108

056

8

150

87

---

[492] Fac-símile A ssinaturas Página 22 do processo nº 3044. Acrescenta apenas: "mandam que o réu Pᵉ. Vermudes em pena e penitência de suas culpas ouça ... sua sentença na mesa do Santo Ofício estando em corpo com a cabeça descoberta e uma vela acesa na mão, e nela faça sua abjuração de *levi sospeito* e por tal o deitarão; e que seja absolvido *ad cautellam* da excomunhão se por razão do sobredito nela incorreu, e seja instruído nas cousas da fé necessárias para a salvação de sua alma; e cumpra as mais penas inteiramente e penitências que lhe forem impostas e que pague as custas. "

A sentença foi devidamente publicada conforme o regimento e a abjuração está registrada na página 24 do processo. Abjurou prometendo cumprir as penas e penitências, fugindo da companhia de pessoas que o pudessem influenciar contra a fé católica, estando suficientemente apto e "instruído nas cousas de nossa santa fee" Pedro Vermudes obtinha a licença necessária para receber os sacramentos em 29 de novembro de 1634. Sebastião de Abreu assinou o documento.

O mesmo Sebastião de Abreu declara: "Ouvi a confissão nesta igreja do espírito Santo... a Pedro Bermudes e nela lhe fiz dar a comunhão a que assisti. Évora 30 de novembro de 634. E por verdade lhe dei esta por mim feita e assinada. Sebastião de Abreu."

Finalizando esse patético julgamento, pelo menos é o que sentimos hoje, o primeiro dia do ano seguinte raiou alegre para aquele coração que "não de apartou de Cristo Senhor Nosso", enquanto externamente praticara a fé que lhe impuseram os mouros. Naquele dia muito frio, certamente, ele se confessara e estaria bem instruído nas cousas da fé imposta pela Inquisição "e os ditos inquisidores lhe alevantaram do cárcere dando-lhe licença que ele vá em paz para onde lhe bem houver;" porém, havia ainda uma exigência: "contanto que se não vá dos reinos de cristãos e neste ano próximo seguinte se confessará polas quatro festas" litúrgicas, durante as quais, deveria receber os Santos Sacramentos; deveria rezar "um rosário à Virgem Maria Senhora Nossa e cinco Ave Marias em honra das cinco chagas de Jesus Cristo Nosso Salvador e tratará com pessoas cristãs e cumpra tudo o mais que prometeu nesta mesa e em sua abjuração." Sem saída, ou porque estivesse de acordo mesmo, Pedro prometeu cumprir tudo o que lhe ordenavam ali e assinou o temo juntamente com António Monteiro e Miguel de Portugal.

Mas havia ainda uma outra questão: era a conta que segue abaixo conforme consta da última página do processo.

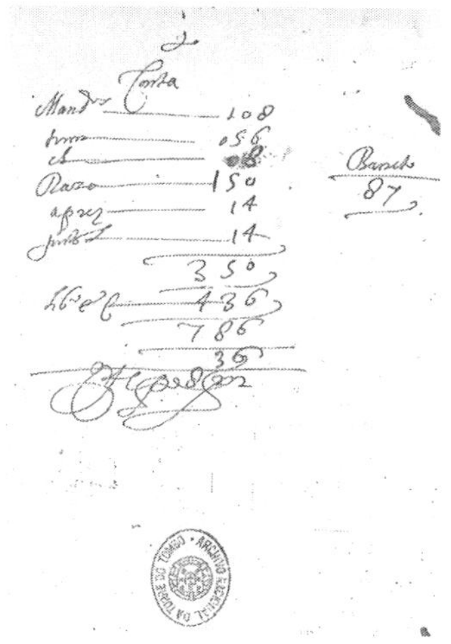

Figura 4: Fac-símile: conta Pedro Vermuez p. 27v.

O Terceiro Processo

Um tal Manoel Farinha, com 28 anos de idade[493], no dia 13 de outubro de 1636, também se apresentou ao tribunal do Santo Ofício nas mesmas condições. Este era um português natural de Cezimbra (Sezimbra), distrito de Setúbal, em Portugal. Na manhã do dia 13 de outubro daquele ano, o presumido herege vinha expor os motivos que o obrigaram a renegar a fé católica e tornar-se mouro. Seguindo o ritual do Regimento, os oficiais ali presentes, mediante promessa de dizer a verdade, permitiram ao confitente acusar as suas culpas.

Manoel Farinha revelou que há treze anos partira da Baía de Todos os Santos, no Brasil, tendo por Capitão Piloto Sebastião do qual o confitente era cativo; ao aproximar-se das cercanias do Cabo de Espichel a embarcação foi cercada por piratas que o cativaram por força de armas e o levaram para Argel onde logo o destinaram para o carregamento de produtos de saques que passavam a pertencer ao senhorio do Grão Turco. Foi então vendido a um senhor, capitão de uma galé de mercancia, chamado

[493] Processo 2977 (MF 3933) da inquisição de Lisboa, (IANTT). Processo de Manoel Farinha Cristão-Velho, solteiro, natural e morador na Villa de Cezimbra presentado na mesa do Santo Offício da Inquisição de Lisboa em 1636.

Mahamet. Esse capitão, há nove anos, o obrigara "pela força de ameaças e maus tratos a dizer que arrenegava da fé de Nosso senhor Jesus Cristo e se passava à seita de Mafamede pronunciando as palavras que naquele ato tinham a dizer, a saber: Lei, lei, ...para se passar para a fé dos turcos. E se deixou cortar na forma que se costuma fazer as pessoas". Isto quer dizer que fora circuncidado.

Mas tudo isto, segundo o confitente, eram apenas sinais exteriores de muçulmanos, embora tivesse também aceitado nome de mouro, tornando-se renegado da "Nossa Santa Fé"; mas interiormente, sempre conservou a verdadeira crença nela, e "só como homem fraco deixou de a professar com a boca". Em todo o tempo em que esteve cativo de mouros, apesar de ir de corso em corso contra cristãos, nunca se apartara "da nossa santa fé como tem declarado" e pediu misericórdia aos seus interlocutores e juízes.

Continuando a nativa, Manoel Farinha acrescenta que na primeira ocasião tentou fugir para a terra de cristãos: "haverá dois anos e meio que procurou situar e trazer em sua companhia cristãos, digo, vinte cativos cristãos, e dezoito renegados". Mas ao serem descobertos, o desejo de fuga foi sufocado; porém, há cerca de uns três meses juntamente com dois cristãos e três renegados, estando a serviço de mouros, armaram contra eles um levante e conseguiram chegar ao porto, e dali se dirigiram ao Santo Ofício.

No dia 14 de outubro de 1636, Manoel Farinha foi novamente recebido à Mesa do Santo Ofício, na casa do despacho, para cumprir a segunda etapa dos quesitos do Regimento, que dizia respeito à genealogia do confitente, que neste processo é tido como "réu", ao contrário dos demais que neste trabalho foram analisados. Declarou novamente seu nome, idade, profissão, nomes dos pais, avós e avôs, qualificação de cada um e filhos que tiveram, mortos e vivos, dentre outras exigências. O elenco familiar é extenso. Num processo da inquisição tudo é sistematicamente previsível. A diferença neste processo é que um dos irmãos de seu pai, Sebastião Olival, era familiar do Santo Ofício.

Reiterou que Manoel Farinha era seu nome cristão, mas como renegado seu nome era Ramadão. Solteiro, sabia ler, escrever e andou fora do reino embarcado em um navio Bom Jesus pertencente ao Mestre Bastião d'Olival (seu tio, familiar do Santo Ofício) e nele foram para o Brasil; estando a retornar ao reino o cativaram os mouros, há treze anos e foi levado a Argel onde esteve cativo e aí percorria o mar com os mouros atrás de cristãos e que ele não fora preso nem penitenciado, nem era reincidente pelo Santo Ofício, nem antes nem depois, uma vez que ele era cristão batizado e foi à igreja maior de Cezimbra pelo cura dela, António de Barros (declara o nome de seus padrinhos) foi crismado na Ermida de Santa Anna junto à dita Villa e não se lembrava de seus padrinhos. Estando alfabetizado e tendo uso da razão, lia os Evangelhos, ouvia missa e a pregação e confessava. Diante dos inquisidores persignou-se e benzeu-se e levantadas as mãos rezou ali o Padre Nosso, a Ave Maria, o Credo, os Mandamentos da Lei de Deus e a Salve Rainha. O documento é assinado pelo "réu" e por Gaspar Clemente, deputado que compunha aquele ato inquisitorial.

No primeiro interrogatório, conforme o costume, ao "reu" foram dirigidas as perguntas pertinentes às suas culpas como renegado que passou a pertencer à religião dos mouros: jejuns, oração (*salat*), banhos, procedimentos quando passava por ele um defunto, idas às mesquitas, consumo de vinho, carne de porco. Negou tudo, e não lhe foi aplicada nenhuma tortura, pois disse que havendo oportunidade para comer carne de porco ou beber vinho, ele o fizera. Fora quatro vezes aos banhos e nele se lavava por contemporizar com os mouros e não fez as cerimônias. Estando em Argel e vindo embarcado com os mouros não fazia com eles a três orações que eles costumam fazer (pela manhã, ao jantar e à noite).[494]

Estando em terra de mouros não procedia como eles ante a passagem de defunto: não parava para, com a palma da mão virada para a outra a corria pelo rosto depois que o defunto já tivesse passado. Foi então admoestado, aconselhado a pensar em suas culpas para dizer a "verdade" na próxima audiência. [495]

Esta audiência aconteceu no dia 20 do mesmo mês e ano, e mesmo local, ato que seguiu os mesmos rituais, assim como as perguntas óbvias sobre práticas religiosas islâmicas de que por ventura ele tivesse participado. As respostas são idênticas, mas acrescentou que estava: "persuadido de que fora da lei evangélica que devem guardar os fiéis cristãos obedientes à Igreja de Roma só na lei evangélica haverá salvação... entendia ser obrigação de todo fiel cristão não somente ter a fé católica no coração, mas também confessá-la e morrer por ela, por mais medo, ameaças, castigos e tormentos que lhes dessem morreria por ela." O contrário disso recomenda o Islã, como vimos em capítulo anterior.

Continuando o depoimento, disse o "réu" que "se agira contrariando esta convicção foi pelos muitos açoites que lhe davam e fez menino de pouca idade e não pode sofrê-los e que ao tempo que renegou seria de treze anos".

---

[494] Assim consta no processo, contrariando um dos cinco pilares do Islã, de que já referimos no Livro II deste trabalho: "*Salat*: a reza que se faz cinco vezes por dia."
[495] Página 10 do processo nº.2977-MF 3933.

O confitente disse que entendia que pecara grandissimamente e embora não tivesse feito de coração, sendo cristão católico, pedia perdão e misericórdia que a Santa Madre Igreja costuma dar aos bons e verdadeiros cristãos confitentes.

No dia 16 do mesmo mês e ano, os inquisidores se reuniram novamente para analisar os autos, culpas e confissões de Manoel Farinha, cujo resumo consistia em "sendo cativo de certos turcos em Argel, ali foi levado ultimamente ao lugar de saques no senhorio do ... turco a poder de Mahamet, Capitão, arrenegou da fé de Cristo Nosso Salvador e se passou a seita de Mafamede, pronunciando as palavras que em semelhantes atos costumam pronunciar os que se fazem mouros, aceitando o nome Memedar e o traje de turco e indo por algumas vezes aos banhos dos mouros e porém [...] como mouro não apartou em seu coração de nossa fé católica e só por medo e forças que lhe fizeram disse exteriormente que arrenegou d'ela e se tornou mouro. Que ele ouça sua sentença na mesa do Santo Ofício e nela faça abjuração de *leve sospeito* na fé e cumpra as penitências espirituais que lhe forem impostas, e tenha sua instrução ordinária e seja absoluto *ad cautelam* da excomunhão maior se porventura nela incorrer. Seja assistido pelo Senhor Inquisidor mais antigo e que vá este assento [...] na forma do Regimento.[496]

"Cativo de turcos e levado a Argel se fez turco (metonímia: ser turco era sinônimo de ser mouro/muçulmano) dizendo as palavras com que os mouros costumam fazer tomando nome e trajes de turco, deixando-se circuncidar indo aos banhos ...com os mais que dos autos consta e afirma ... que tudo fizera obrigado dos turcos e maus tratos que lhe davam com os mais que dos autos insista mandar que o Reu Manoel Farinha em pena e penitencia de suas culpas tenha sua sentença na mesa do santo Ofício ante os Inquisidores e seus oficiais e aí faça abjuração de *levi sospeito* na fé, e por tal declaram e será absoluto *ad cautelam* da excomunhão maior se por ventura nela incorrer e instruído nas cousas da fé necessárias pera salvação de sua alma, e cumprirá as mais penas e penitências espirituais que lhe forem impostas e pague as custas"

Manoel Farinha devia 363 reais aos cofres da Inquisição:

[496] Assinaturas página 16 do processo nº.2977-MF 3933.

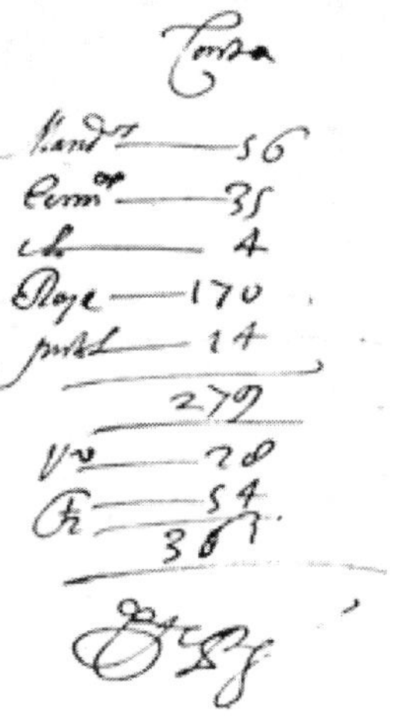

Figura 5: Fac-símile: Processo 2977 de Manoel Farinha, p. 18.

Foi admoestado na forma e no dia quatro de novembro compareceu novamente perante o inquisidor Miguel de Portugal e seus oficiais para uma nova audiência (a terceira sessão).

Na última página do processo, Ignácio Galvão encerra os autos laconicamente: “Por ordem dos senhores inquisidores (ileg.)... Manoel Farinha, o qual andou alguns anos cativo de mouros em traje dos mesmos mouros como renegado, o qual nos disse sempre que o não foi de coração, antes que sempre fora cristão no interior dele não por mal [...] e os mouros [...] E fica [...] E o ouvi que sabia as orações e instruído nas cousas da fé até me pareceu que tinha delas a notícia necessária e assim o absolvi da excomunhão *ad cautelam* e o ouvi da confissão a lhe dei a comunhão e feito isto por mim feita e assinada. Em S. Domingos da Ig. 23 de outubro de 636."

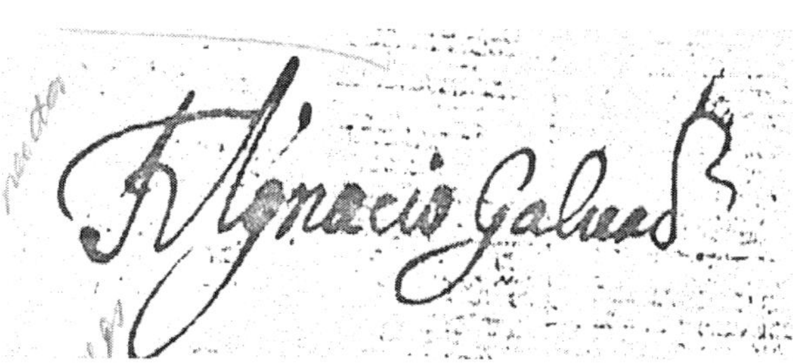

Figura 6: (Ignácio Galvão) Fac-símile da assinatura: Processo 2977 de Manoel Farinha, p. 19.

Tendo provado que dissera a verdade, o confitente caiu no vácuo onde cabem as pessoas perseguidas e sem condições de reagir. Submetidas à vontade superior, elas não irão causar outras preocupações. Os meios pelos quais irão buscar subsistência não importam. A alma está salva.

Hoje, quatro séculos distante desses fatos, eles nos parecem absurdos, mas essa era a lei. Tanto é assim que os escrivães seguem à risca as normas e a sequência de procedimentos constantes no Regimento vigente (1613), no qual nos baseamos para fazer esta afirmação. Assim, o comando temporal e o espiritual se completavam. Cada qual lutava por recursos e por almas. A obediência dos súditos a um e a outro poder era a garantia da estabilidade da coroa e a submissão à fé. A fé era a garantia da estabilidade do reino ibérico.

Além de tais constatações, os processos comprovam a trajetória das embarcações mercantis no Mediterrâneo e no Atlântico, do norte da África (Argel e Marrocos) à Península Ibérica, ao Brasil e vice-versa, que merecem um estudo à parte, tendo em vista a bibliografia consultada. Nos mesmos arquivos em que foram encontrados estes processos, há ainda centenas de outros à espera de novos investigadores, pois este assunto não está suficientemente explorado, apesar da curiosidade e dedicação dos autores sobre cujas pesquisas nos debruçamos.[497]

O fim de uma época

Voltando à Península Ibérica, recordemos que Felipe III morreu no ano de 1621 e o sucessor, Felipe IV, como já referimos, obscureceu o esplendor espanhol conquistado pela monarquia Habsburg. Além do recrudescimento da pirataria e suas consequências, durante a sua regência, Felipe IV reforçou a inundação de cidadãos ociosos, delinquentes e corruptos. Devido ao relaxamento militar, excesso de cômicos e histriões, vinganças sangrentas por um mal-entendido em defesa da honra, galanteios e frivolidades femininas e, sobretudo, aos baixos fundos sociais na capital espanhola, a imoralidade naquela época suplantou os ideais de Felipe II. O

[497] Ver: arlindo-correia.com/100513.html Três renegados, ex-cativos em Argel, na Inquisição, em 1698 [...] de que seja *absoluto* da *excomunhão*, em que poderia ter incorrido; [...] de leve suspeito na fé, e seja *absoluto* da *excomunhão ad cautelam*,[...]

cronista José Deleito y Piñuela considera que "tudo na Espanha de Felipe IV foi mau."[498]

Entretanto, é preciso considerar que o império espanhol, durante os séculos XVI e XVII, teve uma existência desviada de seu núcleo central. Viveu por e para o exterior. A conquista do Novo Mundo, as empresas ultramarinas e as incessantes guerras na Europa lançaram os homens fora da Espanha, com o consequente abandono dos campos e das oficinas. A expulsão de judeus e mouriscos reduziu a densidade populacional e aumentou o afastamento do trabalho, conforme já referimos. Os ofícios mecânicos eram vistos com desprezo, apesar do prejuízo geral; quem tivesse apenas uma gota de sangue fidalgo, por distante que fosse a ascendência, mesmo que incipiente, considerava uma desonra o manuseio de um instrumento de trabalho. Até mesmo os escudeiros e servidores destacados os rejeitavam. O trabalho era também impróprio aos cristãos-velhos, sendo este o maior título de honra ostentado pelos antepassados espanhóis. Essa forma de trabalho só era boa para os mouriscos, no caso de ainda haver alguns deles na Espanha, após a expulsão geral em 1609.

Porém, se era desonroso o trabalho manual, não o eram a mendicância e o ócio, conforme afirma José Deleito y Piñuela, na obra "*La mala vida em España de Felipe IV.*" O vulgo espanhol distinguia-se dos demais países da Europa pela vagabundagem. Sua vida tortuosa e equívoca o levava frequentemente à delinquência, à prisão, cujas celas viviam inundadas de pícaros, onde os mais jovens se convertiam nessas escolas universais de trapaceiros, truões e boas-vidas.

A má administração e o arbitrário sistema de impostos fomentavam a desigualdade, contribuindo para dividir os espanhóis em abastados e necessitados. Os que se expatriavam, vivendo na América, Itália ou Flandres, em hábitos de irresponsabilidade, libertinagem e rapina, eram então perpétuos inadaptados a uma vida normal e de ordem. Fugiam dos campos inabitados para se amontoarem nas cidades, local em que se originam os pícaros, pois a aglomeração dificulta o viver. Quem não se aventurasse fora do país viveria ali atropeladamente. Igreja, mar ou casa real – no serviço das armas – eram os únicos meios de vida. Porém, nem todos os homens eram afeitos a tais ofícios. Caiam na mendicância e no roubo, em suas infinitas formas, dada a facilidade para tal. A Igreja, com a boa-vontade e a piedade mal-entendida, facilitava a mendicância.

Necessitados e vagabundos remediavam a fome com a "sopa boba"

---

[498] Ver: Piñuela, José Deleito Y. *El rey se divierte.* Madrid: Alianza Editorial, (1988) 2006.

(alimento feito de sobras de comida) dos conventos; a prodigalidade das esmolas estimulava a pedi-las, sendo melhor do que buscar recursos no trabalho. A vida difícil se aliava à ânsia de mobilidade e variação, originado nas andanças pela Europa e no Ultramar. Havia também os ciganos que ambulavam incitando ao nomadismo. Ao trabalho sedentário sucedeu o ocioso e faminto vagabundo, e com ele o parasitismo, o pai da picardia, acrescenta Piñuela. "Esta estimula o engenho e a dissimulação ... para viver acomodando-se ao meio, à adulação, à servidão e à lástima. O engenho e a servidão inspiram o bufão do rei e o rufião. A lástima se ampara no sentimento religioso, cria a mendicidade por meio de falsas chagas e atitudes hipócritas. Vive-se o dia sem pensar no amanhã."[499] Vivia-se o verdadeiro *carpe diem*.

No plano político, o seu ministro e valido conde-duque de Olivares governava abertamente, cavando com os seus planos e as suas teorias a ruína de Espanha, e o rei empregava o tempo divertindo-se, caçando, escrevendo comédias, namorando atrizes.

Fatos políticos anteriores à Batalha de Montes Claros

A partir de 1621, os portugueses foram progressivamente demonstrando insatisfação, em face do aumento nos impostos e do recrutamento de militares portugueses para servirem com o exército espanhol, nomeadamente na guerra da Catalunha.

A população portuguesa tinha também, e com fundamento, a percepção de que o aumento de impostos não se destinava a melhorar as condições de vida em Portugal, mas sim a financiar projetos espanhóis, especialmente as campanhas militares na Europa e a sua expansão ultramarina.

O desagrado dos portugueses vinha se ampliando, até que a nobreza mais eminente criou força e se dedicou à Restauração, conquistando-a em 1º de dezembro de 1640. Contaram com a adesão dos demais estratos sociais, do alto clero às gentes mais humildes. Um padre jesuíta anuncia o levante de Lisboa. "Viva nosso rei dom João!" [...] "Já não há preitos em Portugal e podeis vir livres porque este nosso rei nos tirou a todos." Era o dia 4 de dezembro de 1640. No dia 11, chega a Portugal a notícia de que

[499] Piñuela, José Deleito y. *La mala vida em la Espana de Felipe IV*. Madrid: Alianza Editorial, (1986,1989, 1994, 1998) 2005, p. 125-27.

há três dias o secretário Vasconcelos fora torturado e morto, sendo a senhora Infanta Margarida levada a um convento acompanhada por muitos membros da nobreza.[500]

No dia 15 de dezembro daquele ano, D. João IV, aclamado rei, logo em seguida convocou as Cortes, contando com a participação do clero, da nobreza e do povo; recrutou 20 mil infantes e 4 mil cavaleiros, e deu início aos confrontos militares em 1641, praticando escaramuças no Alto Minho, Beira Alta e sobretudo no sota-vento Algarvio e no Alentejo. "Apesar desta vitória portuguesa, que apagou a lembrança do tremendo fracasso que tinha sido o cerco de Badajoz no ano anterior, a iniciativa da guerra continuou a pertencer ao exército de Felipe IV. A batalha relevante (Batalha do Montijo), travada na Espanha, perto de Badajoz, aconteceu no dia 26 de maio de 1644, com vitória para Portugal.[501]

Só as derrotas espanholas nas batalhas campais da década seguinte (1663, Ameixial, e 1665, Montes Claros) levariam a uma inversão dos papéis, até a ratificação da paz no início de 1668."[502] Antes desta data, em maio de 1663, um exército espanhol formado por 26.500 homens invadia Portugal, saindo de Badajoz. Tendo atingido a Alcácer do Sal, é obrigado a retornar à Espanha, cujo rei insiste em recuperar a coroa portuguesa. Dá-se, então, a Batalha do Ameixial, em 8 de junho de 1663, a 5 km de Extremoz.

---

[500] "Las primeras noticias del levantamento de Lisboa, dadas por um Padre Jesuíta" – IN; Cartas de Algunos PP..., M.H.E., t.16, págs. 82, 90 y 96, Apud Diaz-Plaja, op. cit. P. 184-5. Em 1641 ocorre o malogro de uma conspiração para que Felipe IV retome Portugal. Em 1643, a debilidade militar espanhola dos últimos anos é confirmada na derrota de Rocroi ante os franceses. No mesmo ano, Felipe IV oferece a paz ao Príncipe de Orange. Retira-se o maior inimigo, Olivares. Em 1644 o rei espanhol oferece o perdão aos catalães sublevados reconhecendo os seus direitos e liberdades, coincidindo oportunamente com o mal-estar catalão ante o comportamento dos aliados franceses apoiados expressamente por seus deputados em Paris. Diaz-Plaja, op. cit. p. 184-5, p. 190-216.

[501] D. João IV morre em novembro de 1656, tendo confiado em testamento a regência do Reino a D. Luísa de Gusmão. Embora espanhola por nascimento, da região da Andaluzia, D. Luísa desde logo abraçou a causa do seu marido, tendo servido eficazmente a Restauração antes e depois da morte de D. João IV, procurando assegurar a independência de Portugal e a sobrevivência da Dinastia.

[502] Guerra da Restauração-Blog de História Militar dedicado à Guerra da Restauração ou da Aclamação, 1641-1668 Disponível em: https://guerradarestauracao.wordpress.com/2009/01/14/batalha-das-linhas-de-elvas-14-de-janeiro-de-1659/ Acesso em 1.10.2015.

O reino luso sai vitorioso. Terminada a guerra com os franceses em diversas frentes, os espanhóis podiam agora concentrar-se em Portugal, reunir forças e material para uma ofensiva de grande envergadura, para alcançar a vitória definitiva.

Felipe IV mandou vir da Flandres o marquês de Caracena, que reuniu as tropas mantidas na Europa Continental – Flandres, Estados Italianos, Alemanha, Suíça e tropas que haviam combatido as forças francesas.

Em junho de 1665, o marquês de Caracena, comandando um poderoso exército, partiu de Badajoz e, no dia 9, Borba caía em seu poder. Investiu sobre Vila Viçosa, mas o desejo de tomá-la de assalto malogrou. O exército português reunido em Extremoz pôs-se em marcha no dia 17 daquele mês, em defesa da praça sitiada.

Os dois exércitos se enfrentaram na planície situada entre as serras da Vigária e da Ossa. Depois de muita luta e muitas perdas em que a vitória ora era dos portugueses ora do adversário, o exército espanhol se pôs em fuga desordenada, abandonando milhares de prisioneiros, marcando a derrota espanhola na Batalha de Montes Claros. No dia 17 de setembro daquele ano (1665), morria Felipe IV. No plano internacional, esses eventos acentuaram o propósito da França e da Inglaterra quanto a estabelecerem um tratado de paz entre Portugal e Espanha.

O espírito belicoso de Felipe IV

Sobre o governo de Felipe IV, Fernando Diaz-Plaja em seu livro *História de Espanha em sus documentos (Siglo XVII)* fornece outras importantes informações fidedignas sobre a atuação política deste nobre, muitas vezes inglória.

Em 1626, Felipe IV viaja a Saragoça e corrige habilmente uma determinação de seu avô Felipe II, extinguindo os privilégios dos aragoneses.

Em 1629, denunciando a natureza belicosa do rei, Gonzalo Fernández de Córdoba lamenta com seu irmão Fernando que "Sua Majestade quer que haja guerra a todo mundo sem gente e sem dinheiro". Desanimado, confessa: "eu penso retirar-me deste lugar e abandonar as coisas do governo, de sorte que obrigue S. M. a enviar quem cuide delas ainda que me aventure a que me arranque a cabeça [...] porque veja a S. M. e o conde duque com grandes resoluções de guerra dão ordens como se houvesse aqui um exército de cinquenta mil homens bem assistidos, apesar de avisar tantas vezes que aqui tenho um exíguo exército de má qualidade, morrendo de fome. Cada ordem de sua majestade é impraticável, quer declarar guerra a todo mundo sem gente e sem dinheiro, quer que eu conquiste o duque de Saboya, sem assisti-lo como é mister, valendo-me somente de boas palavras e outros meios, e chego a perder o senso cada vez que a leio. [...] Neste estado não há forma de obter um real e não pensem que com enviar ordem para vender juros se conseguirá dinheiro, porque não há quem queira investir dessa maneira, ainda que seja com todos quantos partidos lhe puderem oferecer. [...] Vos me escrevestes que a assistência de dinheiro do duque de Saboya, como disse o conde duque, ocorreria por outra conta. O Rei me escreve o contrário, dizendo que há de correr pela minha mão, de sorte, senhor, que esta confusão e estas faltas ¿como se han de suplir acá o qué efectos pueden causar sino malos sucesos y pérdidas de estados? [...] [503]

Internamente, em 1632, na luta entre pecuaristas e agricultores, estes vencem porque os primeiros, tendo perdido a Mesta (poderosa organização antiga de pecuaristas), perdem parte de sua força. O sistema vigente prejudicou grandemente a pecuária, ficando mantidas as tradições gremiais.

Enquanto isso, com o olhar voltado para a política externa, Olivares propõe a total unificação da Espanha, ao estilo da França, pela qual o poder político e econômico do rei seria ampliado (passados quatro séculos, o reino Espanhol, sob o atual rei Felipe VI, enfrenta as lutas separatistas da Catalunha e dos Bascos).

Naquele ano (1632), Hízolo, o Senhor Marquês de Espíndola, general genovês a serviço da Espanha, toma dos holandeses a cidade de Breda.[504] O embaixador veneziano em Madri destaca o perigo que representa a França para a Espanha e a obsessão de Olivares por Richelieu: "O potentíssimo reino de França sempre teve inveja do rei da Espanha. Agora que está unido sob a obediência do rei como nunca esteve, agora que Sua Majestade Cristianíssima se vale de um ministro de grande valor e experiência [...] nada amigo dos espanhóis [...] resulta muito maior a desconfiança, e a emulação de antes se converteu em ódio entre os ministros, que de uma e outra parte exercem o primeiro lugar nos respectivos governos. O conde

[503] "Como suprir aqui ou que efeitos podem causar senão maus sucessos e perda de estados/". S./f.,C.D.I.H.E.,t. 54, págs.450yss. Apud Diaz-Plaja, Fernando. *Historia de España en sus documentos* — Siglo XVI. Madri: Catedra, 1987 p. 128.
[504] Diaz-Plaja, op. cit., p. 115-17.

(Olivares) não pode submeter-se ao cardeal Richelieu e lhe parece que eliminando este ministro a França teria assegurados os interesses de seu rei [...] ..." [505]

Em 1634 o cardeal Infante Don Carlos, irmão de Felipe IV, parte da Itália com um exército hispano-napolitano e vence os suecos em Nordlingen. No ano seguinte, Luís XIII, rei da França, explica os motivos de sua declaração de guerra à Espanha que "pretende oprimir abertamente os príncipes aliados desta Coroa", sendo esta argumentação contestada ponto a ponto pelo escritor Saavedra Fajardo.[506]

Em 1635 o aumento de impostos amplia a impopularidade de Felipe IV, enquanto ocorre uma agitação em Lisboa. A infanta Margarita (ou Margarida), que governa em nome da Espanha, ofende os nobres portugueses: "De Portugal disseram que a primeira vez que a Infanta se reuniu com o Conselho de Estado chamou de 'vos' aos Ouvidores. Isto ocorreu no dia 2 de janeiro daquele ano e em 1º de abril um padre da Companhia (de Jesus) escreve que "os cavalheiros e títulos de Portugal estão muito ressentidos de que a senhora duquesa de Mantua não os trate com as devidas cortesias [...][507]

As desavenças entre a França e a Espanha prosseguem. Partindo de Flandres, o Cardeal Infante entra na França e vence em la Chapelle e Cobie. A polêmica hispano-francesa busca a razão de cada qual em tal contenda. Assim, a França contra-ataca em Flandres. A melhor organização militar e econômica da França lhe outorga o domínio da situação sitiando Fuenterrabia, mas se retira fustigada pelo socorro hispânico. O conde-duque acusa os franceses de "belicosos" em um discurso proferido nas Cortes del Buen Retiro, em 17 de janeiro de 1639. Em 27 de junho Madri declara algumas desvantagens em Flandres e resistência da frota francesa em La Corona. Foi anunciado, dentre outros fatos, que o marquês de Leganés havia se apoderado da Plaza de Trin em Monferrato, causando a morte de dez mil franceses, muitos feridos e a perda de oitocentos cavalos.

Sentindo as ameaças acenadas pelos malogros bélicos do reino, em prosa e em verso os intelectuais se queixam do estado decadente de Espanha. Usando a arma de que dispõem, promovem uma ofensiva poética que culmina em um memorial que, conforme dizem, Felipe IV encontrou

---

[505] Mocenigo, Alvise. Relacione di...Spagna t.l, pág. 673, apud Diáz-Plaja, op, cit., p.132

[506] Ver: Diáz-Plaja, op, cit., p. 143-156.

[507] Cart*as de algunos* PP...M.H.E., t. 13, págs 124y155, apud Diaz-Plaja, op. cit., p. 156.

sob a toalha da mesa. O poeta barroco Quevedo (1580-1645), conforme atribuição dos críticos, escreve o MEMORIAL

> *A su Magestad el Rey Don Felipe IV*
> "[...] A cem reis juntos nunca foi tributado
> Espanha as somas como a de vosso reinado.
> E o povo enfermo começa a recear
> que lhe cobrem tributo sobre o respirar.
> Ainda que o céu frutos imensos lhe envia
> lhe infama de estéril nossa carestia.
> Vede que os pobretes, sós e escondidos,
> em silêncio os invocam com mil alaridos.
> Um ministro em paz se come em vantagens
> mas que em guerra podem gastar dez linhagens.
> Porém, já que há gastos em Itália e Flandes,
> cessem os de casa supérfluos e grandes
> e não com o sangue de mil de meus filhos
> abundem estanques para regozijo.
> Praças de madeira custaram milhões,
> Tirando dos templos vigas e tabuões.
> Crescem os palácios, cem em cada cerro,
> e o grande Santo Isidro, nem ermida nem enterro.
> Ele que pela guerra pretende pujança
> com sangue inimigo a escreve em sua lança.
> Do mérito próprio sai o resplendor
> e não da tinta do adulador..."[508]

No mesmo ano de 1639 ocorre a derrota espanhola em Dunas, na Inglaterra, ou, com mais propriedade, «batalla del fondeadero de los Downes» anunciada ao rei pelo marquês de Valparaíso. Referindo-se a essa batalha, Quevedo observava que «Primero nos faltarán lagrimas que causas de llorar» (primeiro nos faltarão lágrimas do que causas para chorar.[509]

Consta, ainda, a revolução catalã, cujos vassalos pedem ao rei que detenha as tropas e acusam Olivares, emissário de funestas informações (tan-

[508] IN: http://hispanoteca.eu/Literatura espa%C3%B1ola/Siglo XVII-Barroco/ Francisco de Quevedo y Villegas -Texto Acesso em 06.10.2015. Tradução da autora.

[509] Oliveira, António de — Universidade de Coimbra IN: http://ler.letras.up.pt/ uploads/ficheiros/7662.pdf — acesso em 06 de outubro de 2015.

to quanto Don Jerónimo de Villanueva, promontório do rei) "que sempre foram mal afeitos a esta província, dando causa a V.M. de menosprezar estes fiéis e de aprovar o que se disse." Essa desavença interna favoreceu a aliança do rei da França, Luís XIII, com os catalães sublevados, em que se sobressaiu Richelieu no Tratado de Aliança e irmandade.

Depois do já citado malogro de uma conspiração para que Felipe IV retomasse Portugal, em 1641, dois anos depois, a debilidade militar espanhola dos últimos anos é confirmada na derrota de Rocroi ante os franceses. No mesmo ano Felipe IV oferece a paz ao Príncipe de Orange. Retira-se o maior inimigo, Olivares. Em 1644 o rei espanhol oferece o perdão aos catalães sublevados reconhecendo os seus direitos e liberdades, coincidindo oportunamente com o mal-estar catalão ante o comportamento dos aliados franceses apoiados expressamente por seus deputados em Paris.

A extinção de uma linhagem

Felipe IV faleceu em Madrid, no Palácio Real, a 17 de setembro de 1665 e jaz no Escorial. Seu sucessor, Carlos II, nascido em Madrid a 6 de novembro de 1661, morreu no dia primeiro de novembro de 1700, sem descendência, sendo o último rei Habsburgo de Espanha. "Carlos II da Espanha governava um império que ia do México às Filipinas, de Madri à Itália e aos Países Baixos. Só aprendeu a falar aos quatro anos de idade e a andar, apenas aos oito. Além da miastenia (fraqueza muscular), tinha constantes vômitos, diarreias, edemas (inchaços), ejaculação precoce e impotência. Não por acaso, Carlos II não deixou herdeiros e foi o último membro de sua dinastia, os Habsburgos da Espanha."[510]

Tinha a aparência de um ancião com apenas 39 anos. Seus problemas de saúde eram tantos que o rei ganhou o apelido de "el Hechizado" ("o Zicado", em tradução livre, ou "enfeitiçado"). Sem conhecimento nenhum de genética, o povo e os nobres da Espanha atribuíam a péssima condição mental e física do rei à influência de bruxas e demônios.[511] Tanta glória, tanto poder, se resumiu num herdeiro de tudo: dos países e das conquistas de territórios e suas riquezas e das consequências genéticas dos "casamen-

[510] Conforme: Casamento entre parentes extinguiu linhagem de reis europeus. http://www.ufcg.edu.br/prt_ufcg/assessoria_imprensa/mostra_noticia.php?codigo=8654 – acesso em 13 de outubro de 2015.

[511] Idem.

tos cruzados"[512] que, no transcurso de muitos séculos, foram devorando geneticamente, de geração em geração, de Carlos V a seus sucessores Felipes, até culminar com a total incapacidade desse rei infeliz. Carlos II, por tudo isso e como se fosse culpado, pôs a perder a herança de sua ancestral Juana, *a louca*, filha dos Reis Católicos.

Quanto à Inquisição e ao Islã, Bernard Vincent apresenta uma pesquisa que leva a deduzir que durante o reinado de Felipe IV os tribunais espanhóis permaneceram atentos aos mouros. "É curioso notar que os processos por maometanismo após 1610 representam de 15 a 30% do conjunto de atos julgados pelos tribunais fronteiriços, como se existisse uma entrada de vigilância; os 188 processos valencianos constituem 16,7% do total entre 1616 e 1700; [...] os 373 processos granadinos, 19,8% entre 1600 e 1700; [...]" [513]

O autor se estende em estatísticas, acompanhando as práticas da Inquisição em cada região da Península, demonstrando que, apesar de tudo o que relatamos sobre reinados dos herdeiros de Felipe II, a Inquisição permaneceu alerta, devorando de qualquer forma os defensores de Maomé após a última devassa, em 1609. Contudo, suas cifras demonstram que o Islã não aparece como o principal foco dos inquisidores ou a quantidade de defensores de Maomé estava mesmo reduzida.

[512] Ver: Sá, Isabel dos Guimarães. Coisas de princesas: casamentos, dotes, enxovais na família real portuguesa (1480-1580), Coimbra: Centro de História da Sociedade e da Cultura. Universidade de Coimbra. In: *Revista de História da Sociedade e da Cultura*. Tomo I, 2010, 97-120.

[513] Vincent, Bernard. L'Inquisition et l'Islã. In: Barreto, Luís Felipe et alii. *Inquisição Portuguesa — Tempo, Razão e Circunstância*. Lisboa — São Paulo: Prefácio, 2007, p. 609-10.

SEXTA PARTE
O Passado Explica a Intolerância

Nosso retorno ao passado tenta provar que a História foi sendo produzida em face do desejo de expansão, dominação a qualquer preço, inclusve econômica, entrelaçamento de costumes e de suas leis. Dentro dos contornos do Ocidente encontramos, no alvorecer da Idade Moderna e nos raios projetados pelo Renascimento sobre os primeiros séculos desta Era, o terror disseminado em nome do expansionismo e da fé católica, justificado pela necessidade de defender espaços conquistados e, dentro deles, a fé e os dogmas que deveriam ser impostos aos *infiéis*. O mesmo fizeram os Reformismas, que não são objeto desta pesquisa.

A verdade há muito tempo não resultava de "pensar o pensar", mas da imposição de uma autoridade, ficando proibido pensar por conta própria. O judaísmo se tornara a raiz das outras duas crenças abrâmicas que passaram a dominar o pensamento e a indicar o caminho da salvação com as suas verdades. Estava implantada, então, a lei que privilegia o mais forte.

O advento da Idade Média encontrou a proposta de comunidade apresentada por Jesus, sendo suplantada por uma nova ordem social. Apesar da ideia negativa que se tem da Idade Média, ela evoluía rapidamente, e o modelo de partilha econômica já estava superado por uma estrutura organizada em forma de pirâmide, da qual emanava um sistema que ditava o pensamento que deveria reger a humanidade como um todo. Surgia, então, o proselitismo, com o objetivo de ampliar a legião de cristãos apascentados sob o manto do regente dessa orquestra, o papa que, *felizmente*, conforme Maquiavel, depois de eleito, tinha sobrevida que dificilmente ultrapassaria os dez anos seguintes.

Na sequência de tal evolução, chegamos à Ibéria, no extertor dessa Era, quando o Estado, a religião e o poder temporal estavam intrinsecamente ligados. Vivia-se a política expansionista dos países ibéricos, instabilidade econômica, tentativa de dominação dos súditos por meio da religião, que só foi possível com a instituição da *Santa Inquisição*. Trata-se, portanto, de um longo e singular período da história do Ocidente, destacado das demais fases num período de transição por excelência.

Em contrapartida, embora a conquista da Península Ibérica, pelo Islã, tivesse custado aos seus fiéis as agruras relatadas neste trabalho, ainda assim não podemos afirmar que o ideal expansionista dos muçulmanos tenha malogrado no Ocidente. O atual número de muçulmanos (1,9 bilhão) corrobora nossas hipóteses.

No seu apogeu, o Islã espanhol ofereceu ao mundo um insólito espetáculo. Os muçulmanos enriqueceram a vida da península nos seus múltiplos domínios. Na agricultura, eles introduziram a ciência da irrigação e muitos novos produtos, incluindo legumes, algodão, cana-de-açúcar e as técnicas de seu cultivo, que foram exportados para as ilhas do Atlântico e finalmente ao Novo Mundo. As mudanças e as melhorias foram largamente responsáveis pela prosperidade agrícola da Espanha sob os governos árabes, que desenvolveram nela vários processos industriais, como os de tecido, cerâmica, papel e refino de açúcar. Abriram importantes minas de ouro, prata e outros metais. A lã e a seda foram trabalhadas em Córdoba, Málaga e Almeria; a cerâmica em Málaga e em Valência; as armas em Córdoba e em Toledo; o couro em Córdoba; a tapeçaria em Beza e Calcena; o papel em Jativa e Valência. Como em qualquer outro lugar no mundo islâmico, a manufatura dos tecidos era a indústria principal.

A Espanha Muçulmana mantinha um ativo comércio com o Oriente. As frotas baseadas nos portos de Andaluzia transportavam mercadores de todo Mediterrâneo. Os principais mercados se encontravam ao Norte da África, sobretudo no Egito, e em Constantinopla onde os mercadores bizantinos compravam os produtos espanhóis para revendê-los na Índia e na Ásia Central. As numerosas palavras de origem árabe conservadas na agricultura e no artesanato testemunham a força e a influência islâmica. Na própria política, os numerosos termos árabes ainda utilizados na administração local espanhola e portuguesa - assim como no vocabulário militar - ilustram a persistência de uma tradição intelectual e o enriquecimento vocabular. O rei cristão do século XIV que restaurou o Alcazar em Sevilha fez comemorar sua obra por uma inscrição em árabe: "Glória a nosso Senhor, o Sultão D. Pedro." As moedas do tempo da reconquista conservaram o modelo árabe muçulmano, por muito tempo.

O Islã espanhol evoluiu embasado na tradição árabe muçulmana clássica, apesar de seu distanciamento e de suas características propriamente locais. Até mesmo a herança grega atingiu os muçulmanos espanhóis por intermédio de livros traduzidos e importados dos centros orientais, notadamente durante o reinado de Abd al-Rahman II. Porém, é preciso registrar que "Jesus, descendente de judeus, cresceu numa comunidade judaica dominada politicamente pelos romanos e viveu em contato com traços culturais gregos." Conhecendo tal contexto, é possível compreender a influência das culturas grega e latina na prática e na doutrina em que se baseou o cristianismo primitivo, estudado e defendido pelo brilhante religioso e professor doutor Vanderlei Gianastácio.

O Islã chegou depois, e a justaposição de estilos e tradições caracterizou de forma inusitada a poesia lírica dos muçulmanos espanhóis; com algumas características da primeira poesia cristã da Espanha, a nova forma de expressão influenciou as demais literaturas da Europa Ocidental.

Contudo, as criações mais originais e mais marcantes do Islã espanhol foram talvez a arte e a arquitetura. A partir dos modelos bizantinos e islâmicos do Oriente Médio, elas evoluíram sob a influência do país em direção a novas e originais criações. A famosa mesquita de Córdoba, iniciada sob o reinado de Abd al-Rahman I, marca o ponto de partida desse novo estilo hispano-mourisco, produzido pelos mestres-de-obras como a torre da Giralda e de Alcazar, em Sevilha, ou Alhambra em Granada.

Os numerosos vocábulos relativos à vida material na Espanha implicam o domínio econômico, social e, particularmente, político. A herança islâmica, em matéria de cultura, deve ser igualmente apreciada por seu justo e grande valor, mais ainda na Espanha do que no resto da Europa Ocidental. Cristãos de vários países dirigiram-se à Espanha muçulmana a fim de estudar a cultura, orientados por mestres muçulmanos e judeus arabófonos. Estudos dos quais resultou a tradução de inúmeras obras árabes para o latim.

O primeiro grande centro de divulgação da cultura no Ocidente foi a cidade de Toledo, reconquistada em 1085. Muitos sábios muçulmanos que conseguiram permanecer na região deram refúgio a inúmeros judeus procedentes da região sul, onde eram vítimas da fanática intolerância dos almôades; tal acolhida garantia estada temporária na atmosfera provisoriamente mais liberal da Toledo cristã.

Nos séculos XII e XIII, especialmente sob o reinado de Alfonso X, o Sábio, Rei de Leon e de Castela, foi recolhido um imenso *corpus* de obras antigas, compreendendo entre outras o Organon de Aristóteles e a maior parte dos escritos de Euclides, Ptolomeu, Galiano e Hipócrates, enriquecido pelos comentários de críticos muçulmanos de origem árabe. Os tradutores espanhóis e estrangeiros trabalhavam habitualmente com os sábios bilíngues locais, dentre eles muitos judeus, sendo alguns deles convertidos.

O legado andaluz, mesmo assim, é incompleto. Ele constitui apenas uma pequena porção da vasta literatura que desapareceu com o passar do tempo, ou devido a ações destrutivas de fanáticos como o cardeal Jimenez de Cisneros, ou Almanzor, biblioclastas que tentaram negar à memória das gerações seguintes a herança de Maomé. E hoje o catolicismo, que tanto lutou pela hegemonia da fé católica sobre o judaísmo, o Islã, a bruxaria, a feitiçaria e a fé defendida pela Reforma, convive pacificamente com todos os demais credos religiosos; além disso, está perdendo fiéis para a Igreja de Jesus dos Santos dos Últimos Dias, os mórmons - cuja igreja, no Brasil, contava em 2007, 880.000 membros, 26 missões e 5.000 missionários para as recentes crenças dita s evangélicas e para o próprio Islã, principalmente no Brasil.

Além disso, em se tratando do homem, constatamos que ele é sempre o mesmo; só mudam as armas, as táticas e o alvo. E os interesses, conforme vimos na parte que encerra esta pesquisa. Quando as duas crenças estavam devidamente reconhecidas e os pregadores do catolicismo haviam alcançado seus objetivos quanto a levar sua fé até os confins de suas colônias, o sucesso do empreendimento marítimo criou nova forma de conquistas por meio da força bruta e da escravização e ambas as crenças continuaram sendo a força motriz de seus responsáveis. O Mediterrâneo e o Atlântico passaram a ser o cenário de novas lutas, de novas conquistas.

Assim, este trabalho, que tem como início de sua trajetória a terra firme, termina recolhendo da água os escravizados, vítimas de um complicado sistema de dominação e entregues à *Santa Inquisição*, a instituição que complementou os anseios de Constantino (272-337d.C.), imperador romano e filho de Santa Helena que, após sua presumida conversão, pretendeu cristianizar o mundo para salvá-lo. Frente aos deuses pagãos, o cristianismo, que continuava sendo uma seita minoritária naquela época (sec. IV) era uma religião de vanguarda, distinta de tudo o que era conhecido até então. Constantino ajudou os cristãos a estabelecer sua Igreja, uma rede de bispados tecida sobre o imenso Império Romano. Pouco a pouco, com amabilidade, ou não, as multidões pagãs criaram o seu próprio cristianismo, produzindo a incrível conversão de mais de cem milhões de pessoas.

Dez séculos depois, Tomás de Torquemada (possivelmente de origem judaica) deu nova configuração ao modo de proceder para manter os fiéis no "cabresto" da Igreja e também os *infiéis* ou dissidentes. Assim, o artífice de controvertidas decisões que o transformaram num dos personagens mais odiados da História, como a expulsão de muçulmanos e judeus em 1492, o religioso de profunda erudição e austera vida se erigiu Inquisidor Geral nos anos de esplendor do Reis Católicos, fazendo frente a não poucos adversários, entre eles a própria Santa Sé. Torquemada provou que a Inquisição era o braço armado para controlar as ideias.

No aspecto político e econômico, a dinastia Habsburgo ou Filipina, iniciada com Dom Carlos V, sob Felipe II, dentre seus feitos, aproveitou a oportunidade criada pela crise sucessória após a morte de Dom Sebatião e se apoderou da coroa portuguesa em 1580. Esse monarca consolidou o império espanhol e, sendo aparentado à casa portuguesa, jurou preservar a autonomia portuguesa, que os livros de História garantem que fez. N'*O*

Brasil Felipino o rei espanhol disfarçava, mas mandava: "*Os documentos eram assinados por Felipe II e depois copiados em Portugal*". Apesar de todo empenho, os herdeiros da coroa Felipe III e Felipe IV abandonaram a dita preocupação, e a negligência, além da ocupação holandesa, facultaram condições favoráveis para a restauração da coroa portuguesa, em 1640.

Consta que, prevendo o desastre, Felipe II tenha lamentado ao não perceber em seu filho Felipe III o potencial necessário para dar continuidade ao governo daquele vasto e poderoso império. Felipe IV, segundo os cronistas, pela vida devassa e incompatibilidade com o cargo e com as obrigações de monarca, apagou o esplendor do poder espanhol e a glória dos Habsburgos.

Na época da restauração da coroa portuguesa, os muçulmanos já haviam consolidado a sua fé em nome de Alá (*bismillah*) e, tanto quanto os cristãos, eram senhores dos mares, dominavam grandes extensões da África, do Oriente Médio, da Ásia. As mesquitas, pelo seu *muezin*, ecoava pelos ares, em terra e mar, cinco vezes por dia, a chamada para as orações: *Allahu akbar!* ... E os cristãos, por sua vez, duvidam que *Deus é maior* depois de suas conquistas pela África, Ásia e América?

Por tudo isso, consideramos que a Espanha cristã pagou um alto preço por haver negado o componente judeu e muçulmano de sua identidade cultural, para se tornar parte integrante da Europa, pois, como vimos neste trabalho, durante muito tempo e por questões políticas e culturais, a Península Ibérica se manteve à margem do Velho Continente.

Caminhando até o século XX, vemos que, desde a morte de Franco, em 1975, a liberdade de culto se estabeleceu gradualmente na Espanha. Atualmente, existem uns 40 milhões de muçulmanos na Europa, onde convivem também cerca de 1.5 milhões de judeus. O mundo atual, sendo multiétnico, multirreligioso, cada vez mais interconectado, está a exigir a redação de uma nova versão da história europeia, mais ajustada à realidade, considerando os êxitos e as aflições dos judeus e dos muçulmanos europeus. Judeus e muçulmanos têm em comum muito mais do que se supõe. As experiências, os prejuízos e as perseguições são apenas uma parte da questão. Suas crenças, rituais e valores culturais poderiam gerar um melhor entendimento entre os fieis das três religiões abraâmicas.

Este trabalho não esgota o tema, até porque abrange tempo e espaço muito extensos, deixando para trás muitas lacunas abertas para novas pesquisas. Mas esperamos ter contribuído para uma reflexão sobre o poder a que as autoridades se atribuem, apelando para argumentos, sejam eles quais forem, para dominar súditos, fiéis e até toda a humanidade, fazendo crer que ali está a salvação, a garantia de dias melhores na terra ou no paraíso. Cada época se apresenta de forma compatível com seus objetivos e necessidades. O passado exige boa-vontade.

Quatro séculos depois, ao estudar outras eras, é possível compreender causas de conflitos em países em que predomina o Islã, mediados pelo Ocidente. No passado recente, após a queda do muro de Berlim (1989), os Estados Unidos da América declararam guerra ao Iraque em 1990. No ano de 2003, os Estados Unidos ocuparam o território iraquiano sob a alegação de que o presidente Saddam Hussein mantinha um arsenal de armas químicas que ameaçavam a paz mundial. Mesmo não provando a existência do arsenal bélico iraquiano, o governo norte-americano conseguiu promover o julgamento e a posterior condenação do ditador Saddam Hussein. Morto o líder, os conflitos na região foram se ampliando.

Em 2003 teve início na Tunísia o movimento muçulmano conhecido como Primavera Árabe. Naquele ano, um jovem tunisiano, revoltado com a sua situação financeira, ateou fogo no próprio corpo, como forma de protesto. As manifestações se espalharam pelo país e, dez dias depois, o povo destituía o presidente Zeni El Abdine Ben Ali, instalado no poder desde novembro de 1987. A onda de protestos criou força e em janeiro de 2011 varreu alguns países do norte da África e do Oriente Médio, sendo a Tunísia o único bom exemplo em meio a um cenário de caos. Em 2015, o Quarteto de Diálogo Nacional da Tunísia[514] recebeu o Prêmio Nobel da Paz, como um reconhecimento pelo esforço do grupo para estabilizar o país.

Após o sucesso dos tunisianos, os egípcios foram às ruas, exigindo a saída do presidente Hosni Mubarak, acusando-o de ditador, aparentemente por estar no poder há 30 anos. A maior parte das manifestações se deram na Praça Tahrir (ou Praça da Libertação, no Cairo, capital do Egito). Mubarak renunciou ao poder 18 dias após o início das manifestações. Em ambos os países, protestos foram marcados por intensa violência, adotados tanto pelo povo nas ruas quanto pelas forças aliadas aos presidentes.

A Líbia também fez parte da Primavera Árabe. Muamar Kadaffi, presidente por 42 anos, foi derrubado do poder após uma longa guerra civil com duração de 8 meses.

O recente conflito na Síria inspirou cuidados, já que envolvia diferentes interlocutores. Os Estados Unidos e a oposição síria acusavam o go-

[514] O Quarteto para o Diálogo Nacional da Tunísia é um grupo de quatro organizações tunisinas que se reuniram para estabelecer as bases de uma democracia pluralista na Tunísia, no seguimento da Revolução de Jasmim de 2011.

verno de Bashar Al Assad de atacar, com armas químicas, uma comunidade localizada perto de Damasco, capital do país, em agosto de 2013. A partir dessa data, a guerra civil adquiriu proporções incontroláveis, uma vez que a crescente formação de grupos islâmicos ortodoxos espalhou o terror entre a população civil, causando danos indescritíveis. O mesmo ocorreu no Iraque entre facções muçulmanas, respingando consequências nefastas em poderosos países Ocidentais, como o prenúncio do terceiro grande conflito mundial. Felizmente, depois de muita destruição e muitas perdas, as brasas desses conflitos cochilam sob escombros.

Os conflitos parecem intermináveis e vem à memória a humanidade assistindo atônita a antagonismos com muçulmanos, entre muçulmanos xiitas e sunitas, entre todos eles, o Hamas e Israel na Faixa de Gaza, os aliados do presidente sírio e os não aliados, acionando os clarões de bombas incediárias que invadem a geografia do entorno do Oriente Médio, carregando consigo dor, desamparo e ameaças. Depois de acuada pelas bordas desérticas ou molhadas do país, uma legião de naturais despossuídos e embarcados perigosamente buscou refúgio e passou a desviver e esperar o devir. Parece que o governo sírio triunfou, que as chamas se apagaram e a roda da fortuna sinaliza uma sorte arbitrária. Restou a imagem de uma criança excluída e acariciada pelas ondas de um mar desconhecido. Conforme o costume, marcou a sua desdita na poesia que adormeceu naquele quadro cadenciado pelo mar que o lambia. Apesar de tudo isso, neste ano de 2024, o Oriente Médio assiste a mais uma sangrenta luta entre Israel e o Hamas, cujo calor já se propaga no entorno.

O passado oferece luzes para iluminar o caminho que poderá levar ao convívio pacífico no presente. O passado explica a intolerância religiosa, social, cultural [...], explica os efeitos nefastos do nefasto Poder sobre o homem. O passado não é apenas História, é lição de vida para a adoção da indulgência entre os povos. Haja vista os europeus, senão o mundo todo, sempre a indagar se *hay moros en la costa.*

....

Fora do lodaçal sangrento contido nas cinco partes desta pesquisa, vimos por bem arremar com um pouco de arte e esperança. O Cenário é o Marrocos.

"Religião em uníssono"

Em 30 de março de 2019, um sábado em Rabat, a Orquestra Filarmônica do Marrocos (OPM) realizou um arranjo especial. Representantes das três religiões monoteístas comunicavam-se em coros ante o rei Maomé VI e o papa Francisco.

O muezzin Smahi El Hadni pronunciou o chamado à oração muçulmana ("Allahu Akbar"), acompanhado por Françoise Atlan, que cantou a oração judaica ("Adonai") e depois juntou-se a Caroline Casadesus, filha de Jean-Claude Casadesus, que intercedeu com a "Ave Maria" de Caccini. Eles arremataram o concerto de mãos dadas.[515]

[515] Há cinco anos, Facebook: Driss Salalamimi-30 de março de 2019. https://www.facebook.com/prince.driss.salmi1st/

GLOSSÁRIO E BIOBIBLIOGRAFIA

A trajetória do Islã
Da Arábia de Maomé
ao fim do Império Otomano

610 – O profeta Maomé recebe as primeiras revelações do Corão em Meca.
622 – O profeta migra para Medina, dando início ao calendário muçulmano.
630 – Conquista de Meca por Maomé e seguidores seus.
632 – Morte do profeta. Início do califado de Abu Bakr.
634 – Início da expansão islâmica, com a conquista do Iraque, da Síria e do Egito.
638 – Os muçulmanos conquistam Jerusalém.
641 – Omar é assassinado e Uthmar é escolhido como novo califa (chefe político da comunidade muçulmana).
656 – Uthmar é assassinado e Ali se torna califa. Início da guerra civil entre os islâmicos.
661 – Assassinato de Ali e fundação do Califado Omíada. Muçulmanos se dividem entre xiitas (seguidores de Ali) e sunitas (que se submetem ao Califado).
711 – Muçulmanos cruzam o Estreito de Gibraltar e ocupam a Península Ibérica.
714 – Lisboa é tomada pelos muçulmanos, que dominam a cidade até 1147.
732 – Cristãos detêm o avanço muçulmano na Batalha de Poitiers, na França.
762 – Abássidas fundam Bagdá, que se torna a capital do seu califado.
786-809 – Califado de Harun Al Hashid assinala o apogeu do poder abássida.
1085 – Toledo, na Espanha, é retomada pelos cristãos.
1099 – A primeira cruzada culmina com a tomada de Jerusalém pelos cristãos.

1187 – Muçulmanos chefiados por Saladino recuperam Jerusalém.
1389 – Otomanos conquistam os Balcãs ao derrotar os sérvios na batalha do Kossovo.
1453 – Tomada de Constantinopla pelos otomanos, que mudam seu nome para Istambul.
1492 – Rendição de Granada põe fim à presença muçulmana (teoricamente) na Península Ibérica.
1609 – O rei espanhol Felipe III promove a expulsão geral dos muçulmanos do território espanhol.

GLOSSÁRIO

Abbasi: abássida, segunda dinastia califal (750-1258);
Abd: escravo. Tem muitos nomes muçulmanos, como Abdullah, "escravo de Deus"; abu (forma patronímica) pai de;
Aiatolá ou ayatollah: "sinal de Deus"; no xiismo iraniano, título dos mais altos mujtahids (turco; sing.:ayn) notáveis no fim do Império Otomano, as elites políticas locais;
**bait*: casa;
**dar*: casa, reino;
**din*: fé;
dar ul-Islam: "a casa do Islã" - os territórios controlados pelos muçulmanos. Opõe-se a dar ul-barb, casa de guerra;
dawla: dinastia - no sentido ocidental do termo;
fatimidas: dinastia ismailita controlando a Tunísia e o Egito (909-1171);
hadith: (pl.ahadith) notícia: tradição sobre atos ou falas de Maomé;
hajj: peregrinação a Meca; quem a completa ganha prestígio como hajji;
**halal:* algo permitido aos muçulmanos (como certos alimentos);
Hamas: sigla de Harakat al-Muqawwama al-Islamiyya, Movimento Islâmico de Resistência, partido islamista palestino;
haram: proibido ou separado; santuário, no sentido religioso. Daí também os quartos não-públicos reservados às mulheres, o **harém:* quem está num grau de consanguinidade que exclui o casamento é mahra;
Hezbollah: o Partido de Deus, partido fundamentalista libanês xiita;

**hijab*:* "tela" ou "cortina", véu que cobre os cabelos, usado por muçulmanas ortodoxas;
hijra: *hégira;* "migração", a fuga de Maomé de Meca para Medina em 622, começo do calendário islâmico;
ibaditas: caridjitas moderados, hoje no Omã e no Saara argelino;
Ibn/bin/banu: filho de;
**ijtihad:* exercício disciplinado da razão;
**ijma:* consenso dos representantes da umma, considerado imprescindível como base de decisões religiosas;
Imam: imã - (1) quem está na frente, líder da congregação na reza; (2) no xiismo, autoridade suprema legítima da umma muçulmana (corresponde ao califa no sunismo): Ali e seus sucessores, na linguagem de Maomé;
**intifada:* levante palestino;
Islã: islã; submissão à vontade de Deus;
islamiyya: islamismo, fundamentalismo muçulmano;
jahiliyya: era da ignorância, antes da revelação do Islã a Maomé;
jihad: luta a favor de Deus, aplicada tanto para busca do autocontrole quanto da islamização da sociedade e a luta armada contra os infiéis; quem participa é mujahid;
jinn: djinn, espírito sobrenatural;
ka'aba: *Caaba*, prédio quadrado em Meca que abriga a pedra negra, supostamente parte do primeiro templo a Deus;
**kafir:* infiel;
khalifa: califa; "tenente" representante do profeta após sua morte que combina as funções religiosa e política de líder da umma;
khariji (pl.khawarij) caridjitas "aqueles que saem"; grupo cismático puritano que na primeira *fitna* se separou de Ali ibn Abi Talib e, considerando-se como os únicos muçulmanos autênticos, fez o jihad contra os demais;
madina: Medina, cidade. Al-Madina é "a cidade" (antes chamada *Yarhrib, Iarreb*) onde o profeta Maomé estabeleceu a primeira comunidade muçulmana em 622;
madhhab: madrasa : escola para altos estudos islâmicos;
maghreb: poente; Magreb é a região ocidental do mundo muçulmano, constituindo-se da Tunísia, Argélia e Marrocos atuais;
**manara:* a torre da mesquita (minarete);
**masjid:* mesquita; lugar para reza comunal de muçulmanos;

**mawalis:* os novos convertidos não árabes tornam-se muçulmanos de segunda classe;
monofisistas: tendência cristã, majoritária no Oriente Médio, acreditando que Jesus Cristo tem uma natureza (monos physis), considerado como herético pela ortodoxia bizantina e pelos católicos romanos;
muadhin: muezzin, muçulmano que anuncia a hora para a reza (o adhan);
mufti: mufi? legista perito na xaria e oficialmente qualificado para enunciar regras religiosas (fatwa);
**mujtahid:* no xiismo, legistas religiosos qualificados a enunciar interpretações pessoais;
mulla: (*farsi: mollah*): pregador religioso que pertence aos ulemás;
muslin: "quem se submete"; seguidor do Islã, muçulmano;
**otomanos*: dinastia turca que reinou na Ásia Menor, o Oriente Médio e os Bálcãs (1281-1922);
qadi: cadi; juiz ou magistrado a xaria;
**gibla:* a direção da reza, voltada para a kaaba em Meca; essa direção se visualiza na mesquita por uma fresta chamada mihrab;
**al-Quds*:"a cidade santa", Jerusalém;
quraysh: a tribo do profeta Maomé, os coraixitas;
qur'an: Corão ou Al-Corão; I "recitação". O texto das revelações recebidas pelo profeta Maomé;
ramadan: ramadã, mês de jejum no calendário muçulmano;
**rashid (pl. rashidun)* "guiado no caminho certo"; diz-se dos quatro primeiros califas "ortodoxos" aceitos tanto por sunitas como por xiitas;
razzia: invasão de território inimigo ou estrangeiro em incursão rápida para saque de rebanhos, cereais, pessoas;
**riba;* usura ou juros proibidos no Islã;
* *Sayf ad Dawlah*: reino instalado em Alepo que significa "a espada do Estado";
salat: "rezas" oração em veneração a Deus, obrigatória cinco vezes ao dia;
**sayyid*: descendente do profeta através da linhagem de Ali e Hussein;
seljúcidas: dinastia turca sunita reinando na Anatólia oriental, no Irã e na Síria (1055-1194); os seljúcidas de Rum controlam Anatólia (1077-1307);
shah: (persa) título real; xá, imperador da Pérsia;
shaikh: xeique; "velho", líder de uma tribo; pessoa com autoridade (religiosa), sábio, mestre, sufi;

shari'a (turco: *šeriat*): *xaria ou charia*; "rumo para a fonte"; Código Legal Islâmico que, para os muçulmanos, estabelece as regras que governam todos os aspectos da vida;
sufi: seguidor do sufismo (tasawwuf), tendência mística no sunismo que enfatiza a imanência de Deus ao invés de Sua transcendência; possivelmente derivado de *suf*, lã, nome dado a partir das vestimentas desses místicos;
sunna: "caminho trilhado"; costumes, maneira de fazer, sancionada pela tradição e o precedente do profeta (sunnat al-nabi); ahl al-sunna: o povo da sunna, muçulmanos ortodoxos, sunitas. Albert Hourani escreve *suna* (op.cit., p.82);
sura: capítulo do Corão;
*tawhid: unidade de Deus, monoteísmo;
ulama: ou ulemás (sing. alim): "sábios" ou "preparados"; especialistas em questões religiosas ou jurídicas;
umma: comunidade, tanto de fiéis quanto no sentido nacional; o ecúmeno muçulmano universal;
ummayi: omíada; primeira das dinastias califais (661-749);
**vali ou amir*: governadores designados pelo governador de Cairuão ou pelo próprio califa;
wali: (protetor), santo sufi; curador jurídico de uma mulher ou menor;
**usul al figh*: princípios de raciocínio legal;
wazir: vizir, alto funcionário nomeado pelo sultão; "ministro";
zakat: imposto sobre o capital ou renda (em geral 2,5%) pago anualmente por muçulmanos para fins sociais ou beneficentes;
**zar:* cerimônia de exorcismo no Islã popular;
Conforme: Demant, Peter. *O mundo muçulmano.* São Paulo: Contexto, 2004, p. 389-398.(*palavras citadas por outros autores mencionados neste trabalho).

IMAGENS

Primeira Parte

Figura 1: Mapa da Antiga Arábia - Disponível em: https://upload.wikimedia.org/wikipedia/commons/thumb/1/13/Arabia_Felice_Nuova_Tavola_2.jpg/1280px-Arabia_Felice_Nuova_Tavola_2.jpg Acesso em 1º de setembro de 2015.
Figura 2: Jeddah Saudiarabien karta - Jeddah KSA karta (Västra Asien - Asien) | 1200 x 1176 · 157 KB · jpeg em: Disponível em: sv.maps-saudi-arabia.com Acesso em 05 de julho de 2022.
Figura 3: Divisão do Império após a morte de Teodósio I, d.C.: Império Romano do Ocidente; Império Romano do Oriente. http://pt.wikipedia.org/wiki/Queda_do_Imp%C3%A9rio_Romano_do_Ocidente. Acesso em 17 de dezembro de 2014.
Figura 4: A península Ibérica no início do século X.Carte storiche animate - triennio - Collezioni Zanichelli | 512 x 288 · 74 KB · jpeg 11.01.2017. collezioni.scuola.zanichelli.it Acesso em 05 de julho de 2022.

Segunda Parte

Figura 1: Espanha: Ano 560 AD.PNG O Reino Visigodo e os demais reinos. Disponível em:https://buildersofnations.fandom.com/wiki/Visigothic_Kingdom_-_501-560. Visualizado em 04 de julho de 2022.
Figura 2: Expansão do Islã. Domínio da Península Ibérica Demonstração do território ocupada pela cristandade no Oriente e no Ocidente. Fonte: McEVEDY, Colin. Átlas de História Medieval, Trad. Bernardo Jofilli, São Paulo: Companhia das Letras, 2007, p. 41.
Figura 3: ANO 1157 Almôadas: https://forum.paradoxplaza.com/forum/threads/saudai-o-sol-a-portugal-aar.919999/ Acesso em 04 de julho de 2022.
Figura 4: Mapa demonstrativo das sucessivas fases da conquista do território aos mouros. HTTP//www.terrasdesantiago.planetaclix.pt. Acesso em 07 de julho de 2015.

Quarta Parte

Quinta Parte

BIBLIOGRAFIA

1. DOCUMENTOS

Espanha

Arc. Gral. de Simancas. Estado. Leg 6.411. C.D.I.H.E.t. 44, pág. 129.
A.G.S. CJH, 474, sin num.

México

Archivo General da le Nación (AGN), "Inquisición", Vol. 1480, Exp. 2, Fs. 13-29. Compilación de las Instrucciones del Sancto Ofício de la Inquisición hechas en Sevilla de 1481 (documento manuscrito). Archivo de la Catedral de Sevilha, legajo 131, número 19:
Archivo General da le Nación (AGN), "Inquisición" Compilación de las "Instrucciones del Officio de la Sancta Inquisición, hechas por el muy Reverendo Señor Fray Thomas de Torquemada, Prior del Monasterio de la Sancta Cruz de Segovia, primero Inquisidor general de los Reynos e Señorios de España. E por otros Reverendisimos Señores Inquisidores generales que despues succedieron, cerca dela orden que se ha de tener en el exercicio del Sancto Officio. Donde van puestas succesivamente por su parte todas las Instrucciones que tocan a los Inquisidores. E a otra parte, las que tocan a cada uno de los Officiales y Ministros del Sancto Officio: las quales se compilaron en la manera que dicha es, por mandado del Illustrisimo y Reverendisimo Señor don Alonso Manrique, Cardenal de los doze Apostoles, Arçobispo de Sevilla Inquisidor general de España. "En Madrid, En casa de Alonso Gomes" Impressor de su Magestad" Año 1576.

Portugal

Instituto do Arquivo da Torre do Tombo (IANTT)
- Cod. 668 - Documento sobre os inquisidores apostólicos contra a herética Pravidade e apostasia, do bispado de Coimbra, por Francisco Freire de Mello, p. 181-182.
BNL, cod. 1535, p. 372-374. *Regras gerais para julgar no crime de heresia.*
Processos inéditos IANTT:
- PROCESSO nº. 5267, MF 3028 que se encontra no Instituto dos Arquivos Nacionais da Torre do Tombo, em Lisboa.

- PROCESSO 2.407 A 1ºRep. fl. 361 v -"Processo de Francisco Mourisco expulso natural de Muel junto a Saragoça filho de Miguel Deça e de Maria de Pez. E escravo do Comendador Mor" Ap. do a ig. Agosto 616. Processo de nº 2407 -B, folha 356, depositado no Instituto Nacional da Torre do Tombo, em Lisboa. Francisco Mourisco, natural de Bunhol, em Valência, era casado em segundas núpcias com Francisca.
- PROCESSO nº 3502 de Pedro Franco, cristão-velho homem de mar solteiro filho de Vicente Pinheiro desta cidade de Lisboa renegado em Sale apresentado na mesa do Santo Ofício em 14 de junho de 1628."
- PROCESSO 2977 (MF 3933) da inquisição de Lisboa. Processo de Manoel Farinha Cristão-Velho, solteiro, natural e morador na Villa de Cezimbra presentado na mesa do Santo Offício da Inquisição de Lisboa em 1636."

INQUISIÇÃO DE ÉVORA.
- PROCESSO (MAÇO 321 Nº 3044) de Pedro Vermudez (ou Bermudes) cristão-velho, natural da cidade de Málaga, Reino de Castela apresentado à mesa do santo ofício da inquisição da cidade de Évora em 1634. ap. em 10 de novembro de 1634.

2. DOCUMENTOS IMPRESSOS

Ordenações Filipinas, Livros II e III, Rio de Janeiro, 1870, (Biblioteca História- FFLCH, USP, 48652.
(Cahiers de Fanjeaux nº16) *Bernad Gui et son monde*. Toulouse: Privat, 1981.

Livros Sagrados

Bíblia Hebraica (tradução David Gorodovits E Jairo Fridlin). São Paulo: Sêfer, 2006.
Bíblia Sagrada (trad. João Ferreira de Almeida), 2ª ed. São Paulo: Sociedade Bíblica do Brasil, 1993.
Livro de Sofonias, Capítulo 2 versículos 13 a 15.
Corão:
HAYEK, Samir el (tradutor). *Alcorão Sagrado*. São Paulo: Tangará, 1975.
HAYEK, Samir el (tradutor). *O significado do Alcorão Sagrado*. (11ª ed.), São Paulo: MarsaM, 2001.

3 Textos de religiosos
AGOSTINHO, Livro I, capítulo 14 v. 23 - *Aversão à Língua grega*.
AGOSTINHO (Santo), Epístola LV: *"Manifestissimis et paucissimis celebrationum sacramentis"*.[516]
AGOSTINHO (Santo), *De quantitate animae*: "Est enim religio vera, qua se uni Deo anima, unde se pecando velut abruperat, reconciliatione religat."[517] Os sete graus de atividade da alma humana

3. REFERÊNCIAS BIBLIOGRÁFICAS

AGOSTINHO (SANTO). *Confissões* (trad. J. Oliveira Santos). São Paulo: Editora Nova Cultural, Coleção Os Pensadores, 1999.
ALMEIDA, Candido Mendes. *Ordenações Filipinas* (reprodução "fax-simile"). Fundação Calouste GulbenKian, Livros II e III, Rio de Janeiro, 1870.
ALVES, Adalberto. *Portugal e o Islão* – Escritos do Crescente. Lisboa: Editorial Teorema, 1989.
ARBEX, José Jr. *Islã - um enigma de nossa época*. São Paulo: Moderna, 1997.
ARENAL, Mercedes García. *Los Españoles y el norte de África* (siglos XV-XVIII). Madri: Mafre, 1992.
ARISTÓTELES. *A política*. (Trad. Nestor Silveira Chaves). São Paulo: Atena Editora, s/d, Biblioteca Clássica, vol. XIX, 5a. Ed. Livro Primeiro, segundo e terceiro, (Capítulos II e III).
ARRUDA, José Robson de. *História Antiga e Medieval*. São Paulo: Ática, 1987.
ASSUNÇÃO, Paulo de. *Patrimônio*. São Paulo: Loyola, 2003.
AUERBACH, Erich. *Mimesis*. São Paulo: Perspectiva, 1987.

---

[516] Claras e poucas celebrações de sacramentos. Agostinho (Santo), em sua Epístola LV, discute a frequência das celebrações sacramentais. Ele afirma que alguns oprimem a verdadeira liberdade da religião cristã com uma multidão excessiva de observâncias, assim como oprimem com muitos sacramentos. Agostinho defende que a religião deve ser livre, com celebrações sacramentais claras e essenciais, em vez de sobrecarregar os fiéis com rituais desnecessários.
[517] Sérgio Ricardo Strefling estuda os sete graus da atividade da alma, conforme Santo Agostinho. A alma é, sem dúvida, um dos problemas que mais interessou a Santo Agostinho; ele a define como uma substância partícipe da razão adequada ao governo de um corpo. A alma não tem quantidade corporal, contudo, é uma coisa grande. São eles: a animação, a sensação, a arte, a virtude, a tranquilidade, o ingresso e a contemplação. Disponível em: file:///C:/Users/lorim/Downloads/Os_sete_graus_de_atividade_da_alma_humana_no_De_qu.pdf. Acasso em 04 de março de 2024.

AYLLÓN, Fernando. *El tribunal da la Inquisicion – de la leyenda a la historia*. Perú: ediciones del Congreso de la República del Perú, 1997.
AYMARD, André e AUBOYER, Jeannine. *História geral das civilizações: Roma e seu Império* (Trad. Pedro Moacyr Campo). São Paulo: Difusão Europeia do Livro, vol. 2, 1956.
BÁEZ, Fernando. *História Universal da le destrucción de libros - de las tablitas sumerias a la guerra de Irak*. Barcelona: Ediciones Destino, 2004.
BAHRI, Raja Yassine. "Aportes culturales de los moriscos en Túnez" IN: *Revista de História Moderna*: Anales de la Universidad de Alicante nº27, La expulsión de los moriscos 400 años despues. Universidad de Alicante -Alicante, Espanha.
BAIÃO, António et alii. (Org) *História da Expansão Portuguesa no Mundo*, Vol III. Lisboa: Editorial Ática, 1940.
BAIGENT, Michael e LEIGH Richard. *A Inquisição*. (Trad. Marcos Santarrita). Rio de Janeiro: Imago, 2001.
BALLANO, Fernando. "Esclavos Españoles en África," In: Historia de Ibéria V - *Historia de Ibéria Vieja*. Madrid: América Ibérica, nº 43, 2009, p. 54-61.
BARKAI, Ron. *El enemigo en el espejo - Cristianos y Muçulmanes en la España medieval* (3ª ed.). Madrid: Ediciones Rialp, 2007.
BAROJA, Julio Caro. *Espanha primitiva y romana*. Barcelona: Seix Barral, 1957.
BAROJA, Julio César. *Los moriscos de Reino de Granada*. Madrid, 1985.
BARRETO, Luís Felipe et alii. *Inquisição Portuguesa - Tempo, Razão e Circunstância*. Lisboa - São Paulo: Prefácio, 2007.
BARTLETT, W.B. *Assassinos -A história da seita secreta do Islã Medieval*. (Trad. Silvia Spada). São Paulo: Madras, 2007.
BENNASSAR, Bartolomé et alii. *L'Inquisition espagnole* -XVe -XIXe siècle. Paris: Hachette, 1994.
BLOCH, Marc. *Os Reis Taumaturgos: o caráter sobrenatural do poder régio, França e Inglaterra*. (Trad. Júlia Mainardi). São Paulo: Companhia das Letras, 1993.
BOSH-GIMPERA. *Etnologia de la Península Ibérica*. Barcelona: s/e, 1932.
BOXER, Charles R. *O império marítimo português (1415-1825)*. São Paulo: Companhia das Letras, 2002.
BRAUDEL, Fernand. *El Mediterráneo y el mundo mediterráneo em la época de Felipe II*. Tomo Primeiro. México: Fondo de Cultura Económica (2002 [1966]).
BUENO, Francisco da Silveira. *Curso Prático de Português*. Vol. 4. São Paulo: Edições Fortaleza, 1973.

BUENO, Silveira. *Tratado de Semântica Brasileira - a formação histórica da Língua Portuguesa*, Vol. III. São Paulo: CBL, 1973.

BUESCU, Ana Isabel. *Catarina de Áustria* (1507-1578) - Infanta de Tordesilhas - Rainha de Portugal. Lisboa: A Esfera dos Livros, 2007.

CAMÕES, Luís de. *Os Lusíadas*. 3ª ed. São Paulo: Cultrix; Brasília: INL, 1974.

CAMPBELL, Joseph. *Isto és tu - redimensionando a metáfora religiosa*. (Trad. Edson Bini). São Paulo: Landy, 2002.

CARCEL, Ricardo Garcia. *La Aventura da la HISTÓRIA* - Revista FELIPE III editada em Madri, em 1999.

CÁRCEL, Ricardo Garcia. (Dossier) "Felipe III, Poco rey para tanto reino - Biografia de un rey mediocre." In: *La Aventura de la Historia*, nº 9, julio 1999. Madrid: Arlanza Ediciones S.A.

CÁRCEL, Ricardo Garcia. (Dossier) "A la sombra del rey muerto." In: *La Aventura de la Historia*, nº 9, julio 1999 cod., Madrid: Arlanza Ediciones S.A.

CÁRCEL, Ricardo Garcia. (DOSSIER) "Un país esquilmado." In: *La Aventura de la História*: (Dossier) Felipe III – Poco rey para tanto Reino, Ano 1, nº9, Juliuo 1999.

CASTRO, Cristobal. *Felipe III*. Madrid: Biblioteca Nueva, 1944.

CAUTI, Carlo. "Perseguição e Morte – no império Romano, a intolerância religiosa dizimou milhares de cristãos e pagãos". In: *Aventuras na História*. São Paulo: Edição 145, ano 12, agosto de 2015.

CERAM, C.W. *Deuses, Túmulos e Sábios*, 11ª. ed. (Trad. João Távora). São Paulo: Melhoramentos, 1964.

CERVANTES, Miguel de. *El ingenioso hidalgo D. Quijote de la Mancha*, 2ª parte. Madrid: s/e 1615.

CHACON, Vamireh. *A grande Ibéria* - convergências e divergências de uma tendência. São Paulo: UNESP; Brasília: Paralelo 15, 2005, 247 p.

CHEJNE, Anwar G. *História de España Muçulmana*. (Traducción de Pilar Vila). Madrid: Cátedra, 1999.

CLOULAS, Ivan. *Felipe II*. (Trad. Amanda Forns de Gioia). Buenos Aires: Vergara, 1993.

COLLINS, Roger. *La Conquista Árabe* (710-797) História de Espanha. Barcelona: Editorial Crítica, 1991.

CONRAD, Philippe. *História da Reconquista*. (Trad.Duarte da Costa Cabral). Portugal: Publicações Europa América, 2003.

CROWLEY, Roger. *Impérios do Mar – a batalha final entre cristãos e muçulmanos pelo controle do Mediterrâneo*, 1521-1580. (Trad. Fátima Marques).

São Paulo: Três Estrelas, 2014.
DEDIEU Jean-Pierre. *A Inquisição* (Trad. Dr. J.A. Antunes Vaz). Porto (Portugal): Editorial Perpétuo Socorro, s/d.
DELCAMBRE, Anne-Marie. *L'ISLAM*. Paris: La Découverte, 2001.
DEMANT, Peter. *O mundo muçulmano*. São Paulo: Contexto, 2004.
DEWEY, John. *Democracia e Educação*. (Trad. Godofredo Rangel e Anísio Teixeira). 3ª ed. São Paulo: Companhia Editora Nacional, 1959.
DIAZ-PLAJA, Fernando. *História de España en sus documentos* - Siglo XVI. Madri: Catedra, 1987.1
DEDIEU Jean-Pierre. *A Inquisição*, (trad. Dr. J.A. Antunes Vaz). Porto, Portugal: Editorial Perpétuo Socorro, s/d.
DINES, Alberto. Vínculos do Fogo: *Antônio José da Silva, o Judeu, e outras histórias da Inquisição em Portugal e no Brasil*. São Paulo: Companhia da Letras, 1992.
DUBY, G. e LANDREAU, Georges. *Dialogue*. Paris: Flamarion, 1980.
DURAND, Gilbert. *Imagens e Reflexos do Imaginário Português*. Lisboa: Higin, 1997.
ELTÈCA, Sérgio et all. "Piratas e Corsários". In: *História Viva* - Ano1- Nº 3-Jan 2004.
EYMERICH, Nicolau e PEÑA, Francisco. *Le Manuel des Inquisiteurs*. France: Mouton, 1973.
FALBEL, Nachman. *Heresias Medievais*. São Paulo: Perspectiva, 1977.
FARAH, Paulo Daniel. "O Islã e suas fontes". In: *História Viva*, Grandes Religiões 4 – Islamismo, s/d.
FARAH, Paulo Daniel. *O Islã*. São Paulo: Publifolha, 2001.
FEBVRE, Lucien. *Martín Lutero*. México: Fondo de Cultura, 1928.
FERNANDES, Dirce Lorimier. *A Inquisição na América*. Taubaté: Letra Selvagem, 2023.
FERNANDES, Dirce Lorimier. "Inquisição na América - Normas e práticas". In: BARRETO, Luís Felipe et alii (Org). *Inquisição Portuguesa - Tempo, Razão e Circunstância*. Lisboa - São Paulo: Prefácio, 2007, p. 317-30.
FERNANDES, Dirce Lorimier. *Rainhas: entre a realidade e a imagem do poder*. São Paulo: Clube dos Autores, 2012.
FLETCHER, Richard. *Em busca de El Cid*. (Trad. Patrícia de Queiroz C. Zimbres). São Paulo: UNESP, 2002.
FLETCHER, Richard. *A Cruz e o Crescente – Cristianismo e Islã, de Maomé à Reforma*. (Trad. Andréa Rocha). Rio de Janeiro: Nova Fronteira, 2004.
FONTES, Martins. *Verão*. Santos: Tip. Inst. Dona Escolástica Rosa, 1917.
FRANCO, Jr. Hilário. *As Cruzadas*. São Paulo: Brasiliense, 1981.

FRANCO, José Eduardo e ASSUNÇÃO, Paulo de. *As metamorfoses de um polvo*. Lisboa: Prefácio, 2004.

GAFFRE. L. A. & DESJARDINS. A. *Inquisition et inquisitions*. Paris: Librairie Plon, 1905.

GARCÉS, Maria Antonia. *Cervantes en Argel, historia de un cautivo*. Madrid: Gredos, 2005.

GATTO, Ludovico. *Il Medievo - societá, política, economia e religione di un millennio di storia*. 3ª ed. Roma: Newton & Compton Editori, 2001.

GIANASTACIO, Vanderlei. Primórdios do cristianismo. In: *Religiões e religiosidades*-Leituras e abordagens. São Paulo: Arké, 2007.

GIANASTACIO, Vanderlei. *Uma igreja que faz e acontece*- Responsabilidade social, cidadania e serviço à luz do Novo Testamento. São Paulo: Vida Nova, 2006.

GIL, Fernando & MACEDO, Helder. *Viagens do olhar* - Reprodução, Visão e Profecia no Renascimento Português. Porto: Campo das Letras, 1998.

GIORDANI Mário Curtis. História da Antiguidade Oriental. 12ª ed. Petrópolis-Rio de Janeiro: Vozes, 2003.

GÓMES, Pedro López. *Argel, mercado de esclavos*. Zamora-Espanha: Instituto de Estudios Zamoranos, 2002.

GÓNGORA, Luis de. *Obras Completas*. Madrid: Millé, s/f. (s.d).

GONZAGA, João Bernardino. *A Inquisição em seu mundo*. São Paulo: Saraiva, 1993.

GONZÁLEZ, Dávila, G. *Vida y hechos del Rey Felipe III*. Madrid: s/e, 1771.

GRIGULÉVITCH, Iossif. *História da Inquisição*. Lisboa: Progresso, 1980.

GROUSSET, R. *As Cruzadas*. São Paulo: Difel, 1965.

GUI, Bernard. Bernad Gui et son monde. (Cahiers de Fanjeaux nº16). Toulouse-França: Privat, 1981

HANSON, Victor Davis. *Por que o ocidente venceu* - Massacre e cultura - da Grécia Antiga ao Vietnã. Rio de Janeiro: Ediouro, 2002.

HERCULANO, Alexandre. *História da Origem e Estabelecimento da Inquisição em Portugal*. Porto Alegre: Pradense, 2002.

HERMANN, Jacqueline. *No reino do desejado: a construção do sebastianismo em Portugal:* séculos XVI e XVII. São Paulo: Companhia das Letras,1998.

HOURANI, Albert. *Uma história dos povos árabes*. (Trad. Marcos Santarrita). São Paulo: Companhia das Letras, 2001.

HUIZINGA, Johan. *O declínio da Idade Média*. Lisboa: Ulisseia, s/d.

IBARRA, Eduardo. *España bajo los Austrias*. Barcelona, s/e 1935.

JONIN, Pierre. *La CHanson de Roland* - traduction, preface, notes et commentaires par Pierre Jonin. Université d'Avignon. Paris: Gallimard, 1979.

KAMEN, Henry. *The Spanish Inquisition: A Historical Revision*. London: Weidenfeld & Nicolson, 1997.
KAUTSKY, Karl. *A Origem do Cristianismo*. (Trad. Luiz Alberto Moniz Bandeira). Rio de Janeiro: Civilização Brasileira, 2010.
KAYSERLING, Meyer. *História dos Judeus em Portugal*. (Trad. Gabriele B. Corrêa da Silva e Anita Novinsky). São Paulo: Pioneira, 1971.
KHALDUN, Ibn. *Os prolegômenos – ou, Filosofia Social*. (Trad. José Khouri et alii). São Paulo: Comercial Safady Limitada, 1958.
KHALDUN, Ibn. *Os Prolegômenos ou Filosofia Social*, 3 Vol, (Trad.José Khouri e Angelina Bierrenbach Khouri). São Paulo: Editora Comercial Safady, 1960, vol. III.
LACARTA, Manuel. *Felipe III - Poco rey para tanto reino*. Madrid: Alderabán Ediciones, 2003.
LACTANCIO. *Divinae instituciones*. Barcelona-Espanha: Círculo Latino, S. L. Editorial, 2005.
LAPEYRE, Henri. *Geographie de l'Espagne morisque*. Paris: SEVPEN, 1959.
LE GOFF, Jacques. *Para um novo conceito de Idade Média* - tempo, trabalho e Cultura no Ocidente. Lisboa: Editorial Estampa, 1979.
LE GOFF, Jacques. *História e Memória*. (Trad. Bernardo Leitão et. Al.). 3ª ed. Campinas, SP: Unicamp, 1994.
LE GOFF, Jacques. *As Raízes Medievais da Europa*. Petrópolis (Rio de Janeiro): Vozes, 2007.
LEWIS, Bernard. *Les arabes dans l'histoire*. Paris: Champs Flammarion, 1993.
LEWIS, Bernard. *O Oriente Médio –Do advento do cristianismo aos dias de hoje*. (Trad. Ruy Jungmann). Rio de Janeiro: Zahar, 1996.
LISSNER, Ivar. Assim viviam nossos antepassados. Rio de Janeiro: Itatiaia, 1959.
LUCAS, Adriano S. *Islamismo - maiores religiões do mundo. Fonte:http://top10mais.org/top-10-maiores-religioes-do-mundo/#ixzz3pltvUAbJ Acesso em 27 de outubro de 2022.*
LUCCHESI, Marco (org). *Os caminhos do Islã* (Trad. Ana Thereza Vieira et Alii). Rio de Janeiro: Record, 2002.
LUIZETTO, Flávio. *Reformas Religiosas.- Lutero e Calvino*: A Contra-Reforma e os Jesuítas da crise da modernidade. São Paulo: Contexto, 1988.
MAALOUF, Amin. *Les croisades vues par les Arabes - La barbarie franque en Terre Sainte*. Paris: J'ai lu, 2004.
MAHAIRI, Ahmada Saleh. *O caminho para o islamismo*. (Trad. Mohamad Ahmad Abou Fares). Paraná: Grafipar, 1977.

MACHIAVELLI, Niccoló. *O Príncipe*. (Trad. Lívio Xavier). São Paulo: Atena, s/d.
MAISONEUVE, Henri. *L'Inquisition*. Paris: Desclée/Novalis, 1989.
MCEVEDY, Colin. Reino de Aragão. IN: *Atlas de História Moderna até 1815*. São Paulo: Companhia das Letras, 2007.
MCEVEDY, Colin. *Atlas de História Medieval*. (Trad. Bernardo Jofilli). São Paulo: Companhia das Letras, 2007.
MARTINS, Oliveira. *História da civilização Ibérica*. Portugal: Publicações Europa América, s/d.
MARTINS, Oliveira. *Mitos da religião*. São Paulo: Madras, 2004.
MARQUES, A. H. de Oliveira. *A sociedade medieval portuguesa*. 2ª ed. Lisboa: Livraria Sá da Costa,1971.
MAISONNEUVE, Henri. *L'Inquisitin*. Paris: Desclée, 1989.
MATTOSO, José (org.). *História de Portugal* - 3° volume: No alvorecer da modernidade - 1480-1620. Lisboa: Estampa, 1997.
MEDDEB, Abdelwahab. *A doença do Islã*. (Trad. Cleonice Paes Barreto Mourão). Belo Horizonte: UFMG, 2003.
MEGIANI, Ana Paula Torres. *O Jovem Encantado* - expectativas do messianismo régio em Portugal, séculos XIII a XVI. São Paulo: Hucitec, 2003.
MEGIANI, Ana Paula e SAMPAIO, Jorge Pereira (org.). *Inês de Castro a época e a memória*. São Paulo: Alameda Editoria, 2008.
MELLO, José Roberto. *As Cruzadas*. São Paulo: Ática, 1989.
MENOCAL, Maria Rosa. *O ornato do mundo* - como muçulmanos, judeus e cristãos criaram uma cultura de tolerância na Espanha medieval (Trad. Maria Alice Máximo). Rio de Janeiro: Record, 2004.
MIRANDA, Marcela F.G.M. *Aspectos políticos de uma teoria absoluta*: A monarquia e as Cortes na Espanha de Felipe II (1556-1598), São Paulo: Universidade de São Paulo, 2014.
MUKHTAR, Mai. *Desonrada*. (Trad. de Clóvis Marques). Rio de Janeiro: Best Seller, 2007.
MORRISSON, Cécile. *Les Croisades*. 3ª ed. Paris: Vendôme: Puf, 1977.
MOSSE, Kate. *Labyrinthe – Roman traduit de l'anglais (Grande-Bretagne) par Gérard Marcantonio*. Paris: Éditions Frande Loisirs, 2005.
NOVINSKY, Anita. *Inquisição - Rol dos culpados*. Rio de Janeiro: Expressão e Cultura, 1992.
ORTIZ Domingos, Anton. *História de los moriscos: vida y tragedia de una minoría*. Madrid: Alianza, 1989.
PALES-GOBILLIARD, Annete. "Bernard Gui inquisiteur et auteur de la Practica". In: *Bernard Gui et son monde*. (Cahiers de Fanjeaux nº16). Toulouse: Privat, 1981.

PIÑUELA, José Deleito Y. *El rey se divierte.* Madrid: Alianza Editorial, (1988) 2006.
PIÑUELA, José Deleito Y. *La mala vida em la España de Felipe IV.* Madrid: Alianza Editorial, (1986,1989, 1994, 1998) 2005.
PRADA, Vazquez V. *Felipe II.* 2ª ed. Barcelona-Espanha: Editorial Juventud, 1990.
REILLY, Bernard. *The Kingdom of Leon - Castilla under King Alfonso VI.* 1065-1109. Princepton-EUA: N.J., 1988.
REILLY, Bernard. *Cristãos e muçulmanos - A luta pela Península Ibéric.* (Trad. Maria José Giesteira.). Lisboa: Teorema, 1992.
RENAN, Ernest. *Etudes d'histoire religieuse.* Paris: Gallimard, 1992.
ROBERT, Micro. *Dictionaire de Culture Générale* (Poche 2). Paris, 1990.
ROUSSET, P. *História das Cruzadas.* Rio de Janeiro: Zahar, 1981.
RUNCIMAN. Steven. *História das Cruzadas - O Reino de Jerusalém e o Oriente Franco* -1100-1187. Vol II. (Trad. Cristina de Assis Serra.). Rio de Janeiro: Imago, 2002.
STELLA, Roseli Santaella. *O domínio Espanhol no Brasil durante a monarquia dos Felipes.* São Paulo: UNIBERO,/CenaUn, 2000.
SÁ, Isabel dos Guimarães. Coisas de princesas: casamentos, dotes, enxovais na família real portuguesa (1480-1580). Coimbra: Centro de História da Sociedade e da Cultura. Universidade de Coimbra. In: *Revista de História da Sociedade e da Cultura.* Tomo I, 2010, 97-120.
SARAMAGO, José. *História do cerco de Lisboa.* Rio de Janeiro: Globo; São Paulo: Publifolha, 2003.
SERRÃO, Joaquim Veríssimo. *História de Portugal.* Vol. IV. Governador dos reis espanhóis, 1580-1640. Lisboa: Editorial Verbo, 2007.
SCHWARTZ, Start B. *Segredos internos – engenhos e escravos na sociedade colonial.* São Paulo: Companhia das Letras, 1988.
SCHULTEN, F.H.A. e CARO BAROJA, J. *España primitiva y romana.* Barcelona-Espanha, s/e, 1957.
SÓCRATES. Os Pensadores. (Trad. Enrico Corvisieri e Mirtes Coscodai.). São Paulo: Nova Cultural, 1999.
SOUZA, Laura de Melo e. *O diabo e a Terra de Santa Cruz.* São Paulo: Companhia das Letras, 1995.
TAINE, Hypolite. *Philosophie de l'arte,* Paris: Hachette, 1865-
TASSO, Torquato. *Jerusalém Libertada.* Canto XVIII. São Paulo: Topbooks, 1575.
TESTAS, Gui. *L'Inquition.* 56ª ed. Paris: Presses Universitaires de France, 1990.

TOLEDO, Francisco de. Tractatus *Septem Peccatis rtalibus, Cum Bullae Coenae Domini Dilucidatione*. London: Forgtten Books, 2018.
TOMÁS, Aquino de. *Suma Teológica:* Catecismo: R. P. Tomaz Pèguez, O.P. Transcrição do livro de 1942 - 209 p.
TREMLET, Giles. *Isabel de Castela – A primeira Grande Rainha da Europa.* (Trad. Geni Hirata.). Rio de Janeiro: Rocco, 2018.
TREVOR-HOPER, H. R. *Religião, Reforma e transformação social.* (Trad. Maria do Carmo Cary.). Lisboa/Portugal: Presença; São Paulo: Martins Fontes, 1956-1972.
VERDON Jean. *La Femme au Moyen Âge.* Paris: Gisserot, 1998.
VERRI, Pietro. *Observações sobre a tortura.* São Paulo: Martins Fontes, 2000.
VIEIRA, António. *Sermões.* (vol.8): Sermão da Sexagésima. Porto: Lello & Irmão, 1951.
VIEIRA, António. *Sermões.* Sermão de Santo António dos Peixes. Porto: Lello & Irmão, 1951.
VIEIRA, António. *História do Futuro* (introdução, actualização do texto e notas por Maria Leonor Carvalhão Buescu), 2ª ed. Portugal: Biblioteca de autores portugueses, Imprensa Nacional -Casa da Moeda, 1992.
VINCENT, Bernard. "L'Inquisition et l'Islã". In: BARRETO, Luís Felipe et alii. *Inquisição Portuguesa - Tempo, Razão e Circunstância.* Lisboa - São Paulo: Prefácio, 2007, p. 603-10.
WASSERSTEIN, David. *The Rise and fall of the Party-Kings: Politics and society in Islamic Spain*, 1002-1086. Princepton-EUA: S/E 1985.
WEILER, A. e DEZ, G. *Oriente e Grécia.* São Paulo: Mestre Jou, 1964.
WEISS, Juan Baptista. *Historia Universal.* Espanha: Tipografia La Educación, Vol. IV, s/d. (Versão espanhola da quinta edição alemã).

....

PESQUISA ELETRÔNICA

AL-HAKIM, Ali Mansur. Período entre 966-1021 - *Domínio do califa Ali Mansur Al-Hakim, da dinastia fatimida xiita.* https://historiaislamica.com/pt/deu-a-louca-no-califa-o-reinado-de-al-hakim/ Acesso em: 21de fevereiro de 2024.

ATABEG (Atabek ou Atabey). Disponível em: http://catholicunderthehood.com/2010/06/28/today-in-catholic-history-the-defeat-of-kerbogha-of-mosul/ Acesso em: 04 de dezembro de 2015.
BERBERIA Disponível em: https://pt.wikipedia.org/wiki/Berb%C3%A9ria – Acesso: em 4 de dezembro de 2015.
BULHÃO, Godofredo de. (1060-1100) filho de Eustáquio II, conde de Bolonha...Disponível:
:https://www.bing.com/search?q=Godofredo+de+Bulh%C3%A3o+%281060-1100%29+era+filho+de+Eust%C3%A1quio+II%2C+conde+de+Bolon Acesso em 07 de março de 2024.
CERVANTES, Miguel de. El coloquio de los perros. Disponível https://www.cervantesvirtual.com/obra-visor/el-coloquio-de-los-perros--0/html/ff31b1bc-82b1-11df-acc7-002185ce6064_32.html Acesso em 08 de julho de 2022.
CERVANTES, Miguel de. A jornada dos querquenes contra os mouros. http://www.cervantesvirtual.com/servlet/SirveObras/_, site Acesso em 08 de julho de 2022.
CORREIA, Arlindo. Três renegados, ex-cativos em Argel, na Inquisição, em 1698. :arlindo-correia.com/100513.html. Acessado em 23 de junho de .06.2015.
D. JOÃO I, de *«Boa Memória»*, rei de Portugal (1357-1433) Primeiro monarca da dinastia de Avis. Disponível em: https://pt.wikipedia.org/wiki/Jo%C3%A3o_I_de_Portugal. Acesso em 07 de março de 2024.
FATIMIDAS, remanescentes fatimidas, atuais Drusos sírio.s disponível em: Porto Editora – *Fatímidas na Infopédia*. Porto: Porto Editora. Disponível em: https://www.infopedia.pt/$fatimidashttp://portasabertas.org.br- Acesso em :08 de julho de 2022.
GUERRA da Restauração - Blog de *História Militar dedicado à Guerra da Restauração ou da Aclamação*, 1641-1668. Disponível em: https://guerradarestauracao.wordpress.com/2009/01/14/
batalha-das-linhas-de-elvas-14-de-janeiro-de-1659/ Acesso em 1° de outubro de 2015.
HANIF, http://global.britannica.com/EBchecked/topic/254353/hanif - Acesso em: 12 de agosto de 2014.
MARCELA: MarcellaFabiolaGouveiaMoreiraDeMiranda_VCor%20(4).pdf Acesso em 16 de setembro de 2015.
OLIVEIRA, António de. *Batalla del fondeadero de los Downes.* - Universi-

dade de Coimbra. Disponível em: http://ler.letras.up.pt/uploads/ficheiros/7662.pdf - Acesso em 06 de outubro de 2015.
PÉREZ, Antonio. CFI. *Identidad Aragonesa.* https://identidadaragonesa.wordpress.com/2012/05/22/el-justicia-mucho-mas-que-un-mito>> Acesso em 16 de setembro de 2015.
PERNICE, Angelo. Gabita ou Yarmuk. Batalha de Ajnadain., IN: *L'imperatore Eraclio. Saggio di storia bizantina.* Firenze, Tip. Galletti e Cocci, 1905. In 8, p. XXVIII-328-(4), br. Disponível em: http://pt.wikipedia.org/´ Acesso em 10 de julho de .07. 2015 e 20 de fevereiro de 2024.
PINHO, Guilherme Rosa. *Bula Extirpanda.* Disponível em: http://jus.com.br/artigos/34779/bula-ad-extirpanda-traducao#ixzz3duSPcM2E. Acesso em 23 de junho de 2015.
QUEVEDO, Francisco de. *Barroco/Francisco de Quevedo y Villegas-Text*:http://hispanoteca.eu/Literatura Sáespa%C3%B1ola/Siglo XVII- Acesso em 06 de outubro de 2015.
REIS da *Dinastia de Borgonha*: Disponível em: https://literaturaibericaecorrelatas.blogspot.com/2011/02/dinastia-de-borgonha.html. Acesso em 07 de março de 2024.
ALALAMIMI, Driss – *Concerto Ecumênico* (Driss Salalamimi-30 de março de 2019). Disponível em: https://www.facebook.com/prince.driss.salmi1st/ Acesso em 08 de março de 2024.
STREFLING, Sérgio Ricardo. *Os sete graus da atividade da alma, conforme Santo Agostinho.* Disponível em:
file:///C:/Users/lorim/Downloads/Os_sete_graus_de_atividade_da_alma_humana_no_De_qu.pdf. Acesso em 04 de março de 2024.
TALIBÃ (também transliterado Taleban, Taliban ou Talebã, do pachto: طالبان, transl. ṭālibān, "estudantes") Disponível em: https://pt.wikipedia.org/wiki/Talib%C3%A3Acesso em 04 de julho de 2022.
TANGER. Disponível em: https://pt.wikipedia.org/wiki/T%C3%A2nger http://pt.wikipedia.org/ Acesso em 19 de fevereiro de 2024.
TARENTO, Boemundo de. (1057-1111) Disponível em: https://www.bing.com/search?q=*Godofredo+de+Bulh*%C3%A3o+%281060-1100%29+era+-filho+de+Eust%C3%A1quio+II%2C+conde+de+Bolon. Acesso em: 07 de março de 2024.
TORQUATO, Accetto. *Dela dissimulazione onesta.* http:/www.readme.it/libri/Letteratura%Italiana/Della%20Dissimulazione%20Onesta.shtml. Acesso em 08 de julho de 2022.

UFCG: Universidade Federal de Campina Grande. *Carlos II - Casamento entre parentes extinguiu linhagem de reis europeus*. Disponível em: http://www.ufcg.edu.br/prt_ufcg/assessoria_imprensa/mostra_noticia.php?codigo=8654 Acesso em 13 de outubro de 2015.
WARAQAH, ibn Nawfal. Os Hanifs. In: https://www.britannica.com › topic - Acesso em 12 de junho de 2022.

Este livro foi composto na tipologia Janson Text e impresso sobre
papel Avena 80 gr/m^2, na gráfica D'Print Editorial Gráfica,
Rua Caetano Pinto, 195, 2º Andar, Brás, São Paulo, SP,
para a Editora Letra Selvagem, em maio de 2025.